"十四五"时期国家重点出版物出版专项规划项目

研究阐释党的十九届四中全会精神国家社科基金重点项目
"我国农村相对贫困治理长效机制研究"（20AZD079）优秀结题成果

迈向共同富裕
中国农村相对贫困治理

主 编／庄天慧 杨 浩

副主编／胡 海 陈光燕 张海霞

社会科学文献出版社
SOCIAL SCIENCES ACADEMIC PRESS (CHINA)

撰写人员

庄天慧　杨　浩　胡　海　陈光燕
张海霞　曾维忠　蓝红星　朱世莲

序　言

　　共同富裕是人类的共同理想，是中国现代化建设的重要特征，是人民群众对美好生活的共同期待。财富平等、共同富裕是千百年来人类的普遍期盼，从柏拉图的"理想国"，到托马斯·莫尔的"乌托邦"、康帕内拉的"太阳城"、欧文的"新和谐公社"，再到马克思、恩格斯的科学社会主义理论，都蕴含着深厚的共同富裕思想，这也与中国传统的"大同"等思想不谋而合。然而，实现共同富裕征途漫漫，根据《2022年世界不平等报告》，过去20年全球收入最高的10%的人群和收入最低的50%的人群之间，收入差距翻了近一番。当前，全球面临百年未有之大变局，实现共同富裕面临诸多挑战，需要中国在共同富裕方面贡献"中国智慧""中国方案"。习近平总书记强调，"共同富裕是中国特色社会主义的根本原则"，"我们追求的发展是造福人民的发展，我们追求的富裕是全体人民共同富裕"。中国式现代化坚持以人民为中心的发展思想，自觉主动解决地区差距、城乡差距、收入分配差距，促进社会公平正义，逐步实现全体人民共同富裕。中国探索的共同富裕不是搞平均主义，而是要先把"蛋糕"做大，然后通过合理的制度安排把"蛋糕"分好，让发展成果更多更公平惠及全体人民。

　　中华民族千百年的绝对贫困问题得到历史性解决，贫困治理进入新阶段，为实现共同富裕带来新契机。中华民族五千年的历史，就是一部华夏儿女与贫困斗争的历史，中国古代不乏悲田坊、义庄等扶贫救济的实践探索。近代以来，无数仁人志士为让国人摆脱贫困、过上温饱生活而前赴后继。新中国成立之后，中国共产党带领全国人民为了摆脱贫困、实现小康而奋斗，不断推进贫困治理取得重大成就。党的十八大以来，习近平总书记亲自挂帅、亲自部署、亲自督战，减贫事业进入脱贫攻坚新的历史阶段。至 2020 年，我国脱贫攻坚战取得了全面胜利，现行标准下 9899 万农村贫困人口全部脱贫，832 个贫困县全部摘帽，12.8 万个贫困村全部出列，区域性整体贫困得到解决，完成了消除绝对贫困的艰巨任务，创造了又一个彪炳史册的人间奇迹。针对精准脱贫之后的贫困治理，党的十九届四中全会明确提出"建立解决相对贫困的长效机制"，这意味着我国将由解决温饱问题的绝对贫困治理，转向解决差距问题的相对贫困治理。绝对贫困治理打的是攻坚战，而相对贫困治理打的是"持久战"，治理对象、治理方式的调整有利于长期、持续推进实现共同富裕。

破解发展不平衡、不充分问题的关键"钥匙"还在农村，推动农村相对贫困治理对实现乡村振兴、共同富裕具有重大意义。从我国现实国情看，社会主要矛盾已经转化为人民日益增长的美好生活需要和不平衡不充分的发展之间的矛盾。化解新阶段主要矛盾的关键在于解决地区差距、城乡差距、收入差距"三大差距"问题，这些差距中农村、农民依然是"焦点"。整体看，我国发展最大的不平衡还是城乡发展不平衡，最大的不充分仍然是农村发展不充分。当前我国农村地区依然面临着农业产业化发展水平偏低、农村基本公共服务供给薄弱、农民增收能力不足等困难。根据国家统计局数据，2023 年按常住地分，城镇居民人均可支配收入为 51821 元，农村居民人均可支配收入为 21691 元，城乡居民人均可支配收入比值为 2.39，城乡之间差距还很明显。由此看来，我国开展农村相对贫困治理、促进农村共同富裕还任重而道远。

当前我国农村发展既有机遇，也面临挑战，需要广大学者结合国情、扎根乡村及时跟进开展相对贫困治理研究。一方面，政策红利、技术红利赋能农村发展，为相对贫困治理带来了深远影响。随着乡村振兴战略的深入实施，巩固脱贫攻坚成果稳步推进，持续增加对农业农村的财政投入，农村发展、农民增收政策红利明显，相对贫困治理基础更为夯实。同时，新兴技术、新业态为农村、农民"跨越式"发展提供了新契机，数字乡村建设、智慧农业技术为农村产业现代化、产业融合发展提供了新支撑，电商直播、创意农业等为农民增收、就近就业带来了新机遇，有利于缩小收入差距。另一方面，农村发展还面临诸多挑战，比如在农民增收特别是弱势群体持续增收、传统产业向现代产业转型、发展壮大农村集体经济、农村社会保障从保生存转向保发展等方面都还存在不少困难。如何解决这些实际问题，如何有效推动我国开展相对贫困治理？恐怕在传统经济学理论中也无法找到完整的答案。西方经济学试图在资本主义生产关系中解决经济发展和分配问题，但无法解决财富不断积累而贫困不断扩大的社会问题。虽然西方发达国家逐步建立了相对完善的福利保障制度，为劳动者和弱势群体提供最大限度的福利保护，但经济危机、社会冲突、债务危机仍然愈演愈烈。由此看来，探索符合中国国情的共同富裕之路、相对贫困治理之道，还需广大学者紧密结合实践，把论文写在大地上，及时跟进开展研究。

该书是庄天慧教授及其团队20余年长期聚焦农村减贫、扎根农村积累形成的成果。以独到的视角、独特的思考，立足百年大党新起点，紧扣服务于实现第二个百年奋斗目标战略要求，基于我国实现共同富裕的历史进程，聚焦相对贫困治理中任务最艰巨的农村，开展前瞻性、系统性研究，深刻回应了当前相对贫困治理亟待破解的一系列学术热点、难点问题。在理论层面，系统诠释了共同富裕进程中农村相对贫困治理的时代内涵，阐释了相对贫困治理与实现共同富裕的内在关联，从绝对贫困治理、相对贫困治理两者"衔接过渡"视角，开展治理主体功能发挥研究，具有开拓性、原创性。在实践层面，基于共同富裕进程中农村相对贫困治理的艰巨性、紧迫性，针对近期、中期、远期三个阶段开展研究，开发涵盖全流程的治理管理工具，提高了贫困治理理论的应用性、实操性。该书主题及内容具有鲜明时代性，研究问题具有敏锐前瞻性，研究内容具有显著创新性，研究结论和观点政策参考价值高。该书的出版有助于丰富和发展乡村治理理论体系，对协同推进乡村振兴与共同富裕具有理论借鉴价值，对促进欠发达地区农业农村现代化，实现农村产业兴旺、乡风文明、治理有效、生活富裕具有重要实践参考价值。该书是共同富裕研究领域的又一力作，其出版意义重大、影响深远。我相信，该书无论对农村、农业经济的研究人员，还是对"三农"工作者都会有所启发，值得一读。

（中国社会科学院农村发展研究所党委书记，二级研究员）

2024 年 11 月于北京

前　言

　　扎实推动全体人民实现共同富裕是社会主义的本质要求，是贯穿中国共产党百年奋斗的鲜明主题，更是未来三十年国家发展的主要目标。促进共同富裕，最艰巨最繁重的任务仍然在农村。农村低收入群体是促进共同富裕的重点帮扶保障人群。党的十九届四中全会提出"建立解决相对贫困的长效机制"，党的二十大报告明确指出要"着力促进全体人民共同富裕，坚决防止两极分化"。缩小发展差距、解决农村相对贫困是中国特色社会主义实现共同富裕的标志性成果。以新理念、新探索和新实践，立足现实国情和实践需求，深入开展共同富裕进程中农村相对贫困治理研究具有重大理论价值，无疑是当前亟须研究和解决的重大课题。

　　本书依托阐释党的十九届四中全会精神国家社科基金重大招标重点项目"我国农村相对贫困治理长效机制研究"，以亟待解决的重大理论与实践问题为导向，按照"背景考察、提出问题——运用方法、分析问题——制定对策、解决问题"的总体思路，借鉴经济学、管理学、政治学、社会学、统计学、系统学等相关理论，采取定量与定性相结合、理论与实践相结合、历史与比较研究相结合等多种方法，聚焦共同富裕进程中农村相对贫困治理前沿问题——治理对象、治理主体、治理方式、治理成效，深入展开总体分析与专题研究，为共同富裕进程中农村相对贫困治理提供具有科学性、前瞻性、适用性的决策依据与政策建议。

　　在理论研究方面，本书率先将农村相对贫困治理置于共同富裕的宏阔进程中，剖析了共同富裕进程中农村相对贫困治理内容、方法、过程、目的四个维度时代内涵。基于治理视域下相对贫困的再认识，首次将协同演化思想运用于相对贫困治理逻辑分析，解析了在"治理能力不均衡—治理要素协调优化"演化过程中逐渐缓解相对贫困的农村相对贫困治理逻辑，为共同富裕进程中农村相对贫困治理提供了新的理论视野和研究方法。

在实证研究方面，本书在梳理我国扶贫开发演进历程、总结我国贫困治理的历史经验的基础上，科学研判了共同富裕进程中农村相对贫困治理面临的客观形势及特殊挑战，进而明确农村相对贫困治理的重点任务。形成了相对贫困识别预警工具、治理成效评价体系，对多主体协同及资源配置进行了深入分析，构建了我国农村相对贫困治理的长效机制，并进一步聚焦特殊群体、特殊问题及典型案例开展系列专题研究，为相关研究提供了经验证据和决策参考。

主要研究结果表明，扎实推进共同富裕，最薄弱、最迫切需要突破的区域仍然在农村，亟须解决农民致富问题，缩小收入差距。加快农村相对贫困治理刻不容缓，必须重视以下几个方面的理论和现实问题。

一　深化治理视域下相对贫困的再认识，深刻理解其时代内涵

从内涵看，相对贫困治理内容属性更趋多维，治理方式更注重从人民对美好生活的向往出发，在发展质量提升和发展模式创新中消解贫困。中国特色社会主义的相对贫困治理是通过代表全体人民利益的中国共产党的领导来推动和实现的，是一种普遍的"人民福利"，不是简单的社会救济，而是致力于提升所有人实现自由的"可行能力"，这种"发展式"的治理超越了西方社会"托底式"福利分配的政策目标。从农村相对贫困治理演化逻辑看，治理起点是破解治理能力不平衡导致的相对贫困演化，治理过程是治理主体、治理对象、治理方式、治理成效四个基本要素相互作用的"横向—纵向"协同演化，治理结果侧重在共同富裕进程中缩小城乡之间、农村区域之间、农村内部居民之间的三大差距。

二 创新治理对象识别监测机制，解决"治理谁"问题

本书研究表明，我国农村相对贫困规模较大，中西部地区相对贫困更为突出。在收入维度上，以农村居民人均可支配收入中位数的 40% 为标准线，农村相对贫困发生率为 12.40%，相对贫困人口规模为 7149 万人。在多维度上，分析发现在教育、社会保障、生活水平和健康等指标上，相对贫困发生率均在 10% 以上。基于实证检验，提出了"一线一体系"的农村相对贫困识别工具，创新性提出了按收入线"前期分割、逐步收敛"的识别方法。构建了包含无警、轻警、中警、高警和重警 5 个预警等级，以 2 为临界维度的预警体系。

三 创新治理主体"差序—协同"机制，解决"谁来治理"问题

本书揭示了发挥主体比较优势的三个难点，即政府贫困治理职能转型难、相对贫困人口主体意识激发难、社会组织功能有效发挥难。分析认为部门间关系模糊导致出现"治理真空"，乡村振兴部门配置"直线下滑"，驻村干部轮换后出现能力"交接空档"，村级基层组织存在工作"惯性依赖"。存在相对贫困人口"福利依赖型"错误判断，应避免"过度期待"。社会组织功能发挥受本地非正式制度影响，应强化"嵌入"能力。针对以上问题，提出推进"三大行动"，以"下放、打通、强基"促进政府职能转型，以"五赋权、三结合"激发相对贫困人口发展动力，以"先培育、再提升"塑造社会组织功能。

四 创新治理方式精准匹配机制，解决"如何治理"问题

本书研究认为资源精准投放是治理的一个重点难点。从城乡差距看，政府资源边际报酬呈先递增再递减趋势，对城乡收入差距的影响还存在显著的外溢效应，外部效应下系数为 -0.327，该结果表明应积极在大区域层面调配资金，同时谋划一批带动作用强的"中心区域"。从群体差距看，短期内政府资源明显提高了发展型相对贫困人口可支配收入，但长期看持续增收仍较困难，应以减

少支出为基础，同步提高工资性收入，创造不同"区域半径"的适配型就业机会，发挥市场和社会资源优势。针对治理方式优化难题，提出有效提高治理包容性的系统性策略，即打通市场、片园联动，缩小区域差距，"扩散、缩小"同步推进，缩小城乡差距，提低、扩中、控高，缩小群体差距。

五 创新治理成效科学评估机制，研判"治理态势"问题

本书构建了相对贫困成效评估指标体系，根据阶段性标准，采用指数分析法，预测了农村相对贫困治理的进展和难度。测算结果表明，共同富裕进程中农村相对贫困治理目标稳步推进，实现程度跨过了50%的门槛，但按照现有平均速率，多数地区实现2035年中期目标还有困难，其中处于"第三梯队"的"底部"地区需要跨越发展障碍。基于实证检验，从"共享富裕"和"总体富裕"两个维度，构建了近期、中期的治理成效评价指标体系，提出提高治理成效必须谨防"索维尔"陷阱、"福利主义"陷阱和"梅佐乔诺"陷阱。

六 聚焦农村流动人口、老年人口及留守儿童等特殊群体，解决"治理底部"问题

一是农村流动人口收入相对贫困发生率呈上升趋势，支出相对贫困发生率较高，主观相对贫困有所缓解，但仍不容乐观。二是农村老年人口整体规模大、增长速度明显加快，抑郁情绪和社会参与对其多维相对贫困指数的影响程度均超过10%，男性老人相对贫困发生率为女性老人的近0.5倍，独居老人相对贫困发生率为非独居老人的近1.4倍。三是农村留守儿童规模整体缩小，但局部加重，样本中约有60%的留守儿童至少在一个维度上存在相对贫困，父母陪伴的贡献率超过10%，家庭规模对留守儿童相对贫困具有显著负向影响。

七 聚焦数字素养、社会保障、教育与社会资本质量及家庭生命周期等特殊问题，解决"治理痛点"问题

一是实证发现，数字素养短期能提升农户收入，但长期并未产生空间溢

出效应，对低收入农户增收的效果存在不稳定性。二是利用多种检验指标，发现社会保障占整体收入比重越高，调节的潜在能力越强。三是实证表明，社会资本质量的持续性有利于帮助低收入农户降低工作搜寻成本，从而缓解农村相对贫困。四是以起步期家庭为参照，发现成长期家庭陷入多维相对贫困的概率降低幅度最大，为31.3%，表明随着家庭生计适应能力的增强、家庭结构的成熟，农户陷入多维相对贫困的概率会降低。

八　聚焦典型案例总结经验，解决治理实践问题

本书分别从巩固拓展脱贫成果、城乡统筹以及区域协作等视角，以凉山、成都、浙川东西部协作的实践探索为案例进行研究。分析认为，已有实践案例都更加注重建立规范化、常态化的长效治理机制，通过社会保障兜底、产业发展、金融可及性等方式为低收入人口创造和提供发展机会，实现包容性经济增长。虽然已有治理实践进行了创新性探索，但还缺乏系统性的政策设计和解决方案。结合实践案例分析，本书提出了以推动实现共同富裕目标为主旨，按近期、中期、远期梯次推进，重点以缩小区域、城乡和群体差距为主线，以高质量发展推动消除相对贫困的治理实践框架。

目　录

I　总体分析

第七章　农村相对贫困治理进展评估

II　专题研究

·专题研究一　特殊群体·

第八章　农村流动人口相对贫困治理研究

第九章　农村老年人口相对贫困治理研究

· 专题研究三　典型案例 ·

第一章

研究概述

第一节　研究背景与意义

一　研究背景

（一）走共同富裕之路是人类贫困治理的中国智慧和中国方案

贫困是人类社会的顽疾，摆脱贫困一直是困扰全球发展和治理的突出问题。在 2000 年联合国千年首脑会议上，世界各国领导人就消除贫穷、饥饿、疾病、文盲、环境恶化和对妇女的歧视等问题确定了千年发展目标（Millennium Development Goals，MDGs），签署了《联合国千年宣言》。经过共同努力，据世界银行数据，按照 2011 年的国际贫困线标准，即 1.9 美元每人每天，从 1990 年到 2015 年，全球消除了 11.59 亿极端贫困人口，贫困发生率从 35.85% 降到 10%。2015 年，联合国发布了《变革我们的世界：2030 年可持续发展议程》，其中"在全世界消除一切形式的贫困"位于该议程 17 个目标之首。新冠疫情发生后，全球经济遭受重创，将使更多人陷入贫困的泥潭。联合国开发计划署报告显示，预计到 2030 年，全球或将再有 2.07 亿人陷入极端贫困，届时极端贫困人口将突破 10 亿人，饥荒的威胁、全球经济衰退正在逼近。毋庸置疑，消除一切形式的贫困，是全世界面临的最大挑战，也是推动可持续发展必须解决的难题。

当前，全球收入不平等问题突出，虽然部分发达国家经历了漫长的工业化历程，但受限于社会制度而无法解决共同富裕问题，导致这些国家面临日趋严重的贫富差距问题。从现实来看，部分发达国家出现了明显的贫富分化，社会中产阶级不断缩水，致使国家和社会面临民粹主义、政治极化等问题的威胁。2021 年 7 月，美国一份《新冠困境报告》显示，虽然美国家庭的生活状况比 2020 年 12 月有所好转，但是仍然有上万个家庭缺乏足够的食物供给，而成年租房者中无力支付房租的人数则超过了 1140 万人，不少美国家庭仍然面临生活困难，还有部分成年人随时可能被赶出出租屋（外交部，2021）。"资本主义文明由于制度的深层矛盾，各个领域不可能协调发展，造成了资本与劳动的对立、物的世界与人的世界的分裂、生产与生态的冲突，酿成资本主义社会发展危机"（陶文昭，2021），导致西方式现代化始终难以破解其与生俱来的发展难题和困境。

中国共产党百年奋斗史，就是一部带领人民与贫困斗争的历史，把促进全体人民共同富裕作为奋斗目标。2020 年底，我国脱贫攻坚战取得了全面胜利，消除了绝对贫困。改革开放以来，中国 7.7 亿人口摆脱了贫困，占同时段全球减贫人口的 70% 以上，提前 10 年完成了联合国千年减贫目标，走出了一条中国特色减贫道路，赢得国际社会广泛赞誉。习近平总书记指出："世界上没有哪一个国家能在这么短的时间内帮助这么多人脱贫，这对中国和世界都具有重大意义。"[1] 脱贫摘帽不是终点，而是新生活新奋斗的起点。面向第二个百年奋斗目标，党中央发出了扎实推进共同富裕的时代号召，把实现共同富裕摆在治国理政更加突出位置。以新的理念、新的思路和新的行动，探索如此巨大的人口规模的共同富裕道路将彻底改写人类减贫实践的历史，也将为人类社会实现人的自由而全面发展做出中国贡献、提供中国方案。

（二）治理相对贫困是实现共同富裕的必然要求

实现全体人民共同富裕是社会主义的本质要求，是中国式现代化的重要

---

1 中华人民共和国中央人民政府网站，https：//www.gov.cn/xinwen/2020-03/11/content_ 5490140.htm。

特征，更是未来的国家发展目标。习近平总书记强调："共同富裕是全体人民的富裕，是人民群众物质生活和精神生活都富裕，不是少数人的富裕，也不是整齐划一的平均主义，要分阶段促进共同富裕。"[1] 实现共同富裕需要历史耐心与战略定力，为此，党的十九大擘画了清晰的战略蓝图和行动路线，即到 2025 年"十四五"规划完成时，居民收入和实际消费水平差距逐步缩小；到 2035 年，全体人民共同富裕将在全国范围内取得更为明显的实质性进展，基本公共服务实现均等化；到 2050 年，"全体人民共同富裕基本实现""居民收入和实际消费水平差距缩小到合理区间"。

从底线任务审视共同富裕，相对贫困将成为治理的重点和难点。2018 年 9 月 21 日，习近平总书记指出："2020 年全面建成小康社会之后，我们将消除绝对贫困，但相对贫困仍将长期存在。"[2] 党的十九届四中全会提出了"坚决打赢脱贫攻坚战，巩固脱贫攻坚成果，建立解决相对贫困的长效机制"的目标任务。党的十九届五中全会提出"实现巩固拓展脱贫攻坚成果同乡村振兴有效衔接""建立农村低收入人口和欠发达地区帮扶机制"，这一系列战略安排和政策部署充分反映了党和国家致力于解决相对贫困问题、织密共同富裕保障网的执政信念和坚定决心。因此，有效解决相对贫困问题已成为实现共同富裕道路上必须翻越的"腊子口"、攻克的新堡垒。据统计，截至 2021 年 9 月，特困人员和最低生活保障人数共计 4713.1 万人。从国内统计数据来看，我国居民人均可支配收入在 2020 年达到了 32189 元，农村居民为 17131 元，贫困县农村居民则为 12588 元，[3] 三者之比为 2.56∶1.36∶1。从生产总值来看，西部、中部和东部地区分别为 213292 亿元、222246 亿元和 525752 亿元，比值为 1∶1.04∶2.46。将国内居民收入划分为五组，高收入组居民的收入达

---

1 中华人民共和国中央人民政府网站，https://www.gov.cn/xinwen/2021-08/17/content_ 5631780.htm。

2 中华人民共和国中央人民政府网站，https://www.gov.cn/xinwen/2021-09/23/content_ 5638778.htm。

3 国家统计局：《国家脱贫攻坚普查公报（第二号）》，https://www.stats.gov.cn/sj/zxfb/202302/ t20230203_ 1901001.html。

到了低收入组的 10.2 倍。[1]

可见，随着我国原发性绝对贫困问题的全面消除，加快建立相对贫困治理的长效机制，构建与共同富裕目标相衔接的配套制度，从而解决发展不平衡不充分的问题，已成为筑牢扎实推进共同富裕基石的必然要求。

（三）治理农村相对贫困是共同富裕进程中最紧迫、最艰巨、最繁重的任务

促进共同富裕，最艰巨最繁重的任务仍然在农村。农民、农村富裕既是共同富裕的应有之义，也是共同富裕道路上需要攻克的重中之重和艰中之艰，具体表现在以下几方面。首先，城乡之间差距仍然较大。根据国家统计局数据，2020 年国内城镇居民和农村居民人均可支配收入分别为43834 元、17131 元，城乡收入比约为 2.56∶1，城乡居民人均可支配收入仍存在显著差距。同时，农村居民人均年收入在 2 万元以下的仍占绝大多数，尤其是脱贫地区，发展基础总体仍然薄弱，部分脱贫人口存在返贫风险。除收入维度，我国农村在居民消费水平、公共服务水平、基础设施建设水平、居民社会保障水平等经济社会生活多个方面存在明显差距。其次，农村内部不同群体之间差距不断拉大。相关研究发现，按人均可支配收入划分为五组，2020 年农村居民高收入组与低收入组相差 8.23 倍，明显高于城镇居民内部的 6.16 倍（杜鑫，2021）。与此同时，农村低收入人群的收入基础尚不稳固，如果治理力度减弱或帮扶长效机制不健全，农村低收入人群稳定增收将会受到严重威胁，农村内部居民收入差距将进一步拉大。最后，不同地区农村差距明显。显然，不同地区农村居民之间的收入差距明显超过了地区间以及城乡间的整体差距，欠发达地区农村居民收入成为洼地中的洼地。因此，站在接续推进乡村振兴、扎实推进全体人民共同富裕的历史新方位，从共富领域、共富地区、共富主体来看，农业领域、农

---

[1]　国家统计局：《中华人民共和国 2020 年国民经济和社会发展统计公报》，https：//www.stats.gov.cn/sj/zxfb/202302/t20230203_ 1901004. html。

村地区、农民主体问题既是重点，也是难点，当下推动共同富裕最薄弱和最难突破的地方仍然是农村农民的富裕问题，加快建立治理农村相对贫困的长效机制刻不容缓。

综上所述，伴随着人民对美好生活的新期待和对发展平衡性、充分性的新诉求，农村相对贫困问题逐步凸显并成为迈向共同富裕新征程中需要着力解决的重点和难点问题。那么，农村相对贫困治理与共同富裕的内在逻辑是什么？当前我国农村相对贫困的总体态势如何？面临哪些现实挑战？治理农村相对贫困的重点在哪里？如何科学构建农村相对贫困治理的长效机制？这些都是需要我们进一步回答的现实且紧迫的问题。鉴于此，立足扎实推进共同富裕的时代背景，审视和探究我国农村相对贫困治理面临的潜在挑战和重点任务，构建农村相对贫困治理的长效机制，系统总结我国部分地区农村相对贫困治理的有效途径和典型经验，进而提出建设性的政策建议，无疑是当前和未来一段时期亟须探讨和解决的重大理论与现实课题。

二　研究意义

（一）理论意义

1. 从学科定位看，相对贫困治理是一个跨学科、交叉性的领域，需要经济学、管理学、政治学、社会学、统计学等多学科来共同研究和探讨

立足共同富裕视域来研究农村相对贫困治理问题，本质上是在中国特色贫困治理理论的指导下对涉及政治学、经济学、管理学等多学科范畴的农村相对贫困问题进行跨学科研究，探索并提出共同富裕进程中农村相对贫困治理的一个全新理论视角。治理农村相对贫困是新时代我国在共同富裕奋斗目标征程中进行的一项创新性探索实践，需要新的理论探索，以期系统全面探究中国特色社会主义制度下以共同富裕为目标的相对贫困治理的内在规律，提供研究的理论新视域。

2. 丰富发展中国语境下的农村相对贫困治理的理论研究

在推进共同富裕新的历史阶段，治理农村相对贫困是一个理论问题，更是一个系统性、综合性的实践过程，所涉及的议题和范围早已超越了精准扶贫时代的治理框架，传统的贫困治理体系遭遇新的理念的挑战。当前，共同富裕进程中我国农村相对贫困治理仍处于理论建构与实践探索阶段，且学术界对相对贫困及其治理的理解较多还是借用西方理论，尚未形成一套完整的、成熟的且符合中国农村现实基础的长效机制。经过多年探索，我们对解决贫困问题有了完整的办法，但在如何致富问题上还要积累经验。本书以走共同富裕这一中国特色减贫道路的宏阔视野，立足我国农村相对贫困治理面临的特殊需求和潜在挑战，聚焦治理这个关键核心，从治理对象、治理主体、治理方式、治理成效等方面出发，构建一个农村相对贫困治理的长效机制，不仅有助于揭示农村相对贫困的形成机理、演进规律、变化趋势，还有助于系统回应共同富裕目标下农村相对贫困治理该如何更加精准有效这一核心命题，对于提高相对贫困治理理论的时代适应性具有重大的学术创新价值。

（二）现实意义

1. 缓解农村相对贫困是实现共同富裕的基本前提和必然要求

"中国式现代化"的一个重要维度是，在一个超大规模社会实现共同富裕，这无疑是一个世界级难题，无论对中国还是世界都意义重大。改革开放以来，中国实现了"国富"和"先富"；党的十八大以来，以习近平同志为核心的党中央致力于实现"共富"。从脱贫攻坚到乡村振兴，都在努力缩小地区之间、城乡之间和居民之间的发展差距；前者解决了农村绝对贫困问题，后者致力于缓解农村相对贫困问题。从这个意义上讲，构建解决农村相对贫困的长效机制不仅是推动共同富裕的基本前提和必然要求，还是实现共同富裕的根基所在。

2. 为农村相对贫困治理实践提供理论支撑

中国消除绝对贫困之后，克服绝对贫困治理的"短期效应"，保证帮扶政策和措施稳定持续，提升治理效能，是需要关注的重大议题。当前，我国关于相对贫困的研究更多借助西方理论，立足中国国情的研究尚处于起步阶段，对相对贫困基本内涵、形成因素、治理机制等诸多问题亟待进一步探索。基于此，本书构建共同富裕进程中相对贫困治理的系统分析框架，并结合中国贫困治理的历史经验及 2020 年后相对贫困治理的实践，提出具有中国特色的农村相对贫困治理路径和政策取向。

第二节　研究目标与对象

一　研究目标

本书的总目标是在实现共同富裕的战略目标下，从农村相对贫困治理的现实紧迫性出发，紧扣理论研究中的困惑和实践重大问题，通过研究，在理论方面取得新突破，在政策方面取得新进展，为系统构建农村相对贫困治理长效机制提供具有科学性、前瞻性、适用性的决策依据与政策建议。具体研究目标包括：一是在把握农村相对贫困治理与共同富裕的时代内涵的基础上，深入揭示农村相对贫困治理与共同富裕的内在逻辑，构建共同富裕进程中农村相对贫困治理的理论分析框架，为深入开展农村相对贫困治理提供理论借鉴；二是立足共同富裕的不同发展阶段，系统分析和建构农村相对贫困治理的多层标准和指标体系，为前瞻性诊断农村相对贫困治理态势提供经验支持；三是聚焦重点难点领域，主要围绕特殊群体、特殊问题及典型案例深入开展系列专题研究，为我国农村相对贫困治理体制机制改革提供基于现实观察、逻辑推理和实证分析的经验证据和决策参考。

二　研究对象

从现实来看，农村绝对贫困消除后，因城乡发展不平衡、农村发展不充分，我国相对贫困治理的难中之难、艰中之艰，是广大农村地区。城乡居民收入差距在拉大。在基础设施和教育、卫生、文化、体育等社会事业方面，农村与城市的差距仍然较大。从未来发展趋势来看，在城乡差距较大、城乡公共资源配置不均衡的背景下，城乡差距在短时期内难以消除，如果没有相应的体制机制保障，那么农村居民尤其是农村相对贫困群体从发展中获益的难度较其他群体更大。因此，鉴于当前最大的不充分是农村发展不充分，以及促进共同富裕的最艰巨最繁重的任务仍然在农村的基本事实，本书的研究对象设定为农村相对贫困，致力于构建共同富裕目标下的农村相对贫困治理长效机制，以加速缓解城乡、不同区域农村、农村内部群体之间差距问题。

第三节　研究思路与内容

一　研究思路

立足新发展阶段，治理农村相对贫困就是要逐步实现全体人民共同富裕、持续推进我国社会主义现代化进程，这是亟待深入研究并切实解决的重大理论和现实问题。本书遵循"背景考察、提出问题——运用方法、分析问题——制定对策、解决问题"的总体思路。在对国内外文献和相关理论进行全面梳理的基础上，构建本书的理论分析框架。另外，通过总结回顾新中国成立以来贫困治理历程和经验，结合宏观数据，整体上描述我国农村相对贫困基本现状，明确治理农村相对贫困面临的挑战及重点任务，从而为把握我国农村相对贫困的基本特征提供初步证据。在理论分析和现状描述的基础上，采用合适的计量方法从治理对象、治理主体、治理方式、治理成效等方面进行测量和检验。聚焦农村相对贫困治理中的特殊群体、特殊问题以及典型案例，有侧重地深入展开专题研究，以期产生启发和示范效应。最后，根据研究结论，提出共同富裕进程中农村相对贫困治理的政策建议和研究展望。具体的研究思路如下（见图1-1）。

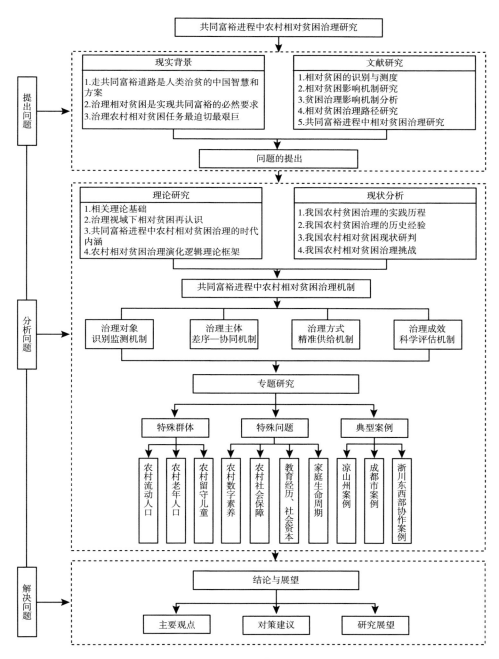

图 1-1　研究思路

资料来源：课题组自制。

二 研究内容

本书按照"总—分—总"的总体研究架构，逻辑层次分为五个部分。

第一部分为理论研究，即第二章。在回顾、评述国内外相关研究现状，深化对相对贫困治理和共同富裕内涵认识的基础上，从理论上阐明相对贫困治理与共同富裕的内在逻辑，借鉴精准扶贫理论、梯度发展理论、协同治理理论以及共同富裕理论，构建了本书的理论分析框架。

第二部分为现状刻画，即第三章。从国家层面，通过梳理我国农村贫困治理的历史演进，概括新时期精准扶贫精准脱贫方略及其顶层制度设计的演进，分析总结新阶段扶贫开发的实践现状与治理成就。科学研判我国农村相对贫困治理面临的客观形势及特殊挑战，进而诊断并明确新阶段农村相对贫困治理的重点，从实践上揭示了从消除绝对贫困到相对贫困治理，进而实现共同富裕的内在逻辑。

第三部分为整体分析，即第四章至第七章。本部分基于理论分析框架，分别从治理对象、治理主体、治理方式以及治理成效等四个方面展开系统性研究。具体而言，在治理对象识别监测机制方面，实现精准识别、前瞻预判；在治理主体差序—协同机制方面，实现递延重构、多元协同；在治理方式精准供给机制方面，实现资源精准匹配、靶向传递；在治理成效科学评估机制方面，实现评估可视化、数据化和标准化。从理论与实证层面，构建了农村相对贫困治理的长效机制。

第四部分为专题研究，包含3个专项研究，即第八章至第十七章。本部分聚焦理论分析中的"治理谁"、"怎么治理"及"治理效果如何"，围绕农村相对贫困治理中的特殊群体、特殊问题以及典型案例，有侧重地深入开展专题研究。具体而言，分别选取农村流动人口、农村老年人口及农村留守儿童开展农村相对贫困治理中的特殊群体研究；分别选取数字素养、社会保障、教育经历与社会资本以及家庭生命周期四个维度开展农村相对贫困治理特殊问题研究；分别选取凉山州、成都市以及浙川东西部协作三个典型案例开展农村相对贫困治理经验研究。在理论分析与实证检验的基础上，进一步对治理路径、治理政策、治理工具提出具有针对性、可操作性的建议方案。

第五部分为主要结论与对策建议。在总结各章节主要发现和研究结论的基础上，分别从治理对象、治理主体、治理方式及治理成效等方面提出相应的政策建议，从而为相关部门制定缓解农村相对贫困的政策提供决策依据，进而前瞻性研判农村相对贫困治理进程中面临的潜在风险，并提出整体性应对策略。

第四节　资料来源与研究方法

一　资料来源

本书所用数据主要来源于官方公布的宏观统计数据和微观调研数据。

（一）宏观统计数据

主要采用《中国统计年鉴》《中国农村统计年鉴》《中国民政统计年鉴》《中国教育经费统计年鉴》《城乡建设统计年鉴》《中国县域统计年鉴》《国民经济和社会发展统计公报》，以及其他政府公报数据、统计年鉴、政策文件等。

（二）微观调研数据

1. 实地调研数据

2020年7月，课题组深入宜宾、凉山、南充、广元、甘孜、成都等8市州22县220村，通过信函请求、实地拜访、小组座谈等方式收集相关数据和典型案例。

2. 专业机构调研数据

主要包括中国家庭追踪调查（CFPS）、中国劳动力动态调查（CLDS）、中国健康与养老追踪调查（CHARLS）、中国乡村振兴综合调查（CRRS）、Wind数据库等公开数据库。

二　研究方法

（一）总体分析与专题研究相结合

紧扣农村相对贫困治理这一核心主题，突出问题导向，采用总体分析与专题研究相结合的方法，注重以主题研究统领专题研究，力求既能从宏观上把握共同富裕进程中我国农村相对贫困治理研究的整体性与系统性，又能从其中的重点、难点领域深入开展专题研究，提高针对性与适用性，契合决策需求。报告总体分析部分与专题研究部分既相对独立，又有机联系、互为支撑。

（二）规范研究与实证研究相结合

对新中国农村贫困治理的实践历程、新阶段农村相对贫困的现状研判与治理挑战等主要采取规范分析方法，为推动共同富裕进程中农村相对贫困治理提出具体措施与政策建议；注重实证研究对理论研究的充实和支撑，有侧重地对我国农村相对贫困治理的重点、难点与瓶颈问题开展专题实证研究，提出针对性强、操作性强的决策参考与政策建议。

（三）定性研究与定量研究相结合

综合运用经济学、管理学、政治学、民族学、统计学等多学科领域的最新研究成果和研究方法。注重以定性分析统领定量分析，采用系统分析法、结构分析法、比较分析法和案例分析法等定性分析方法，在强调描述性统计分析的同时，根据理论假说，运用 Probit 模型、IV-Probit 模型、中介效应模型、Logit 模型等多种计量分析方法和 SPSS、STATA、EVIEWS 等多种数据分析软件，方法更加可靠和适当。

第五节　研究创新与不足

一　研究创新

与当前国内外同类研究综合比较，本书在研究视角、方法应用、研究内容、研究观点方面独具特色，理论研究更加系统和深入，应用研究更具可操作性和实践指向性。创新性集中体现在以下几方面。

（一）理论视角有创新：将农村相对贫困置于实现共同富裕奋斗目标下，创新搭建了相对贫困治理动态演化理论分析框架

一是系统阐释了相对贫困治理时代内涵及与实现共同富裕的内在关联。立足百年大党新起点，率先将农村相对贫困治理置于共同富裕的宏阔进程中，剖析了共同富裕进程中农村相对贫困治理内容、方法、过程、目的四个维度的时代内涵。创新提出中国特色社会主义的相对贫困治理是"发展式"的治理，超越了西方社会"托底式"福利分配的政策目标，其最终归宿必然是从根本上消除相对贫困，与实现共同富裕具有内在统一性。

二是系统阐释了农村相对贫困治理的演化逻辑。基于治理视域下相对贫困的再认识，首次将协同演化思想运用于相对贫困治理逻辑分析中，解析了在"治理能力不均衡—治理要素协调优化"演化过程中相对贫困逐渐缓解的农村相对贫困治理逻辑，为共同富裕进程中农村相对贫困治理提供了新的理论视野和研究方法，既弥补了理论研究明显滞后于实践的不足，又构建了本书的理论基础，有利于促进中国特色贫困治理理论的进步。

（二）方法工具有创新：突出方法适应性、实用性，开发了涵盖识别、监测、评估的全流程治理管理工具

一是创制了"一线一体系"的农村相对贫困识别工具。基于共同富裕进程中相对贫困各阶段变化态势，创新性提出了按收入线"前期分割、逐步收敛"的识别方法，测算了在稳定脱贫期（"十四五"时期）、相对贫困缓解并存期（2026—2035 年）、相对贫困缓解全面推进期（2036—2050 年）的东部、中部和西部地区的识别参考阈值，开发了涵盖自我认同度、归属感、幸福感等主观指标的多维相对贫困识别量表，为提升治理靶向精准度提供了新工具。

二是构建了农村相对贫困分级监测机制。基于农村相对贫困脆弱性群体的实证分析，构建了包含无警、轻警、中警、高警和重警 5 个预警等级，以及以 2 为临界维度，融合干预主体、干预客体、大数据库、干预手段的预警体系，为解决缺乏针对脆弱性群体的事前诊断、边缘户排查随意性较大的问题提供了可行方法。

三是开发了农村相对贫困治理成效评估工具。从"共享富裕"和"总体富裕"两个维度，提出了各阶段成效评估参考阈值，形成了涉及人群差距、城乡差距、物质生活富裕富足、精神生活富裕富足的评估量表。弥补了农村相对贫困治理成效评估工具缺乏、指标单一的缺陷，为提高治理质量、矫正治理政策提供了操作性强的工具。

（三）定量实证有创新：以专题研究前瞻性对特殊群体、特殊问题进行实证，为有效推进治理提供了依据

一是围绕特殊群体多维相对贫困，定量分析其贫困表征、变化态势，率先提取了关键致贫因子。揭示了农村流动人口、农村老年人口以及农村留守儿童等不同特殊群体的差异性需求，实证了特殊群体陷入相对贫困的关键因子，其中不乏独到且理论价值丰富和创新性、启发性、实践性强的发现，比如，通过对流动人口主观相对贫困进行实证，发现城市规模越大，农村流动人口越不易陷入主观相对贫困，其中城市规模每扩大 1%，老生代农村流动人口陷入主观相对贫困的可能性下降 10.1%（P<0.01），新生代农村流动人口陷入主观相对贫困的可能性下降 4.4%（P<0.1）。通过对留守老人多维相对贫困进行实证，本书发现农村独居老人陷入相对贫困的发生概率是农村非独居老人的 1.395 倍。相较于已有研究将相对贫困人口"同质化"处理、分析共性致贫因子的现状，本书创新性开展相对贫困人口的"异质性"分析，并实证检验"个性化"因子，为提高治理群体针对性、提升特殊群体可行能力提供了依据。

二是以家庭内生能力、社会外部支持为切入点，创新实证了相对贫困治理的新发展要素供给、家庭生命周期瞄准、社会保障特惠支持等特殊问题。实证了数字素养差异对农户内部的收入差距的扩大效应，论证了数字素养与农户收入的"N形"曲线关系，为提高新要素掌握能力、避免相对贫困人口"再次掉队"提供了证据。基于"脱域型社会资本"的分析，本书创新性构建了家庭社会资本质量指标，揭示了社会资本质量缓解农村相对贫困的作用机制，率先通过构建农村家庭生命周期模型，实证了生计策略在成长期、成熟期和衰退期对多维相对贫困的中介效应，为明晰家庭层面贫困治理需求，针对各类型、各阶段家庭开展精准化治理提供了原创性启发。采用变异系数和收入不良指数评估了社会保障对各收入组人口调节收入再分配、缓解相对贫困的效果，为制定特惠性公共服务政策、提高政策指向性和针对性提供了参考。

（四）经验研究有创新：率先深入开展农村相对贫困治理典型经验研究，提出了以高质量发展推动缓解农村相对贫困的系统性对策

一是前瞻性分析了一批典型实践案例。不同于以往围绕发达国家治理相对贫困实践经验的研究，本书在对"转型中国"时代特点及其复杂影响的深刻认识的基础上，以凉山州、成都市、浙川东西部协作的实践探索典型案例为样本，深度总结了"发展式治理""大城市带大农村""合作式共富"的经验，为提升相对贫困"底部"治理成效，促进城乡融合发展，弥合区域发展差距，提供了西部方案和中国经验。

二是系统性阐明了农村相对贫困治理的政策框架和路径选择。提出了以推动实现共同富裕目标为主旨，按近期、中期、远期梯次推进的治理思路，构建了以缩小区域、城乡和群体差距为主线，围绕"一线一体系"，以"三三四"（三大行动、三大计划、二大工程）推动高效治理，边实践、边评估、边矫正，谨防"索维尔"陷阱、"福利主义"陷阱和"梅佐乔诺"陷阱，以高质量发展缓解相对贫困的治理策略，为在共同富裕进程中前瞻防范可能的"风险点"，构建相对贫困长效治理政策体系，提供了重要参考。

二　研究不足

我国相对贫困研究才处于起步阶段，相关资料、统计数据还较少，并且难以短期在全国范围内开展大规模入户抽样调查，在一定程度上导致了一些数据缺失、数据匹配性差、数据兼容性不足等问题，需要在未来的研究中进一步完善。另外，由于研究团队二十余年聚焦农村贫困问题研究，难免存在研究视野的局限，未来我们会更注重多学科融合，拓宽研究视角，对相关问题进行更深入的研究。

Ⅰ　总体分析

第二章

农村相对贫困治理的理论分析

第一节　核心概念定义与文献述评

一　核心概念定义

（一）绝对贫困定义

绝对贫困的定义起源于 19 世纪末 20 世纪初英国的布什和朗特里关于贫困问题的研究。布什于 1887 年在伦敦东区开展的研究中提出绝对贫困的概念（Laderchi，C. R.，2001），朗特里的《贫困：城镇生活研究》（*Poverty： A Study of Town Life*）明确提出了绝对贫困是一个家庭因为其所拥有的收入不足以维持其生理功能的最低需要而处于的贫困状态，这种最低需要包括食品、住房、衣着和其他必需品（Rowntree，B. S.，1901）。美国的雷诺兹（1982）把贫困定义为家庭收入不足以使之有起码的生活水准。绝对贫困泛指基本生活没有保障，温饱没有解决，不能维持或难以维持家庭的简单再生产（童星、林闽钢，1994），是家庭无力满足其基本需要的状态（韩华为等，2017），绝对贫困标准想要明确的是维持生存所必需的、基本的物质条件（那格尔，1990）。基本需求是世界上许多国家制定本国贫困线的基本方法。最低限度的基本需求是参考食物能量摄入估计的食物支出，以最低食品费用为建立贫困线的基础，测度立足于维持基本生存所需的热量、营养、住房安全、义务教育、基本医疗等（杨国涛等，2010），用客观的维持基本生存所需要的物质标准来衡量贫困，具有客观物质性。安东尼·吉登斯（2015）把绝对贫困理解为度量贫困的一种方法，这是一个用绝对数值表示的通用标准。所有年龄和体格相同的人，无论生活在何时何地，生存标准应该是基本一致的。所以，任何时间、任何地方的任何人，如果其实际生活水平低于这个普遍标准，就被认为是生活在贫困之中（王婴、唐钧，2020），具有绝对性。绝对贫困存在于特定的历史时期、特定区域和特定的群体，是可以被消除的（王瑜、汪三贵，2014），具有可消除性。

"绝对性"是绝对贫困概念的基础，主要体现为维持基本生存需求的标准可以通过一定的经济指标或物品予以明确界定，表现为在生产方面难以维持简单再生产，在生活方面难以满足衣食住行等人类基本生存需求（叶普万，2004）。绝对贫困的"绝对性"建立在需求的"基本性"上，随着基本需求内涵的不断拓展，绝对贫困内涵也会发生变化。基本需求是物质上或经济上的最低生理需求，是一种生存临界状态（左停等，2019）。人的最低生存需求，可以用纯粹客观的物质指标去测量，是低于最低物质生活水准的一种生活状况（李强，1996）。"基本需求"的"非食物"内涵的不断拓展，不仅丰富了绝对贫困概念，而且是绝对贫困与相对贫困概念边界模糊的重要原因。汤森特较早提出基本需求还应该包括基本的社会参与等（Townsend, P., 1979）。马丁·瑞沃林（2005）认为"基本需求"不仅是满足个人最低限度的生活需要，还包括基于整个贫困比较领域而产生的更高的生活需要。因为不同地区、不同社区、不同家庭，甚至同一个家庭中的不同成员对"温饱"的理解本身存在差异，加之收入水平无法反映绝对贫困的非物质方面，在理解绝对贫困概念时，要注意绝对贫困的相对性（郑宝华、张兰英，2004）。

本书借鉴国内最广泛接受的概念，认为绝对贫困指在一定的社会环境和生存方式下，个人（家庭）依靠其劳动所得和其他合法收入不能维持其基本生存需求的状况。

（二）相对贫困定义

相对贫困概念是对绝对贫困概念的发展（沈小波、林擎国，2005），既有差距的相对性，又有贫困内核的绝对性，是复合性的（檀学文，2020）。相对贫困的概念受到绝对贫困内核的深刻影响。一方面，贫困本身就是基于社会比较的相对状态。伦敦政治经济学院的学者蒂特马斯（Titmuss，1976）、加尔布雷思（Galbraith，1958）和汤森特（Townsend P.，1979）对贫困的理解进行了扩展，认为贫困不再是基于最低的生理需求，而是基于社会的比较，一个人是否贫困不仅取决于他自身的收入水平，还取决于其他人的收入水平，即相对贫困。汤森特提出的"相对剥夺"的研究方法为相对贫困研究奠定了基础，他认为贫困是一种相对剥夺，贫困的相对性是绝对的（Townsend，P.，1979）。"贫困不仅仅是基本生活必需品的缺乏，而是其拥有的资源不足以使其达到社会平均生活水平，从而被排斥在正常的生活方式和社会活动之外的一种生存状态。"另一方面，相对贫困的界定受到绝对贫困概念的深刻影响。阿玛蒂亚·森（2004）认为贫困不仅仅是相对于别人穷，其核心是基本可行能力的绝对剥夺，同时他承认贫困具有相对性，并且这种相对性也体现在对贫困的测量中。相对贫困虽然没有绝对贫困的问题，但是低于社会公认的基本生活水平，也缺乏扩大社会再生产的能力（童星、林闽钢，1994），包括营养、健康、教育、住所等生理形式的剥夺和脆弱性、无发言权、社会排斥等社会形式的剥夺（唐任伍，2019；高强、孔祥智，2020；郭熙保，2005；张彦、孙帅，2016；李炳炎、王冲，2013）。马克思也曾论及无产阶级的"相对贫困"问题，他说：通过劳动本身，活劳动能力的贫穷的主体，同已经创造出来的价值即创造价值的现实条件相比较，形成越来越鲜明的对照。他所描述的就是一种"相对贫困"的状态，劳动为资本家生产财富，为工人则生产了赤贫，"悖论性贫困"是由资本主义生产关系决定的，贫困在"外围"的相对性减弱不会改变贫困在"内核"上的绝对性凝固，贫困的相对性的增强即贫富分化是常态（姜英华，2019）。

相对贫困除关注基本生活需求这一"绝对内核"之外，还需要关注收入或财富在不同社会群体或社会阶层的分配问题，即发展不均衡带来的相对差距。权利与机会不平等、制度政策壁垒、基础资源禀赋客观差异、社会排斥与相对剥夺等是相对贫困的深层次原因（李鹏等，2021），收入分配不均等是相对贫困的突出表现。国家统计局农村社会经济调查总队《中国农村贫困标准》课题组1990年提出"相对贫困"概念：相对贫困是比较而言的贫困，是在不同社会生产方式、生活方式下贫困标准的变化，以及同一时期社会成员之间、地区之间的差异，即生活水平最低的那一部分人口或地区称为相对贫困人口或相对贫困地区。

借鉴已有对相对贫困的定义，本书认为相对贫困的内核是贫困。一方面表现为比较而言的"贫"，这一"贫"不再基于最低的生理需求，而是基于社会的比较，低于社会公认的基本生活水平；另一方面表现为比较而言的"困"，即人的全面发展面临制约，二者共同构成相对贫困内涵。

（三）贫困治理概念

治理的兴起是西方政治学家在社会资源的配置中既看到了市场的失效又看到了国家的失效，主要是寻找国家、市场和社会的重新定位（何翔舟、金潇，2014）。1989年世界银行在其报告《撒哈拉以南：从危机到可持续发展》（Sub-Saharan Africa：From Crisis to Sustainable Growth）中提出"治理危机"（Crisis in Governance）一词，此后，治理在社科领域被广泛运用。"治理"的基本含义是指官方的或民间的公共管理组织在一个既定的范围内运用公共权威维持秩序，满足公众的需要（俞可平，2000）。治理的要素构成可分解成五个问题：为什么治理、依靠什么治理或如何治理、谁治理、治理什么、治理得怎样。"为什么治理"和"治理得怎样"核心是回答治理目的和治理效果的问题，即治理成效；"依靠什么治理或如何治理"主要回答治理手段或中介的问题，即治理方式；"谁治理"回答治理主体的问题；"治理什么"回答治理客体的问题，即治理对象。治理主体、治理对象、治理方式、治理成效共同构成治理的基本要素。

"贫困治理"是治理理念在贫困领域的具体实践，是政府、市场组织、社会组织等多主体为解决贫困问题，投入资源并相互协商合作，缓解贫困、保障贫困人口的权利、提高社会均衡程度，最终实现反贫困目标的过程和状态

（李雪萍、陈艾，2016；刘敏，2008）。贫困治理包括治理理念、治理主体、治理方式、治理目标等要素（庄天慧、张海霞，2019）。从管理转向治理，贫困治理具有的典型特征主要有以下几个。一是强调贫困问题处理时的多元主体联动（郝龙，2015；黄承伟、周晶，2015）。贫困治理主体应是政府、市场组织、社会组织、民众多主体合作的网络状结构。政府由负责者转变为主导者，既肯定其治理主体地位，又强调政府功能和职责的调整（李雪萍、陈艾，2016）。二是贫困治理过程是主体建构及资源的创造与分配过程（李雪萍等，2015）。贫困治理强调利益相关者（治理主体）在互动中联结、整合各种资源，不同于传统的政府垄断减贫资源并实现减贫目标的模式（黄承伟、王猛，2017），贫困治理则是多主体投入资源并相互协商、协作的过程（黄承伟、周晶，2015）。三是强调贫困治理的多维性。不同的供给主体针对贫困户的实际特征和发展需求，实施多样化的帮扶措施，帮助贫困户建立起稳固的生计系统（向德平、华汛子，2019）。四是以实现减贫效益最大化为目标，最终形成一个解决贫困问题的自主网络（郝龙，2015）。在贫困人口减少及贫困程度降低的同时提高社会均衡程度（黄承伟、周晶，2015），实现贫困缓解和社会经济发展的双重目标（骆希、庄天慧，2016），保证贫困群体脱真贫、真脱贫（向德平、华汛子，2019）。

借鉴已有研究，本书认为贫困治理包括治理主体、治理对象、治理方式、治理成效四大基本要素，是政府、市场组织、社会组织等多主体为解决贫困问题，投入资源并相互协商合作，缓解贫困、保障贫困人口的权利、提高社会均衡程度，最终实现反贫困目标的过程和状态；是多元主体联动，强调利益相关者（治理主体）在互动中联结、整合各种资源，强调贫困治理的多维性。

二　国内外研究进展

（一）相对贫困的识别与测度

相对贫困的识别与测度是相对贫困治理的基础，已有研究主要从识别内容、识别标准、测度评价等方面进行了研究和实证。

一是收入与非收入相结合的多维度识别内容已成为共识。贫困线的划定具有很强的社会性，收入一直以来是相对贫困线计算的主要标准：一种是比例法，这一方法把全体居民按收入从低到高排序后，规定其中某一比例的最低收入群体为贫困群体；另一种是平均收入法，这一方法是以全体居民人均收入的某一比例作为贫困线。在平均收入法中，一种是"强相对贫困线"，即根据收入的人口分布的平均值或中位数，由这个平均值或中位数的百分比确定的。经合组织（OECD）国家普遍的做法是使用"强相对贫困线"，即贫困线是在一个恒定的比例下设定的，通常是国家每年人均收入或收入中位数的40%—60%（Van Vliet，O.，Wang，C.，2015）。另一种是"弱相对贫困线"，即如果所有的收入以相同的比例增加（减少），那么总体贫困衡量标准就必须上升（下降），因此相对贫困线应随社会人均收入或收入中位数上升而上升，但弹性小于1（Kakwani，N.，1984；James，E.F.，1998；Ravallion，Martin，2016）。当前国际上主要的收入相对贫困标准可以归纳为三种类型（孙久文、李星，2019）：一是"美国标准"，相对贫困线的划定以绝对收入为依据，在收入的基础上结合各种类型的家庭进行浮动；二是"日本标准"，不同于美国以绝对收入为基础，日本划定相对贫困线考虑了不同生活水平的差异，按照家庭收入水平中中等收入家庭收入的60%，结合以家庭结构、家庭规模和年龄衡量的生活消费水平的因素进行综合衡量；三是"欧盟标准"，划分标准绝对程度介于美国与日本之间，是按照所有居民收入中位数的60%来划定的。世界银行的标准则是将收入低于平均收入的1/3的社会成员视为相对贫困（郑长德，2018）。我国学者对相对贫困线划定的研究，以王小林（2017）为代表，以人均年纯收入中位数的25%为贫困线。随着对贫困内涵认识的不断深入，多维度的相对贫困标准日趋成为共识。以收入为基础划定贫困线的方法难以反映贫困内涵的多维性和家庭的异质性，雪铁龙和迈克尔提出"混合"贫困阈值，该阈值由"部分"生活标准和基本商品支出中位数构成（Citro，Constance，Michael Robert，1995）。孙久文、张倩（2021）提出2020年后中国的相对贫困标准应转变为以收入标准为主、其他标准为辅的多维贫困标准。方迎风、周少驰（2021）基于 AF 多维贫困测度方法，在单一维度贫困识别与多维贫困总体识别上均采用相对贫困线，提出了"双相对界限"的多维相对贫困测度体系。汪三贵、孙俊娜（2021）构建了收入维度与非收入维度的多维相对贫困标准。

二是城乡分设、梯度推进标准成为当前我国学界广泛使用的识别标准。在具体的相对贫困标准设定中，学者基于对城乡融合发展趋势与城乡二元分割现实的广泛共识，提出相对贫困标准呈现以农村标准为主、城乡分设的典型特征。汪三贵、孙俊娜（2021）提出可以按照城镇与农村居民人均可支配收入中位数的 40% 分别确定城镇与农村的相对收入贫困线。李莹等（2021）采用"方法城乡统一、基数分城乡与水平分城乡"的方式来划定相对贫困标准，方法统一为收入比例法，城镇相对贫困标准为城镇居民可支配收入中位数的 50%，农村相对贫困标准为农村居民可支配收入中位数的 40%。孙久文、张倩（2021）提出以农村居民人均可支配收入中位数的 40% 为标准，其他标准可从教育、健康、社会保障和对外沟通等四个方面合理设置。在具体的农村相对贫困标准方案执行中可以梯度推进，孙久文、夏添（2019）提出 2021 年的相对贫困线可设置为 2020 年农村居民收入中位数的 40%；以 5 年为调整周期，2021—2025 年贫困线绝对值随价格指数调整，2026—2030 年可设置为 2025 年农村居民收入中位数的 45%，2031—2035 年为 50%，以后逐步趋向 60%。

三是从时间、空间、群体等多角度对我国相对贫困进行了实证测度。在确定相对贫困标准的基础上，一些学者对我国的相对贫困长期变化规律和趋势进行了研究。如胡联等（2021a）使用基于洛伦兹曲线的相对贫困衡量和分解方法，衡量了农村相对贫困的长期变动，并且对其进行分解；胡联等（2021b）从弱相对贫困的视角分析了弱相对贫困长期变动。一些学者对我国相对贫困的空间分布进行了测度分析。李波、苏晨晨（2021）测度了深度贫困地区的相对贫困，赵志君等（2020）测度了民族地区相对贫困。一些学者对特定群体的相对贫困进行了测度分析，如残疾人相对贫困（廖娟、黄金玲，

2021；杨亚亚等，2020）、城市流动人口相对贫困（杨洋、马骁，2012；朱晓、秦敏，2020）、新生代农民工相对贫困（杨帆、庄天慧，2018）、移民相对贫困（何家军、朱乾宇，2016）、工人相对贫困（施杨，2012）。

（二）相对贫困影响机制研究

随着对相对贫困研究的深入开展，学者对相对贫困的研究逐渐从消除绝对贫困之际的聚焦概念内涵研究转变为对相对贫困生成的影响因素即影响机制的解析，主要从资本禀赋、政策制度、社区发展等方面进行深入研究。

在资本禀赋对相对贫困的影响方面，金融资本的关注度最高。低收入家庭缺乏数字工具是现阶段数字普惠金融发展加剧相对贫困的主要原因（胡联等，2021c）。人力资本也是影响相对贫困的重要因素。家庭资本匮乏、权利与机会缺失和韧性能力不足共同构成了相对贫困的生成逻辑，非学历教育能显著缓解农户相对贫困（彭继权，2021），疾病与相对贫困之间有显著的相关性（刘勇，2021）。劳动力数量、受教育程度、健康状况等劳动力禀赋对农村家庭相对贫困具有显著影响。社会资本、土地资本等因素正逐渐得到关注。宗族参与、社会资本积累（罗明忠等，2021）、社会排斥（边恕、纪晓晨，2021）、社会网络能显著缓解农村家庭的相对贫困，劳动力迁移是社会网络影响农户家庭相对贫困的重要机制。一些学者对土地流转和农业生产的研究表明，土地流转有利于缓解农户相对贫困（张亚洲、杨俊孝，2021；王卓、郭真华，2021），农机社会化服务采纳通过提升农业生产效率、劳动力配置效率和要素交易效率，有利于缓解农户相对贫困（邱海兰等，2021）。

在政策制度对相对贫困的影响研究方面，农村社会养老保险、环境规制等政策制度对相对贫困影响显著。收入和教育资源分配不平等对相对贫困影响显著。最低工资通过收入效应和就业挤出效应仅对城市劳动力有着积极影响。在社区发展对相对贫困的影响方面，子女流动显著降低了农村老年人口陷入相对贫困的风险，农村集体经济（胡凌啸、周力，2021）、基本公共服务（胡志平，2021）等都对相对贫困具有缓解效应。

（三）贫困治理影响机制分析

在贫困治理影响因素方面，已有研究大多从影响贫困治理的贫困人口、扶贫资源、自然环境、治理制度等多方面综合因素分析。郑瑞强、曹国庆（2016）认为扶贫开发进程中脱贫人口面临的政策性返贫、能力缺失返贫、环境返贫、发展型返贫等风险导致贫困人口生计脆弱，是贫困治理不可持续的主要原因。张耀文、郭晓鸣（2019）认为贫困治理成效不足的原因主要是帮扶内容上重物质帮扶轻内生动力激发、推进方式上重行政手段轻市场机制、制度构建上重当期脱贫轻长远发展、主体协同上重政府主导轻贫困户参与。潘秀珍、周济南（2019）认为贫困民众自身造血能力不足、社会发育程度滞后，已经成为构建精准脱贫长效机制的主要障碍。王怀勇、邓若翰（2019）认为扶贫权力的"双刃性"、扶贫活动的"正外部性"和贫困主体的"弱势属性"是精准扶贫成效不足的重要原因。王昶、王三秀（2016）认为农村贫困治理能力持续提升面临制度保障、财政支持、专业化及整合化治理贫困能力不足等多种因素的制约。焦克源等（2019）认为深度贫困地区生产环境的脆弱性、贫困基因的寄生性及贫困文化的代际传递性导致脱贫人口返贫现象高发。闫磊、朱雨婷（2018）阐明了可持续稳固脱贫的实现路径是"资源禀赋—生产能力—可行能力"。丁军、陈标平（2010）分析发现农村返贫现象的主要根源在于"主体、供体、载体"三者发展的不可持续性。陈标平、吴晓俊（2010）分析认为农村返贫现象的主要原因在于"贫困人口、扶贫资源、自然生态"三者发展的不可持续性。部分研究主要分析了影响贫困治理长效性的某一方面因素。治理主体方面：治理目标的短期性、村级组织与其他各扶贫主体关系的持续性、利益相关者的共赢性。治理方式方面：政府主导的农村贫困治理模式绩效不高，忽视了贫困家庭的主体作用，忽视了贫困的地方性知识，绿色发展是关乎贫困地区能否长效发展的关键点，降低未来贫困的风险是增强减贫稳定性的重要保障。治理制度方面：退出贫困县对农民人均纯收入具有负向影响，治理过程中的制度性障碍一直存在，随着我国生产力的发展和社会主义制度的不断完善，贫困治理会趋于持续稳定，当前我国传统单一的行政治理范式已经很难满足现实的贫困治理需求。

在贫困治理影响机理方面，已有研究可以总结为从治理主体、治理对象、治理方式等不同方面进行贫困治理影响机理分析。贫困的多维性决定了贫困治理主体和治理手段的多元化（黄承伟、王猛，2017）。治理主体影响贫困治理的表现包括扶贫治理中政府主导、社会参与不足，而治理发展现实又呼吁多中心的协同治理，从而引发治理主体不平等、治理力量不均衡、治理协同不一致、治理资源不优化、治理成效不理想的现实治理困境（吴映雪，2018）。治理主体影响贫困治理的机理，主要包括政绩考核"诱致"的投机行为、过度强调政府主体责任而"淡忘"社会的主体权利与责任（杨华锋，2017）、政治主体性的凸显与行政主体性的弱化（刘建，2019）；制度结构的非稳定性、利益结构的非均衡性、治理结构的非对称性和资源结构的非对等性等结构性失衡导致治理主体间存在冲突（方帅，2019）。企业参与贫困治理受到社会责任、政治担当以及自身利益影响（黄承伟、王猛，2017；万良杰、薛艳坤，2018）。

治理对象影响贫困治理的机理。贫困对象也是贫困治理体系中的治理对象，已有研究主要从以下两方面进行了治理对象对贫困治理的影响机制研究。一是贫困人口个人禀赋造成贫困的持续性导致贫困治理难以奏效。贫困群众在习得性无助与贫困文化侵袭的过程中形成了基于贫困生活的个体认知，出现了失调的行动策略（丁志刚、李航，2019）。在人力资本、社会资本和心理资本的共同作用下，贫困因素通过结构机制和文化机制实现代际传递（刘成军，2018）。贫困人口的行为选择会因为贫困而受到约束并产生偏差，进而影响个体及其家庭成员的发展，这种行为偏差又会进一步导致个体及其家庭的贫困程度加剧，使这些个体或家庭陷入贫困陷阱，形成持久性贫困、代际贫困、贫困聚集等各种贫困均衡状态（方迎风，2019）。二是贫困人口缺乏脱贫内生动力的发生逻辑。相当一部分贫困人口中存在较突出的主体性弱化状况（王娴、赵宇霞，2018），贫困人口缺乏脱贫内生动力的发生逻辑是：首先，小农理性下受利益驱使的农户形成争当贫困户的"自愿型贫困"，造成贫困户

"不愿"脱贫;其次,贫困户在贫困识别、资源匹配和脱贫行动选择方面因决策受限,形成"边缘化治贫",造成农户"不能"脱贫;最后,贫困户受贫困文化影响,出现"精神贫困",造成贫困户的"内卷化脱贫"(李全利,2019)。

治理方式影响贫困治理的内在机理。贫困治理过程中基于市场逻辑的效率、基于扶贫逻辑的公平、基于公共治理的参与等多元价值冲突导致久扶贫不脱贫(翟军亮、吴春梅,2019)。产业扶贫需要凸显贫困户的主体性作用(刘建生等,2017)、外源性的产业扶贫与内生性的利益分享机制的统一(杨艳琳、袁安,2019)。产业扶贫作用机制主要是利益相关者共同对生产要素进行匹配的过程。着重强调贫困户自身拥有的土地、劳动力要素的长效参与机制。在公共服务扶贫方面,小型基础设施扶贫项目通过多种途径降低了贫困户的生产成本、交通运输成本、信息获取成本和集体行动成本等生产生活的交易成本(殷浩栋等,2018)。参与式扶贫注重培育贫困农民的内生发展能力(郭劲光、俎邵静,2018),协同治理是促进扶贫移民获得可持续脱贫能力的根本路径(梁伟军、谢若扬,2019),易地扶贫搬迁的可持续需要建立全环节机制体系即宣传动员机制、搬迁补偿机制、生计接续机制、能力提升机制、公共服务保障机制、社会关系网络拓展机制和联动协作机制(白永秀、宁启,2018)。在电商扶贫方面,互联网通过促进农户的社会资本积累、提高农户的非农就业概率与非正规金融借贷水平,进而改善农户的贫困状况(殷俊、刘一伟,2018)。直接援助可能不利于实质性的结果正义的实现,并最终妨害人道本身(王成峰,2019)。

(四)相对贫困治理路径研究

有效治理相对贫困,既要遵循理论指导,又要结合实际情况,在消除绝对贫困后,广大学者从理论、实践等方面对我国相对贫困治理的长效机制进行了设计和构建。一是基于相对贫困内涵构建治理机制。相对贫困的治理应遵循"底线公平—机会公平—结果公平"的逻辑思路(罗明忠、邱海兰,2021),从发展目标和实践层面对相对贫困治理的"四梁八柱"进行顶层设计

（匡远配、肖叶，2021），应按照"监测识别—制度管理—贯彻落实—反馈完善"的基本思路，调整扶贫战略、划定扶贫标准、完善帮扶机制、强化制度保障、加强返贫治理（杜庆昊，2021），从动态监测机制、制度保障机制、政策执行机制、评价反馈机制四个主要方面加以探索和完善（曾福生，2021）。二是从国际国内相对贫困治理的实践出发构建相对贫困治理的长效机制。基于欧美等国家的经验启示，中国相对贫困长效治理机制构建研究（王卓、郭真华，2021；赵迪、罗慧娟，2021），跳出"就贫困而论贫困"的窠臼，将贫困置于国家整体经济发展的大背景下，以"机会—能力—保障"的逻辑架构，构建相对贫困治理长效机制的核心线索（罗必良，2020），从高质量发展、乡村振兴战略等国家宏观视域下构建相对贫困治理的长效机制（解安、侯启缘，2021；孙明慧，2021）。三是对特定地区和特定人群的相对贫困治理长效机制进行设计，包括民族地区（刘洪等，2021）、水库移民（张健等，2021）、老年相对贫困（辛远、韩广富，2021）、农村相对贫困（曲延春，2021）、城市相对贫困（关信平，2021）等。

（五）共同富裕进程中相对贫困治理研究

随着我国消除绝对贫困，实现共同富裕与相对贫困治理被日益关注。在二者关系方面，相对贫困治理是共同富裕的主要内容、关键所在、实现路径（谢华育、孙小雁，2021）和总体目标（檀学文，2020），共同富裕的主要内容就是相对贫困治理，共同富裕是精准扶贫的延续，是国家治理体系和治理能力现代化面对的新课题（谢华育、孙小雁，2021）。建立解决相对贫困问题的长效机制是中国特色社会主义共同富裕的实现机制，以相对贫困治理驱动共同富裕面临贫富差距鸿沟难弥合、相对贫困识别难度高、代际收入流动性弱、韧性就业长效机制未形成四大关键挑战。在共同富裕框架下进行相对贫困治理方面，檀学文（2020）率先在共同富裕框架下建立包括兜底型贫困标准（与低保标准并轨）、数值型相对贫困标准（减贫工作标准）、比例型相对贫困标准（相对贫困监测标准）、多维贫困标准、共享繁荣指标的多元相对贫困标准体系，提出解决相对贫困应坚持经济增长、人力资本投资、社会保障"三支柱"战略。

三　文献评述

综上所述，已有国内外文献极大丰富了农村相对贫困治理的理论研究，为本书提供了广阔的研究视野，奠定了坚实的理论基础。相对贫困及贫困治理的概念内涵对本书农村相对贫困治理的认识奠定了基础，相对贫困识别测度的相关成果为本书农村相对贫困识别监测提供了理论和方法借鉴，关于贫困治理的影响因素及其内在运行机制的研究，主要从治理对象、治理主体、治理方式、治理成效等方面进行了研究，为本书提供了重要的分析维度借鉴。但是，由于我国长期以来的贫困治理实践主要以绝对贫困治理为主，已有的贫困治理研究主要集中在绝对贫困治理方面，相对贫困治理研究整体处于起步阶段。已有相对贫困治理的研究主要集中于识别、测度、理论内涵探讨等探索性研究，对处于共同富裕进程中的农村相对贫困治理问题及内在的理论逻辑、运行机制、破解路径等理论与实践问题，还缺乏有针对性的系统研究。基于此，本书结合国家重大战略部署，立足巩固拓展脱贫攻坚成果的迫切需要、扎实推进共同富裕的客观要求，认为以下问题还需进一步探讨、发展和突破。

（一）厘清共同富裕进程中农村相对贫困治理的理论内涵与逻辑

厘清共同富裕进程中农村相对贫困治理的理论内涵，是准确定位共同富裕进程中农村相对贫困治理研究的前提和基础。共同富裕是我国解决相对贫困的最终目标，把农村相对贫困治理置于实现共同富裕的战略目标中长远谋划，既是实现共同富裕的必由之路，更是社会主义制度优越性的有力彰显。目前虽然已有研究对共同富裕与相对贫困治理的关系有所涉及，但对共同富裕进程中农村相对贫困治理的内在要求与理论内涵还缺乏研究。只有深入把握共同富裕进程中农村相对贫困治理的时代内涵，才能明确我国相对贫困治理的目标方向和发展方位，进而为农村相对贫困治理提供理论指导。从理论层面分析农村相对贫困的内在运行逻辑，是开展我国相对贫困治理研究的重要依据。相对贫困及其治理有其自身发展演变的规律，我国国土辽阔，不同区域农村经济、社会、生态、文化差异大，不同区域、群体在走向共同富裕进程中所面临的现实困境和突出矛盾不同，加之与绝对贫困相比，相对贫困具有相对性、多维性、动态性、长期性、客观性与主观性叠加的特点，成因更复杂，治理维度更多，治理难度更大。要对农村相对贫困进行有效治理，就必须准确把握其内在运行的客观规律和普遍矛盾，从而总结归纳农村相对贫困治理的普遍规律。已有关于农村相对贫困治理的研究主要从相对贫困的生成条件出发，鲜有研究从阻断贫困再生产的治理能力出发对相对贫困进行认识，忽略了相对贫困缺乏国家治理干预，贫困对象往往难以消除和改变相对贫困生成条件，必须依靠国家治理才能消除相对贫困，如何从治理视域解析相对贫困缓解的演化过程，亟须理论突破。

（二）设计符合我国国情的相对贫困对象识别监测机制

国内外在设定相对贫困标准时，所设标准各不相同。总体来看，相对贫困标准主要以收入为基础，相对忽视了其多维特性，面临瞄准机制缺陷带来的识别漏出性挑战。中国特色的相对贫困治理，始终把发展作为消除贫困最有效的办法，以区域发展带动人口发展是我国贫困治理的典型特征，已有的相对贫困治理识别主要聚焦微观个体，缺乏对将区域纳入在内的相对贫困对象识别监测标准的研究。国内已有研究注重对相对贫困测度的理论探讨，却忽视了对现实国情的考量；对相对贫困对象的瞄准研究面临难以操作的现实困境；对如何改进完善在精准扶贫过程中形成的绝对贫困人口识别机制并将其运用于农村相对贫困的识别监测，缺乏相关研究。共同富裕的实现是一个长期过程，如何在共同富裕总框架下，分阶段设置"尽力而为、量力而行"的农村相对贫困识别标准，建立既能有效监测相对贫困对象多维需求又切实可行的相对贫困对象识别指标体系值得深入探讨；如何在已经形成的我国农村绝对贫困对象识别指标体系基础上进一步创新完善农村相对贫困对象识别监测机制，亟须我们解决。

（三）探索农村相对贫困治理中的多元主体协同机制

多元主体协同是我国贫困治理的有效经验，我国贫困治理由绝对贫困治理阶段转入相对贫困治理阶段，已经形成的多元治理主体的协同机制，需要根据新发展阶段的新情况和新问题进行转型和优化升级。在我国农村由绝对贫困治理向相对贫困治理转变的客观现实下，政府治理职能如何转型、市场机制作用如何进一步发挥、社会组织功能如何进一步完善，亟须我们进行研究。虽然我国已有的贫困治理经验能够为相对贫困治理中政府职能转型提供一定的借鉴，国际上的贫困治理实践也在一定程度上为我国政府贫困治理职能转型提供了部分思路参考，但对政府、市场、社会、个体等多元主体在相对贫困治理中的职能分工和协同机制还缺乏深入研究，显然难以适应新阶段城乡关系转型、乡村振兴背景下农村相对贫困治理的现实需求。

（四）对新阶段我国农村相对贫困治理面临的实践问题进行针对性研究

随着我国经济社会的快速发展，城乡关系发生了深刻变革，农户分化加剧，数字经济等推动我国经济发展新动能持续壮大，新产业、新业态、新商业模式快速成长，数字经济、劳动力流动、老龄化等给农村相对贫困治理带来新的挑战，我们亟须对此进行理论分析与验证，厘清其内在影响机制，探索农村相对贫困治理的新路径。当前我国处于从全面消除绝对贫困进入相对贫困治理的初期，不同区域农村相对贫困的形成原因、典型特征等差异显著，农村相对贫困治理实践步伐不一，已有的国内国际相对贫困治理实践研究缺乏从相对贫困治理发展演化的不同阶段出发进行相对贫困治理实践的系统总结分析。我们亟须从不同区域发展水平出发，根据其相对贫困治理所处的不同阶段，针对典型的地方实践，对我国农村相对贫困治理的具体路径进行深入剖析和总结，为我国农村相对贫困治理的推进提供参考和启示。

（五）构建可行的共同富裕目标下我国农村相对贫困治理成效评估体系

提出科学可行、符合国情的促进共同富裕的指标体系和考核评估办法，是实现共同富裕不同阶段目标、分阶段促进共同富裕的重要保障。准确把握我国农村相对贫困治理的发展进程，研判其发展差距与发展短板，是确保如期实现共同富裕目标的重要工作。当前关于我国农村相对贫困治理的研究主要局限于对象识别标准等探讨性研究，对相对贫困治理进程的评价体系、评价标准、阶段目标等都缺乏系统研究。基于此，我们亟须在深刻把握相对贫困与共同富裕内在关联的基础上，在共同富裕阶段目标框架下，设置可量化的评估指标体系，基于综合评价，科学制定我国相对贫困治理的阶段目标，这些都是需要深入研究的内容。

第二节　相关理论基础

一　共同富裕理论

共同富裕理论是马克思主义理论体系的重要组成部分，是马克思主义经典作家共同富裕理论与中国国情有机结合的中国特色社会主义理论的集中体现，是习近平新时代中国特色社会主义思想的重要内容。

共同富裕理论来源于不断在实践中提升的马克思社会发展理论的社会主义社会发展观。马克思、恩格斯的科学社会主义思想是"共同富裕"的思想源泉。马克思、恩格斯科学地揭示了人类社会发展规律，论证了社会主义和共产主义最终必然代替资本主义和一切私有制社会的规律性和历史趋势（邱海平，2016），推进实现共同富裕需要以实行公有制为前提条件，以发展生产力为内在要求，以阶段性和渐进性为推动共同富裕重要特征，以解决贫困问题为实现共同富裕目标的重要路径。列宁和斯大林在苏联社会主义实践的基础上，进一步拓展了马克思、恩格斯关于社会主义共同富裕的思想内涵，强调实现共同富裕目标是社会主义的基本特征，要以发展生产为物质基础，以公有制为制度保障（蒋永穆、谢强，2021）。

共同富裕理论发展于中国共产党在领导中国人民进行革命、建设和改革的过程中和坚持发展新时代中国特色社会主义事业的进程中。中国共产党是以马克思主义为指导思想的政党，共同富裕是中国共产党立党及执政的思想基础和奋斗目标。历经新民主主义革命时期（1919—1949 年）、社会主义革命和建设时期（1949—1978 年）、改革开放新时期（1978—2012 年）和中国特色社会主义新时代（2012 年至今）等多个阶段，我国对"共同富裕"的理解从片面的"共同"发展为"先富带动后富"。党的十八大以来，党中央把握发展阶段新变化，把逐步实现全体人民共同富裕摆在更加重要的位置上，扎实推动共同富裕进入新的历史阶段。2021 年 8 月，习近平总书记在中央财经委员会第十次会议上对促进共同富裕的方向、路径和重要任务等做出了明确的阐释和部署。

习近平总书记关于共同富裕的重要论述，是马克思主义共同富裕思想中国化的最新成果，具有鲜明的中国特色和时代特征，深刻回答了新时代为什么要实现共同富裕、实现什么样的共同富裕、怎样实现共同富裕等重大理论与实践问题，标志着党对共同富裕的认识达到了新的高度，是推动实现全体人民共同富裕的思想指引和行动指南，其丰富内涵主要体现在以下几方面。一是深刻回答了为什么要追求共同富裕。共同富裕是社会主义的本质要求，是中国式现代化的重要特征，是中国共产党初心使命的重要体现，是关系党的执政基础的重大政治问题。二是全面揭示了实现什么样的共同富裕。在内容方面，物质生活富裕与精神生活富裕高度统一；在主体方面，全体人民人人有份，共同享有；在实现程度方面，是达到一定水平的有差别的富裕，不是所有人同时富裕，也不是所有地区同时达到一个富裕水平；在实现方式方面，是共同奋斗与制度安排相结合；在实现过程方面，是一个长期过程。三是及时回应了共同富裕的实践途径。论述提出在全面高质量发展中不断创新实践路径，提出强化就业优先导向、发挥分配的功能和作用、完善公共服务政策制度体系等共同富裕的实践途径，为扎实推动共同富裕提供行动纲领。

二　精准扶贫理论

党的十八大以来，党中央把脱贫攻坚上升到国家战略高度谋篇布局，实施精准扶贫、精准脱贫，创造了消除绝对贫困的减贫奇迹。精准扶贫理论的主要内容，是以做到"六个精准"为根本要求，以实施"五个一批"为实现路径，以解决好扶持谁、谁来扶、怎么扶、如何退"四个问题"为根本目的，这三方面构成了精准扶贫理论的主要内容。第一，精准化理念是精准扶贫的核心要义。其中关键是"六个精准"，即扶持对象精准、项目安排精准、资金使用精准、措施到户精准、因村派人精准、脱贫成效精准。精准扶贫内容中"六个精准"的根本要求进一步得到明确。第二，分批分类理念是精准扶贫理论的基础工具。"分类指导"是精准扶贫战略的重要组成部分，主要是按照贫困地区和贫困人口的具体情况，围绕"五个一批"开展"分类施策、分类帮扶"，具体包括发展生产脱贫一批、易地搬迁脱贫一批、生态补偿脱贫一批、发展教育脱贫一批、社会保障兜底一批，通过分类指导、分类施策、分类帮扶，准确识贫及分析致贫原因，并根据不同的贫困类型和致贫原因，确定差异化的扶贫措施，提高减贫成效。第三，强调多维性与综合性是精准扶贫理论的方法论。开发式扶贫理念强调贫困问题的解决要以区域发展为导向，精准扶贫在贫困治理理念上首先瞄准必须到户到人，由于我国贫困地区和贫困人口的差异大，要确保每一个建档立卡户实现脱贫，必然要求扶贫措施多样化和多维性，通过不断创新扶贫开发路径、创新扶贫资源使用方式、创新扶贫开发管理模式、创新扶贫考核评估方式，不断推进贫困治理体系和治理能力现代化（黄承伟，2021）。一系列"精准"政策举措，对于推进国家治理体系和治理能力现代化具有普遍的方法论意义。

精准扶贫理论的产生、发展一方面是在中国特色社会主义理论体系中进行的，另一方面也是针对我国在特定发展阶段的经济社会特征等现实状况提出的，是对马克思主义反贫困理论的继承和创新。作为精准扶贫的核心要义，其不仅是我国消除绝对贫困的有效经验，更是我国治理体系和治理能力现代化的"中国智慧"。坚持"精准"是本书在相对贫困治理对象识别、治理主体协同、治理资源匹配、治理成效评估等研究中的理论核心。同时，本书坚持精准扶贫理论中扶持谁、谁来扶、怎么扶、如何退的"四个问题"导向，构建了本书的"治理对象、治理主体、治理方式、治理成效"的研究逻辑框架。

三 协同治理理论

对于协同治理理论的内涵，可以从管理学、社会学、经济学、物理学等方面进行阐释。在管理学方面，1965 年，美国著名的战略管理专家伊戈尔·安索夫（Igor Ansoff）出版《公司战略》一书，以企业整体的价值有可能大于各部分价值的总和说明了协同的管理学含义。在社会学方面，社会学的开创者孔德（Auguste Comte）提出的社会静力学概念已经包含了社会结构内部各组成部分协同互动的思想。在经济学方面，关于"协作"的基本思想来源于经济学中有关劳动分工与协作的思想。1776 年，亚当·斯密（Adam Smith）在《国富论》中讨论劳动分工与劳动生产率的关系时，提出了"虽然在没有严格劳动分工的时代就存在简单的协作，但劳动分工则对协作提出了更高要求"的思想（周定财，2017）。在关于协同学理论的众多论述中，以物理学领域的协同学理论最为广泛。20 世纪 70 年代，德国斯图加特大学物理学家赫尔曼·哈肯在研究激光的过程中发现其内部存在许多协作现象，得出协同作用的概念，以此为基础创立了协同学理论（赫尔曼·哈肯，2005）。协同学是关于系统中各子系统之间相互竞争与相互合作的科学。在自然界和社会中的所有开放的系统都可以被分为若干子系统，而系统的结构、行为与特性并不完全是其子系统的结构、行为与特性的简单累加。所有系统或子系统之间都存在相互协同的关系。协同学理论正是以系统论、信息论、控制论和突变论等现代科学的最新成果为基础，以耗散结构理论为营养，以统计学和动力学相结合的方法，在不同学科的研究领域中通过同类现象大量类比研究各系统及其子系统从无序到有序的共同的转变规律（赫尔曼·哈肯，2005）。

协同治理是多元主体共同参与的开放性政策过程，是规范治理主体互动模式的关系结构（田玉麒，2018），强调政府与非政府部门的参与者以平等身份、协商方式、共识导向治理复杂化的公共问题，是关于治理主体集体行动方式的规范，作为关系结构的协同治理是治理主体接触、交流与互动的方式，作为决策过程的协同治理过程由政府、民众、社会组织、企业以及其他利益相关者共同完成，其决策过程是集体的、平等的，最大的特点是以共识为导向（蔡岚，2015）。

协同治理理论给予本书的启示在于，相对贫困治理需要由政府、公民、社会组织、企业以及其他利益相关者共同完成，这种治理体系的构建，关键在于治理实践中主体的多元性、跨界的社会合作、多主体的沟通协商以及自下而上的参与。不同于以政府强力推动的精准扶贫非常规治理，相对贫困治理需要不断完善常态化的多元主体协同机制，这也是本书长效治理机制构建的重要理论来源。

四　梯度理论

"梯度"一词的本质反映的是事物规律性变化的不均匀分布状况（李国平、赵永超，2008）。梯度理论是力学范式在区域经济学中应用的典型，经典力学中的梯度理论是用来诠释物质和能量扩散传递的基本定律。经济学中的梯度理论最早可以追溯至 1826 年德国经济学家杜能（Thunen）提出的农业圈理论，其核心含义为农业集约化水平由中心城市向四周逐步下降，呈梯度分布，20 世纪初期韦伯（Weber）和马歇尔（Marshall）进一步从成本变化梯度、企业技术进步等角度为梯度理论奠定了基础。20 世纪下半叶，区域经济学家克鲁默（Krumme，G.）和海特（Hayter，R.）等人以赫希曼（Hirschman，A.O.）和威廉姆斯（Williamsion，J.G.）的不平衡发展理论，以及费农（Vernon，R.）等的工业生产循环阶段理论为基础，创立了区域发展梯度理论（李国平、赵永超，2008）。20 世纪 80 年代初，梯度理论被引进我国，何钟秀等国内学者将梯度理论本土化（夏禹龙等，1983）。其后，众多学者又使其臻于成熟（李具恒，2004）。

"梯度"所涵盖的内容、维度等的变化，是梯度理论由狭义梯度理论转变为广义梯度理论的主线，狭义的梯度理论，也即传统梯度理论认为经济技术的发展形成一种经济技术梯度，应该利用经济技术的空间推移，让有条件的高梯度地区引进掌握先进技术，然后逐步向处于二级梯度、三级梯度的地区推移。由于狭义梯度理论标准的单一化和内容的简单化，其规定生产力只能从高梯度地区向低梯度地区单向转移，在实践中具有很大的局限性，而且其将所有地区经济发展周期视为同质的，忽略了不同国家及同一国家在不同时期经济发展有多种模式（李具恒，2004）。为了适应经济社会的发展，学者们对传统的梯度理论进行修正和完善，形成了广义梯度理论。广义梯度理论将梯度的内容扩展到地理、技术、产业、经济发展水平等多个更广泛意义上的梯度，具体包括由地理空间分异规律的特征所决定的自然要素梯度，由经济增长速度、经济规模、经济推动力等决定的经济发展水平梯度，反映社会公平、社会结构、社会安全等的社会梯度，整合人口数量、人口分布、人口素质等的人力资源梯度，以及生态环境质量梯度和制度层面梯度等（李具恒、李国平，2004）。广义梯度理论的典型特征表现为多元含义和多元梯度，核心在于区域经济增长的影响因素是梯度形成的根本原因，并利用梯度差异促进经济全面发展。广义梯度理论认为各子系统间相互联系、相互影响、相互制约，形成了纵横交错、纷繁复杂的系统网络关系。在广义梯度理论的框架体系中，任何意义的梯度既是梯度推移方，又是接受梯度推移的一方，梯度推移是多维双向的。

在我国的相对贫困治理实践中，区域和群体之间存在多维度的梯度差异，需要按照不同发展水平、不同经济社会基础，制定差异化的发展目标，分阶段逐步开展相对贫困治理实践。本书基于梯度理论，依据不同区域经济社会发展水平，在走向共同富裕进程中的不同发展阶段，依据巩固拓展脱贫攻坚成果与相对贫困治理、乡村振兴与相对贫困治理、共同富裕与相对贫困治理的发展梯度，绘制相对贫困治理分阶段的路线图。

第三节　共同富裕进程中我国农村相对贫困治理的理论框架

一　治理视域下相对贫困再认识

（一）相对贫困的生理性与社会性

深刻理解相对贫困是实现相对贫困长效治理的基础。相对贫困的提出源于人们对贫困认识的不断深化，从 19 世纪末 20 世纪初英国的布什和朗特里主要考察与贫困直接相关的营养与生存等生理性问题（Laderchi，C. R.，2000），到汤森特提出贫困是一种相对剥夺，随着"人类需要"的社会性被重新审视，贫困被认为是个人或者家庭所获得的资源不足以达到按照社会习俗或所在社会鼓励提倡的平均生活水平，从而被排斥在正常的生活方式和社会活动之外的一种生存状态相对剥夺（Townsend，P.，1979）。自此，贫困的"相对性"被正式提出，成为当前相对贫困概念的重要基础。汤森特的理论受到英国著名经济学家阿玛蒂亚·森的质疑，森认为贫困不仅仅是比别人穷，贫困的概念中含有一个不能去掉的"绝对核心"，即缺乏获得某种基本生存物质机会的"可行能力"，其将可行能力定义为一个人有可能实现的、各种可能的功能性活动的组合。此后，森进一步将社会权利、社会参与机会等维度统一到"可行能力"的理论框架之下，形成对贫困问题的整体理解。"多维贫困"将生理性与社会性视角结合起来，进一步把贫困内核与社会性结合起来（Alkire，R.，Santos，S.，2011）。相对贫困与绝对贫困相区别的"相对性"，根源在于其内在的"社会性"，由于社会性的发展、多元、主观等，相对贫困进而具有发展性、多元性、主观性等特征。将生理性与社会性视角结合起来，是相对贫困内涵发展的基本趋势，而其中的社会性，是相对贫困"安身立命"的根本（李棉管、岳经纶，2020）。

学界从经济学、社会学、发展学、政治学不同视角对贫困内涵的认识出发，对相对贫困治理的逻辑思路进行了广泛探讨。在此范式下的相对贫困治理逻辑归纳起来主要有以下两种。一种是单线逻辑。如在收入分配视域下，相对贫困的治理应遵循"底线公平—机会公平—结果公平"的逻辑思路（罗明忠、邱海兰，2021）；在社会视角下将发展不平衡不充分与物质需求和多维需求结合，构建物质贫困治理和多维贫困治理、保障性政策和发展性政策治理逻辑（李棉管、岳经纶，2020）；在基本公共服务非均等化的逻辑下，以基本公共服务为主，破解从发展机会受制约的权利贫困到发展能力受限的能力贫困，进而到发展动力不足的精神贫困（胡志平，

2021）。另一种是双线或多线逻辑。如王小林、张晓颖（2021）提出的"水平"和"垂直"双线治理，"水平"主要指治理主体、治理部门、治理行业之间的关系，"垂直"主要指治理层级之间的关系。曲延春（2021）提出体现经济之"贫"与发展之"困"并重的防返贫治理逻辑。檀学文（2020）提出由包容性增长、基本公共服务均等化、社会保护组成的"三支柱"战略。从与绝对贫困比较的"变与不变"中寻求新的治理方向（陈岑等，2022；韩广富、辛远，2020）。

已有的关于相对贫困内涵及治理逻辑的认识，主要围绕相对贫困对象"可行能力"，从生理性与社会性展开，关于其内涵的拓展主要来源于对社会性内涵认识的不断深化。对于"可行能力"的认识主要集中在表征贫困对象"可行能力"的吃、穿、住、行、受教育、社会参与等能力上，这种能力主要是贫困对象的内在能力，但仅依靠贫困地区、贫困人口、民间组织等力量消除贫困再生产远远不够，还需要从具有消除和改变贫困再生产自然社会条件的国家治理能力视角，对从根本上消除相对贫困的"可行能力"进行再认识。

（二）相对贫困致因的治理

相对贫困的产生原因与对相对贫困内涵的理解密不可分，学界从相对贫困内涵的生理性和社会性出发，从收入分配、社会排斥、能力发展、权利平等等方面对相对贫困的致因进行了分析，具体包括文化因素导致的效用差异、文化差异、政策差异、发展差异及能力差异（姜安印、陈卫强，2021），权利与机会不平等导致的制度政策壁垒和社会歧视，社会因素导致的社会不平等和社会排斥，以及起始条件和基础资源禀赋存在的客观差异等（李鹏等，2021）。已有的关于相对贫困致因的分析主要聚焦于对相对贫困状况及其生成条件的分析，从改变和阻断贫困生成条件的治理视角分析相对贫困致因正逐渐被重视，但相关研究还具有碎片化特征。

"治理"是指官方的或民间的公共管理组织在一个既定的范围内运用公共权威维持秩序，满足公众的需要（俞可平，2000）。治理与贫困之间的关系，是从 20 世纪 90 年代以后"良治"被国际组织作为解决发展中国家贫困问题的一个"良方"后而趋于紧密的（王小林、张晓颖，2021）。鲜有文献将治理作为相对贫困致因，零星的关于治理与收入、贫富差距的文献，为从治理视域理解相对贫困提供了理论借鉴。已有的个别实证研究根据村级治理能力对农民收入（李敏、姚顺波，2020）、政府治理能力对家庭收入差距（高远东等，2021）、政府治理能力对经济增长（刘敏，2020）、官员经济治理能力对县域经济增长（文雁兵等，2020）、治理质量对省域经济增长（刘建党，2019；唐杰等，2019）、不同的收入阶段治理能力对经济产出及经济增长关系（张弘、王有强，2013）的显著影响证明了治理会显著影响相对贫困。一些学者从中国、巴西（苏振兴，2015）、俄罗斯（托马斯·雷明顿等，2014）等国家发展实践中总结出，国家治理能力的差异是国家间贫富分化的重要原因，尤其是中国发展实践充分证明有效的国家治理对推动经济发展和促进社会稳定具有重要作用。一些学者研究了治理影响相对贫困的主要机制。一是通过市场机制传导。政府过多介入资源和财富分配领域会通过压制市场作用、滋生寻租腐败、扩大财政支出等，使分配更加不公和贫富差距进一步增大（贾宝林，2003）。二是通过权利分配传导。国家治理能力的高低，会影响权利在贫富之间、城乡之间的平等分配，产生"直接收入效应"和"间接收入效应"，调节城乡收入关系（韩家彬等，2017）。三是治理主体之间的合作协同关系。美国马里兰大学霍伯特·沃林教授经过 30 年的研究于 1998 年提出了政治弹性理论，认为治理不当是贫国、富国之间产生巨大差距的主要原因（霍伯特·沃林、徐焕，2006），其基本结论是领导者与被领导者协同一致达成社会治理目标的弹性政体能够促进社会发展，而非弹性政体只会阻碍社会发展（吕文栋、祝灵君，2004）。

梳理已有文献可以发现，治理对相对贫困的显著影响已被理论和实践证实。在功能方面，治理为相对贫困"可行能力"内涵提供了"能力环境"；在结构方面，治理主体关系、治理方式改革、治理对象识别、治理目标引领等进一步形成了社会结构和社会关系，影响相对贫困中的"社会性"内涵，治理作为相对贫困的重要致因应该被重视，治理不必然为善治，失效或失败的治理导致斯科特所言的"乌托邦计划"失败命运，甚至导致"发展的灾难"（詹姆斯·斯科特，2004）。提升善治能力，从治理视角寻找缓解相对贫困的有效路径可以作为相对贫困治理创新的突破口。

（三）治理视域下相对贫困的再认识

在深入梳理相对贫困已有的内涵解读，以及治理对相对贫困影响相关研究的基础上，可以在治理视域下对相对贫困进行再认识。相对贫困是相对的"贫"与相对的"困"的交织，直接原因是相对的"贫"，根本原因在于相对的"困"。之所以产生相对的"贫"和"困"，是因为"可行能力"的缺乏，其中包括整体阻断"贫"和"困"的再生产能力的缺乏，即治理能力的缺乏。相对贫困"可行能力"缺乏不只是贫困对象内在能力的缺乏，还包括外在的对其贫困再生产条件进行改变的能力的缺乏。

对相对的"贫"和"困"的阻断能力，来源于治理内在构成的协调运行。治理主体、治理对象、治理方式、治理成效共同构成治理的基本要素。相对贫困是治理能力缺乏的外在表现，是治理主体、治理对象、治理方式、治理成效之间不协调的体现，治理能力的提升是长效治理相对贫困的必然途径。缺乏"治理"视域的相对贫困治理逻辑，容易陷入治理失效甚至失败等现实困境。一是从相对贫困对象发展能力形成的某一方面或某几方面特殊的、内在的原因出发，容易忽视"治理"这一整体的、外在的"能力环境"（霍伯特·沃林、徐焕，2006），难以从整体上提出系统的治理思路，造成"精英俘获""悬崖效应"等治理"目标漂移"的现实困境。二是忽视治理差异对相对贫困的影响，容易形成"治理必定有效""治理必为善治"的逻辑偏误，无法解释一些国家、地区存在的"越扶贫越难以脱贫"等治理失效现象。

二 共同富裕进程中农村相对贫困治理的时代内涵

共同富裕是中国特色社会主义的本质要求，是中华民族先贤志士的一致追求和人民群众的共同理想。中国共产党始终坚持以人民为中心，把实现共同富裕作为奋斗目标。党的十八大以来，党中央把握发展阶段新变化，把逐步实现全体人民共同富裕摆在更加重要的位置上，扎实推动共同富裕进入新的历史阶段。在全面建设社会主义现代化国家新征程中，以习近平同志为核心的党中央从共同富裕的内涵、方法、过程、目标等方面，对新时代实现全体人民共同富裕做出了精要鲜明、系统全面、科学深刻的重要论述，为全面建设社会主义现代化国家提供了根本遵循与行动指南，也为我国农村相对贫困治理赋予了更加鲜明的时代内涵，是我国农村相对贫困治理的目标靶向。

（一）内容维度：农村相对贫困治理多元形态与多维属性统筹发力

2021 年 8 月，习近平总书记在主持召开中央财经委员会第十次会议时强调："共同富裕是全体人民的富裕，是人民群众物质生活和精神生活都富裕，不是少数人的富裕。"[1] 这一论述深刻阐明了什么是共同富裕，其全体性、全面性的深刻意蕴赋予了相对贫困治理内容多元形态与多维属性的应然内涵。一是相对贫困治理内容形态更趋多元。共同富裕是物质生活和精神生活全面发展的富裕，由于共同富裕涵盖内容的全面性，在共同富裕战略目标下的相对贫困治理，不仅包括物质贫困治理，还应包括精神贫困、能力及权利贫困、文化贫困等方面的多维治理；不仅包括客观贫困治理，还包括主观贫困治理。2020 年，我国全面消除了绝对贫困，进入相对贫困治理新阶段，既存在脱贫不稳定的低收入人口、边缘易致贫人口等（韩广富、辛远，2020），也存在规模接近 1.6 亿人的相对贫困人口（李实等，2020），还有随着农民对美好生活向往产生的精神相对贫困、主观相对贫困等多元形态。二是相对贫困治理内容属性更趋多维。要实现具有全面性和全体性的内涵丰富的共同富裕，当前我国农村相对贫困治理内容的属性必将从以经济属性为主转变为多维属性，不仅需要关注造成相对贫困的传统因素，包括家庭人力资本、物质性经济资源、制度因素、自然环境等内部因素和外部因素（陈光金，2008），还要关注

1　中华人民共和国中央人民政府网站，https：//www.gov.cn/xinwen/2021-08/17/content_ 5631780. htm。

新一轮科技革命、产业变革对就业和收入分配带来的深刻影响，土地制度改革、城镇化持续发展（刘颖，2013；刘魏、王小华，2020）带来的社会结构、宗族文化影响（周晔馨、叶静怡，2014），气候变迁等对农村经济社会的结构性重塑，以及乡村振兴背景下农村具体的经济、社会、文化、生态、治理等多元功能和多维发展需求，农村相对贫困治理内容不仅包括经济发展，还包括社会、生态、科技等更加丰富的属性内涵。

（二）方法维度：农村贫困治理现代化与农村高质量发展协同推进

党的十八大以来，以习近平同志为核心的党中央强调"在高质量发展中促进共同富裕，正确处理效率和公平的关系"，"要提高发展的平衡性、协调性、包容性"，[1] 科学回答了怎样实现共同富裕，为新的历史阶段推动共同富裕指明了方向。一方面，实现农村贫困治理现代化是实现高质量发展、促进共同富裕的应然要求。高质量发展的前提条件是权利的规范和充分行使，其实质内容是对利益的均衡分配，其内在要求是国家治理体系的结构优化和效能提升。作为国家治理体系的重要组成部分，农村相对贫困治理的体系优化和能力提升，是农村实现高质量发展的应然要求。高质量发展需要的发展模式创新与发展质量提高，依赖制度建设、部门协同、渐进改革等多重要素的系统联动，在农村相对贫困治理层面，其内在要求就是农村贫困治理的制度建设、多部门协同联动和持续改革，最终实现农村贫困治理的现代化。另一方面，农村贫困治理现代化设定了农村高质量发展的任务取向。高质量发展的目标提出与任务部署深嵌于国家建设和国家治理过程中，治理制度体系是高质量发展的构成要素，治理现代化的目标要求和任务取向必然贯穿于高质量发展过程中。当前我国农村贫困治理从注重脱贫速度和质量向长期持续减贫转变，从保基本生存向谋共享发展转变，从政府驱动向政府、市场、社会协调驱动转变（韩广富、辛远，2020），农村的高质量发展在农村贫困治理现代化进程中，必然不能停留在简单的解决贫困对象温饱问题上，更要从人民

1　人民网，https://www.gov.cn/xinwen/2021-08/17/content_5631780.htm。

对美好生活的向往出发，以贫困对象的物质需求和精神需求为牵引，在发展模式创新和发展质量提升中，满足贫困对象的发展需要。

（三）过程维度：农村相对贫困治理阶段性与长期性共存

任何事物的发展都是一个过程，共同富裕是一个长远目标，具有长期性、艰巨性、复杂性，需要一个长期过程才能实现。这个过程必然要经历一个从少数到多数、从低层次到高层次、从单方面到多方面的渐进演化过程。我国农村相对贫困治理过程，是实现共同富裕过程的重要组成部分，也具有相应的阶段性和长期性。一方面，我国农村相对贫困治理过程必将是一个梯度发展的过程。"共同富裕"本身包含了阶段性发展的特征。在发展阶段层面，社会主义社会作为共产主义社会的初级阶段，其能实现的"共同富裕"必然与共产主义社会蕴含的"共同富裕"有区别。在发展程度层面，"共同"不是"相同"，更不是"均富"。共同富裕不是区域、个体之间整齐划一的平均主义和均等发展。长期以来，我国农村不仅与城镇发展差异大，不同区域之间农村的发展差异也非常显著，西部地区农村整体落后于东部和中部地区，农村相对贫困治理过程必然是一个梯度推进、分阶段渐进发展的过程。另一方面，我国农村相对贫困治理过程必然具有长期性。实现共同富裕需要全国人民共同奋斗，把"蛋糕"做大、分好，需要不断创造、积累社会财富和完善制度才能实现，是一个长期推进的过程，不可能一蹴而就。当前阶段我国社会主要矛盾的变化，呈现的是发展的阶段性特征，是在社会主义初级阶段这一大背景下的新特征、新状态、新矛盾，但我国仍处于并将长期处于社会主义初级阶段的基本国情没有变，我国是世界最大发展中国家的国情没有变。一些农村虽然已经摆脱贫困，但仅仅是刚刚跨过"贫困线"或"温饱线"，小康的基础尚不牢固，相比于消除绝对贫困的局部性和紧迫性，消除农村相对贫困，需要更加充裕的社会财富和更加完善的制度体系。当前我国城乡、区域、群体之间的发展差距较大，农村相对贫困程度和规模都远高于城市，必然要经历一个从相对贫困治理探索阶段到相对贫困治理成熟阶段的长期发展过程。

（四）目标维度：消除相对贫困与实现共同富裕的内在统一

党的十九大对实现第二个百年奋斗目标做出了两个十五年的战略安排，两个阶段都对推进共同富裕提出了具体要求。我国农村相对贫困治理目标必将从属和服务于这一战略目标。一方面，我国农村相对贫困治理必将以共同富裕为归宿。我国农村相对贫困治理以共同富裕为终极目标，这是社会主义的本质要求。收入差距过大不是共同富裕，共同贫穷更与共同富裕相悖。共同富裕强调了富裕的共同性和普遍性，我国农村相对贫困治理要解决的"贫困"问题本质上是提升富裕程度的客观需要。当前我国正朝着全面建成社会主义现代化强国的第二个百年奋斗目标前进，我国农村相对贫困治理目标，必然从属和服务于第二个百年奋斗目标，最终落脚于共同富裕。另一方面，消除相对贫困是实现共同富裕的必然要求和中国特色社会主义制度政治优势的必然所在。从实现共同富裕的要求来看，是要"富裕"而不是要"贫困"，实现共同富裕是以消除"贫困"这一绝对内核为前提和基础的，这是理解共同富裕的关键所在。如果还存在农村相对贫困或农村某个地区、某个群体的相对贫困，共同富裕的"普遍"和"富裕"就是不完整的。消除相对贫困不是消除相对差距，如果发展差距并没有影响到任何人的社会参与，这种差距就不会产生相对贫困（Lister，R.，2004），发展差距的存在与相对贫困的消除并不矛盾。消除相对贫困的共同富裕，依然会存在富裕程度的差距，但这个差距是充分保障人的基本发展机会和能力基础上的差距，而不存在相对的"贫"与"困"的问题。同时，消除相对贫困也是我国制度优势和中国特色社会主义贫困治理的必然所在。中国特色社会主义的相对贫困治理是通过代表全体人民利益的中国共产党的领导来推动和实现的，是一种普遍的"人民福利"，不是简单的社会救济，而是致力于提高所有人实现自由的"可行能力"，这种"发展式"的治理超越了西方社会"托底式"福利分配的政策目标（谢岳，2020），最终实现人的全面发展，最终归宿必然是从根本上消除相对贫困，与实现共同富裕内在统一。

三 农村相对贫困治理演化逻辑理论框架

协同演化是存在于自然界的一种普遍现象。1964 年，生物学家埃利希（Ehrlich）和拉文纳（Raven）首先提出了"协同演化"的概念，而后这一概念被越来越多地应用于地质学、天文学、经济学和管理学等非生物学领域的研究中（郑春勇，2011）。协同演化强调变化过程中的多层次性、根植性、反馈效应与嵌套效应、路径依赖性等，相互影响的各种因素之间相互适应和交织，将微观层面的演化和宏观层面的演化纳入一个一体化的架构中，突破了单向因果联系对研究者思维方式的禁锢，有利于系统剖析不同层面内生互动关系的机理（Lewin，A.K.M.，2001）。

在把握我国农村相对贫困治理时代内涵的基础上，可以发现对于农村相对贫困治理而言，协同演化思想的借鉴意义主要体现在以下两个方面。其一，协同演化思想使人们认识到，互作物种之间彼此交互的选择也可以驱动物种发生演化，具有互作关系、交互选择、协同系统发生的典型特征（童泽宇、黄双全，2019）。农村相对贫困治理本身是一个复杂的动态系统，内容具有多元形态和多向因果，在这个过程中，治理主体、治理对象、治理方式、治理成效之间彼此互作互构、协同演进，这与协同演化的典型特征具有共通性。其二，协同演化思想借用了现代生物学的进化隐喻，强调系统的开放性、变化性和不确定性，将演化过程视为非线性的协同（赵卓、王敏，2015）。我国农村相对贫困治理是渐进的、动态的、非平衡的一个不断"试错"的过程，具有阶段性和长期性，与协同演化关注的问题具有类比性。协同演化思想研究多变量之间的多向因果关系，其蕴含的方法论意义为理解农村相对贫困治理提供了理论借鉴。

（一）农村相对贫困治理的起点：从治理能力不平衡到相对贫困的演化

在治理视域下，相对贫困治理的起点就是破解治理能力不平衡导致的相对贫困演化。这种演化是治理能力不平衡引致不同区域、群体间的收入分配、权利分配、资源分配等不均衡，进而引起相对贫困生理性与社会性的内在演化，并且这些不同层次的演化是交互嵌套、难以区分的（郑春勇，2011）。相对贫困具有贫困绝对内核和相对差距的表现，是生理性剥夺与社会性剥夺的"双核驱动"（李棉管、岳经纶，2020）。

社会性发展不均衡是我国农村相对贫困的核心致因。在相对贫困生成的内在层面，生理性与社会性相互影响、相互型塑，形成相对贫困的内核。一方面，生理性剥夺的内核与社会性发展不平衡紧密相关，其本身具有社会性。"需要"和"贫困"都是社会建构之物，生理视角的"必需品"往往是基于一种社会建构的"共识"，其本身具有社会性。另一方面，在绝对贫困消除之后的相对贫困时期，人类生理性的基本需要普遍得到满足，社会性发展不均衡在相对贫困的"双核驱动"中占据主导地位。当前我国农村已经全面消除了绝对贫困，农村内部、不同区域农村之间、城乡之间的社会性发展不均衡是当前我国农村相对贫困的主要表征。与农村相对贫困社会性发展不均衡相对应，农村相对贫困的测度衡量不仅包括收入维度，还要反映农村内部不同群体社会参与、公共服务、市场参与和自我认知等维度。

治理能力对相对贫困对象内在"可行能力"的影响驱动农村相对贫困演化发展。"可行能力"相对剥夺是相对贫困生成系统具有支配作用的序参量（赫尔曼·哈肯，2018）。治理能力不平衡引致贫困再生产的消除或抑制能力不均衡，进而影响财富分配、要素配置、权利结构的不均衡，驱动不同区域和群体社会性发展的不均衡，影响相对贫困对象内在"可行能力"的获得和提高，进而使生理性与社会性相互影响，使相对贫困演化。同时，相对贫困对象内在的生理性与社会性的相互作用和状态，尤其是其社会性发展水平及结构，也会影响不同群体和区域的权利、要素等的分配格局，进而影响治理能力。这个动态组织过程，形成治理视域下相对贫困的演化（见图2-1）。善治能提升相对贫困对象的"可行能力"，而治理失效会制约相对贫困对象"可行能力"的发挥。

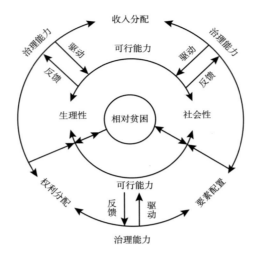

图 2-1 治理能力不平衡驱动相对贫困演化

资料来源：课题组自制。

（二）农村相对贫困治理的发展：从治理要素协调优化到缓解相对贫困

我国农村相对贫困治理的发展过程，就是农村相对贫困治理这个复杂的、综合的、动态的自组织系统不断运动演变的过程，是在治理的演化过程中不断缓解相对贫困的动态过程。根据治理与相对贫困关系，治理作用于相对贫困使其得到缓解的关键在于治理要素不断协调和优化，直至达成善治的协同状态，即治理主体、治理对象、治理方式、治理成效四个基本要素相互作用的"横向—纵向"协同演化过程（见图 2-2）。

治理主体作用于相对贫困治理对象，推动治理主体主导、治理方式传导、治理对象能动、治理成效引导是相对贫困治理要素之间的演化逻辑。治理对相对贫困的作用，在微观底层表现为治理主体通过治理方式减轻治理对象生理性剥夺和社会性发展不平衡，在宏观表层表现为治理主体通过治理方式缩小"区域—城乡—群体"差距，其纵向的演化路径就是治理主体作用于治理对象的过程。治理主体居于支配地位。主体是实践的基础和核心（赵东，2014），在农村相对贫困治理中，治理主体是我国农村相对贫

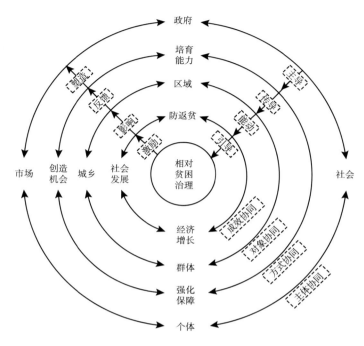

图 2-2　农村相对贫困治理演化框架

资料来源：课题组自制。

困治理的资源整合者和组织实施者，是"治理主体—治理对象—治理方式—治理成效"协调运行，开展治理实践活动的主导者。治理主体通过识别监测治理对象、支配治理方式、确定治理成效考核目标，在整体中处于主导地位。我国农村相对贫困治理主体，包括政府、市场、社会、个体等多元主体。治理主体的多元联动和主导作用是在中国共产党领导下发挥的，中国共产党把消除贫困作为神圣使命，具有强大的组织能力、动员能力和整合能力，通过治理主体的主导作用，这种能力进一步转化为我国贫困治理的善治能力。实践客体是主体的实践活动所指向的对象，对实践主体具有反作用。治理对象作为治理主体的实践客体，对治理主体具有能动的反作用。相对贫困治理对象既是治理的客体，也是治理的主体，是相对贫困治理的内生力量，只有治理对象有主动发展的意愿和自我发展的能力，其他主体对其的帮扶作用才能得到发挥，相对贫困治理才能持续和有效。治理方式是治理主体作用于治理对象的载体、手段和工具，是治理资源到达治理对象的传导路径。治理方式包括发展战略、政策制度等，通过有效的治理方式，实现治理资源快速传导、治理对象需求瞄准，进而解决农村相对贫困问题。在我国农村相对贫困治理中，治理方式主要在于培育能力、创造机会、强化保障。治理成效是治理目标的实现程度，对治理对象、治理主体、治理方式具有引导作用。评价治理成效，可以引导治理主体根据评价结果实现治理方式优化、治理对象行为调整、治理方式改进等，促进农村相对贫困问题的解决。

相对贫困治理对象的反馈，推动治理主体、治理对象、治理方式、治理成效等治理要素不断协调优化，进而缓解相对贫困。相对贫困本身是治理能力缺乏的外在表现，解决相对贫困的过程就是提升治理能力的过程。治理对象既是主体也是客体，是相对贫困治理演化中的枢纽和触发点。一方面，治理能力最终体现为治理对象相对贫困的缓解程度；另一方面，治理对象的相对贫困程度、结构等特征又会影响治理方式调整、治理主体协同、治理成效考核等。农村相对贫困治理不仅存在"治理主体—治理对象—治理方式—治理成效"之间的协同演化，其内在各要素也存在互馈互作。治理对象的需求会型塑治理方式，进而反作用于治理主体，塑造治理主体结构，治理成效会影响治理主体对治理目标及治理对象的选择、治理方式的优化。"政府—市场—社会—个体"之间要协同发力，"区域—城乡—群体"要协同发展、消除差距，"增能—赋权—保障"要统筹使用，治理成效既要巩固拓展脱贫攻坚成果、防范规模性返贫，又要统筹经济增长和社会性发展，在对欠发达地区、低收入群体的增收考核的同时，要兼顾对公共服务、文化服务均等化等社会性发展指标的考核。由此，治理主体、治理对象、治理方式、治理成效相互影响，不断动态演化，最终形成相对贫困自主治理网络，形成相对贫困长效治理机制，在治理过程中不断缓解相对贫困。

（三）农村相对贫困治理的结果：从缓解农村相对贫困到全面共同富裕

促进共同富裕，最艰巨最繁重的任务在农村。缩小我国共同富裕进程中的区域差距、城乡差距、群体差距的关键短板在农村。共同富裕的关键是要缩小城乡之间、农村区域之间、农村内部群体之间的"三大"差距。在空间层面，缓解农村相对贫困有助于城乡及区域差距缩小，进而促进整体共同富裕的实现。当前我国不同区域农村以及农村内部发展不平衡，尤其是欠发达地区的相对贫困治理能力还相对较低，通过提升欠发达地区相对贫困治理能力，促进欠发达地区自身在经济、社会、生态、文化等方面的发展，缩小欠发达地区与其他地区的差距、弱势群体与其他群体的差距，将有助于缓解农村内部相对贫困。缓解农村内部相对贫困，有助于农村发展水平的提升，进而促进城乡收入差距的缩小；城乡收入差距的缩小，会提升区域经济社会协调发展能力，推进区域发展差距的缩小。

在时间层面，在走向共同富裕的相对贫困治理进程中，其不同阶段的治理结果应是在共同富裕阶段发展目标下循序实现的。我国绝对贫困刚刚全面消除，这一阶段的重要使命是巩固拓展脱贫攻坚成果，建立防止贫困的长效机制。脱贫不稳定户、边缘易致贫户、突发严重困难户，应该是相对贫困治理的重点对象。近期，经过这一阶段的相对贫困治理，巩固拓展脱贫攻坚成果任务顺利完成，防止贫困长效机制得以建立，共同富裕迈出坚实步伐。中期，农村相对贫困治理常态化机制逐渐完善，农村相对贫困治理主体多元联动、治理对象动态调整、治理方式精准长效、治理成效快速反馈的长效治理机制得以建立，并在乡村振兴战略支撑下，推进农村农民全面发展，相对贫困人口的收入及福利水平与社会平均收入水平差距有一定程度的缩小，共同富裕取得实质性进展。远期，随着相对贫困的有效缓解、相对贫困治理长效机制的建立、农村相对贫困对象发展差距的缩小，农村发展的不平衡不充分问题得到有效解决，农村生产力水平显著提高，通过共享繁荣机制，农村相对贫困人口的发展差距缩小到合理水平，相对贫困基本消除，共同富裕基本实现（见图 2-3）。

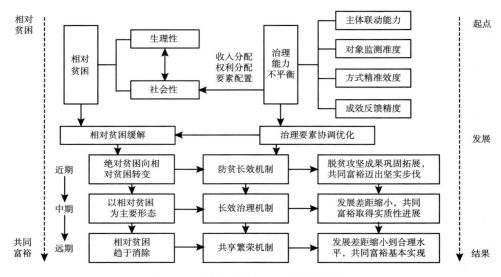

图 2-3　农村相对贫困治理整体演化框架

资料来源：课题组自制。

本章小结

本章在对既有关于相对贫困治理研究的相关文献进行回顾的基础上，系统梳理了共同富裕理论、精准扶贫理论、协同治理理论、梯度理论，深入解析了共同富裕进程中的农村相对贫困治理的时代内涵。在文献综述和已有理论基础上，基于协同演化的分析方法，提出了共同富裕进程中农村相对贫困治理的理论分析框架。研究得出的基本结论如下。

第一，已有国内外文献极大丰富了农村相对贫困治理的理论研究，为本书提供了广阔的研究视野，奠定了坚实的理论基础。但是，由于我国长期以来的贫困治理实践主要以绝对贫困治理为主，已有的贫困治理研究主要集中在绝对贫困治理方面，相对贫困治理研究整体处于起步阶段。已有相对贫困治理的研究主要集中于识别、测度、理论探讨等探索性研究，对处于共同富裕进程中的农村相对贫困治理问题，无论在理论方面，还是在实证方面，都缺乏深入全面研究。本书认为厘清共同富裕进程中农村相对贫困治理的理论内涵与逻辑、设计符合我国国情的分阶段相对贫困对象识别监测机制、探索农村相对贫困治理中的多元主体协同机制、对新阶段我国农村相对贫困治理面临的实践问题进行针对性研究、构建可行的共同富裕目标下我国农村相对贫困治理成效评估体系等问题值得进一步探讨、发展和突破。

第二，本书基于对共同富裕内涵的深刻把握，从内容维度、方法维度、过程维度、目标维度四方面解析了共同富裕进程中我国农村相对贫困治理的时代内涵。内容维度是农村相对贫困治理多元形态与多维属性统筹发力，方法维度是农村贫困治理现代化与农村高质量发展协同推进，过程维度是农村相对贫困治理阶段性与长期性共存，目标维度是消除相对贫困与实现共同富裕的内在统一。

第三，从治理视域对相对贫困进行再认识。在功能方面，治理为相对贫困"可行能力"内涵提供了"能力环境"；在结构方面，治理主体关系、治理方式改革、治理对象识别、治理目标引领等进一步型塑了社会结构和社会关系，影响相对贫困中的"社会性"内涵。之所以产生相对的"贫"和"困"，是因为"可行能力"的缺乏，其中包括整体阻断"贫"和"困"的再生产能力的缺乏，即治理能力的缺乏。相对贫困"可行能力"缺乏不只是贫困对象内在能力的缺乏，还包括外在的对其贫困再生产条件进行改变的能力的缺乏。

第四，本书借鉴协同演化思想，分析了农村相对贫困治理的起点、发展、结果的协同演化逻辑，构建了我国农村相对贫困的理论分析框架。我国农村相对贫困治理就是以破解治理能力不平衡导致的相对贫困演化为起点，伴随着"治理主体、治理对象、治理方式、治理成效"等治理要素"横向—纵向"协同演化，在治理要素协调优化中不断缓解相对贫困，最终通过缓解农村相对贫困促进城乡、区域共同富裕。

第三章

农村相对贫困治理的现实基础

消除贫困、改善民生、实现共同富裕，是社会主义的本质要求，也是中国共产党成立以来矢志不渝的目标。新中国贫困治理成功的秘诀在于不同时期推动贫困治理的理念和方法与时俱进，先后经历了制度变革推动减贫阶段（1949—1985 年）、专项政策开发扶贫阶段（1986—2011 年）以及精准扶贫精准脱贫阶段（2012—2020 年）。2021 年，我国历史性地解决了绝对贫困问题，小康社会全面建成。无论基于世界银行标准还是我国绝对贫困标准，我国减贫速度和规模均史无前例。绝对贫困的消除是新生活、新奋斗的起点，党的第十九届中央委员会第五次全体会议确立了到 2035 年"全体人民共同富裕取得更为明显的实质性进展"的远景目标，[1] 站在扎实推动共同富裕的新征程的历史起点，总结回顾新中国成立以来贫困治理的历史经验，准确研判我国农村相对贫困的基本态势，科学揭示治理农村相对贫困面临的挑战以及重点任务，具有重大理论意义和实践意义。

第一节 实践历程

中国农村反贫困（Rural Anti-poverty）的历程，是中国共产党带领全国人民不断变革生产关系，不断发展经济、改善民生，不断消除贫困、追求共同

富裕的历程。其历史演进大致经历了从制度变革推动减贫到专项政策开发扶贫，再到精准扶贫精准脱贫的发展阶段，扶贫精准度提高，脱贫成效显著。

一　制度变革推动减贫阶段（1949—1985 年）

（一）农村土地所有制改革推动减贫（1949—1977 年）

新中国成立之初，历经长期战乱，国家经济社会遭到严重破坏，全国处于大面积极端贫困之中。中国共产党历来注重通过生产关系变革来提高人民收入，1950 年实施的《土地改革法》就通过对土地这一生产要素的重新配置，让贫困农民获得了土地。随后明确土地这一生产资料归集体和国家所有，这就为农民利用土地来从事生产、解决农村农民的贫困问题奠定了基础。从国内千余县志数据来看，在进行土改前，有 55.77% 的县域地权分配基尼系数超过了 0.4，而在完成土改后，则有 91.35% 的县域地权分配基尼系数下降到了 0.2 以下（庞浩等，2021）。这次土地改革到 1952 年结束，国内超过 7 亿亩土地和其他生产资料分配给近 3 亿农民，免除的地租总数达到 700 亿斤粮食。这次土改改变了过去地主和富农占有绝大部分耕地的不合理局面（国家统计局，1959）。同时，国家在发展经济中也选择了工业现代化建设道路，在重点领域集中优先发展一批重工业，从而让更多贫困农民能够参与到工业建设中，进而提高这部分贫困农民的收入并改善其生活；另外，国家向农民出售的各类工业品价格也要比新中国成立前更低，进一步减轻了农民的生活负担。

在此过程中，国家利用公社组织将各类资源进行平均分配，让社会成员能够享受尽可能公平的福利供给。针对老、弱、孤、寡、残疾人员，制定五保户制度，集中供养这部分人员；建立系统的民政救济系统，完善各类紧急救助计划预案，确保因灾害或者意外而贫困的群众能够及时获得救济。国家还大力推动了基础设施建设，在农村地区建立完善的医疗卫生、基础教育、信用合作等制度体系，让农民能够享受到基本的教育、文化、医疗、娱乐等社会公共服务（林闽钢、梁誉，2019），实现我国历史上第一次基础性社会福利下乡，为我国农民摆脱贫困创设了基本前提。

（二）农业经营制度改革推动减贫（1978—1985 年）

改革开放初期，在计划经济体制下，国家将农业剩余大量投入工业发展中，并优先推动各个城市建设，导致工农业产品交换存在不同程度的剪刀差，农民在收入分配体系中实际上处于不利的位置；另外，人民公社制度对农民个体的生产积极性产生了抑制作用，这就降低了农村地区的生产效率，因此农村地区出现严重的贫困问题。1978 年，中国人均国内生产总值仅 381 元，此时城乡居民家庭恩格尔系数均偏高，分别达到了 57.5% 和 67.7%（马建堂，2011）。根据中国在 2010 年制定的贫困标准来看，以 1978 年当年价格进行计算，当时农村真实的贫困发生率高达 97.5%，农村实际贫困人口接近 7.7 亿人（国家统计局，2018）。

这一阶段中国在推动减贫过程中的重点是加快农村体制改革，推动农村经济增长和农民收入提高。一是将原来构建的人民公社制度变革为家庭联产承包责任制，激发广大农民的生产积极性，解放农村生产力，通过家庭联产承包责任制解决农民的贫困问题。二是将过去实施的农产品统购派购政策变革为市场化交易，在国内建立了较为顺畅的农产品流通体系，让农民能够从农产品交易中获得更多收入。三是鼓励农民在农村地区发展各类非农产业，通过合作经济的形式推动农村内部分工。四是引导部分农民到城市工作，获得更多非农收入（杨占国、于跃洋，2009）。

其间，以 1980 年设立的"支持经济不发达地区发展资金"为标志，最早的专项扶贫初见雏形，国家开始利用专项资金扶持部分极端贫困地区的经济发展。1982 年开始实施为期 10 年的"三西"（甘肃定西、河西与宁夏西海固地区）农业建设计划，帮助这些极贫地区治理生态、改善环境和发展农业生产（王朝明，2008）。专项扶贫工作的启动，为农村扶贫开发工作进一步规范化奠定了基础。紧接着，通过一系列的制度变革和减贫工作，农业生产力和绝大多数农村人口的生活水平都有了明显提高，绝对贫困人口大幅度减少。这一时期，农民人均纯收入从 1978 年的 134 元增长到 1985 年的 397 元，农村贫困人口从 1978 年的 2.5 亿人减少到 1985 年的 1.25 亿人，贫困发生率从 1978 年的 33.1% 下降到 1985 年的 14.8%。[1]

综观这一阶段的减贫实践，其核心在于通过全面的、综合的制度变革调整社会生产关系，通过赋予农民土地承包经营权，极大地调动了农民的生产积极性，释放了农村生产力，农业生产和农村经济得到不断发展，全社会的贫困问题在经济增长中逐步得到缓解。

二　专项政策开发扶贫阶段（1986—2011 年）

1986 年后，由于国家在区域之间、城乡之间实施差异化发展策略，不同农村地区在社会、经济、文化等方面的差距逐步扩大，区域发展不平衡问题凸显。进入 21 世纪后，经济增长的减贫效应日益减弱，返贫问题突出，不断扩大的贫富差距对贫困治理的可持续性形成挑战。传统依靠经济增长带动贫困人口脱贫的涓滴效应逐渐减弱，实施专项扶贫开发政策推动减贫的必要性日益凸显。

（一）大规模开发式扶贫（1986—1993 年）

1986 年，国务院贫困地区经济开发领导小组成立，意味着我国正式推进大规模农村扶贫开发活动。国务院明确了大规模扶贫开发的基本单元是县，并参照国内农村人均收入标准以及不同县级单位的财政状况来划定贫困标准：1985 年，贫困县标准为人均纯收入低于 150 元，少数民族自治县为 200 元，而对民主革命做出贡献的老区县则是 300 元。按照这个标准，国务院确定了 258 个贫困县，并针对这些贫困县来制订出台优惠政策和扶贫开发计划。在大规模扶贫开发中，国家采用的资源传导方式主要有三种，包括贴息贷款、以工代赈和扶贫资金，对部分贫困地区采取定点对口扶持方式，加强贫困县的基础设施建设，为贫困县人口提供劳务输出等服务。以县为扶贫开发基本单

---

[1]　国务院新闻办公室：《国务院新闻办发布会介绍决战决胜教育脱贫攻坚　实现义务教育有保障有关情况》，https://www.gov.cn/xinwen/2020-09/23/content_5546284.htm。

元就意味着国家已经开始用区域经济式扶贫来代替传统的分散式扶贫。1986—1993年，国家重点贫困县农民人均纯收入从206元提高到了483.7元，绝对贫困人口数量减少了超过4500万人，贫困发生率也从最初的14.8%下降到了8.7%（赵强社，2013）。从贫困人口的地理分布来看，西北和西南偏远地区贫困人口相对集中，主要是因为这些区域缺乏自然资源，各类基础设施建设落后，区域经济发展较为缓慢。

（二）八七扶贫攻坚开发（1994—2000年）

经历了从1986年到1993年的县级瞄准扶贫开发之后，贫困人口分布逐渐表现出明显的地缘性特征，主要集中到西南大石山区（缺土）、西北黄土高原区（严重缺水）、秦巴贫困山区（土地落差大、耕地少、交通恶劣、水土流失严重）以及青藏高寒山区（积温严重不足）等几类地区。针对这种情况，中央召开了第一次全国扶贫开发工作会议，并颁布了我国历史上第一个扶贫开发行动纲领——《国家八七扶贫攻坚计划》，目标是到2000年基本解决8000万农村贫困人口的温饱问题。依据"四进七出"标准[1]，重新划定了贫困县的标准和范围，确定了592个国家级贫困县，占全国县级单位的27%，云南、陕西、贵州、四川、甘肃省的贫困县均在40个以上，提出了一系列具体有效的脱贫措施，包括制定了统一的国家扶贫资金管理办法，明确了国家扶贫贷款发放主体，调整了扶贫资金投放的地区结构，要求按照全额配套和按比例配套的方式发放扶贫资金，确保扶贫资金、权利、任务和责任"四个到省"等。1994—2000年，中央财政累计安排财政扶贫资金531.81亿元，年均增长9.81%（房越，2014）。

与此同时，我国在推动扶贫中构建了多元主体共同参与的治理体系。一是实施行业扶贫。《国家八七扶贫攻坚计划》就明确提出政府各级部门都要结合实际来制订明确的扶贫攻坚实施方案，利用本部门的优势为贫困地区提供

---

[1]　"四进七出"标准指凡是1992年人均纯收入低于400元的县全部纳入国家贫困县扶持范围，凡是高于700元的原国定贫困县一律退出。

资金、技术、物资等方面的支持。"八七扶贫攻坚计划"期间，国家各个部委都针对性地出台了扶贫政策，严格落实了国务院制定的有关扶贫攻坚任务。二是建立东西协作机制。1996年，国家正式决定由东部沿海13个发达省市来对西部地区10个贫困省区实施帮扶。东部各省市主要的帮扶方式包括四种：第一，向西部贫困地区无偿捐赠资金，这些资金用来改善贫困地区的基础设施和公共服务；第二，直接向西部地区捐赠生产生活物资，支持西部贫困农民的生产生活；第三，开展经济技术协作，东部沿海省市提供技术、资金、管理等，西部贫困地区提供廉价劳动力和自然资源，共同进行生产经营；第四，加强东西部地区的人员双向交流，西部贫困省区选派干部到东部沿海各省市挂职锻炼，同时促进部分贫困人口到东部沿海省市就业，而东部沿海省市则是选择优秀干部到西部贫困省区工作服务。据不完全统计，1996—1999年，东部13个省市共计捐款捐物超过10亿元，东西部签订超过2600个协议项目，投资规模达到40亿元，同时将西部贫困地区超过25万人的劳动人口输出到东部沿海就业（张磊，2007）。三是推行定点扶贫政策。《国家八七扶贫攻坚计划》明确提出从中央到地方，各级企事业单位要选择对应的贫困县来开展定点挂钩扶贫。《关于尽快解决农村贫困人口温饱问题的决定》也提出要进一步推进扶贫工作，中央党政机关要选择县级单位来重点帮扶；省、市、县级机关则是要重点关注贫困乡、村来开展帮扶。各部门要结合自身业务和资源优势，为定点帮扶对象提供支持，制订可操作性强的具体扶贫方案。2000年，参与定点扶贫工作的单位共有138个，总共有350个贫困县获得了各级党政机关、企事业单位和社会团体的定点扶贫。据统计，1998—1999年，定点贫困县累计获得了3.7亿元直接投资、1.14亿元钱物，同时各单位在定点扶贫中为贫困县引进资金688亿元（张磊，2007）。四是发动国内外各类社会组织积极参与扶贫治理。中国青少年发展基金会、中华慈善总会等多个机构在扶贫治理中推出了系列项目，比如帮助失学儿童的希望工程、为妇女提供贷款的幸福工程等。同时，国际金融机构、非政府组织等也都积极参与到中国扶贫开发中，为中国贫困地区提供技术和资金支持，这些都取得了较好的扶贫成效。比如，国际农业发展基金会到 1998 年底就已经在国内投资 3.15 亿美元，建立了 14 个援助项目，扶贫范围涉及 13 个省，累计有 605 万贫困户受益，基金会为这些农户提供了人均 54 美元的贷款（苏国霞，1999）。1995—2000 年，中国扶贫共计获得国际组织 55 亿元的投入，其中 11 亿元为扶贫捐赠，其他则是扶贫软贷款（张磊，2007）。

（三）综合扶贫开发（2001—2011 年）

我国在持续推动工业反哺农业、城市帮扶农村的进程中，于 2001 年制定了《中国农村扶贫开发纲要（2001—2010 年）》，标志着农村成为国家扶贫工作的重点。国务院在国内确定了 14.8 万个贫困村，加强对这些贫困村的产业结构调整，注重在扶贫中同步推动贫困村的公共服务、基础设施、文化教育等领域建设。同时，在中央一号文件的指导下，一系列惠农政策出台并落地实施，比如 2006 年开始免除农业税，2007 年实施两项制度衔接[1]，2008 年提高低保补助标准，2009 年重新划定人均纯收入 1196 元的扶贫标准。在中央的大力扶贫下，国内贫困人口数量不断减少。截至 2010 年，以人均纯收入 1274 元的扶贫标准来对照，国内农村贫困人口减少了 2.24 亿人，贫困人口数量为 2688 万人，占比下降到 2.8%。2011 年，国家出台了《中国农村扶贫开发纲要（2011—2020 年）》，将农村贫困标准提高为农民人均纯收入 2300 元（2010 年不变价，较 2010 年 1274 元的贫困标准提高了 80%），调整 14 个集中连片特殊困难地区[2]为扶贫开发主战场。虽然 2011 年出台了新的扶贫开发纲要，提高了扶贫标准，调整了瞄准对象，但扶贫工作理念、方法、手段、体制机制等创新和变化不大。这一时期，国内农村贫困人口的温饱得到了有效保障，农村扶贫工作成效明显，中国也成为联合国中率先使贫困人口减半的国家。农村贫困地区在得到国家和社会的大力扶持后，经济产业结构得到优

1　两项制度衔接是指扶贫开发政策制度和农村最低生活保障制度实现有效衔接。

2　14 个集中连片特殊困难地区包括六盘山区、秦巴山区、武陵山区、乌蒙山区、滇桂黔石漠化区、滇西边境山区、大兴安岭南麓山区、燕山—太行山区、吕梁山区、大别山区、罗霄山区、西藏、四川涉藏州县、新疆南疆三地州。

化，各项基础设施建设得到推动，社会公共服务和农民生活质量都得到较大的提高。2010 年，扶贫重点县自然村通电比例和通公路比例分别达到了 98%、88.1%，农民人均纯收入提高到 3273 元，人均生活消费支出提高到 2662 元，年均分别递增 8.1%、7.97%（吴海涛、丁士军，2013）。但是，从国内扶贫治理历程来看，从最初的 592 个贫困县到 14.87 万个贫困村，再到后来的 14 个集中连片特殊困难地区，中国扶贫仍然是在扶贫瞄准单元上徘徊。这一状况既是由国内贫困的区域性特点造成的，又显示了当前国家扶贫治理中过度依赖行政手段的困境。

三　精准扶贫精准脱贫阶段（2012—2020 年）

精准扶贫精准脱贫基本方略从萌芽到发展，是伴随着党的十八大以来，以习近平同志为总书记的新一届中央领导集体关于"精准扶贫、精准脱贫"系列论述而展开的，是对马克思主义反贫困理论的创新与发展。

（一）精准扶贫精准脱贫基本方略的萌芽

2012 年 12 月，习近平总书记在河北省阜平县考察时明确提出："全面建成小康社会，最艰巨最繁重的任务在农村、特别是在贫困地区。没有农村的小康，特别是没有贫困地区的小康，就没有全面建成小康社会。"[1] 由此揭开我国扶贫开发新阶段的序幕。2013 年 2 月，习近平总书记在党的十八届二中全会上再次强调，要确保如期实现扶贫开发"两不愁三保障"[2] 的奋斗目标。2013 年 11 月，习近平总书记在湘西考察时提出："扶贫要实事求是，因地制宜。要精准扶贫，切忌喊口号，也不要定好高骛远的目标。"[3] 这是习近平总书记首次提出精准扶贫。为落实精准扶贫，中共中央办公厅、国务院办公厅在《关于创新机制扎实推进农村扶贫开发工作的意见》（中办发〔2013〕25

1　中华人民共和国中央人民政府网站，https：//www.gov.cn/xinwen/2021-02/15/content_ 5587215.htm。

2　"两不愁三保障"是指扶贫对象不愁吃、不愁穿，义务教育有保障、基本医疗有保障和住房安全有保障。

3　人民网，http：//theory.people.com.cn/GB/n1/2017/0906/c413700-29519521.html。

号）中，将建立精准扶贫工作机制确定为六项扶贫开发工作机制创新之一。[1]
国务院扶贫办随后制定了《建立精准扶贫工作机制实施方案》，在全国范围内
推进精准扶贫工作，精准扶贫正式进入实施阶段。2014 年 4 月，国务院扶贫
办印发了《关于〈扶贫开发建档立卡工作方案〉的通知》，要求了解贫困状
况，分析致贫原因，摸清帮扶需求，明确帮扶主体，落实帮扶措施，开展考
核问效，实施动态管理。这一目标定位，已经开始注重脱贫目标考量，精准
扶贫工作机制日渐明晰，精准脱贫方略日渐酝酿成熟。2014 年 12 月，中央经
济工作会议提出，要实现精准脱贫，防止平均数掩盖大多数，[2] 首次明确提出
"精准脱贫"，精准扶贫精准脱贫基本方略的内涵进一步丰富和明晰。

（二）精准扶贫精准脱贫基本方略的发展

2015 年 1 月，习近平总书记提出，"要以更加明确的目标、更加有力的举
措、更加有效的行动，深入实施精准扶贫、精准脱贫，项目安排和资金使用
都要提高精准度，扶到点上、根上，让贫困群众真正得到实惠"。[3] 精准扶贫
精准脱贫作为一个整体首次同时出现，标志着精准扶贫精准脱贫基本方略由
萌芽期进入发展期。2015 年 3 月，习近平总书记指出，"要把扶贫攻坚抓紧抓
准抓到位，坚持精准扶贫，倒排工期，算好明细账，决不让一个少数民族、
一个地区掉队"。[4] 第十二届全国人民代表大会第三次会议上通过的政府工作
报告，提出持续打好脱贫攻坚战，深入推进集中连片特殊困难地区扶贫开发，
实施精准扶贫、精准脱贫。精准扶贫精准脱贫基本方略在实践中全面展开。
2015 年 6 月，习近平总书记在贵州召开的部分省区市党委主要负责同志座谈
会上，提出"四个切实""六个精准""四个一批"的要求，即扶贫工作要做

1　中共中央办公厅、国务院办公厅：《关于创新机制扎实推进农村扶贫开发工作的意见》，https：//
www.gov.cn/zhengce/2014-01/25/content_ 2640104.htm。

2　人民网，http：//cpc.people.com.cn/n/2014/1212/c64094-26193640.html。

3　《习近平在云南考察工作时强调：坚决打好扶贫开发攻坚战》，https：//www.gov.cn/xinwen/2015-01/
21/content_2807769.htm，2015 年 1 月 21 日。

4　《习近平：要把扶贫攻坚抓紧抓准抓到位》，https：//www.moa.gov.cn/ztzl/2015lhjj/gd/201503/t20150309_
4429837.htm，2015 年 3 月 9 日。

到"切实落实领导责任、切实做到精准扶贫、切实强化社会合力、切实加强基层组织",并将精准扶贫概括为"扶贫对象精准、项目安排精准、资金使用精准、措施到户精准、因村派人精准、脱贫成效精准","通过扶持生产和就业发展一批,通过移民搬迁安置一批,通过低保政策兜底一批,通过医疗救助扶持一批",[1] 实现贫困人口精准脱贫。"四个切实""六个精准""四个一批"的提出,更加丰富了精准扶贫精准脱贫基本方略的内涵,标志着精准扶贫精准脱贫基本方略的进一步发展。2015 年 10 月,习近平总书记在 2015 减贫与发展高层论坛上强调,中国在扶贫攻坚工作中采取的重要举措,就是实施精准扶贫方略,找到"贫根",对症下药,靶向治疗;注重抓六个精准,即扶持对象精准、项目安排精准、资金使用精准、措施到户精准、因村派人精准、脱贫成效精准,确保各项政策好处落到扶贫对象身上;坚持分类施策,因人因地施策,因贫困原因施策,因贫困类型施策;通过扶持生产和就业发展一批,通过易地搬迁安置一批,通过生态保护脱贫一批,通过教育扶贫脱贫一批,通过低保政策兜底一批。习近平总书记的重要讲话,进一步明确了精准脱贫目标及其实现路径,精准扶贫精准脱贫基本方略的内涵不断丰富、举措不断完善。随后,习近平总书记在关于《中共中央关于制定国民经济和社会发展第十三个五年规划的建议》的说明中强调要明确精准扶贫、精准脱贫的政策举措。紧接着,中国共产党第十八届中央委员会第五次全体会议审议通过的《中共中央关于制定国民经济和社会发展第十三个五年规划的建议》,将实施精准扶贫、精准脱贫作为共享发展理念的重要组成内容,为精准扶贫精准脱贫基本方略的具体实施指出了明确的路线图和时间表,精准扶贫精准脱贫基本方略在实践中得到了不断的丰富、发展和完善。

2016 年,中共中央、国务院发布了《关于打赢脱贫攻坚战三年行动的指导意见》,进一步贯彻落实党的十八大对打赢脱贫攻坚战的部署,提出要在三年内实现剩余 3000 万左右的贫困人口全部脱贫,完成消除绝对贫困的历史任

---

1 中华人民共和国中央人民政府网站,https://www.gov.cn/xinwen/2015-06/19/content_ 2882043.htm。

务，集中力量对深度贫困地区进行脱贫攻坚，强调在"精准扶贫、精准脱贫"中要统筹扶志与扶智、开发式扶贫与保障式扶贫，充分发挥社会扶贫力量的积极性，做到高质量长效化脱贫。

在具体的扶贫举措上，"五个一批"实际上是一个系统化的扶贫体系，既包括了金融扶贫、就业扶贫，也包括了生产扶贫、产业扶贫等。这些扶贫手段让贫困户真正得到实惠。比如，产业扶贫政策就让98%的贫困户受益，实现了年均30.2%的人均纯收入增长；"十三五"期间，国内投资6000亿元建立3.5万个安置区，解决易地扶贫搬迁后超过960万贫困人口的生活生产问题；在教育领域，所有的贫困县和建档立卡贫困家庭都获得了"两免一补"的政策，全国义务教育阶段辍学学生总数在2020年9月15日已经下降到2419人。同时，兜底保障则为超过2004万贫困人口提供了基本的救助供养，另外还有1153万人、1433万人分别从困难残疾人生活补贴、重度残疾人护理补贴制度中获益。

综上所述，国内贫困治理在2011—2020年实现了理论与实践的同步发展与创新，我国贫困发生率下降到0.6%，贫困地区农村居民年人均可支配收入提高到12588元。按照国家在2010年制定的贫困标准，国内所有贫困县和农村贫困人口在2020年底均完成了脱贫，这意味着中国消除了绝对贫困和区域性整体贫困（见表3-1）。中国的减贫速度、规模和质量在人类历史上是前所未有的，对全世界减贫目标的实际贡献超过70%，也为世界其他国家的减贫事业提供了可供借鉴的经验和道路。

表3-1　精准扶贫时期我国农村贫困状况变化情况

单位：万人，个，元

年份	2012	2013	2014	2015	2016	2017	2018	2019	2020
贫困人口	9899	8249	7017	5575	4335	3046	1660	551	0
贫困县	832	832	832	832	804	679	396	52	0
贫困地区农村居民年人均可支配收入	——	6079	6852	7653	8452	9377	10371	11567	12588

资料来源：中华人民共和国国务院新闻办公室：《人类减贫的中国实践》，人民出版社，2021。

第二节　历史经验

一　充分发挥政治优势和制度优势

始终坚持中国共产党的政治优势和中国特色社会主义制度优势，是我国扶贫开发取得卓著成效的政治保障和制度保障。一是注重运用理论优势来武装全党，用马克思主义中国化理论来指导中国的脱贫攻坚事业，引导全党共同投身于实现共同富裕的事业中；二是注重运用政治优势，统筹兼顾阶段性奋斗目标和远大理想，从历史与现实的维度来辩证看待和推进扶贫工作；三是注重运用组织优势，充分发挥党组织在扶贫开发中的战斗堡垒作用，最大限度运用各级党员干部的聪明才智来为贫困治理提供有效支撑；四是充分发挥制度优势，坚持民主基础上的集中与集中指导下的民主相结合，坚持全国一盘棋，保证重点，集中力量办大事，开展扶贫开发工作；五是充分发挥密切联系群众的优势，坚持全心全意为人民服务的根本宗旨，充分动员和组织社会各界参与扶贫开发。

二　坚持共享发展的贫困治理理念

根据发展实际和时代要求，中国贫困治理理念伴随着贫困特征的发展变化而不断演进完善。新中国成立之初，以毛泽东同志为核心的党的第一代中央领导集体对我国的贫困治理进行了艰难的开创探索，形成了消除贫困必须走社会主义道路、发展社会生产力才能巩固新生社会主义国家的"制度减贫观"。在这一阶段，"解放和发展生产力是革命的目的"。[1] 1956 年，中共八大提出党和全国人民当前的主要任务是集中力量发展社会生产力。1956 年，

1　《任弼时百周年纪念——全国任弼时生平和思想研讨会论文集》（下），中央文献出版社，2005，第 782 页。

毛泽东在《论十大关系》中对经济发展中的重工业和轻工业、农业，沿海工业和内地工业，国家、生产单位和生产者个人，中国和外国等的统筹兼顾进行了全面思考。这一阶段的贫困治理理念，为我国之后的贫困治理奠定了认识基础，为之后贫困治理理念的深化发展积累了宝贵经验。

改革开放初期，以邓小平同志为核心的党的第二代中央领导集体面对怎样建设社会主义和怎样摆脱国家贫困面貌等重大现实问题，形成了贫穷不是社会主义、发展生产力是社会主义本质要求的"发展减贫观"。"发展才是硬道理"强调了发展对于减贫的重要性，制定了"一个中心、两个基本点"的基本路线和"社会主义的本质，是解放生产力，发展生产力，消灭剥削，消除两极分化，最终达到共同富裕"的社会主义本质论，[1]明确了共同富裕是我国社会主义建设的终极目标。邓小平同志提出在改革、开放、发展进程中消除贫困的主张，成为中国特色社会主义贫困治理体系的重要思想来源。20世纪末，国家的普遍贫困问题有所缓解，但一些区域性的贫困问题逐步凸显，以江泽民同志为核心的党的第三代中央领导集体秉承"发展才是硬道理"的发展观，提出"发展是党执政兴国的第一要务"，形成了针对欠发达区域进行经济开发的"开发减贫观"，对社会主义市场经济条件下如何推进反贫困事业进行了探索。进入21世纪后，城乡、区域之间的收入差距引起的贫困问题日益突出，尤其是"三农"问题的严峻性被广泛关注，以胡锦涛同志为总书记的党中央将扶贫战略从以解决温饱为主转向提高贫困人口发展能力和缩小发展差距，贫困治理理念体现了以人为本、科学发展的"全面协调减贫观"。

党的十八大以来，面对贫困规模大、大分散小集中、扶贫成效递减等贫困治理的新挑战，以习近平同志为核心的党中央把脱贫攻坚放在治国理政的战略高度，作为全面建成小康社会的底线任务和标志性指标，纳入"五位一体"总体布局和"四个全面"战略布局，提出并系统阐述精准扶贫、精准脱贫的思想和方略，形成了以人民为中心的新时代中国贫困治理的"精准减贫观"。"消除

1　《中国共产党第十五次全国代表大会文件汇编》，人民出版社，1997，第54页。

贫困、改善民生、实现共同富裕，是社会主义的本质要求""扶贫开发贵在精准，重在精准，成败之举在于精准"等精准治理理念，[1] 是"以人民为中心"的深刻体现；"六个精准""五个一批"精准扶贫精准脱贫路径，实质是面对贫困地区和贫困人口差异化的发展需求，进一步解放和发展社会生产力。精准扶贫是让全体人民"一个都不能少"地共享改革发展成果，提升了关于社会主义共同富裕的思想认识。

三　坚持政府主导下多元主体参与的治理格局

在贫困治理实践中，治理主体决定了贫困治理理念能否在实践中得到贯彻落实。新中国成立后在推动贫困治理中，已经逐步建立了政府主导、多元主体共同参与的贫困治理体系。一是构建跨部门扶贫机构。中国在推动减贫中成立的国务院贫困地区经济开发领导小组、国务院扶贫开发领导小组等多个机构都涉及财政、土地、教育等不同机构部门，很多领导小组的成员来自不同的行政部门。2015 年之后，为了确保打赢脱贫攻坚战，获得各个部门的有效协调支持，国务院扶贫开发领导小组从 47 个部门中选调了组员（王小林，2021）。二是在贫困治理中构建社会动员机制。政府财政在推动贫困治理中往往资源有限，因此中国政府积极动员不同社会力量参与贫困治理，比如鼓励社会组织和企业、公民个人以不同形式为脱贫攻坚贡献力量，让贫困地区和贫困人口从社会中获取不同资源的扶持。三是充分引进利用国际资源进行扶贫开发。从 1981 年至 2002 年，我国从国际金融组织获得了 620 亿美元的贷款资金，国际非政府组织还为中国减贫事业提供了超过 2 亿美元的无偿资金支持。比如，世界银行在 1982 年至 2018 年提供 900 亿元人民币来扶持中国农业的发展。1995 年 2 月，国务院扶贫开发领导小组专门成立了外资项目管理中心，由该中心负责引进利用国际扶贫资源，同时在新疆、贵州、四川等 8 个

1　《习近平谈治国理政》，外文出版社，2014，第 189 页；《党的十九大报告辅导读本》，人民出版社，2017，第 352 页。

重点扶贫地区成立外资扶贫机构，充分利用国际资源来为中国的贫困治理提供有益补充。

四 适时调整贫困标准与治理目标

一般而言，贫困问题往往表现出较强的阶段性、动态性等特点。因此，政府在贫困治理中就必须制定多元化的贫困治理政策，同时构建有效的制度机制，确保扶贫政策的落实，并结合贫困标准和扶贫目标的变化动态调整扶贫政策和制度，这是中国共产党在贫困治理中探索出的重要经验。比如，参照农民实际收入、自然灾害、意外事故、大病重灾等建立返贫风险预警机制，及时发现脱贫人口返贫的隐患问题；统筹精神扶贫和物质扶贫，加强对贫困人口的文化教育，构建长期有效的常态化脱贫机制等；根据不同时期的贫困现状灵活调整扶贫政策和方法手段。总之，根据不同时期贫困人口（地区）的变化特征，适时调整贫困标准与治理目标。不仅关注贫困人口（地区）基本的"生存正义"，还重视实现群体、区域和代际的"公平正义"；不仅关注单维度的经济标准，还重视以促进人的全面发展和社会全面进步为目标的"多维取向"，通过发展的公平性和充分性来回应人们日益丰富且复杂的发展预期。

第三节 现状研判

一 城乡发展鸿沟仍然较大

自改革开放以来，我国高度重视城乡协调发展，特别是随着国家城乡融合发展战略的提出，我国城乡发展差距持续缩小。然而，由于多种因素，农村发展基础薄弱，城乡发展水平差距仍然处于高位。

（一）城乡居民收入差距较大

从不同国家城乡收入比来看，英国等发达国家城乡收入比接近1，印度为

1.9 左右，即便是部分非洲低收入国家，其比值也未超过 2.3。2020 年，国内城镇居民和农村居民人均可支配收入分别为 43834 元、17131 元，城乡收入比为 2.56（见表 3-2），偏高。另外，从不同地区城乡收入差距对国内收入差距的贡献程度来看，中国达到 27% 左右（Luo，C. et al.，2020），但是瑞士、加拿大等国则低于 10%，印度和菲律宾等国也在 20% 以下（Shorrock，A.，Wan，G.，2005）。

表 3-2　城乡收入比的国际比较

国家	城乡收入比	数据年份	资料来源
美国	1.33	2015	美国农业部网站
加拿大	1.11—1.2	2006	Wilso 等（2010）
英国	1.03	2019	英国环境、食物和农村事务部网站
印度	1.88	2011	Azam（2019）
越南	1.47	2014	Bejamin 等（2017）
尼日利亚	1.36—1.49	2003	Brauw 等（2014）
乌干达	2.03—2.34	2005	Brauw 等（2014）
肯尼亚	1.92—2.74	2005	Brauw 等（2014）
中国大陆	2.56	2020	国家统计局网站

注：国际组织数据库普遍缺乏城乡收入差距统计，因此本书选取几个典型的文献中或官方机构曾发布的国家进行对比。

资料来源：课题组自制。

2020 年国内不同省区市城乡收入差距情况如表 3-3 所示。由表 3-3 可知，国内大多数省区市城乡居民人均可支配收入比都在 2 以上，而甘肃省城乡居民人均可支配收入比更是达到了 3.27。通过对比不同省区市居民人均可支配收入发现，西部省区市居民人均可支配收入相对较低，而东部省市居民人均可支配收入总体较高。上海居民人均可支配收入（最高）是甘肃居民人均可支配收入（最低）的 3.55 倍。由此可知，长期处于高警戒水平的城乡差距是治理农村相对贫困面对的一大难题。

表 3-3　2020 年我国 31 个省级行政区城乡收入情况

单位：元

地区	省级行政区	全体居民人均可支配收入	城镇居民人均可支配收入	农村居民人均可支配收入	城乡居民人均可支配收入比
东部	北京	69434	75602	34911	2.17
	天津	43854	47659	25691	1.86
	河北	27136	37286	16467	2.26
	上海	72232	76437	34911	2.13
	江苏	43390	53102	24198	2.19
	浙江	52397	62699	31930	1.96
	福建	37202	47160	20880	2.26
	山东	32886	43726	18753	2.33
	广东	41029	50257	20143	2.50
	海南	27881	36097	16279	2.22
中部	山西	25214	34793	13878	2.51
	安徽	28103	39442	16620	2.37
	江西	28017	38556	16981	2.27
	河南	24810	34750	16108	2.16
	湖北	27881	36706	16306	2.25
	湖南	29380	41698	16585	2.51
西部	重庆	30824	40006	16567	2.41
	四川	26522	38253	15929	2.40
	贵州	21795	36096	11642	3.10
	云南	23295	37500	12842	2.92
	陕西	26226	37868	13316	2.84
	甘肃	20335	33822	10344	3.27
	青海	24037	35506	12342	2.88
	宁夏	25735	35720	13889	2.57
	新疆	23845	34838	14056	2.48
	内蒙古	31497	41353	16567	2.50
	广西	24562	35859	14825	2.42
	西藏	21744	41156	14598	2.82
东北	辽宁	32738	40376	17450	2.31
	吉林	25751	33396	16067	2.08
	黑龙江	24902	31115	16168	1.92

资料来源：国家统计局。

与此同时，较大的城乡居民收入差距，使城乡居民消费在金额、数量和质量上都存在较大差距。

1. 消费水平呈现较大差距

居民消费水平能够反映居民实际生活水平。从国家统计局数据看，居民消费水平在改革开放后保持了持续增长的态势。1978 年，国内居民人均消费支出为 151 元，2018 年提高到了 19853 元，年均增长达 12.97%。对比城乡居民人均消费支出可以发现，城镇居民人均消费支出在 1978 年为 311 元，2018 年提高到 26112 元，年均增长 11.71%，农村居民人均消费支出 1978 年为 116 元，2018 年提高到 12124 元，年均增长 12.33%。这一数据显示城乡居民人均消费支出存在明显差距。以 2018 年人均消费支出数据为例，城镇居民和农村居民人均消费支出分别为 26112 元、12124 元，两者差额达到了 13988 元（见图 3-1）。

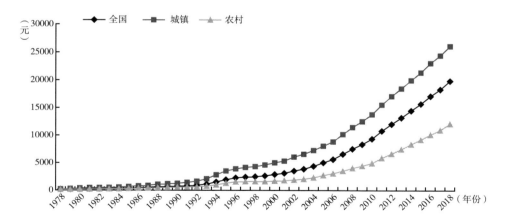

图 3-1　1978—2018 年我国居民人均消费支出

资料来源：国家统计局。

2. 生活质量呈现较大差距

恩格尔系数能够很好地衡量生活质量。从联合国粮农组织标准看，恩格尔系数在 30% 以下为最富裕，30%—40% 为富裕，40%—50% 为小康，50%—

59%为温饱。该系数超过 59%，表示家庭陷入贫困。国家统计局数据显示，1978—2018 年，城镇居民恩格尔系数从 57.5%降到 27.7%，下降 29.8 个百分点；农村居民恩格尔系数从 67.7%降到 30.1%，下降 37.6 个百分点，总体上呈下降趋势（见图 3-2）。整体而言，改革开放以来，我国居民生活质量得到了极大的提升，但城乡居民生活质量仍存在差距。

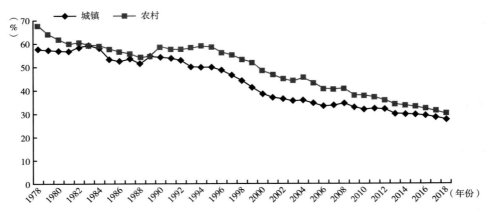

图 3-2　1978—2018 年我国城乡居民恩格尔系数

资料来源：国家统计局。

3. 拥有的耐用消费品数量仍有差距

《中国统计摘要（2019）》和 Wind 数据库关于 2018 年国内每百户居民年末主要耐用消费品数量的统计表明，城乡居民在耐用消费品数量上仍然存在较大的差距。比如在家用电脑数量上，城镇居民和农村居民分别为 73.1 台、26.9 台；在空调数量上，城镇居民和农村居民分别为 142.2 台、65.2 台；在电冰箱数量上，城镇居民和农村居民分别为 100.9 台、95.9 台；在彩色电视机数量上，城镇居民和农村居民分别为 121.3 台、116.6 台；在汽车数量上，城镇居民和农村居民分别为 41.0 辆、22.3 辆。

（二）我国城乡基本公共教育服务差距明显

据国家统计局数据，自党的十七大以来，国家财政对教育的投入逐年递增，从 2007 年的 7122.32 亿元增长到 2018 年的 32169.47 亿元，年均增长高达 14.69%（见图 3-3）。但经费投入偏重于城市，我国城乡教育基本公共服务仍然存在较大差距，农村子女就学难、农村办学条件差、农村师资力量薄弱、农村教育资源不足等短板仍然明显。根据 Wind 数据库，从 1995 年到 2018 年，我国城镇家庭人均年教育文化娱乐服务支出从 331.01 元/人增加到 2974 元/人，年均增长 10.02%；而农村家庭人均年教育文化娱乐服务支出从 102.39 元/人增加到 1301.60 元/人，年均增长 11.69%。虽然农村家庭人均年教育文化娱乐服务支出增长率高于城镇家庭，但城乡居民教育文化娱乐服务支出差距从 1995 年的 228.62 元/人增加到 2018 年的 1672.40 元/人，呈现扩大趋势。

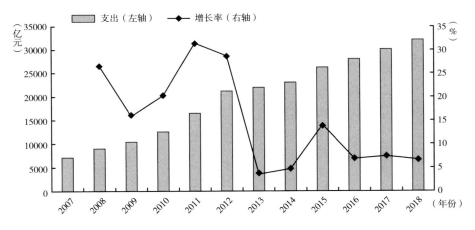

图 3-3　2007—2018 年国家财政教育支出及其增长情况

资料来源：国家统计局。

（三）我国城乡医疗卫生资源差距仍然较大

根据国家统计局数据，1978 年以来，国家财政对城乡医疗卫生的投入逐年增加，2007—2018 年，从 1989.96 亿元增加到 15623.55 亿元，年均增长高达 20.60%（见图 3-4）。

然而，一个不争的事实是，长期以来我国城乡公共医疗卫生资源严重

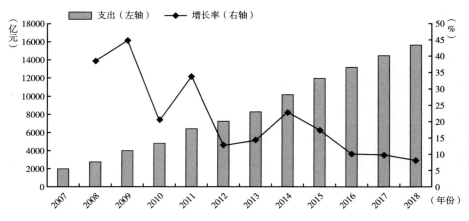

图 3-4 2007—2018 年国家财政医疗卫生支出及其增长情况

资料来源：国家统计局。

不均。根据 Wind 数据库，1998—2018 年，从每万人拥有的卫生技术人员数量来看，城乡差距从 2.2∶1 扩大到 2.5∶1。从每万人拥有执业（助理）医师数、每万人拥有注册护士数、每万人医疗卫生机构床位数来看，城乡差距基本保持在 2.3∶1、3.3∶1、2.2∶1。可以得出的一个基本结论是，我国城市居民拥有的公共医疗卫生资源量是农村的 2 倍以上，城乡公共医疗卫生资源配置严重不均。农村公共医疗卫生资源不仅量少，其质量和技术水平也较低。

在基本公共卫生服务上，城乡地区也存在明显差距，引发了系列问题。一方面，优质公共医疗卫生资源集中在城市地区，农村公共医疗卫生资源有限造成了农民看病难、看病贵等问题。从城乡居民医疗保健支出水平来看，1995 年城镇居民医疗保健支出为每人 110.12 元，农村居民则为每人 42.48 元，到了 2018 年，城镇和农村居民的医疗保健支出则分别提高到每人 2045.7 元、1240.1 元，年均增长率分别为 13.55%、15.80%。虽然在国家医疗卫生政策的扶持下，农村居民人均医疗保健支出增长率更高，但是城乡居民医疗保健支出的绝对差值从 1995 年的 67.64 元增加到 2018 年的 805.6 元。

另一方面，很多农村居民因为农村地区公共医疗卫生水平较低而选择到城市地区就医，这就导致大量农村公共医疗卫生资源被长期闲置，从医院病床使用率来看，城市地区医院病床使用率超过了85%，而农村地区只有60%左右。

（四）我国城乡社会保障差距仍然较大

从国家统计局数据来看，国家财政从1978年开始就逐步加大对社会保障和就业的投入。2007年，国家财政拿出5447.16亿元投到社会保障和就业中，2018年则进一步提高到27012.09亿元，投入年均增长率达到15.67%（见图3-5）。

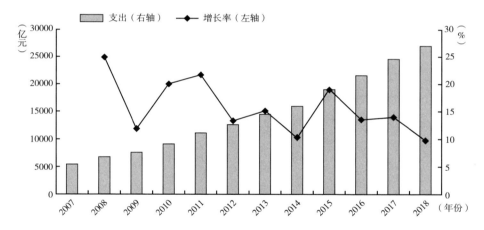

图3-5　2007—2018年国家财政对社会保障和就业的投入及其增长情况

资料来源：国家统计局。

近年来，国家加快推动社会保障制度的完善，目前已经建立了覆盖城乡居民的基本医疗保险、养老保险、最低生活保障等一系列社会保障制度体系。但目前来看，我国社会保障标准还不够高，并且城乡居民在保障水平和质量上存在较大的差距。2018年，国内最低生活保障标准中农村居民为580元/人/月，城镇居民则为715元/人/年，相差135元。此外，国内农村地区还没有发展出成熟的养老服务业，传统的家庭养老模式已经不能够满足现代社会空巢老人、失能老人等群体的养老需求，进一步拉大了城乡居民社会保障差距。

（五）我国城乡基础设施差距仍然较大

近年来，随着精准扶贫战略的推进，我国农村基础设施得到明显改善，但城乡差距依然较大。党的十八大以来，国家加强农村地区基础设施和公共服务建设，新建改建农村公路235.7万公里，目前国内农村公路已经达到438万公里，占全国公路总里程的84.3%。但客观来看，部分地区公路等级较低甚至还没有通公路，村庄进出交通条件仍有待改善；农村地区垃圾处理体系不成熟，未能营造良好的人居环境；部分农村互联网设施建设落后，网络覆盖不够；一些农村现代物流体系落后，各类农产品无法实现快速流通交易。研究表明，农村落后的基础设施对于农产品的快速流通交易造成了较大阻碍，很多农产品无法实现跨区域的流通，这就降低了农民的农产品销售收入（刘刚、谢贵勇，2019）。另有研究表明，农村居民消费也会受到落后流通体系的负面影响（郝爱民，2010）。

二　我国区域发展差距依然明显

新中国成立以来，特别是改革开放以来，随着我国人均收入水平不断提高，我国区域发展差距从整体上经历了"减、增、减"三个阶段（见图3-6），具体分为差距缩小阶段（1978—1991年）、差距增大阶段（1992—2004年）、差距缩小阶段（2005年至今），这一变动趋势与已有研究结论基本一致（陈秀山、徐瑛，2004；张红梅等，2019）。1978—1991年，主要得益于改革开放极大地增强了区域经济活力，各省区市人均收入均有不同程度的增长，进而为缩小区域发展差距提供可能。1992—2004年，东部沿海地区凭借区位优势和非均衡发展战略，使制造业等第二产业加快向东部沿海地区聚集（范剑勇，2004），从而导致其他地区与沿海地区拉开了发展差距，到2004年，区域发展差距创新高。2005年至今，针对日益扩大的区域发展差距，国家开始实施系列区域开发战略，对解决绝对贫困和缓解区域相对贫困都发挥了显著作用（陆汉文、杨永伟，2020）。党的十八大以来，精准扶贫战略升级为国家战略，有力地推动了区域经济特别是东部和西部地区的均衡发展，但并没有从根本

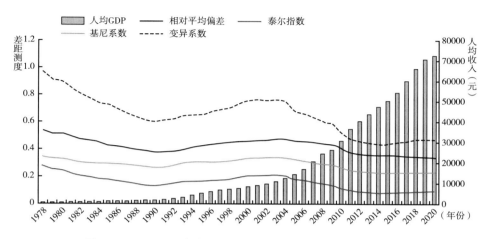

图 3-6　1978—2020 年全国区域发展差距演变趋势与人均 GDP 变化

资料来源：根据国家统计局数据测算得出。

上解决区域发展不平衡问题。

　　总而言之，区域发展差距过大对区域协调发展、现代化产业的合理布局以及资源要素的充分流动均会产生严重负面影响。缓解相对贫困的重要方面就是要遏制区域的极化效应，在实现区域协调发展、现代化产业合理布局、资源要素充分流动的基础上，实现全体人民的共同富裕。

三　我国农村居民收入差距呈扩大趋势

（一）农村居民收入水平、收入结构及收入分配状况

　　本部分研究采用的数据来自中国乡村振兴综合调查数据库，选取 2019 年度有关统计数据来对国内农村居民收入情况进行分析。

　　1. 农村居民收入大幅提高

　　表 3-4 数据显示，2019 年国内农村居民人均纯收入为 17372 元；按照同期农村居民消费物价指数折算后，以 2010 年不变价格表示的 2019 年农村居民人均纯收入为 13892 元。在 2010 年，这一收入数据则为 5919 元（国家统计局，2014）。对比之下，2019 年农村居民人均纯收入比 2010 年增加 11453 元，以不变

价格计算的增长率为 135%，提前一年实现了农村居民收入翻一番的目标。[1]

2. 农村居民收入结构日趋多元

表 3-4 数据显示了农村居民收入中不同收入类型的数额和占比，其中工资性收入为 7943 元，占比达到 45.72%，家庭经营性收入为 7132 元，占比达到 41.05%，转移性收入为 1775 元，占比为 10.22%，财产性收入只有 522 元，占比为 3.00%。由此可见，家庭经营性收入和工资性收入是当前国内农村居民的主要收入。在农村居民 7132 元的家庭经营性收入中，4722 元来自农业经营性收入，在农村居民收入中占比为 27.18%，2410 元来自非农经营性收入，占比为 13.87%。近年来，国家出台政策推动农村土地流转，统计数据显示家庭承包耕地在 2018 年实现了 53902 万亩的流转，占比达到了 33.83%。同时，农村居民从土地流转中获得的人均收入在 2019 年达到了 227 元，在总收入中占比为 1.31%，土地流转收入属于农村居民的财产性收入。在农村居民的财产性收入中，除了土地流转收入外，还包括 79 元的资产收益分红和 216 元的其他财产性收入。

国家统计数据显示国内农村居民在 2010 年的人均纯收入为 5919 元，其中 3.42% 来自财产性收入，为 202.43 元（国家统计局，2014）；在 2019 年，国内居民人均可支配收入中财产性收入占比为 8.52%，其中城镇居民和农村居民的占比分别为 10.37%、2.35%（国家统计局，2020）。这两组数据表明国内农村居民人均财产性收入在 2010 年到 2019 年始终没有明显提高，在收入中的占比仍然比较低。

2019 年，国内农村居民人均转移性收入达到 1775 元，其中 289 元为私人转移支付，1486 元来自不同类型的政府补贴收入。政府补贴收入包括多种不

---

　　[1]　根据国家统计局公布的数据，2019 年全国农村居民人均可支配收入为 16020.7 元，本书利用 2020 年中国乡村振兴综合调查数据计算得出 2019 年全国农村居民人均纯收入为 17372 元，二者数值差额为 1351.3 元。由于收入定义不同，二者并不具有完全可比性，收入数值差额仅具有参考意义。国家统计局自 2013 年实施城乡住户一体化调查，统一使用人均可支配收入。由于收入定义及计算口径差异，2019 年农村居民人均可支配收入与 2010 年农村居民人均纯收入并不具有完全可比性。

同的类型，其中社保收入最高，为 908 元；其次是农业补贴收入，共计 429 元，主要用于土地流转、退耕还林、购置生产资料等；另外还有 149 元来自政府的其他财政性补贴。政府补贴的 1486 元在农村居民人均转移性收入中占比达到了 83.72%，而在农村居民人均纯收入中的占比则为 8.55%。与 2010 年对比来看，当时农村居民人均转移性收入为 453 元，在人均纯收入中的占比为 7.65%（国家统计局，2011）。对比来看，我国农村居民人均转移性收入在 2010—2019 年实现了较大幅度的增加，这一数据也反映出政府在 2010—2019 年不断加大对农村社会保障体系的投入，通过财政转移支付推动农村地区公共服务质量提升，让农民群众能够从国家发展中获得更多实惠。

3. 农村居民收入分配结构以及不同类型收入的贡献率

本书采用集中率分解分析法来计算农民不同收入对于总收入基尼系数的贡献率，在计算中将农民总收入的分配均等程度分解成各分项收入的分配均等程度之和（Pyatt, G. et al., 1980；赵人伟等，1999）。具体来说，可以利用式（3-1）来表示两者之间的关系。

$$G = \sum_{i=1}^{n} u_i C_i \qquad (3-1)$$

式（3-1）中，G 表示总收入的基尼系数，u_i 表示第 i 项收入在总收入中所占的份额，C_i 表示第 i 项收入的集中率。如果 $C_i > G$，这就表明第 i 项收入会扩大总收入分配差距，如果 $C_i < G$，则表明第 i 项收入会缩小总收入分配差距。第 i 项收入对总收入基尼系数的贡献率可以用式（3-2）表示。

$$e_i = \frac{u_i C_i}{G} \qquad (3-2)$$

本书利用上述公式来计算国内农村居民分项收入集中率以及不同分项收入对总收入基尼系数的贡献率，结果如表 3-4 所示，国内农村居民总收入基尼系数在 2019 年达到了 0.4591，这一基尼系数反映了国内农村居民总收入分配在 2019 年还是不够均等。对比来看，2010 年的基尼系数为 0.3783。这一数据表明虽然国内农村居民总收入在 2010—2019 年实现了较大幅度的提高，但是基尼系数在 10 年间也提高了 20% 左右，反映出农村居民总收入分配差距在 2010—2019 年仍然不断扩大。

表 3-4 数据表明，在农村居民不同分项收入中，促进总收入分配差距拉大的是家庭经营性收入，其对基尼系数的贡献率为 48.86%，而能够缩小总收入分配差距的收入包括农村居民的工资性收入、转移性收入和财产性收入，这三项对基尼系数的贡献率分别为 43.10%、5.59% 和 2.45%。从农村居民的财产性收入来看，能够缩小收入差距的收入包括资产收益分红和土地流转收入，而其他财产性收入则会扩大收入差距。从农民转移性收入来看，不管是私人转移支付，还是政府补贴收入，都能够缩小收入差距，这就表明政府向农民提供的各类补贴既能帮助农民提高收入，也能对收入差距起到缩小作用，从而发挥出政策对农民经济福利提升的促进作用。

表 3-4　2019 年农村居民收入水平、收入结构及收入分配状况

收入结构	收入数额（元）	收入份额（%）	集中率或基尼系数	基尼系数贡献率（%）
工资性收入	7943	45.72	0.4328	43.10
家庭经营性收入	7132	41.05	0.5465	48.86
家庭农业经营性收入	4722	27.18	0.4869	28.83
家庭非农经营性收入	2410	13.87	0.6631	20.03
财产性收入	522	3.00	0.3733	2.45
土地流转收入	227	1.31	0.1861	0.53
资产收益分红	79	0.45	0.3611	0.35
其他财产性收入	216	1.24	0.5739	1.55
转移性收入	1775	10.22	0.2509	5.59
政府补贴收入	1486	8.55	0.2604	4.85
农业补贴	429	2.47	0.2585	1.39
社保收入	908	5.23	0.2784	3.17
其他财政性补贴	149	0.86	0.1558	0.29
私人转移支付	289	1.66	0.2015	0.73
人均纯收入	17372	100	0.4591	100

资料来源：中国乡村振兴综合调查数据库。

（二）各收入组农村居民收入水平与收入结构差异

本部分在对农村居民进行收入分组时采用了中国乡村振兴综合调查数据库的分组，将农村居民划分为五个组，即低收入组、中等偏下收入组、中等收入组、中等偏上收入组和高收入组，对比分析这五个收入组的实际收入水平和结构存在的差异，如表3-5所示。

1. 各收入组农村居民之间收入差距明显，并呈扩大之势

表3-5中列出了农村居民不同收入组的收入绝对值和收入构成。2019年，国内五组农村居民平均收入从高到低分别为43366元、20231元、12700元、7444元、3070元；从不同收入组农村居民的收入绝对差值来看，高收入组要比低收入组高40296元，两者相差13.1倍；中等偏上收入组则比低收入组高17161元，相差5.6倍；中等收入组比低收入组高9630元，相差3.1倍；中等偏下收入组比低收入组高4374元，相差1.4倍。图3-7显示了农村居民中五组收入组各自的实际占比。

从图3-7中可见，在农村居民中，占比最高的是高收入组，为45.95%，占比最低的则是低收入组，为3.54%，而中等偏下收入组占比为8.56%，中等收入组占比为14.61%，中等偏上收入组占比为23.34%。从不同收入组的占比来看，国内农村居民内部存在明显的收入差距。

表3-5　2019年各收入组农村居民收入水平及收入结构差异

单位：元，%

分组	工资性收入		家庭经营性收入		财产性收入		转移性收入		总收入	
	数额	占比	数额	占比	数额	占比	数额	占比	数额	占比
低收入组（Ⅰ）	1032	33.62	1006	32.77	182	5.93	850	27.69	3070	100
中等偏下收入组（Ⅱ）	3424	46.00	2412	32.40	287	3.86	1321	17.75	7444	100
中等收入组（Ⅲ）	6727	52.97	4054	31.92	412	3.24	1507	11.87	12700	100
中等偏上收入组（Ⅳ）	10669	52.74	6969	34.45	590	2.92	2003	9.90	20231	100
高收入组（Ⅴ）	17839	41.14	21198	48.88	1135	2.62	3194	7.37	43366	100
中等偏下收入组（Ⅱ）-低收入组（Ⅰ）	2392***	54.69	1406***	32.14	105***	2.40	471***	10.77	4374***	100

续表

分组	工资性收入		家庭经营性收入		财产性收入		转移性收入		总收入	
	数额	占比	数额	占比	数额	占比	数额	占比	数额	占比
中等收入组（Ⅲ）-低收入组（Ⅰ）	5695***	59.14	3048***	31.65	230***	2.39	657***	6.82	9630***	100
中等偏上收入组（Ⅳ）-低收入组(Ⅰ)	9637***	56.16	5963***	34.75	408***	2.38	1153***	6.72	17161***	100
高收入组（Ⅴ）-低收入组（Ⅰ）	16807***	41.71	20192***	50.11	953***	2.36	2344***	5.82	40296***	100

注：*** 表示在 1% 的水平上具有统计显著性。

资料来源：课题组自制。

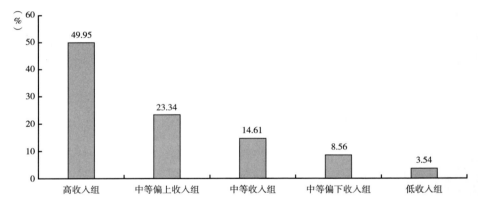

图 3-7　2019 年农村居民各收入组占全部收入的比例

资料来源：国家统计局。

根据国家统计局数据，2010 年，高收入组要比低收入组高 6680 元，中等偏上收入组则比低收入组高 2936 元，中等收入组比低收入组高 1784 元，中等偏下收入组比低收入组高 951 元。对比国内农村居民在 2010 年和 2019 年的收入，虽然人均纯收入已经从 2010 年的 5919 元提高到了 2019 年的 17372 元，但是到 2019 年，农村居民不同收入组之间的收入差距都明显扩大。

从农村居民五个收入组的收入差距构成来看，低收入组与中等偏上收入组、中等收入组、中等偏下收入组的收入差距中，工资性收入差距的占比最高，这一差距占到组别收入差距的 55%—60%；另外，组别收入差距的 1/3 左右是来自家庭经营性收入差距；余下的组别收入差距则是财产性收入差距和转移性收入差距。从低收入组与高收入组的收入差距构成来看，占比最高的是家庭经营性收入差距，约为 50%；其次是工资性收入差距，占比约为 40%；剩下的不到 10% 则是来自财产性收入差距和转移性收入差距。

2. 各收入组农村居民之间的收入结构有差异，工资性收入占比逐渐上升

从表 3-5 可以看出，各收入组之间的收入结构差异主要体现在以下几方面。

（1）随着农村居民收入水平的整体提高，在低收入组、中等偏下收入组、中等收入组、中等偏上收入组中，工资性收入占比逐渐上升。工资性收入在低收入组、中等偏下收入组、中等收入组、中等偏上收入组的占比分别为 33.62%、46.00%、52.97% 和 52.74%。这表明，对于农村居民中的中等收入群体，其最大的收入来源于工资性收入。

（2）除高收入组之外，低收入组、中等偏下收入组、中等收入组、中等偏上收入组农村居民收入中家庭经营性收入占比相当，为 31%—35%。

（3）财产性收入随着整体收入水平的提高，其占比逐步降低，均保持在较低水平。

（4）转移性收入随着整体收入水平的提高，其占比有显著的降低，从 27.69%（低收入组）下降到 7.37%（高收入组）。这说明以各种政府补贴收入为主体的转移性收入，对农村居民中低收入组的影响大于高收入组。

（5）家庭经营性收入对农村居民中的高收入组影响最大，接近 50%，而财产性收入与转移性收入则低于其他各收入组。这表明，农村居民中的高收入组相较于低收入组，更多地通过从事家庭经营性劳动获得收入。

第四节　治理挑战

在推进共同富裕新征程上，农村相对贫困治理是一个系统性、综合性的

实践过程，所涉及的议题和范围早已超越了精准扶贫时代的治理框架，传统的贫困治理体系遭遇新的理念的挑战，并成为农村相对贫困治理必须面对和回应的重大课题，具体表现在以下几方面。

一 科学确定相对贫困标准的挑战

在明确扶贫标准的基础上，充分调动各种扶贫资源精准配置到贫困地区、贫困人口，是我国脱贫攻坚取得全面胜利的关键因素之一。全面脱贫后，学界普遍认为，科学制定相对贫困标准应是新时期识别相对贫困人口、采取治理措施、评估治理成效的重要前提。国际上通常将收入的中位数或平均数的某个比例作为划定相对贫困的标准（Fuchs，V.，1969；O'Higgins，M.，Jenkins，S.P.，1990），考虑到中位数更加稳健，通常会选择中位数的50%或60%为标准确定相对贫困标准（Preston，I.，1995；Madden，D.，2020；Stefănescu，M.L.，Stefănescu，S.，2001）。我国学界也对此进行了大量的讨论，主要集中在到底是基于消费还是收入来划定相对贫困标准；是使用中位数的40%、50%，还是60%；是全国"一条线"还是城乡"两条线"，抑或引导各地探索地方性相对贫困标准（汪三贵、孙俊娜，2021；孙久文、夏添，2019；李鹏等，2021）；等等。例如，沈扬扬、李实（2020）利用CHIP2018数据对比了城乡两条标准和全国统一标准[1]的相对贫困情况：按收入中位数40%标准，采用城乡两条标准时测得城镇相对贫困发生率为9%，农村相对贫困发生率为11%；采用全国统一标准的全国相对贫困发生率为14%，其中农村为30%，而城镇为3%，其人口规模和数量将比绝对贫困要大、要多。与此同时，相对贫困还意味着相对排斥与相对剥夺，主要表现为个体因必要资源的欠缺而无法达到社会平均水平，致使其被排斥在正常社会活动与生活方式之外（Townsend P.，1971）。如果说绝对贫困锚定的是人们基本生存所必需的

1　全国统一标准是指采用全国居民人均收入中位数的40%、50%、60%，城乡两条标准是指分别采用城镇、农村居民人均可支配收入的40%、50%、60%。

最低费用，那么通常能够找到客观且科学的标准，而相对贫困锚定的是公平正义，往往具有主观性与可变性，并容易受到来自社会不同群体心理态度及价值偏好的挑战，导致难以直接识别和测量相对贫困（邢成举、李小云，2019；蒋永穆，2020）。在相对贫困无法准确量化的前提下，若仍要强行对其进行划分，进而设计标准化治理流程，其治理结果必然是失败的。

二　条块分割体制有机整合的挑战

长期以来，城市和乡村长期实行二元分立的贫困标准和福利制度，由此衍生出城乡分治的扶贫管理体制。城乡两套体系在标准、对象、目标、手段等方面存在较大差异（叶兴庆，2018）。反贫困战略从消除绝对贫困转向缓解相对贫困，意味着低收入群体不再囿于传统的地域边界，而是覆盖整个城乡社会，城乡分割的反贫困体制机制容易使大量的低收入群体被排除在救助范围之外（李小云、许汉泽，2018），进而造成"治理真空"。此外，相对贫困治理绝非单纯的经济治理，而是更加注重基本社会公共服务均等化供给的综合治理，涉及民政、教育、就业、医疗等多个领域。如果无法打破资源配置"碎片化"、政策措施分散化、治理路径"山头主义"的困境，就难以统一布局，这无疑会加大问题处理和服务供给的难度和成本。因此，如何增强农村相对贫困治理的系统性、整体性、协同性，不仅要求我国贫困治理体系优化升级，也考验着我国政府相对贫困治理的水平和能力。

三　多元共治格局有效形成的挑战

相对贫困比绝对贫困更加多维、差异化和碎片化，空间上呈现明显的"孤岛效应"，客观上需要制定更高的标准并采取更加灵活的手段来治理相对贫困。诚然，没有一个治理主体能够拥有应对复杂社会事务的全部能力、智慧以及知识（林尚立，2013），农村相对贫困治理也是如此。那么，有效聚合众多治理力量，是达成治理目标的重要一环。虽然精准扶贫时代呈现多元共治的特征，政府、企业和社会力量实现了一定范围的合作，比如企业承接政府部分项目、社会组织通过各种渠道发挥公益力量等，但也在某种程度上形成私人部门参与扶贫的主动性不足、公共部门及公私部门间协同保障机制不健全、社会机制时常被行政机制"遮蔽"等集体行动困境。总之，农村相对贫困治理需要更多社会主体的参与，然而各主体在资源、利益和特性等方面存在较大的异质性。政府、社会、市场间的有效协同何以实现，政府、社会、市场等多元主体的异质性利益如何实现实质上的关联并在此基础上实现与农村相对贫困治理的实质性融合，是扎实推进共同富裕进程中农村相对贫困治理理论研究和实践运作亟待解决的重要问题。

四　异质发展需求精确识别的挑战

异于绝对贫困，相对贫困本质上是收入、权利、能力以及制度与结构等综合作用的产物。不仅如此，相对贫困还是一个发展性命题，如果说绝对贫困人口的基本的"生存需求"可通过生计水平的提高得以满足，使其暂时跳出贫困恶性循环，那么治理相对贫困面临的则是如何满足贫困背后更加复杂和差异化的"发展需求"（林万龙、陈蔡春子，2020），以帮助相对贫困人口实现多层次、多维度的综合发展。那么，需求从何而来，又如何满足多元化的需求？这背后涉及需求与帮扶资源如何有效衔接的问题。然而，由于治理对象与治理主体之间存在明显的信息不对称，相对贫困人口的动态性、隐蔽性和分散性明显地增加了需求识别的难度。另外一个挑战是，精准掌握相对贫困人口的动态变化信息，包括相对贫困人口的相对贫困状态、致贫原因、实际需求等，从而有针对性地将帮扶资源精确地瞄准在相对贫困人口上，实现各取所需。最后，如何评估帮扶资源所起到的治理效果，进而适时调整行动策略，同样不可忽视。总而言之，如何实现帮扶资源投入的"供需匹配"和"高质高效"，破解资源投入与产出不对等的"生产率悖论"难题，对于提高相对贫困治理效能是至关重要的。

本章小结

本章对于新中国成立以来贫困治理实践进行了系统梳理和回顾，结合当前国内农村地区实际，指出中国农村在治理相对贫困中面临的问题挑战，得出如下结论。

第一，新中国成立以来，中国农村贫困治理进程可以划分为三个不同阶段。其中，第一阶段是1949—1985年，为制度变革推动减贫阶段；第二阶段是1986—2011年，为专项政策开发扶贫阶段；第三阶段是2012—2020年，为精准扶贫精准脱贫阶段。中国经过70多年的贫困治理，已经形成了较为完善的贫困治理政策、制度和经验，在全社会构建了多元主体共同参与的贫困治理体系，取得了令人惊叹的脱贫成就。

第二，新中国成立以来，在不断推动贫困治理的过程中，结合不同时期、不同地域、不同资源来灵活调整脱贫目标、政策、手段等，在实现全体人民共同富裕的历史进程中已经探索出符合中国实际的贫困治理经验，即充分发挥政治优势和制度优势、实行赋权式扶贫模式、坚持政府主导扶贫战略与政策以及适时调整贫困标准与治理目标，推动实现全面建成小康社会的第一个百年奋斗目标，也为世界反贫困斗争提供了中国智慧和中国方案。

第三，全面建成小康社会后，我国跨入相对贫困治理新阶段。本书结合Wind数据库分析发现，虽然我国城乡基本公共服务总体水平提高，但是由于历史欠账太多、城乡二元分割体制等，我国城乡发展鸿沟仍然存在、区域发展差距依然明显、农村内部居民收入差距扩大的基本态势尚未得到根本扭转。基于上述判断，本书认为农村相对贫困治理是一项系统而复杂的长期性工程，在扎实推进共同富裕的进程中，农村相对贫困治理面临科学确定相对贫困标准、条块分割体制有机整合、多元共治格局有效形成以及异质发展需求精确识别的四大挑战。

第四章

农村相对贫困识别标准、测量
与监测预警机制分析

本章聚焦我国农村相对贫困识别标准、测量与监测预警机制，围绕农村相对贫困识别的重点难点、标准、办法和程序、监测预警开展相关理论研究，并在理论研究的基础上，选取关键指标，对我国农村相对贫困状况进行了实证测量，以期为我国农村相对贫困治理提供理论和实践支撑。

第一节　农村相对贫困识别的重点难点

一　设置科学客观的识别标准

按照马斯洛的需求层次理论，人们在基本生理需求得到满足后，将会产生安全、归属和爱、尊重、自我实现等更高层次的需求。全面建成小康社会后，非食物支出成为影响农村相对贫困标准更重要的因素，现有稳定温饱和低水平发展状态的贫困标准与全面建成小康社会后的区域经济社会发展和人民生活需求不再相适应，需要确立新的相对贫困标准。如何既科学有效又符合客观实际地设置识别标准，既是相对贫困治理的重点，也是难点。

第一，如何科学建立识别指标体系。识别指标体系是确定相对贫困治理对象和测量相对贫困状况的主要依据，是我国农村相对贫困治理的重要组成部分。

脱贫攻坚时期，我国绝对贫困人口的衡量指标是"一达标""两不愁三保障"。该指标体系主要包含农户收入水平、吃饭、穿衣、基本医疗、住房安全、义务教育等信息，反映的是基本生存需求，用以表征温饱型贫困。绝对贫困地区，比如贫困村的衡量指标是"一高一低一无"，该指标体系主要包含村庄贫困发生率、农村人均纯收入、村集体经济发展等信息，反映的是村庄经济社会发展状况。相对贫困治理是绝对贫困治理的"升级版"，重点关注的是低收入人群的生活状态以及综合发展水平相对较低地区的经济社会状况，其阶段性目标是实现低收入人群达到温饱型以上的更高水平的生活、地区经济社会发展迈上新台阶，最终目标是实现全体人民共同富裕。换言之，如果绝对贫困指标更多关注农户的生存需求和农村最基本需求的低发展状态，那么相对贫困指标则应更多关注人口在安全、归属和爱、尊重、自我实现，区域在经济社会发展等方面的较高层次的需求。显然，绝对贫困衡量指标体系已难以适应新形势下我国农村相对贫困治理实际。然而，由于我国在 2020 年消除了农村绝对贫困问题，全国农村相对贫困治理还处于探索起步阶段，目前无论是在理论还是实践上，都未形成对相对贫困识别指标体系的统一认识。

第二，如何客观确定衡量标准。确定一个既能够体现全国总体发展水平，又能够统筹兼顾现有城乡间不统一、区域间不协调、群体间不平衡现实的相对贫困衡量标准难度较大。2020 年以前，我国采用全国统一的绝对贫困衡量标准识别农村贫困对象。这一标准虽然能够快速将绝对贫困人口和地区识别出来，但也存在未充分考虑城乡之间、区域之间、群体之间的发展差异等不足。目前，我国区域之间发展差距依然较大，城乡之间发展差距依旧较大，农民内部差距也日益扩大，如何兼顾三大差距，制定既符合我国相对贫困客观现实，又符合相对贫困治理科学规律的衡量标准是一个重点难点。如果农村相对贫困衡量标准定得过高，就会使农村名义贫困人口和贫困地区规模大于实际贫困人口和贫困地区规模，增加相对贫困治理的政府财政压力和社会负担，还可能导致一部分人和地区产生"福利依赖"；如果农村相对贫困衡量标准定得过低，又会使实际贫困人口和贫困地区规模大于名义贫困人口和贫困地区规模，低估真实贫困水平，失去相对贫困治理的意义。

二　构建精准的监测预警机制

相对贫困具有动态性特征，根据其变化情况，进行精准监测预警是其治理的核心和关键。只有动态精准掌握相对贫困对象和潜在相对贫困对象的基本信息，并给予及时预警，才能够做到准确无误、因地制宜、分类指导、精准施策。第一，要建立潜在相对贫困对象精准监测预警机制，及时掌握该类人群或地区在生产生活、发展、致贫返贫概率等方面的关键信息，为防范化解致贫返贫风险提供决策参考和治理依据。第二，要建立相对贫困对象精准监测预警机制，动态掌握相对贫困对象贫困状态及其影响因素，为贫困治理和成效评估提供现实参考。

目前，开展农村相对贫困精准监测预警的主要难点如下。

第一，规模大，类型多。从规模上讲，初步估计需纳入精准监测预警的农村相对贫困人口就有大约 7000 万人（汪三贵、孙俊娜，2021），同时需要重点监测预警部分潜在相对贫困人口。此外，需要纳入相对贫困监测预警的重点地区，比如相对贫困村和潜在相对贫困村也有数十万个。从类型上讲，需要纳入农村相对贫困精准监测预警的人口不但包括脱贫不稳定人口，还包括流动人口、老一代农民工、老年人口、妇女、留守儿童等特殊群体；需要纳入农村相对贫困精准监测预警的贫困村不但包括脱贫不稳定村，还包括资源枯竭型村庄、劳动力流失严重的村庄、自然环境脆弱的村庄、易地搬迁大中型集中安置社区等特殊地区。这些群体和地区规模大，类型多，做好相关监测预警工作难度大。

第二，维度广，隐蔽性强。与农村绝对贫困人口相比，农村相对贫困人口贫困维度广，更具隐蔽性，使精准监测预警相对贫困人口具有较大难度。有研究表明，仅关注收入指标，将遗漏 69.38% 的多维贫困人口（冯贺霞等，2015）。可见，农村相对贫困人口贫困维度广，隐蔽性强，这无疑增加了精准监测预警的难度。同样，与农村绝对贫困地区主要监测客观指标不同的是，农村相对贫困地区不但要监测客观指标，还需要综合考察主观方面的多维指标，相对贫困地区贫困维度广，部分贫困维度特征不明显，精准监测预警的难度明显更大。

第三，致贫风险多元化，因素复杂。农村相对贫困人口和地区既可能受到一系列经济因素的影响，也可能受到一系列非经济因素的影响。这些因素相互交织，复杂多样，有些是周期性地影响相对贫困，有些则是非周期性地影响相对贫困；有些可能是结构性地影响相对贫困，有些则是非结构性地影响相对贫困；有些可能是主观因素，有些则可能是客观因素。致贫风险多元，多种影响因素相互交织，给农村相对贫困监测预警乃至后续治理带来了巨大挑战。

三　动态调整相对贫困治理对象

动态调整相对贫困治理对象，是农村相对贫困治理的重要内容。动态调整相对贫困治理对象，既能够及时识别真正的贫困人口和地区并将其纳入相对贫困治理体系，又能够将非贫困人口和地区排除在治理体系之外，做到精准识别。此外，动态调整相对贫困治理对象，还能够合理运用与治理有关的人力、物力、财力资源，实现有限治理资源高效匹配、精准投放。具体而言，动态调整农村相对贫困治理对象，首先应确定具体办法和流程。比如，应明确农村相对贫困人口和地区的识别与退出标准，合理把控动态调整时间。其次要及时准确掌握农村相对贫困对象和潜在相对贫困对象的基本信息，并在判断基本信息的基础上，决定是否调整决策。

目前，动态调整农村相对贫困治理对象存在两大难题。

第一，及时准确地获取信息难。农村相对贫困对象及潜在相对贫困对象不但包括农村已脱贫户、边缘户、突发严重困难户，而且还包括外出务工的流动人口等特殊群体，以及已摘帽农村贫困地区、边缘地区。这些人口和地区规模大、分布广，特别是部分人口流动性强、贫困维度多、致贫风险高，这些因素的存在导致相关贫困信息动态获取难、更新难，信息真实性存疑。

第二，人为主观因素干扰较多。受相对贫困多维性、隐蔽性等因素影响，部分农村贫困对象相对贫困外在表征并不明显，加之普通群众对相对贫困理解存在偏差和片面性，在人情网络交织和关系错综复杂的农村地区，要将贫富差距相差不大的低收入群体或某些维度遭受剥夺的地区纳入农村相对贫困治理体系，而将收入相对较高的群体或某些维度遭受剥夺不严重的地区排除在相对贫困治理体系外，都会遇到基层政府难以推动、左右邻里互相说情，甚至聚众滋事等问题，进而影响相对贫困治理对象的动态调整。

第二节　农村相对贫困识别标准构建

一　国内外的实践与启示

（一）识别标准的探讨

1. 收入标准

收入标准是目前世界上大多数国家和地区识别贫困对象采用的标准。与绝对贫困衡量标准不同的是，相对贫困主要使用相对收入水平标准衡量贫困。具体而言，绝对贫困的收入标准主要是基于维持贫困人口生存的最低生理需求确定的，该类收入标准属于绝对概念；而相对贫困的收入标准则是基于社会平均水平，比如按农村家庭平均可支配收入五等份分组来确定，属于相对概念。截至目前，无论是理论还是实践，在具体应该如何比较进而识别收入相对贫困方面仍没有形成统一标准。总体而言，现在分歧主要集中在以下两方面。

（1）现有理论和实践在界定收入相对贫困的基本单元方面存在分歧。在收入相对贫困标准设计中，现有理论和实践一般将一个国家或地区的整个行政区域的社会平均收入作为收入相对贫困的基本参考标准。但是比较该类地区内部不同区域的收入水平发现，一个国家或地区内部存在显著差别，以国家或整个地区的社会平均收入作为收入相对贫困的基本参考标准，存在明显问题。比如，在我国官方统计数据中，普遍将居民收入按五等份划分（见表4-1）。其中，中等收入组与社会平均收入较为接近，但这一标准在不同单元之间表现出显著差异。具体而言，2020年四川省农村居民中等收入组的平均家庭可支配收入为13981元，江苏省农村居民中等收入组的平均家庭可支配收入为21140元，前者比后者低了7159元。可见，若以国家或整个地区的农村为基本单元，那么发达地区识别出来的相对贫困人口较少、欠发达地区识别出来的相对贫困人口偏多，难以反映国家或整个地区相对贫困的本质和全貌。也就是说，上述基本单元虽然兼顾了全国或地区的统一性，但是没有充分考虑到各个地区的差异性。故而在构建收入相对贫困标准时，为兼顾不同地区、不同群体的统一性与差异性，确定基本单元依然是当前理论与实践层面的首要难点，仍需学术界与决策者在理论和实践层面进行更多探讨。

表4-1　2020年不同地区按五等份分组的平均家庭可支配收入情况

单位：元

分组	全国城乡	全国农村	江苏农村	湖南农村	四川农村
低收入组	7869	4682	9346	5133	6151
中等偏下收入组	16443	10392	15903	10936	10179
中等收入组	26249	14712	21140	15369	13981
中等偏上收入组	41172	20885	28747	20487	18991
高收入组	80294	38520	50769	38353	33837

资料来源：2021年《中国统计年鉴》《江苏统计年鉴》《湖南统计年鉴》《四川统计年鉴》。

当然，目前也有部分学者对收入相对贫困的基本单元进行了讨论，为本书提供了有益参考。比如，有学者建议从内陆和沿海两个单元进行考虑（孙久文、夏添，2019）；也有学者主张2020年后统一城市单元和农村单元，但在具体标准设定上考虑特殊群体的生活需求，比如面临城市更高住房与教育成本的农民工（陈志钢等，2019）；此外，还有学者建议将城乡单元分开，分别构建城市和农村收入相对贫困标准（沈扬扬、李实，2020）。

（2）现有理论和实践在收入相对贫困的划分标准方面存在分歧。国际上普遍采用居民收入中位数的 50%—60% 或 FGT 贫困指数作为收入相对贫困标准（Bourquin，P. et al.，2019；王小林，2017；焦培欣，2019）。比如英国以上年度全国家庭平均可支配收入中位数的 60% 作为次年收入相对贫困标准（程蹊、陈全功，2019），日本依据低收入家庭人均生活消费支出达到中等收入家庭的 60% 作为收入相对贫困标准。国内部分学者建议采用全国农村居民平均收入水平的 40%—50% 作为相对贫困标准（陈宗胜等，2013）或将收入中位数的 40% 作为相对贫困标准，且每 5 年或者 10 年调整 1 次（邢成举、李小云，2019）。也有学者建议周期性地调整相对贫困标准，并将其最终稳定在农村居民平均收入水平的 50% 左右（沈扬扬、李实，2020）。可见，确定收入相对贫困标准的关键是如何选用衡量比例。因为选择的衡量比例过高，会将大量治理对象纳入相对贫困治理范畴，导致农村相对贫困治理任务过重；反之，则会将大量真正弱势群体排除在治理对象之外。

此外，拉瓦雷等提出应在实践中使用"弱相对贫困线"而非"强相对贫困线"来衡量收入相对贫困（见图 4-1）。随着收入水平降低，最贫困人口始终会面临相对更高的社会包容成本，故而平均值或中位数并不能够真实反映相对贫困的本质特征。况且从现实角度讲，相对贫困标准也不可能为 0（Ravallion，M.，Chen，S.，2019）。如图 4-1 所示，在相对贫困标准的弹性为 1 的情况下（强相对贫困线），如果所有人的收入都以相同的比例增长，相对贫困标准的度量没有发生改变，与此同时，低收入人口收入的同比例增长也并未引起贫困规模的缩小；相反，弱相对贫困线的弹性为 0—1，这一特性意味着它随着社会平均收入的变化而有一定的调整空间，但调整幅度不会完全跟随社会平均收入的变化幅度。在社会平均收入较低的阶段，弱相对贫困线相对于社会平均收入而言，可能会保持一个较为稳定的比例，以确保相对贫困人口能够随着经济增长获得一定程度的生活改善。从上述分析可知，"弱相对贫困线"更加适用于贫富差距不断变化、城乡收入增速有差异的地区。

以收入为基础划定相对贫困标准的方法难以反映贫困内涵的多维性和家

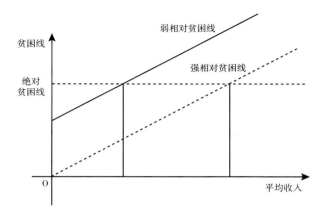

图 4-1　"强相对贫困线"与"弱相对贫困线"的对比

资料来源：陈宗胜、黄云：《中国相对贫困治理及其对策研究》，《当代经济科学》2021 年第 5 期。

庭的异质性，雪铁龙和迈克尔提出"混合"贫困阈值，该阈值由"部分"生活标准和基本商品支出的中位数构成（Citro，Constance，Michael Robert，1995）。奥恩西亚等证明了平均值和中位数不会以相同的方式变化，认为有必要建立一种统一的方法来准确比较不同类别人口的相对贫困标准（Oancea，B.，2014）。秦建军和戎爱萍（2012）采用复合指数法对我国农村相对贫困做了测量。从农村相对贫困标准方案来看，2021 年的相对贫困标准可采用 2020 年农村居民收入中位数的 40%（孙久文、夏添，2019）；以 5 年为调整周期，2021—2025 年的相对贫困标准绝对值随价格指数调整（孙久文、夏添，2019）；2026—2030 年可设置为 2025 年农村居民收入中位数的 45%；2031—2035 年可设置为 2030 年农村居民收入中位数的 50%；2035 年以后逐渐向农村居民收入中位数的 60% 靠近，直到达到 60%（孙久文、夏添，2019），以逐步实现与高收入国家的收入相对贫困标准的接轨，并根据城乡、东中西部地区以及不同人群基本公共服务均等化状况，逐步实现城乡、东中西部地区等主体的相对贫困标准的统一。

2. 多维标准

相对贫困治理的最终目标不仅是提高治理对象的收入水平，更是提高其生存和生活等方面的发展能力，解决该类人群或地区的社会排斥、权利剥夺、发展不均衡等问题。如果仅以收入标准识别相对贫困治理对象，显然很难反映相对贫困治理对象的多维剥夺特性。因此，近年来，越来越多的专家学者提出基于多维标准来识别相对贫困治理对象，以综合反映相对贫困治理对象的多维剥夺特性。从已有理论和实践看，现有基于多维标准识别相对贫困对象的做法，重点是围绕"贫"和"困"两个维度探讨收入贫困与多维贫困的关系，并最终构建多维相对贫困标准概念框架（王小林、冯贺霞，2020）。多维标准中的"贫"主要反映经济层面的福利相对不足，常以收入相对贫困来衡量；"困"主要反映非货币方面的公共服务相对不足，一般用教育、医疗等的相对贫困指标来衡量（潘文轩、阎新奇，2020）（见图 4-2）。

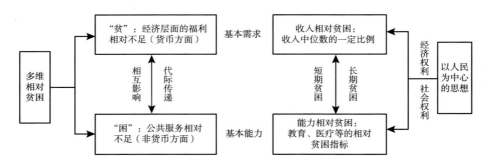

图 4-2　多维相对贫困标准概念框架

资料来源：王小林、冯贺霞：《2020 年后中国多维相对贫困标准：国际经验与政策取向》，《中国农村经济》2020 年第 3 期。

　　关于贫困多维性的探讨，现有研究主要探讨"能力贫困"思想。森在阐释"能力贫困"时提出，一个人有价值的可行能力包括拥有获得食品、衣着、居住、行动、教育、健康、社会参与等各种功能性活动的能力。森把这些功能性活动所构成的基本可行能力的被剥夺定义为贫困，并区分了收入贫困与能力贫困在本质上的差异，即收入只是达到一定生活水平的手段，而提高生活质量才是人类发展的真正目的。收入不足确实是生活贫困很强的诱发性条件，但更好的教育和医疗不仅能直接提高生活质量，还能提高获取收入并摆脱收入贫困的能力。因此，森提出，应从获得食物、饮用水、卫生设施、健康保健、住房、教育和信息等基本能力方面来测量贫困与发展。这一方法不仅扩展了社会福利和贫困视角，也被广泛应用到计算人类发展指数和多维贫困指数上。事实上，收入贫困标准只能满足个人的基本需求，改善健康状况或治疗疾病等重要方面的花费并没有被包括在内。贫困既包含收入不能满足基本需求造成的"贫"，也包括没有能力获得教育、卫生、饮水、社会保障等基本服务的"困"，"贫"与"困"相互影响（王小林，Sabina Alkire，2009；王小林，2012；王小林，2017）。

　　能力贫困思想阐明了能力和功能性活动的重要性，反映了真实的多维贫困，超越了基于消费或收入的相对贫困标准的设定。能力贫困提出后，如何捕捉或测量这种多维能力贫困成为学者们关注的焦点。已有研究对多维贫困维度和指标的组成部分、权重及其设置、贫困阈值的设定以及多维贫困指数的加总和分解进行了大量讨论。在研究多维贫困测量方法的早期文献中，布吉尼翁和查克拉瓦蒂建议为贫困的每个维度设定贫困标准（如果低于这些贫困标准中的至少一个，则为贫困者），并探讨了如何将这些不同的贫困标准和一维的贫困缺口整合到多维贫困的测量中（Bourguignon，F.，Chakravarty，S. R.，2003）。徐克从收入方法出发，探讨了一种本质上是测量多维贫困的方法——不将收入作为基本需求的中介变量，而是根据基本需求本身的最低水平的短缺程度来设定贫困标准。另外，他还讨论了在不同贫困维度下如何识别总的多维贫困人口，只要有一个维度低于该维度的最低需求，即使其他维度都高于其维度的最低需求，这个人也是贫困的，这种状况下的贫困人口总数为多维贫困人口总数（Tsui，K.，2002）。

　　阿尔凯尔和福斯特提出了一种新的测量多维贫困的方法——AF方法，也被称为"双阈值法"（Alkire，S.，Foster，J.，2011）。双阈值包括：一是对每个维度内的贫困指标设定贫困阈值，以判断每个维度的指标贫困状况；二是跨维度设定多维度贫困阈值，以判断多维贫困状况。按照"指标—维度—多维贫困指数"这一顺序进行三级加总计算，即可得到多维贫困指数。《2010年人类发展报告》首次公布了基于 AF 方法测算的全球 104 个国家和地区的多维贫困指数（见表 4-2），随后每年对该指数进行更新。AF 方法是第一个将多维贫困测量广泛应用于全球多维贫困测量实践并得到越来越多国家采纳的方法。

表 4-2　全球多维贫困指数中使用的维度、指标、阈值及权重

维度	指标	阈值	依据	权重
健康	营养	家中有 70 岁及以下营养不良人口	SDG2	1/6
	儿童死亡率	在调查前 5 年内家中有儿童死亡	SDG3	1/6
教育	受教育年限	10 岁及以上人口未完成 6 年学校教育	SDG4	1/6
	入学儿童	8 年级之前的适龄儿童未入学	SDG4	1/6
生活水平	做饭用燃料	家中使用牲畜粪便、秸秆、灌木、木材、木炭或煤做饭	SDG7	1/18
	卫生厕所	厕所设施没有得到改善（依据 SDG 指南）或与其他户共用改善了的厕所设施	SDG11	1/18
	安全饮用水	家中不能获得安全饮用水（依据 SDG 指南）或来回至少步行 30 分钟才能获得安全饮用水	SDG6	1/18
	用电	家中不通电	SDG7	1/18
	住房	家庭住房不足，地面由泥土、沙土或粪便制成，住宅没有屋顶或墙壁，住宅或墙壁使用的是未经装修的自然材料（甘蔗、棕榈、松散石头等）	SDG11	1/18
	耐用消费品	下列资产中家庭所拥有的不超过 1 项：收音机、电视、电话、电脑、动物拖车、自行车、摩托车或电冰箱。同时没有汽车或卡车	SDG1	1/18

资料来源：UNDP：《2010 年人类发展报告》。

目前国内部分学者已经采用此方法测度 2020 年前我国城乡相对贫困状况。比如，王小林和冯贺霞（2020）分别从经济维度、社会发展维度和生态环境维度选择指标构建我国农村相对贫困识别指标体系，并提出中国可以把在任意 2 个及以下维度的贫困定义为多维相对贫困，相应的贫困人口则定义为多维相对贫困人口。多维相对贫困人口可以按照城乡、区域、年龄、性别等进行划分，以便采取更具针对性的减贫政策。然而令人遗憾的是，王小林和冯贺霞只提出了相对贫困多维标准，并没有实证测度中国农村相对贫困状况。此外，汪三贵和孙俊娜（2021）虽然实证测度了中国农村多维相对贫困状况，但是使用的是等权重方法，未能真实反映各维度和指标的客观剥夺情况。

（二）识别标准构建的实践

1. 国外实践

（1）英国。英国是全世界最早使用相对贫困标准识别贫困人口的国家。从历史溯源角度上看，早在 1601 年的《济贫法》中，英国政府便制定了识别贫困人口的贫困标准，但此时的贫困标准更多针对的是绝对贫困人口。1948 年，英国政府通过颁布《国民救助法》，用福利制度体系取代早期的济贫制度，使该国的贫困标准从"绝对"逐步走向"相对"（董晓波等，2016）。目前，英国政府的相对贫困标准主要是依据上一年度全国家庭平均可支配收入统计确定的中位数，再乘以 60% 得到的（程蹊、陈全功，2019）。依据该贫困标准，英国贫困研究组织——朗特里基金会（Joseph Rowntree Foundation，JRF）每年都会对英国的贫困状况进行统计，并公开向社会发行年度贫困报告。根据 JRF 发行的《英国贫困报告 2019/2020》，2019/2020 年度英国相对贫困人口规模为 1400 万人，相对贫困发生率为 22%。

住房支出和家庭结构是影响英国相对贫困的两个重要因素。朗特里基金会每年都会在其贫困报告中列出不同结构家庭（不包含住房支出）的相对贫困标准。比如，2019/2020 年度，"0 孩 +1 个成人"家庭的相对贫困标准为收入 152 英镑/周，"1 孩 +单身夫/妇（1 孩 <14 岁）"家庭的相对贫困标准为 204 英镑/周，"0 孩 +1 对夫妇"家庭的相对贫困标准为 262 英镑/周（见表 4-3）。

表 4-3 2019/2020 年度英国相对贫困标准（去除住房支出）

家庭结构	收入（英镑/周）
0 孩 +1 个成人	152
1 孩 +单身夫/妇（1 孩 <14 岁）	204
0 孩 +1 对夫妇	262
2 孩 +1 对夫妇（2 孩 <14 岁）	366
3 孩 +1 对夫妇（2 孩 <14 岁，1 孩 ≥14 岁）	476
4 孩 +1 对夫妇（2 孩 <14 岁，2 孩 ≥14 岁）	586

资料来源：JRF：《英国贫困报告 2019/2020》。

（2）美国。与大多数国家只有一个贫困标准不同，美国有两个贫困标准。一是由美国人口调查局制定的联邦政府官方贫困标准。该贫困标准在美国本土 48 个州统一实施（两个没有在美国本土的州除外），是美国最主要的贫困度量方式。联邦政府官方贫困标准最早由莫利·欧桑斯基研究提出。莫利·欧桑斯基统计了一个典型四口之家（一对夫妻和两个未成年孩子）每天必需的食物消费支出费用，并在此基础上乘以 3（因为当时一个典型四口家庭把 1/3 的家庭收入用于食物支出），得到该类家庭的贫困标准。1969 年这一贫困标准被美国官方采纳并确定为联邦政府的官方贫困标准。

目前，美国联邦政府官方贫困标准虽然有所变化，但其仍然是根据满足一个家庭所有人口基本需求的最低收入划定的，同时根据不同地区的住房成本、家庭规模以及家庭中 18 岁以下儿童的数量进行调整。表 4-4 是 2016 年美国的官方贫困标准，一个四口之家的贫困标准是 24339 美元/年。

表 4-4　2016 年美国联邦政府官方贫困标准

单位：美元/年，个

家庭规模与结构	加权平均贫困标准	18 岁以下儿童个数					
		0	1	2	3	4	5
一口之家	12228	—	—	—	—	—	—
65 岁及以下	12486	12486	—	—	—	—	—
65 岁及以上	11511	11511	—	—	—	—	—
两口之家	15569	—	—	—	—	—	—
户主 65 岁以下	16151	16072	16543	—	—	—	—
户主 65 岁及以上	14522	14507	16480	—	—	—	—
三口之家	19105	18744	19318	19337	—	—	—
四口之家	24563	24755	25160	24339	24424	—	—
五口之家	29111	29845	30288	29360	28643	28205	—
六口之家	32928	34337	34473	33763	33082	32070	31470

资料来源：United States Census Bureau。

二是由美国健康和人类服务部门制定的联邦贫困指导线。联邦贫困指导线是在操作层面识别贫困家庭的贫困标准。根据联邦政府官方贫困标准，每年使用消费者价格指数进行调整。表4-5给出了2019年美国不同地区的联邦贫困指导线，在48个连片州和哥伦比亚特区，一个四口之家的联邦贫困指导线为25750美元/年。

表4-5　2019年美国不同地区联邦贫困指导线

单位：人，美元/年

家庭人口数	48个连片州和哥伦比亚特区	阿拉斯加州	夏威夷州
1	12490	15600	14380
2	16910	21130	19460
3	21330	26660	24540
4	25750	32190	29620
5	30170	37720	34700
6	34590	43250	38780
7	39010	48780	44860
8	43430	54310	49940
8人及以上	每增加1人增加4420	每增加1人增加530	每增加1人增加5080

资料来源：Office of the Assistant Secretary for Planning and Evaluation of United States。

（3）日本。日本于1984年采用"生活水平相对均衡方法"测定贫困，其测定的依据是低收入家庭的人均生活消费支出达到中等收入家庭的60%，操作方式和具体方法见表4-6。在该标准中，低收入家庭是指日本厚生劳动省开展的《全国消费实况调查》按家庭规模和人均年收入十等份分组的第一组家庭，中等收入家庭是指按家庭规模和人均年收入五等份分组的第三组家庭。在具体操作中，主要通过测算具有代表性的"标准家庭"（3口之家，丈夫33岁、妻子29岁、孩子4岁）的生活救助额度，然后按照年龄、家庭规模、家庭结构（如孕产妇、残障者、护理患者、居家患者、放射线障碍者、儿童养育等）调整，再根据地区生活费用指数进行区域调整。

表4-6 日本"生活水平相对均衡方法"的操作方式和具体方法

操作方式	具体方法
"标准家庭"的选定	1986年至今，"标准家庭"为3口之家，丈夫33岁、妻子29岁、孩子4岁。确定方法参见焦培欣（2019）和厚生劳働省社会·援護局保護課（2011）
生活救助标准的制定	根据"标准家庭"的实际消费测算第1类费用（包括伙食费、被服费），利用各年龄段所需热量的国家标准，测算各年龄段第1类费用的标准；参考"总理府家计调查"各种人口规模低收入家庭的实际生活消费支出，测算"标准家庭"的第2类费用（包括水电费、家什器具购置费及地区冬季费用等），根据不同的折算率计算不同人口规模家庭的第2类费用的标准
	根据孕产妇、残障者、护理患者、居家患者、放射线障碍者、儿童养育等进行调整，得到特殊群体家庭生活救助标准
	设定劳动收入扣除标准，具体分为基础扣除、特别扣除、新生劳动力就业扣除、未成年人扣除4种
等级地划分以及救助标准的调整	日本划分了3个等级地，且将3个等级地内部细分为1类地区和2类地区；救助标准的调整：将1级1类地区的救助标准设定为100%，其他等级地的救助标准依次降低4.5个百分点，经调整得到不同等级地的救助标准

资料来源：根据焦培欣（2019）和厚生劳働省社会·援護局保護課（2011）整理。

OECD统计数据显示，2009—2012年，日本0—17岁人口的相对贫困发生率由15.7%上升到16.3%，可见日本儿童相对贫困问题比较突出。人口老龄化是日本最严重的问题之一，2009年日本政府宣布街头有大约16000名无家可归者，其中约35%的人口年龄为60岁及以上。因此，日本注重家庭结构中儿童和老年人的消费支出，并根据其消费支出调整生活救助标准。

（4）墨西哥。为缩小发展差距、增强社会凝聚力，2004年墨西哥政党间达成共识，通过《社会发展普通法》，提出建立社会政策评估独立委员会，由该委员会根据《墨西哥宪法》和《社会发展普通法》规定的公民享有的基本经济福利和社会权利设计多维贫困指数。2009年，一种新的多维贫困测量方法被墨西哥政府采纳。墨西哥政府确定的官方多维贫困指标体系包括经济福利和社会权利两个维度，具体为人均收入、家庭平均教育差距、健康服务、社会安全、住宅空间和住宅质量、室内基本服务、食物、社会融合度八个指标。在该官方多维贫困指标体系下，经济福利和社会权利都被赋予50%的权重。其中，社会权利维度下的每个指标也都被赋予相同权重。依据上述指标体系和权重，墨西哥政府把全国贫困人口划分为贫困人口和绝对贫困人口。其中，贫困人口是指一个人不但遭受收入维度的贫困剥夺，而且还遭受 1—2 个社会权利维度的贫困剥夺；绝对贫困人口则是指一个人不但遭受收入维度的贫困剥夺，而且还遭受 3 个及以上的社会权利维度的贫困剥夺（见表 4-7）。

表 4-7 部分国家相对贫困识别标准

国家	相对贫困识别标准
英国	全国家庭平均可支配收入中位数的 60%
美国	典型四口之家(一对夫妻和两个未成年孩子)每天必需的食物消费支出费用乘以 3
日本	低收入家庭的人均生活消费支出达到中等收入家庭的 60%
墨西哥	不但遭受收入维度的贫困剥夺,而且还遭受 1—2 个社会权利维度的贫困剥夺

图 4-3 描述了墨西哥收入贫困与多维贫困的关系。其中，纵轴代表的是经济福利，用收入来度量；横轴代表的是社会权利，横轴越往左边，值越大，阈值 K=1 左边的区域表示至少在 1 个社会权利维度存在贫困。A_1、A_2、A_3 和 E 区域就是墨西哥定义的多维贫困区域——在收入低于收入贫困线的同时，还至少在 1 个社会权利维度存在贫困；B 区域是社会权利脆弱性贫困区域，即在经济福利方面不贫困，但在 1—2 个社会权利维度存在贫困；D 区域是经济福

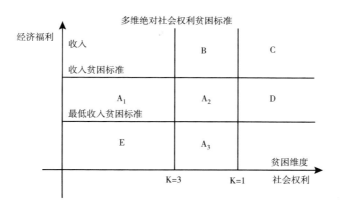

图 4-3 墨西哥绝对贫困与相对贫困的比较

资料来源：CONEVAL，"Methodology for Multidimensional Poverty Measurement in Mexico：An Executive Vision,"*Consejo Nacional de Evaluación de la Política de Desarrollo Social*，2010。

利脆弱性贫困区域，即收入低于收入贫困标准，但在社会权利方面不贫困；C区域表示的是在经济福利和社会权利方面都不贫困。

墨西哥在多维贫困的基础上，制定了最低收入贫困标准和多维绝对社会权利贫困标准。最低收入贫困的含义是收入非常低，即使全部用来购买食物也不能满足基本需求。多维绝对社会权利贫困的定义是至少在3个社会权利维度存在贫困。在多维贫困人口中，多维绝对贫困人口（分布在图4-3的E区域）以外的贫困人口被称为中等多维贫困人口，属于多维相对贫困人口。

2. 国内实践

早在脱贫攻坚时期，我国一些发展条件比较好的地区就对相对贫困治理工作进行了大量探索。在党的十九届四中全会提出建立相对贫困治理长效机制后，部分地区更是深入推进相对贫困治理实践，并将其作为实现共同富裕的重要举措有效推动，这为我国相对贫困治理提供了有益借鉴和示范。

（1）浙江省。早在10年前，浙江省就对相对贫困治理进行前瞻性探索。特别是在脱贫攻坚任务全面完成后，考虑到部分边远山区的农村低收入人口，特别是新的脱贫人口生产生活依然较为困难等客观现实（左停等，2019）。浙江省将缩小居民收入差距作为新的扶贫目标，出台并实施了一系列缓解相对贫困的政策措施（左停等，2019）。具体来看，从2012年开始，浙江省就将该省的农村扶贫标准调整为家庭年人均收入4600元（2010年不变价），而此时的国家扶贫标准只是家庭年人均收入2300元（2010年不变价），浙江省新的扶贫标准是国家扶贫标准的2倍。浙江省新扶贫标准占2010年全省农民人均收入的比重为40.7%，比当时国家扶贫标准占2010年全国农民人均收入的比重高出1.8个百分点。[1] 经过4年攻坚，浙江省在2015年就消除了该省全部农村绝对贫困家庭，成为全国第一个高标准、提前5年完成绝对贫困清零任务的省级行政区。

1　《浙江省扶贫开发工作新闻发布会》，http：//www.scio.gov.cn/xwfbh/gssxwfbh/xwfbh/zhejiang/Document/1154922/1154922.htm，2012年5月9日。

绝对贫困消除并没有让浙江停止贫困治理工作。在高标准巩固消除全省绝对贫困成果的基础上，该省于 2016 年底又颁布了《浙江省低收入农户认定标准、认定机制及动态管理办法》，对全省低收入农户进行全面筛选、确认（见图 4-4）。从具体对象上看，2016 年浙江新一轮的低收入农户主要由低保对象、低保边缘对象和"4600"低收入巩固扶持对象构成（见表 4-8）。从规模上看，浙江新一轮低收入农户按 2014 年农村人口的 5% 进行总额控制。针对部分发展相对较差的地区，浙江省规定在实际操作过程中，低收入农户总量可高于当地农村人口的 5%（黄珍珍，2017）。新一轮低收入农户以前两类对象为主体，第三类对象则享受社会救助专项政策。同时，文件的出台立足于"三个实现"，即实现低保对象与扶贫对象紧密衔接、实现社会救助政策与扶贫政策相互覆盖、实现造血与输血有机结合。此外，民政、农办在低收入农户认定时，实现"四个统一"，即统一收入财产范围、统一限制性条件、统一审批流程、统一数据管理。

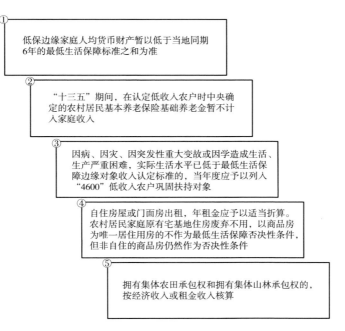

图 4-4　浙江省低收入农户收入财产认定的 5 项新规

资料来源：2016 年《浙江省低收入农户认定标准、认定机制及动态管理办法》。

（2）江苏省。早在 2015 年底，江苏省就实现了该省年人均纯收入 4000 元以下的低收入人口家庭的清零工作。"十三五"时期，江苏省以"更加注重减少相对贫困、缩小收入差距、促进共同富裕"为总体定位，推动实施了该省新的贫困治理工作。此时，该省的贫困标准为年人均纯收入 6000 元（2016年），贫困治理对象主要涉及两个"6%"主体和重点地区。其中，第一个"6%"主体为全省农村 6% 左右的低收入人口，第二个"6%"主体为全省 6%左右的经济薄弱村，重点地区为苏北部分集中欠发达地区和革命老区。在该标准下，江苏当时大约有 300 万农村低收入人口。

江苏省新贫困标准的确定主要基于三个方面的考虑：一是中央明确规定地方扶贫标准在当地农民年人均收入 30%—50% 的范围内设定，江苏省根据2020 年该省农民年人均收入目标值 20000 元的 30% 设置该标准；二是江苏省要有一个高于全国标准的地方标准，根据物价水平的变化确定稍高于国家标准的"江苏标准"；三是新标准既要体现发展水平和民生需求不断提高的客观现实，又不能过高而脱离实际。江苏省政府调研后发现，按照年人均收入6000 元的扶贫标准测算得出需要帮扶的贫困人口占农村人口总数的 6% 左右，人数大约 300 万人，规模较为合适（见表 4-8）。[1]

（3）广东省。在前期取得显著扶贫成效的基础上，广东省于 2013 年开展了新的扶贫开发"双到"（规划到户、责任到人）工作，在同一年建立了全省农村相对贫困标准。依据 2012 年全省农民年人均纯收入的 33%（3300 元）确定扶贫标准，广东省确定了 2013—2015 年全省相对贫困人口规模。除确定全省相对贫困人口规模之外，广东省还确立了 2013—2015 年全省相对贫困地区：重点帮扶县和相对贫困村。其中，重点帮扶县是依据县农民年人均纯收入是否达到 2012 年全省农民年人均纯收入的 75%，结合县贫困人口规模、人均地方生产总值、人均财政收入等标准确定的；相对贫困村是通过农民年人均纯

1　《江苏新一轮扶贫标准为收入 6000 元涉及 300 万人》，http://js.people.com.cn/n/2015/1216/c360300-27326307.html，2015 年 12 月 16 日。

收入是否达到 2012 年全省农民年人均纯收入 60% 的标准确定的。[1]

为早日实现精准扶贫精准脱贫目标，2016 年广东在全省农村地区启动了精准扶贫精准脱贫三年攻坚行动。其间，广东再次对农村相对贫困标准进行了调整。其中，相对贫困人口识别标准调整为农村居民年人均可支配收入低于 4000 元（2014 年不变价），依据该标准，全省识别了 70.8 万农村相对贫困户、176.5 万农村相对贫困人口；相对贫困村识别标准调整为农村年人均可支配收入低于 8000 元（2014 年不变价）、相对贫困人口占村户籍人口 5% 以上，在该标准下，全省识别了 2277 个相对贫困村。[2] 在前期相对贫困治理的基础上，2019 年广东省进一步对全省扶贫工作及其重点任务进行了调整，此时该省扶贫工作主要围绕脱贫攻坚、东西部扶贫协作等重点任务开展。此外，该年度广东再次提高了全省相对贫困人口的识别标准，以实现相对贫困识别高标准下的持续发展（魏永刚等，2020）。新标准以收入 8266 元/年/人作为有劳动能力的贫困户的衡量标准，以 5808 元/年/人作为无劳动能力的兜底贫困户的识别依据（见表 4-8）。

（4）成都市。2015 年，中共成都市委出台《中共成都市委关于坚持高标准推进城乡扶贫开发的实施意见》（以下简称《意见》），提出以更高标准减少全市农村相对贫困人口和区域，并缩小城市相对贫困人口规模。《意见》明确提出了成都市相对贫困人口和相对贫困村的识别标准。其中，相对贫困人口的识别标准是收入低于 2014 年同区县年人均可支配收入的 50%；相对贫困村的识别标准是村人均年收入低于 10000 元（见表 4-8）。为有效推进全市相对贫困治理工作，成都市推行了一系列就业、创业等帮扶政策，有效改善了全市相对贫困状况。

---

1 《广东省扶贫开发实施意见》，http：//www.gdfp.gov.cn/zcfg/swszf/201605/t20160531_ 773054.htm，2016 年 5 月 31 日。

2 《中共广东省委 广东省人民政府关于新时期精准扶贫精准脱贫三年攻坚的实施意见》，http：//www.heyuan.gov.cn/zwgk/zdlyxx/fpgz/fpzcfg/content/post_ 194987.html，2016 年 6 月 4 日。

表 4-8　国内部分地区相对贫困识别标准

地区	年份	相对贫困人口识别标准	相对贫困地区识别标准
浙江	2012	收入＜4600 元/年/人	
	2016	低保对象、低保边缘对象、"4600"低收入巩固扶持对象	
江苏	2016	收入＜6000 元/年/人	
广东	2013	收入＜3300 元/年/人	重点帮扶县：收入＜2012 年全省农民年人均纯收入的 75%。相对贫困村：收入＜2012 年全省农民年人均纯收入的 60%
	2016	收入＜4000 元/年/人	相对贫困村：收入＜8000 元/年/人、贫困人口占户籍人口 5%以上
	2019	收入＜8266 元/年/人（有劳动能力的贫困户），收入＜5808 元/年/人（无劳动能力的兜底贫困户）	
成都	2015	收入＜2014 年同区县年人均可支配收入的 50%	贫困村：收入＜10000 元/年/人

资料来源：课题组自制。

（三）识别标准构建的启示

综合上述研究发现，在相对贫困识别标准方面，不同国家（地区）有不同的方法和选择，均是各国（地区）经济、社会、文化等因素综合作用的结果。在欧美等国家和地区的相对贫困治理实践和理论研究中，欧洲等高福利国家更多将贫困当作收入不平等来看待，因而在贫困治理过程中更加重视如何发挥好政府的帮扶作用。美国各州自由度相对较高，影响了其对贫困标准的采用和完善。拉美地区经济社会发展水平相对较低，加之民众在扶贫等领域的意见较为分散，因而各国大多选择了能够让多数人满意的多维贫困标准。我国相对贫困治理实践和理论研究，大多基于本地经济社会发展状况，并参考了欧美治理实践和理论。

国内外相对贫困的政策实践和理论研究对我国设定农村相对贫困识别标准具有一定启示。具体而言，一是启示我国农村相对贫困标准应该符合我国自身的社会制度、传统文化，特别是能够充分反映逐渐缩小区域、城乡和群体之间的贫富差距，以及逐步实现共同富裕的社会主义社会的本质要求，这既是党和国家的自觉选择，也是全社会的普遍期待。二是启示我国农村相对贫困识别标准应遵循贫困治理客观规律和全国各地区发展差异，在最终落脚点——实现全体人民共同富裕目标指引下，坚持循序渐进，分阶段、分区域设置。在做到通盘考虑的同时，兼顾阶段性相对贫困治理目标和区域发展客观实际。

二　我国农村相对贫困识别标准的构建设计

（一）基本原则

1. 客观性、阶段性

农村相对贫困识别标准选择应充分尊重相对贫困演变的客观现实和发展阶段，根据全面建成小康社会后我国经济社会发展的客观规律，分阶段、分步骤设置相对贫困识别关键核心指标和对应指标权重。

2. 多维性、层次性

相对贫困的多维性，客观上要求农村相对贫困识别标准应是多维的，以全面反映设计该指标体系的目的、作用与功能；同时，为全面揭示农村相对贫困的内在联系及外在规律，识别标准应具有逻辑清晰的多个层级。不同层级的指标应有明确的关系，同一维度下的指标应能够较好反映维度内容，不同指标应相互独立、衔接合理。

3. 量力而行、尽力而为

农村相对贫困治理功能的发挥，离不开政府、市场、社会等主体的支持与合作，而政府、市场和社会参与农村相对贫困治理受到经济社会发展水平、财政力量和社会责任等诸多因素的影响。因此，农村相对贫困识别标准的构建要坚持量力而行与尽力而为相结合的基本原则。

4. 易于操作、方便可行

农村相对贫困识别标准的每个指标应兼具实用性、方便性和可操作性，所有指标需要呈现的内容可通过现有手段获取充足的信息，各项指标获取的信息还要便于测量、计算，以顺利实现量化目标。

（二）总体思路

根据绝对贫困治理经验，结合国内外相对贫困治理思路，本书认为农村相对贫困是一个相对大多数对象而言的动态概念，即达不到大多数农村对象的生活水平或发展状况便可认定为相对贫困（高强、孔祥智，2019；郑功成，2019）。

首先，相对贫困表现出来的是收入维度遭到剥夺。因为收入水平低是个体或区域陷入相对贫困的最主要因素，也是农村相对贫困最主要的表现形式。而且，很多其他维度的贫困剥夺，最终也会通过收入水平表现出来。此外，从统计上讲，以收入标准识别农村相对贫困对象还具有操作性强、易加总、可比较等突出优势。因此，我国农村相对贫困识别标准可采用收入标准。

其次，农村相对贫困识别还应综合考量、采用多维标准。这个论断可以从三方面进行佐证。第一，就理论层面而言，相对贫困本质上是由能力和权利缺失导致的，多维标准弥补了相对贫困能力和权利度量缺失的部分，反映了贫困的根源和本质。第二，就实践层面而言，2010 年以前，我国主要以"收入"为贫困对象的识别标准，2010 年后，我国贫困对象的识别标准已向多维转变。《中国农村扶贫开发纲要（2011—2020 年）》明确规定了扶贫总体目标，是到 2020 年稳定实现扶贫对象不愁吃、不愁穿，保障其义务教育、基本医疗和住房（"两不愁三保障"）。实现贫困村贫困发生率降至 2% 以下，基础设施建设达到有一条通村公路实现硬化，具备条件的村实现通客运班车，农村饮用水符合卫生评价指标体系要求，基本满足生产生活用电需求等标准；基本公共服务实现广播电视户户通，有综合性文化服务中心，有标准化卫生室，有合格乡村医生或执业助理医师，基本实现通宽带等。同时，统筹考虑产业发展、集体经济收入等因素。换言之，我国目前的贫困标准已经从多个方面对减贫提出了要求，具有明显的多维贫困标准性质。第三，就贫困治理实现目标而言，全面建成小康社会后，我国相对贫困治理的主要目标是，到"十四五"末，全体人民共同富裕迈出坚实步伐，居民收入和实际消费水平差距逐步缩小；到 2035 年，全体人民共同富裕取得更为明显的实质性进展，基本公共服务实现均等化；到 21 世纪中叶，全体人民共同富裕基本实现，居民收入和实际消费水平差距缩小到合理区间。相对贫困治理阶段性目标的多维性，客观上要求必须采用多维标准对贫困对象进行识别。

基于上述分析，本书提出采取"一线一体系"的思路构建我国农村相对贫困识别标准。"一线"即构建农村收入相对贫困标准（线），"一体系"即通过选取多维指标建立相对贫困测度体系，然后通过数学方法进行定量评价，得到相对贫困指数，最后综合判断监测对象是否处于相对贫困剥夺状态。

（三）指标体系设计

1. 收入相对贫困标准设计

国内外已有收入相对贫困标准实践，都是各个国家和地区根据自身发展特点做出的选择。在结合国内外实践的基础上，我国收入相对贫困标准也应根据国内发展实际，选择最适合我国农村相对贫困客观情况的标准。

第一，美、日等国家基于家庭结构的收入相对贫困标准不适用于我国。虽然美国和日本的收入相对贫困标准构建方式充分考虑了各类家庭结构的差异，但是这种方法只适用于欧美等发达国家和地区。因为欧美等发达国家和地区的收入统计足够精准，所以该方法对贫困人口的识别也就相对较为准确。而从国内实际情况来看，我国尚未建立完备的家庭收入和纳税统计系统。这就限制了该类相对贫困标准在我国农村的应用前景。

第二，欧盟等国家基于全体居民收入中位数一定比例的相对贫困标准比较适合我国实情。该收入相对贫困标准可作为我国农村人口和地区的收入相对贫困标准。首先，在理论层面，该标准满足相对贫困标准设计的基本原则，易于操作、方便可行。其次，在实践层面，国内部分实践证实了该标准的科学性。使用该标准，这些地区均较好识别出了相对贫困人口和相对贫困地区。比如，2012 年广东省使用全省农民人均纯收入的 33% 作为相对贫困人口识别标准，识别出相对贫困户 31.1 万户、相对贫困人口 127.3 万人。最后，在适用层面，我国农村居民绝对收入水平过低和不同群体收入差距较大是农村拥有大批相对贫困人口和地区的重要诱因，而居民收入中位数的一定比例能够直观明确地表示农村绝对收入水平和居民内部收入差距，适用性较好。

第三，关于比例的选择。我国应选择居民人均收入中位数的多大比例作为相对贫困标准较为合理呢？在国内，邢成举（2020）认为应该使用居民收入中位数的40%作为相对贫困人口的识别标准，并定期对该标准进行调整。孙久文和夏添（2019）也提出类似的观点。而具体到地区，现有研究探讨的还较少。仅有一些地方利用收入比例进行了实践。比如2012年广东省使用全省农民人均纯收入的60%作为相对贫困村的识别标准，识别出了2000多个相对贫困村。从实际来讲，我国在选择居民人均收入中位数的比例时，要符合客观情况。遵循减贫规律内在要求，循序渐进，不出现断层式跳跃。我国虽然进入了相对贫困治理阶段，但是因为我国属于欠发达国家，相对贫困标准还是应该充分考虑目前的财力和人力限制。考虑到"十四五"时期我国农村贫困治理的重点是巩固拓展脱贫攻坚成果，农村低收入户和发展基础薄弱地区将是这一阶段缓解相对贫困的主要目标。因此有学者建议依据农村居民按收入五等份分组中的低收入组和中等偏下收入组的收入水平来确定农村相对贫困人口识别标准。从2019年统计数据来看（见表4-9），这两组农村居民的人均可支配收入为7008.5元，占农村居民人均可支配收入中位数的比例为49%（2019年全国农村居民人均可支配收入中位数为14389元）。考虑到农村居民收入分布并不均匀，农村低收入组的人均可支配收入上限占农村居民人均可支配收入中位数的比例应该低于49%。也就是说，近期农村相对贫困人口的识别标准应该确定在农村居民人均可支配收入中位数的49%以下。

表4-9 2019年农村居民按收入五等份分组的人均可支配收入

单位：元

分组	人均可支配收入	与当年全国农村居民人均可支配收入中位数（14389元）的比值
高收入组（20%）	36049	2.51
中等偏上收入组（20%）	19732	1.37
中等收入组（20%）	13984	0.97
中等偏下收入组（20%）	9754	0.68
低收入组（20%）	4263	0.30

资料来源：国家统计局。

还有研究将农村居民人均可支配收入中位数的 40% 作为相对贫困人口的识别标准（2019 年约为人均可支配收入 5755 元/年）。与绝对贫困标准（2019 年约为 3218 元）相比，该收入相对贫困标准虽然有一定程度的提高，但是提高的幅度并不大（约为 78.84%），符合"十四五"时期巩固拓展脱贫攻坚成果的客观要求。此外，该收入相对贫困标准下的农村贫困人口约为 1 亿人，占全国总人口的 1/14，规模也较为合适（与精准扶贫初期的全国农村绝对贫困人口规模大体相当）。因此，无论从增幅还是从规模上看，将农村居民人均可支配收入中位数的 40% 作为近期我国农村相对贫困人口的识别标准，都是较为合理的选择。

第四，农村收入相对贫困标准除体现全国性外，还应体现地方性。按照已有发展基础及速度（见图 4-5），今后相当长一段时期内我国各省区市经济社会发展水平依然会存在差距，整体而言，东部省市依然会好于中西部省区市，靠后的依然会以西部省区市为主。如果仅采用全国统一的收入相对贫困标准，中西部省区市将会识别出大量的农村相对贫困人口和相对贫困地区，而东部沿海地区识别出的相对贫困人口和相对贫困地区的规模将偏小。因此，短期来看，各地区除了采用全国统一的收入相对贫困标准外，还应根据各自情况制定高于或者适当低于全国的收入相对贫困标准。特别是东部沿海省市，应率先探索统筹城乡的收入相对贫困标准。

第五，农村收入相对贫困标准应体现动态性和阶段性。我国农村相对贫困治理就是不断缩小区域和群体收入差距，最终实现全体人民共同富裕的过程，会随着贫困治理成果的巩固拓展和国家发展水平的提升而不断推进。随着全国居民绝对收入水平不断提升，区域收入差距不断缩小，共同富裕稳步推进，国家对相对贫困人口和相对贫困地区的收入的要求也会提升。因此，收入相对贫困标准需要在一定时期内进行调整以适应这种变化。此外，无论是全国标准，还是东中西部地区各自设定的标准，都应兼具国际可比性。

基于上述分析，结合乡村振兴、共同富裕阶段性目标任务，本书认为，可从四个阶段探讨 2020 年后我国农村收入相对贫困标准。

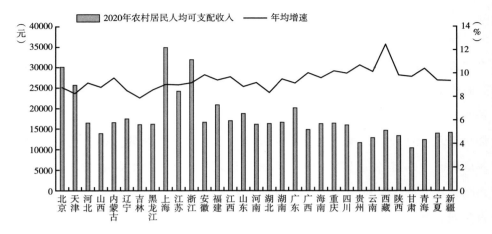

图 4-5 2020 年各省区市农村居民人均可支配收入及其年均增速

资料来源：2021 年《中国统计年鉴》。

第一阶段（2021—2025 年）：稳定脱贫、相对贫困缓解并存期。在 5 年过渡期内，主要任务是巩固拓展脱贫攻坚成果，并在此基础上衔接乡村振兴，收入相对贫困标准的调整应该是稳中有升，变化幅度不能过大。因此，将相对贫困人口识别标准划定为全国农村居民年人均可支配收入中位数的 40%，其间根据价格指数对该标准进行调整。东部发达省市可根据本省经济发展水平制定高于国家标准的相对贫困人口识别标准，将农村居民年人均可支配收入中位数的 50% 作为标准；中部欠发达省可将农村居民年人均可支配收入中位数的 40% 作为相对贫困人口识别标准；西部欠发达省区市可考虑将相对贫困人口识别标准设定为农村居民年人均可支配收入中位数的 30%—40%。

此外，考虑到经过脱贫攻坚，相对贫困地区逐步向村庄聚集的客观现实。本书认为 2020 年后我国农村相对贫困治理还应瞄准村一级的相对贫困地区。瞄准村级地区的最大优势是能够将有限的减贫资源集中用于发展水平不高的贫困地区，通过推动贫困地区经济社会发展带动贫困人口脱贫（汪三贵、孙俊娜，2021）。根据我国部分地区的实践经验，本书将相对贫困村的识别标准设定为行政村相对贫困人口占该村户籍总人口 5% 以上。[1]

第二阶段（2026—2035 年）：相对贫困缓解全面推进期。全国各地区上调农村相对贫困标准，将农村低收入户及稍高收入户全部纳入相对贫困人口范围，将农村居民年人均可支配收入中位数的 50% 作为相对贫困人口识别标准，其间根据价格指数进行调整。东部发达省市可将城乡居民年人均可支配收入中位数的 50% 作为相对贫困人口识别标准，并且针对农民工等农村流动人口构建城镇相对贫困标准；中部欠发达省可将农村居民年人均可支配收入中位数的 50% 作为相对贫困人口识别标准；西部欠发达省区市可考虑将农村居民年人均可支配收入中位数的 40% 作为相对贫困人口识别标准。相对贫困村识别标准依然设定为行政村相对贫困人口占该村户籍总人口 5% 以上。

第三阶段（2036—2050 年）：相对贫困问题得到基本解决时期。地区差距和城乡差距缩小到合理区间，相对贫困地区基本消除，鼓励探索城乡统一的相对贫困标准，将城乡居民年人均可支配收入中位数的 50% 作为相对贫困人口识别标准，其间根据价格指数进行调整。东部沿海相对更发达的省市可逐步探索更高水平的相对贫困人口识别标准，将城乡居民年人均可支配收入中位数的 60% 作为相对贫困人口识别标准；中西部省区市可沿用全国相对贫困人口识别标准。由于此阶段相对贫困地区基本不向村庄聚集，因此没必要将相对贫困瞄准到村一级的地区上了。故而不再单独设置相对贫困村的衡量标准。

第四阶段（2051 年及以后一段时间）：相对贫困问题解决、全面实现共同富裕时期。21 世纪中叶以后，对标有效消除相对贫困，全面实现共同富裕目标，统一城乡相对贫困标准，并统一将相对贫困标准上调至城乡居民年人均可支配收入中位数的 60%，甚至更高水平，直至全面实现共同富裕（见表 4-10）。

---

[1]　参考广东的典型做法。

表 4-10   不同阶段农村收入相对贫困标准设定

阶段	相对贫困人口识别标准				相对贫困村识别标准
	全国	东部	中部	西部	
第一阶段（2021—2025 年）	农村居民年人均可支配收入中位数的 40%	农村居民年人均可支配收入中位数的 50%	农村居民年人均可支配收入中位数的 40%	农村居民年人均可支配收入中位数的 30%—40%	行政村相对贫困人口占该村户籍总人口 5% 以上
第二阶段（2026—2035 年）	农村居民年人均可支配收入中位数的 50%	城乡居民年人均可支配收入中位数的 50%	农村居民年人均可支配收入中位数的 50%	农村居民年人均可支配收入中位数的 40%	行政村相对贫困人口占该村户籍总人口 5% 以上
第三阶段（2036—2050 年）	城乡居民年人均可支配收入中位数的 50%	城乡居民年人均可支配收入中位数的 60%	城乡居民年人均可支配收入中位数的 50%	城乡居民年人均可支配收入中位数的 50%	
第四阶段（2051 年及以后一段时间）	城乡居民年人均可支配收入中位数的 60%	城乡居民年人均可支配收入中位数的 60%	城乡居民年人均可支配收入中位数的 60%	城乡居民年人均可支配收入中位数的 60%	

资料来源：课题组自制。

2. 多维相对贫困标准设计

与绝对贫困相比，相对贫困是社会贫困的一种表现形式，更多强调一种脆弱性、无发言权、社会排斥等社会层面的"相对剥夺"，既与财富、收入在不同阶层和地区之间的分配有关，又与个人以及群体的自我认同感以及社会公平观紧密相连。因此，本书针对相对贫困标准的划分既综合考虑贫困时空变化与致贫原因，又综合反映相对贫困的多维剥夺性。

在参考拉丁美洲国家的多维贫困识别实践，以及充分考虑相对贫困原因的多元化和动态性的基础上，本书构建了包含家庭结构、生活水平、文化水平、就业情况、财产情况、健康状况、社会保障、区域地理环境和区域资源禀赋情况等客观指标，同时囊括自我认同感、归属感、相对剥夺感、幸福感等主观指标的多维相对贫困测量指标体系（见表 4-11）。

与收入相对贫困标准类似，多维相对贫困测量指标体系的确定和调整也可从四个阶段进行探讨。

第一阶段（2021—2025 年）：稳定脱贫、相对贫困缓解并存期。该阶段是巩固拓展脱贫攻坚成果向相对贫困治理过渡的时期，关键是巩固拓展脱贫攻坚成果，防止规模性返贫，重点应放在相对贫困"底部"治理上。一是聚焦消除绝对贫困中脱贫不稳、返贫风险大的建档立卡户（脱贫不稳定户），原来处于贫困"边缘"状态的非建档立卡户（边缘户），以及突发严重灾害和困难的农户存在的问题。二是聚焦消除绝对贫困中脱贫基础依然较差、发展条件依然薄弱的村。充分利用各级乡村振兴局防返贫动态监测系统、人社系统等大数据平台，结合实地调研数据，将三类农户和发展较薄弱的村纳入相对贫困动态监测系统。在识别相对贫困人口时，重点关注其家庭结构（如劳动力人数）、健康状况（如大病户、残疾人户）、生活水平（如收入消费水平、住房条件等）、收入结构（如政府转移性收入占比）、区域资源禀赋情况（如土地资源、旅游资源等）、区域地理环境（如地形地貌、灾害隐患等）等因素，指标体系中收入等客观指标应作为相对贫困的关键指标，即赋予更大的权重。在识别相对贫困村时，将标准设定为行政村相对贫困人口占该村户籍总人口5%以上。

第二阶段（2026—2035 年）：相对贫困缓解全面推进期。该阶段相对贫困"底部"问题已得到较大程度解决。低收入农户增收步伐持续加快，收入结构也发生重大变化，农业转移性收入比重下降，多种经营性收入明显增加，工资性收入逐步提高。地区与地区之间发展差距进一步缩小，地区内部发展差距也得到实质性缩小。此时需要重点解决的是"如何让人民生活得更好一些""如何让贫富差距更小""如何让地区发展质量更高"等问题。这个阶段农村相对贫困人口对公共服务资源、服务型商品的需求增加，渴望得到更多机会均等的权利，因此，自我认同感、归属感、相对剥夺感、幸福感等主观指标的权重应随之提高。在识别相对贫困村时，依托已有指标体系和衡量标准，识别标准依然为行政村相对贫困人口占该村户籍总人口5%以上。

第三阶段（2036—2050 年）：相对贫困问题得到基本解决时期。该阶段相对贫困问题得到了基本解决，全体人民共同富裕基本实现，各地区、各群体的人均可支配收入差距缩小到合理区间，人民群众在幸福感、归属感上的相对剥夺差异基本消除。这个阶段各个指标的权重应该相对均衡。此阶段由于地区发展差距已经很小，因此不再单独考察相对贫困村。

第四阶段（2051 年及以后一段时间）：相对贫困问题解决、全面实现共同富裕时期。该阶段相对贫困问题得到有效解决，全体人民生活已进入殷实富足阶段。这个阶段相对贫困人口识别的各个指标的权重应该一致。

表 4-11　多维相对贫困测量指标体系

指标		第一阶段权重	第二阶段权重	权重变化
客观指标	家庭结构	x_1	y_1	-
	文化水平	x_2	y_2	+
	生活水平	x_3	y_3	+
	就业情况	x_4	y_4	+
	财产情况	x_5	y_5	+
	支出情况	x_6	y_6	-
	健康状况	x_7	y_7	-
	社会保障	x_8	y_8	-
	区域地理环境	x_9	y_9	-
	区域资源禀赋情况	x_{10}	y_{10}	-
	公共服务资源	x_{11}	y_{11}	+
	……	x_n	y_n	
主观指标	自我认同感	x_{n+1}	y_{n+1}	+
	归属感	x_{n+2}	y_{n+2}	+
	获得感	x_{n+3}	y_{n+3}	+
	幸福感	x_{n+4}	y_{n+4}	+
	相对剥夺感	x_{n+5}	y_{n+5}	+
	……	x_{n+m}	y_{n+m}	

资料来源：课题组自制。

第三节　农村相对贫困识别方法和程序设计

农村相对贫困识别不但要有科学、客观、合理的标准，还需要制度化的识别方法和程序，这是相对贫困识别的重要一环。因此，在构建相对贫困标准的基础上，本节以相对贫困人口为例，重点探讨我国农村相对贫困识别方法和程序。

一　国内识别方法和程序的实践

（一）浙江省

1. 认定标准

浙江省的低收入农户（经济困难农户）应满足两个基本条件：一是家庭人均可支配收入显著低于区域（一般以县为区域划分标准）人均可支配收入水平；二是须经县级及以上人民政府按照相关程序予以认定。

具体而言，浙江省的经济困难农户主要由三类群体构成。第一类为"4600"低收入巩固扶持对象。该类农户是指如果没有政府、企业或者其他社会力量进行巩固性帮助，家庭年人均可支配收入水平极有可能低于当地扶贫标准[1]的农户家庭。第二类为低保对象。该类农户除了要满足各县市区《农村居民最低生活保障条例》规定的收入标准，还需要满足一定的财产标准，二者必须同时满足。第三类为低保边缘对象。该类农户的认定标准为家庭年人均可支配收入高于各县市区农村居民最低生活保障标准，但同时低于1.5倍的最低生活保障标准。

2. 认定程序

（1）低保对象。由全省各级民政部门联合其他相关部门予以实施，按照低保对象认定程序进行办理，不再单独出台其他认定办法进行认定。

（2）低保边缘对象。由全省各级民政部门联合其他相关部门予以实施，按照低保边缘对象认定程序进行办理。认定标准为家庭年人均可支配收入高于农村居民最低生活保障标准，但同时低于1.5倍的最低生活保障标准。

（3）"4600"低收入巩固扶持对象。由全省各级乡村振兴部门统一组

1　当地的扶贫标准是家庭年人均可支配收入为4600元。

织实施，对家庭年人均可支配收入水平极有可能低于当地扶贫标准的农户家庭进行认定。认定时间为一年一次，并按季度对该类对象实行精准、动态管理。

（二）湖南省

1. 认定标准

认定对象为最低生活保障边缘家庭。具体认定标准应满足三个条件：一是该类家庭不满足低保、特殊困难条件；二是家庭年人均可支配收入小于最低生活保障标准的 1.5 倍；三是对家庭财政还有地方要求。湖南省民政厅官网数据显示，2021 年该认定标准为城镇户籍家庭 825 元/月／人、农村户籍家庭 6500 元/年／人。

2. 认定程序

（1）提交申请。以满足认定标准的家庭为基本申请单位，向当地县级以下政府（一般以户口为依据）提出书面申请。

（2）信息核对。乡镇人民政府（街道办事处）自受理申请后 2 个工作日内提请县级人民政府民政部门居民家庭经济状况核对工作机构启动家庭经济状况信息核对。

（3）家庭经济状况信息核对。乡镇人民政府（街道办事处）综合运用入户调查、邻里访问、信函索证等方式进行家庭经济状况信息核对。

（4）出具信息核对报告。县级人民政府民政部门应在受理信息核对申请的 9 个工作日内出具信息核对报告。

（5）提出公示。乡镇人民政府（街道办事处）应当根据家庭经济状况信息核对报告，提出初步审核意见，并公示。然后，报送有关资料到县级人民政府民政部门。

（6）审核确认。县级人民政府民政部门应当自收到相关材料后，对单独登记备案或者接到投诉、举报的申请进行入户调查，并根据相关情况尽快提出审核确认意见。对符合条件的申请予以认定，并按时发放认定通知书；对不符合条件的申请，按照相关程序予以处理，不予认定。

（三）广东省

1. 认定标准

广东省以农村居民年人均可支配收入低于 4000 元（2014 年不变价）作为相对贫困户（人口）的认定标准，同时综合考虑该类户（人口）"三保障"和家庭支出等实际情况进行评议。

2. 认定程序

相对贫困户（人口）的确认，必须按照《广东省农村扶贫开发条例》规定程序，严格执行村民申请、村民小组和村民代表评议、村委会公示、乡镇人民政府审核的程序，由县级人民政府审定最终名单。

以上省对相对贫困户的识别方法和程序实践如表 4-12 所示。

表 4-12　广东、　浙江、　湖南相对贫困户识别方法和程序实践

年份	颁布主体	名称	认定程序
2017	浙江省	经济困难农户	低保对象按《农村最低生活保障条例》相关程序办理；低保边缘对象认定程序与低保对象一致；"4600"低收入巩固扶持对象一年认定一次，按季管理
2020	湖南省	最低生活保障边缘家庭	提交申请、信息核对、家庭经济状况信息核对、出具信息核对报告、提出公示、审核确认
2016/2018	广东省	相对贫困户（人口）	村民申请、村民小组和村民代表评议、村委会公示、乡镇人民政府审核、县级人民政府审定最终名单

资料来源：课题组自制。

综上，浙江、湖南、广东等省在农村相对贫困识别过程中已有较为明确的标准和规范的程序。这些省的相对贫困识别实践为本书提供了良好的经验借鉴。其中，广东省提出在开展认定之前进行全面核查，可以确保申报者申报数据的真实准确；湖南省的主动告知并对相对贫困户进行政策宣传在相对贫困识别过程中也是很有必要的；浙江省按季动态管理的相关经验同样值得借鉴与推广。

二　识别方法和程序设计

根据我国部分地区相对贫困人口识别方法和程序实践，本书认为我国农

村相对贫困人口识别应该依然以家庭为单位，采取主动识别和申请识别相结合的方式方法对相对贫困人口进行识别。具体而言，农村相对贫困人口识别认定方法和程序可采取以下三种方式（见图4-6）。

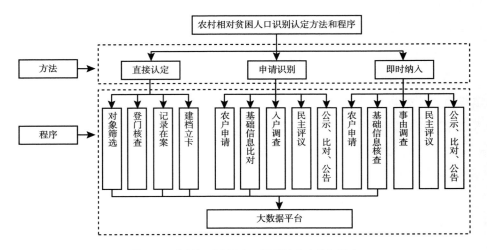

图 4-6　农村相对贫困人口识别认定方法和程序

资料来源：课题组自制。

（一）直接认定

　　享受最低生活保障的农村人口和最低生活保障边缘家庭的农村人口，应直接纳入农村相对贫困治理系统。在充分利用大数据平台筛选对象后，对于正在享受低保的农户，应由县市区相关职能部门直接逐户登门核查，核清农户家庭收支等情况，并完整记录在案，及时更新大数据平台上的信息，最后在县市区农村相对贫困治理系统中建档立卡。

（二）申请识别

　　各县市区乡村振兴局发布识别办法，由本人（也可由亲属、朋友、村委会代理）提出申请，通过大数据平台比对基础信息、村级评议、乡镇审核后，对符合条件的建立台账，纳入农村相对贫困治理系统进行管理，一年1次（12月底调整，1月份享受）。对于村两委干部及其亲属（仅限于配偶、子女、父母、岳父母）纳入农村相对贫困治理系统进行管理的，应当执行备案程序方可纳入。

相对贫困人口可采取以下程序进行识别认定。

1. 农户申请

在前期广泛宣传的基础上，各地区组织农户自愿申请。申请农户应如实提供个人及其子女家庭基本信息，具体包括财产、生产生活等情况。

2. 基础信息比对

农户提出申请后，由乡镇干部在大数据平台上，比对农户个人及其子女家庭基本信息，具体包括财产、生产生活等情况，查看是否满足纳入条件。

3. 入户调查

由乡镇干部会同村干部等到申请农户家中和所在村进行调查，验证申报材料的真伪。

4. 民主评议

召开村民代表大会，民主评议申报信息和入户调查情况。然后，村两委与驻村（乡村振兴）工作队等集体研究，制定符合条件的申报家庭名单。

5. 公示、比对、公告

对符合条件的申报家庭名单进行公示，公示结束后，将相关材料和名单报送给本村所在的乡镇党委和政府进行再次审核；村两委干部及其亲属（仅限于配偶、子女、父母、岳父母）纳入的，需要乡镇党委、纪委予以备案。通过审核的名单，由各乡镇报县市区乡村振兴局或相关职能部门复审；县市区乡村振兴局与公安等部门所掌握的信息进行比对，把疑似问题反馈到村、户，并及时进行核实，疑似问题属实的，不予以纳入，无问题的，县市区乡村振兴局予以公告（公告期为5—7天）。

（三）即时纳入

发生病灾的特殊农户，符合要求的可以即时申请、即时纳入。各县市区医保局、应急管理局、交警大队每月向县市区乡村振兴局提供当月数据，县市区乡村振兴局予以梳理后反馈至各乡镇，由相关村对有关情况予以核实，告知当事人相对贫困人口识别认定有关要求和政策。对于提出纳入申请的，符合要求的可按照程序予以纳入。

该类相对贫困人口的识别认定方法和程序如下。

1. 农户申请

对于由突发灾害、疾病等导致的支出远超过收入的支出型相对贫困农户，其可以随时向有关组织提出相对贫困识别申请。申请方式可以通过网络在线申请，也可以利用线下渠道向村委申请纳入相对贫困人口。申请户应如实提供个人及其子女家庭突发灾害受损等详细情况。

2. 基础信息核查

农户提出申请后，由乡镇干部在大数据平台上核查农户个人及其子女家庭是否发生了由突发灾害、疾病等导致的支出远超收入的情况。

3. 事由调查

由乡镇干部会同村干部等到申请农户家中和所在村进行入户调查，验证申报材料的真伪。

4. 民主评议

召开村民代表大会，民主评议申报信息、基础信息核查和事由调查情况。然后，村两委与驻村（乡村振兴）工作队等集体研究，制定符合条件的申报家庭名单。

5. 公示、比对、公告

对符合条件的申报家庭名单进行公示，公示结束后，将相关材料和名单报送给本村所在的乡镇党委和政府进行再次审核；无异议后报县市区乡村振兴局复审。县市区乡村振兴局审核无异议后，予以确认并进行最终公告。

第四节　农村相对贫困的测量分析

在前面标准构建和识别方法与程序设计的基础上，本书以人口为例，对我国农村相对贫困状况进行实证测度。由于难以获得 2020 年后全国大范围公开微观调查数据，考虑到数据可获得性，本书采用 2018 年 CFPS 数据测度我国农村相对贫困状况，以此验证相对贫困标准的科学性，并研判 2020 年后我国农村相对贫困治理面临的态势。

一　资料来源

本书资料来源于 2018 年 CFPS 数据。CFPS 是一项全国性、综合性的社会调查项目，涵盖个体、家庭、社区三个层面的数据，其样本覆盖我国 25 个省区市，囊括了全国 95% 的人口，具有较强的全国代表性。该数据库涵盖了我国家庭经济、社会、人口、教育和健康等方面的综合信息，能够较好地反映家庭的生产生活状况，进而有效支撑农村家庭相对贫困研究。剔除数据缺失样本后，本书最终获得农村样本 10519 户 22375 人。

二　指标选取

在参考前文设计的指标体系的基础上，本书选取了健康状况、文化水平、生活水平、就业情况、社会保障、收入水平以及主观福利 7 个维度 12 个指标来测算我国农村人口多维相对贫困状况。

由前文分析可知，第一阶段（稳定脱贫、相对贫困缓解并存期）农村多维相对贫困指标体系中收入水平、生活水平等客观指标应该作为相对贫困的关键指标，赋予更大的权重。与绝对贫困指标权重相比，收入水平、生活水平等客观指标的权重又应该相对低一些。故而，在综合参考并借鉴绝对贫困指标体系权重设计的基础上，本书将农村居民收入水平、生活水平维度的权重分别赋值为 2/7，其他维度权重分别赋值为 3/35。具体而言，生活水平维度有 3 项指标，各指标权重分别赋值为 2/21；健康状况有 3 项指标，各指标权重分别赋值为 1/35；社会保障维度有 2 项指标，各指标权重分别赋值为 3/70；文化水平、就业情况以及主观福利 3 个维度均只有 1 项指标，指标权重均赋值为 3/35。指标选取详细情况如表 4-13 所示。

表 4-13　多维相对贫困指标选取详细情况

维度	指标	临界值	权重
健康状况	健康自评	健康自评为不健康赋值为 1，否则为 0	1/35
	重疾状况	去年住院次数不少于 1 次赋值为 1，否则为 0	1/35
	长期健康	患有慢性病赋值为 1，否则为 0	1/35
文化水平	教育年限	受教育年限不超过 6 年赋值为 1，否则为 0	3/35
生活水平	生活燃料	家庭主要燃料为柴草、煤炭赋值为 1，否则为 0	2/21
	用水状况	家庭主要用水为湖水、雨水等非清洁用水赋值为 1，否则为 0	2/21
	住房面积	家庭人均居住面积低于 15 平方米赋值为 1，否则为 0	2/21
就业情况	失业	过去一年未从事农业生产与非农工作赋值为 1，否则为 0	3/35
社会保障	医疗保险	无医疗保险赋值为 1，否则为 0	3/70
	养老保险	无养老保险赋值为 1，否则为 0	3/70
收入水平	年人均可支配收入	年人均可支配收入低于当年农村居民年人均可支配收入中位数的 40% 赋值为 1，否则为 0	2/7
主观福利	生活满意度	对自己生活不满意赋值为 1，否则为 0	3/35

资料来源：课题组自制。

三　测量方法

本书主要采用 FGT 贫困指数和 AF 方法对 2017 年我国农村人口的相对贫困状况进行分析。下面具体介绍 FGT 贫困指数和 AF 方法。

（一）FGT 贫困指数

FGT 贫困指数是比较通用的贫困测度指数。假设有 N 个个体，相对贫困线为 Z，第 i 个个体的收入水平为 y_i，则 FGT 贫困指数的表达式如下。

$$P_\alpha = \frac{1}{N} \sum_{i=1}^{N} \left(\frac{Z - y_i}{Z} \right)^\alpha I(y_i < Z) \qquad (4-1)$$

其中，α 是相对贫困厌恶系数，α 的取值越大，表示收入相对贫困程度越深的人在相对贫困指数中的权重越大。α 可以分别取值 0、1、2。当 α 取值为 0 时，P_0 测量的是相对贫困广度，表示相对贫困发生率；当 α 取值为 1 时，P_1 反映了相对贫困深度，表示相对贫困缺口；当 α 取值为 2 时，P_2 反映相对贫困人口内部收入不平等程度，表示相对贫困强度。I（·）是正函数，当 $y_i<Z$ 时，I（·）= 1，反之，I（·）= 0。本书主要关注的是相对贫困发生率 P_0。

（二）AF 方法

AF 指数、Watt 指数[1]、HDI 指数、HPI 指数是测度多维贫困的常用方法，但 Watt 指数、HDI 指数和 HPI 指数容易受收入分配的影响，且数据搜集较为困难。为此，本书采用 AF 方法研究多维相对贫困。具体步骤如下所示。

第一，建立农村多维相对贫困测度指标体系，将指标数据代入 $n×m$ 矩阵 $Y\in(X_{ij})_{n×m}$ 中。其中，n 是样本个体数量，m 是测量指标维数，X_{ij} 为个体 i 在指标维度 j 上的取值。

第二，给定剥夺临界值（即相对贫困标准）Z_j（$1×m$）和矩阵 $Y\in(X_{ij})_{n×m}$，计算剥夺矩阵 $g^0(n×m)=[g_{ij}]$。其中，Z_j（$1×m$）为 j 指标的剥夺临界值，$g^0(n×m)=[g_{ij}]$ 用来反映个体 i 在指标维度 j 上的被剥夺状态；若 $X_{ij}<Z_j$，则 i 在指标维度 j 上表达为相对贫困，记作 $g_{ij}^0=1$；反之，则记为 $g_{ij}^0=0$。

第三，在剥夺矩阵 $g^0(n×m)=[g_{ij}]$ 中，k 为相对贫困个体的维数，可根据临界值 k 确定多维贫困个体。其中，k 值、多维相对贫困的测算结果一般也在 0 到 m 之间，$g^0(k)_{n×m}$ 表示多维相对贫困个体的指标剥夺情况。

第四，根据 $g^0(k)_{n×m}$ 中相对贫困个体剥夺情况，进行相对贫困加总，计算出 A、H 和 MPI 的值。

$$H=\frac{q}{n} \qquad (4-2)$$

其中，H 为相对贫困发生率，q 表示多维相对贫困人口数，n 表示研究地

---

[1]　Watt 指数是指由 Watt 构造的衡量贫困的指数。

区人口总数。

$$A_k = \frac{\sum_{i=1}^{n} C_i(k)}{q(k) \times m} \tag{4-3}$$

其中，A_k 表示相对贫困剥夺份额；$C_i(k)$ 表示在临界值 k 下，个体 i 被剥夺的指标数量，$q(k)$ 表示多维相对贫困人口，m 表示测量指标维数。

$$MPI(k) = U[g(k)] = H \times A = \sum_{i=1}^{n} \sum_{j=1}^{m} W_j g_{ij} \tag{4-4}$$

其中，$MPI(k)$ 表示区域相对贫困状况的综合指标，W_j 为指标权重。

第五，贫困指数的分解。$n(x)$ 表示在地区 x 下的个体数，$n(y)$ 表示在地区 y 下的个体数，则多维相对贫困指数的地区分解公式为式（4-5）。

$$MPI(x,y:z) = \frac{n(x)}{n(x,y)} \times MPI(x:z) + \frac{n(y)}{n(x,y)} \times MPI(y:z) \tag{4-5}$$

其中，$MPI(x:z)$ 和 $MPI(y:z)$ 分别表示 x 地区和 y 地区个体的多维相对贫困指数。

各指标对多维相对贫困指数的贡献率 β_j 可表示为式（4-6）。

$$\beta_j = \frac{\dfrac{\sum_{i=1}^{n} W_j g_{ij} W_i}{(nm)}}{MPI(k)} = \frac{\dfrac{\sum_{i=1}^{n} W_j g_{ij} W_i}{(nm)}}{\dfrac{\left(\sum_{i=1}^{n} \sum_{j=1}^{m} W_j g_{ij}\right)}{(nm)}} \tag{4-6}$$

四　测量结果分析与讨论

（一）收入相对贫困标准与相对贫困状况

本书按照 2017 年农村居民年人均可支配收入中位数（11969 元）的不同比例（30%、40%、50%、60%）分别计算我国农村收入相对贫困标准与相对贫困发生率，并对不同收入相对贫困标准下我国农村相对贫困人口规模进行估计。表 4-14 中的测算结果显示，当农村收入相对贫困标准设定为农村居民年人均可支配收入中位数的 30% 时，农村收入相对贫困标准为 3590.7 元，相对贫困发生率为 8.54%，相对贫困人口规模为 4924 万人。此比例下的农村收入相对贫困标准与绝对贫困标准大体相当（为 2017 年农村绝对贫困标准[1]的 1.22 倍），标准显然过低。

当农村收入相对贫困标准设定为农村居民年人均可支配收入中位数的 50% 和 60% 时，农村收入相对贫困标准分别为 5984.5 元和 7181.4 元。此两种比例下的农村收入相对贫困标准明显过高，因为此两种相对贫困标准下的农村相对贫困发生率分别达到了 18.18% 和 23.97%，相对贫困人口规模分别达到了 10482 万人和 13821 万人。这两种情况不但会额外增加我国农村相对贫困治理压力，同时也不利于 2020 年后巩固拓展脱贫攻坚成果与相对贫困治理有效衔接。

当农村收入相对贫困标准设定为农村居民年人均可支配收入中位数的 40% 时，农村收入相对贫困标准为 4787.6 元，农村相对贫困发生率为 12.40%，相对贫困人口规模为 7149 万人。此比例下的农村收入相对贫困标准为农村绝对贫困标准的 1.63 倍，标准较为合适。主要依据是：第一，农村居民年人均可支配收入中位数 40% 的标准大约能够覆盖我国 10%—15% 的农村人口，既符合国际规范（欧美等较多采用相对贫困标准的国家，收入相对贫困标准一般能覆盖总人口的 15.5%—16.5%），又能够较好地平衡我国财政支付能力以及帮扶广度与帮扶力度；第二，按照此标准测算的收入相对贫困标准与绝对贫困标准的差距控制在合理的范围内，能与现行绝对贫困标准实现平稳过渡，符合第一阶段（稳定脱贫、相对贫困缓解并存期）我国农村贫困治理规律。

1　2017 年农村绝对贫困标准为年人均可支配收入 2934 元。

表4-14 不同标准下我国农村相对贫困状况

单位：%，元，万人

占年人均可支配收入中位数的比例	相对贫困标准	当年农村绝对贫困标准的倍数	相对贫困发生率	相对贫困人口规模
30	3590.7	1.22	8.54	4924
40	4787.6	1.63	12.40	7149
50	5984.5	2.04	18.18	10482
60	7181.4	2.45	23.97	13821

资料来源：课题组自制。

此外，本书还计算了不同标准下我国各地区的农村相对贫困发生率。从表4-15可知，无论采用何种收入相对贫困标准，我国东部地区的农村相对贫困发生率都比中西部地区低，中部地区的农村相对贫困发生率比西部地区低。可见，我国农村相对贫困主要集中在中西部地区。未来相对贫困治理的重点也应该放在中西部地区。

表4-15 不同标准下各地区农村相对贫困发生率

单位：%

占年人均可支配收入中位数的比例	东部地区	中部地区	西部地区
30	6.67	7.83	11.12
40	9.21	11.62	16.48
50	13.40	17.43	23.96
60	17.68	23.29	31.35

资料来源：课题组自制。

（二）单维指标相对贫困发生率分析

本书首先测算了我国农村居民在单维指标上的相对贫困发生率，结果如表4-16所示。除医疗保险、失业和生活满意度三个指标外，我国农村居民单个指标的相对贫困发生率均超过10%；其中，教育年限、生活燃料、用水状况、养老保险等指标的相对贫困发生率最为突出，是2020年后我国农村相对贫困治理需要重点关注的维度。

从不同区域农村居民单维指标相对贫困发生率来看，东部地区农村居民在健康自评、重疾状况、长期健康、教育年限、生活燃料、失业、年人均可支配收入7个指标上的相对贫困发生率明显低于中西部地区的农村居民；中部地区农村居民在健康自评、重疾状况、教育年限、生活燃料、住房面积、失业、年人均可支配收入、生活满意度8个指标上的相对贫困发生率明显低于西部地区的农村居民；西部地区农村居民在医疗保险、养老保险2个指标上的相对贫困发生率低于东中部地区的农村居民。以上结果表明，2020年后我国农村多维相对贫困治理的重点区域应以中西部地区为主，但东部地区农村相对贫困问题也不容忽视。此外，2020年后不同地区农村相对贫困治理关注的重点存在差异，应分地区、分维度精准治理。

表 4-16　单维指标相对贫困发生率

单位：%

维度	指标	全国	东部地区	中部地区	西部地区
健康状况	健康自评	14.60	13.59	15.15	15.27
	重疾状况	10.97	8.47	11.04	13.62
	长期健康	13.08	11.72	13.97	13.89
文化水平	教育年限	37.41	31.59	33.46	46.58
生活水平	生活燃料	33.62	22.72	29.14	48.64
	用水状况	30.79	29.74	33.95	29.59
	住房面积	14.01	14.72	10.16	16.08
就业情况	失业	0.90	0.74	0.92	1.05
社会保障	医疗保险	8.59	11.88	7.58	5.80
	养老保险	39.65	44.76	40.74	33.35
收入水平	年人均可支配收入	10.63	7.86	8.59	15.11
主观福利	生活满意度	5.91	6.15	5.36	6.05

资料来源：课题组自制。

（三）多维指标相对贫困发生率分析

本书进一步考察了我国农村居民在多维指标上的相对贫困发生率，测算结果如表 4-17 所示。从表 4-17 可以看出，我国农村居民大多只在 1—2 个维度上处于相对贫困剥夺状态，说明我国农村居民遭受相对贫困剥夺的维度数量较少，这是一个发展进步的好趋势。

从不同区域多维指标相对贫困发生率可以看出，虽然全国、三大地区农村居民相对贫困发生率总体呈下降趋势，但地区分布差异依然较为明显。其中，东部地区农村居民在 1—2 个维度上遭受相对贫困剥夺的比例明显要小于中西部地区；中部地区农村居民在 3—4 个维度上遭受相对贫困剥夺的比例要明显小于东部和西部地区，东、中、西部地区均没有农村居民在 6—7 个维度上存在相对贫困剥夺。以上结果说明，2020 年后我国农村多维相对贫困治理应以中西部地区为主，兼顾东部地区。同时，上述结果还说明 2020 年后我国农村相对贫困治理不能仅关注单维相对贫困情况，还应关注多维相对贫困情况。

表 4-17　多维指标相对贫困发生率

单位：个，%

相对贫困维度数	全国	东部地区	中部地区	西部地区
1	47.08	40.27	43.42	57.08
2	18.54	14.84	15.95	24.41
3	8.00	6.29	5.62	11.61
4	2.45	2.19	1.73	3.26
5	0.18	0.20	0.11	0.23
6	0.00	0.00	0.00	0.00
7	0.00	0.00	0.00	0.00

资料来源：课题组自制。

（四）多维相对贫困指数测算结果分析

1. 多维相对贫困发生情况

在开展多维相对贫困指数测算前，首先要确定临界值 k 的大小。由于本书共选取 7 个维度，并且根据表 4-17 中多个指标的相对贫困发生率可知，我国农村居民大多只在 1—2 个维度上处于相对贫困剥夺状态，因此在进行多维相对贫困指数测算时，本书主要将 k 取值为 0.14、0.29，分别对应农村居民在 1 个、2 个维度上的相对剥夺。多维相对贫困测算结果见表 4-18。由表 4-18 可知，当 k 取值为 0.14 时，我国农村多维相对贫困发生率为 47.08%，平均缺失份额为 4.24%，多维相对贫困指数为 0.019。随着 k 取值由 0.14 增加到 0.29，我国农村多维相对贫困发生率降低到 18.54%，平均缺失份额则增加到 6.14%，多维相对贫困指数减少到 0.011。

表 4-18　多维相对贫困测算结果

k	类别	全国	东部地区	中部地区	西部地区
0.14	多维相对贫困指数	0.019	0.017	0.018	0.025
	多维相对贫困发生率(%)	47.08	40.27	43.43	57.08
	平均缺失份额(%)	4.24	4.16	4.05	4.41
0.29	多维相对贫困指数	0.011	0.009	0.009	0.015
	多维相对贫困发生率(%)	18.54	14.85	15.96	24.42
	平均缺失份额(%)	6.14	6.15	5.86	6.28

资料来源：课题组自制。

从地区比较来看，无论 k 取值为 0.14 还是 0.29，我国东部地区农村多维相对贫困指数和多维相对贫困发生率总体低于中西部地区，中部地区的多维贫困指数和多维贫困发生率明显低于西部地区。但是东部地区农村居民的贫困平均缺失份额并未明显低于中西部地区。以上结果说明，我国农村多维相对贫困发生情况与绝对贫困发生情况类似，基本呈现东、中、西部地区非均匀分布特征。其中东部地区农村多维相对贫困剥夺情况最轻，中部地区次之，西部地区农村多维相对贫困剥夺情况较为严重。

2. 多维相对贫困指数贡献率

接下来对多维相对贫困指数按维度和指标进行分解（见表 4-19）。从表 4-19 中可以看出，无论 k 取值为 0.14 还是 0.29，文化水平维度对我国农村居民多维相对贫困指数的贡献率都显著高于其他维度和指标，说明在制定缓解我国农村相对贫困政策措施时，文化水平应该是政府最为优先干预的领域。虽然当 k 取值为 0.14 时，收入水平对农村居民多维相对贫困指数的贡献率仅有 10.85%，但随着 k 取值提高到 0.29，收入水平的贡献率迅速上升至 19.04%。这说明稳步提高农村居民收入仍是相对贫困治理的重要路径。

表4-19　不同临界值下多维相对贫困指数中各维度和指标的贡献率

单位：%

维度	指标	$k=0.14$ 时的贡献率	$k=0.29$ 时的贡献率
健康状况	健康自评	3.98	3.37
	重疾状况	2.67	2.04
	长期健康	3.23	2.46
文化水平	教育年限	29.86	22.48
生活水平	生活燃料	7.24	5.93
	用水状况	6.13	4.67
	住房面积	2.73	2.39
就业情况	失业	0.70	0.49
社会保障	医疗保险	2.95	2.03
	养老保险	10.59	8.19
收入水平	年人均可支配收入	10.85	19.04
主观福利	生活满意度	4.96	4.46

资料来源：课题组自制。

社会保障、生活水平和健康状况对我国农村居民多维相对贫困指数也具有较高贡献率，说明这三个维度依然是2020年后相对贫困治理需要重点关注的领域。值得注意的是，本书发现社会保障维度中养老保险指标的多维相对贫困贡献率显著大于医疗保险，意味着2020年后提高农村养老保障水平对相对贫困治理具有显著意义。最后，无论 k 取值为 0.14 还是 0.29，就业情况对农村居民多维相对贫困指数的贡献率始终小于1%，说明我国在绝对贫困攻坚时期的就业扶贫手段取得了良好的效果。

（五）多维相对贫困群体特征分析

表4-20为不同性别、年龄的农村居民在 k 取值为 0.14 和 0.29 时的多维

相对贫困发生情况。[1] 分性别估计结果显示，女性农村居民的多维相对贫困发生率、平均缺失份额以及多维相对贫困指数均显著高于男性农村居民，说明女性农村居民的多维相对贫困程度更为严重。分年龄估计结果显示，虽然 60 岁及以上农村居民数量在全部农村居民中占比不是最大的，但是其多维相对贫困发生率、平均缺失份额以及多维相对贫困指数均显著高于其他年龄段的农村居民。该估计结果说明老年农村居民的多维相对贫困程度更为严重。可见，2020 年后我国农村相对贫困群体以女性、老年人口等特殊群体为主，缓解相对贫困的政策措施应重点围绕上述人群展开。

表 4-20 多维相对贫困群体特征

k	类别	性别		年龄		
		男性	女性	20 岁以下	20—60 岁	60 岁及以上
0.14	多维相对贫困指数	0.018	0.022	0.015	0.022	0.034
	多维相对贫困发生率（%）	43.77	50.33	34.99	52.76	72.57
	平均缺失份额（%）	4.17	4.30	4.19	4.13	4.73
0.29	多维相对贫困指数	0.010	0.013	0.008	0.012	0.023
	多维相对贫困发生率（%）	16.51	20.53	13.20	19.54	36.54
	平均缺失份额（%）	4.17	6.17	6.12	6.05	6.40

资料来源：课题组自制。

第五节 农村相对贫困监测预警机制构建

监测预警是利用某些成体系的技术手段（统称为监测预警系统），对农村相对贫困人口和潜在相对贫困人口进行实时动态追踪监测，观察其特征变化，并根据特征变化情况判断是否发出预警信息以及发出什么程度的预警信息。如果系统监测到被监测对象具有某种程度的致贫返贫风险，则应根据风险等

---

1 农村居民数量：男性占 49.49%，女性占 50.51%；20 岁以下居民占 43.60%，20—60 岁占 46.02%，60 岁及以上占 10.38%。

级发出不同等级的预警信息，以便采取相关措施加以干预，熔断其致贫返贫根源，从而防止致贫返贫现象发生。如果系统监测到被监测对象已经发生了致贫返贫现象，则发出最高程度的预警信息。根据预警信息，农村相对贫困治理部门按照贫困对象识别方法和流程对该对象予以识别，并及时给予帮扶。农村相对贫困监测预警机制就是为了推进相对贫困监测预警工作持续运行而设立的相关制度。从组成部分看，农村相对贫困监测预警机制包括总体框架及运行设计。下面将重点研究农村相对贫困监测预警机制的总体框架及运行设计。

一 总体框架

如图 4-7 所示，农村相对贫困监测预警机制总体框架主要由运行板块与支撑板块两部分构成。运行板块包括治理部门、治理对象、数据库、治理手段和预警标准。支撑板块由组织结构、信息管理、应急管理和保障条件等构成。其中，治理部门既包括政府机构，也包括市场、社会和个人。政府机构主要是乡村振兴、农业农村等部门；市场主要是企业、合作社等市场主体；社会主要包括社会团体、社区（村庄）及公益组织等；个人主要包括相关个体及其他个体。治理对象是监测预警系统的监测对象，主要由两类群体构成。第一类群体是潜在相对贫困人口（比如建档立卡已脱贫但不稳定人口、收入略高于建档立卡贫困人口的边缘人口、突然遭受外部冲击而极易陷入相对贫困的人口）；第二类群体是相对贫困人口（比如按照本书设计的识别标准，2017 年人均可支配收入低于 4787.6 元的人口）。数据库是运行板块的核心，主要存放监测对象信息。预警标准就来自数据库提供的数据。治理手段具有多元化属性，需要整合政府力量和市场、社会等治理主体的力量，将全部帮扶措施总结归类，与数据库提供的致贫返贫因子和风险程度等信息进行匹配，最后采取精准性帮扶。预警标准是监测预警系统根据监测对象的数据特征，对致贫返贫可能性等级进行判断的依据。从维度上讲，预警标准可以是单一标准，比如以年人均可支配收入为标准，当然，也可以是多维标准。

组织结构是监测预警机制的基础，主要提供基本的决策指导、技术支撑、人员配备等（杨瑚，2019）。信息管理是监测预警机制的关键，贯穿于整个监测预警机制的全过程和各方面，它主要通过对相对贫困脆弱人口和相对贫困人口的信息数据进行采集、录入、更新、分析、比对，并采用一定的方法，判断监测警度（杨瑚，2019）。应急管理是监测预警机制必不可少的一环，主要处理紧急事件。保障条件则为监测预警机制的正常运行提供各种人力、物力、财力。

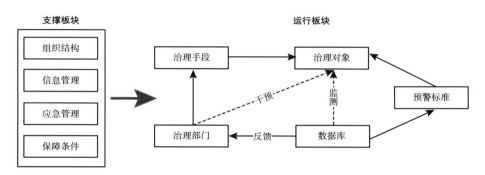

图 4-7　农村相对贫困监测预警机制的总体框架

资料来源：课题组自制。

二　运行设计

如图 4-8 所示，农村相对贫困监测预警机制运行模型主要由 4 个板块组建而成。一是信息收集、处理和分析板块，该版块通过对各方收集来的信息进行处理、分析，确定警兆。二是警源和警度确定板块，根据警兆的识别进行警源的确定，然后根据警兆来进行警度的确定（杨瑚，2019）。三是干预措施选择板块，主要是根据警源辨别致贫返贫类型，依据警度明确干预措施。四是继续干预和日常监测板块，对已经干预的摆脱相对贫困的人口进行警度判断，若是无警，则继续监测；若警报未能解除，则继续干预，再评价考核（杨瑚，2019）。

具体而言，农村相对贫困监测预警机制按照以下流程运行（见图 4-8）。

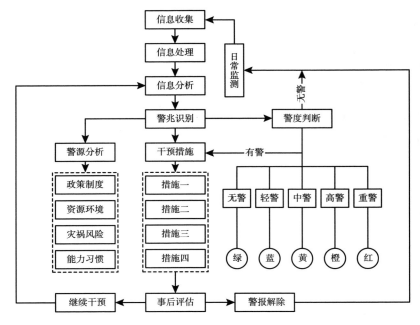

图 4-8　农村相对贫困监测预警机制运行模型

资料来源：课题组自制。

一是将相对贫困人口和潜在相对贫困人口等群体的信息收集起来，录入大数据平台，进行数据分析和处理，运用预警线对其进行测量，对其进行警兆分析，找到达到预警线的脆弱人口或其他群体。

二是对达到预警线的脆弱人口或其他群体进行警度判断，若是无警，则继续进行日常监测，搜集信息，进行观察；若是有警，则要区分其具体的警度，根据不同的警度发布不同的预警信号（杨瑚，2019）。

三是警兆识别之后要进行警源分析，判断警源属于政策制度、资源环境、灾祸风险、能力习惯（本部分将前文相对贫困标准所选择的指标体系归类为政策制度、资源环境、灾祸风险、能力习惯四类）中的哪一类。

四是根据警度判断和警源分析制定干预措施，进行事前预防。

五是对进行干预的脆弱人口或其他群体进行事后评估，若是干预有效，则警报解除，继续进行日常监测；若是无效，则继续进行干预（杨瑚，2019）。

以农村家庭年人均可支配收入作为唯一预警判断指标，相对贫困监测预警程序如下：划分为五个预警等级，含四个临界值，临界值分别为地区收入相对贫困标准的上限（农村家庭年人均可支配收入中位数的50%）、地区收入相对贫困标准（农村家庭年人均可支配收入中位数的40%）、地区收入相对贫困标准的下限（农村家庭年人均可支配收入中位数的30%）[1] 及农村绝对贫困标准（见图4-9）。

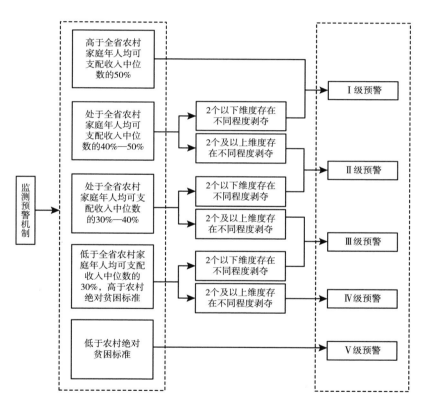

图 4-9 农村相对贫困监测预警等级划分

资料来源：课题组自制。

1 地区收入相对贫困标准的上限、地区收入相对贫困标准、地区收入相对贫困标准的下限数据均来自前文收入相对贫困标准。

考虑到相对贫困存在动态调整过程，因此设置相对贫困缓冲区，形成紧密的预警等级。

1. 无警

即农村家庭年人均可支配收入高于全省农村家庭年人均可支配收入中位数的50%，或处于全省农村家庭年人均可支配收入的40%—50%且在2个以下维度[1]存在不同程度剥夺，不进入监测预警范围。

2. 轻警

即农村家庭年人均可支配收入为全省农村家庭年人均可支配收入中位数的40%—50%且在2个及以上维度存在不同程度剥夺，或处于全省农村家庭年人均可支配收入的30%—40%且在2个以下维度存在不同程度剥夺，这部分人群被列为监测预警对象，处于相对贫困缓冲区，容易因风险冲击陷入相对贫困。

3. 中警

即农村家庭年人均可支配收入为全省农村家庭年人均可支配收入中位数的30%—40%且在2个及以上维度存在不同程度剥夺，或处于全省农村家庭年人均可支配收入中位数的30%与农村绝对贫困标准之间且在2个以下维度存在不同程度剥夺，这部分人群属于相对贫困重点预警群体。

4. 高警

即农村家庭年人均可支配收入介于全省农村家庭年人均可支配收入中位数的30%与农村绝对贫困标准之间，进入绝对贫困预警范围，若还在2个及以上维度存在不同程度剥夺，则贫困程度较深，要及时进行治理。

5. 重警

即已进入绝对贫困，需要最高预警。预警度越高代表相对贫困的程度越深，越需要重点关注、及时治理。

其中，高警处于绝对贫困缓冲区，属于相对贫困监测预警的"底部"人

1　维度依据主要来自前文实证分析结论。

群，比如脱贫人口和非建档立卡人口中的"边缘人口"，他们返贫风险高，是需要重点关注的群体；重警是收入处于农村绝对贫困标准以下的人群，属于返贫预警人群，亟须采取相应的干预措施。

本章小结

本章在总结国内外相对贫困识别（标准、方法和程序、监测预警）理论和实践的基础上，提出我国农村相对贫困识别标准、方法和程序、监测预警机制构建思路，并基于 2018 年 CFPS 数据，对我国农村收入和多维相对贫困状况进行了实证测度。主要结论如下。

第一，农村相对贫困识别的重点难点主要集中在标准构建、监测预警和动态调整三个方面。其中标准构建的重难点主要是如何选择衡量指标和衡量标准；监测预警的重点主要是监测相对贫困人口和潜在相对贫困人口，难点在于监测规模大、致贫因素复杂且不确定性较大；动态调整的重点主要是要制定相关方法和流程，监测相关信息并及时做出判断，难点主要是信息获取难、有人为干扰。

第二，基于国内外研究和实践，本书提出"一线一体系"思路，构建我国农村相对贫困识别标准。"一线"即构建农村收入相对贫困标准（线），"一体系"即构建农村多维相对贫困指标体系，综合判断监测对象是否处于相对贫困剥夺状态。根据不同发展阶段，本书认为 2020 年后我国农村相对贫困人口识别的收入标准可设置为农村居民年人均可支配收入中位数的 40%、50%，城乡居民年人均可支配收入中位数的 50%、60%，甚至更高，2036 年前相对贫困村的识别标准可设定为行政村相对贫困人口占该村户籍总人口 5% 以上。多维相对贫困指标体系则应包括家庭结构、生活水平、文化水平、就业情况、财产情况、健康状况、社会保障、区域地理环境和区域资源禀赋情况等客观指标，同时还囊括自我认同感、归属感、相对剥夺感、幸福感等主观指标，且根据不同发展阶段，分别调整各维度和各指标的权重大小。

第三，农村相对贫困人口识别认定采取直接认定、申请识别和即时纳入三种方法和程序。其中，直接认定主要针对享受最低生活保障的农村人口和最低生活保障边缘家庭的农村人口；申请识别主要按照农户申请、基础信息比对、入户调查、民主评议，以及公示、比对、公告等流程开展；即时纳入主要按照农户申请、基础信息核查、事由调查、民主评议，以及公示、比对、公告等流程开展。

第四，现阶段我国农村相对贫困人口规模较大，中西部地区相对贫困情况突出。在以农村居民年人均可支配收入中位数的40%作为农村相对收入贫困标准的基础上，农村相对贫困发生率为12.40%，相对贫困人口规模为7149万人，贫困规模相对较大。在非收入维度上，农村居民通常在1—4个指标上处于相对贫困状态，其贫困发生率均在10%以上。在农村单独设置相对贫困标准的前提下，中西部地区将是缓解相对贫困的主战场，女性、老年人口等特殊群体将是相对贫困的主要群体，文化水平、收入水平、社会保障、生活水平和健康状况将是主要的治理领域。

第五，本书构建了我国农村相对贫困人口识别监测预警机制，该机制包括监测预警总体框架和运行设计。监测预警总体框架包括运行板块和支撑板块。其中，监测预警运行板块涉及五个概念主体，分别是治理部门、治理对象、数据库、治理手段、预警标准；支撑板块包括组织结构、信息管理、应急管理、保障条件。该机制主要按照信息收集、信息处理、信息分析、警兆识别和干预措施五大流程运行。

第五章

农村相对贫困治理主体功能发挥机制分析

主体功能发挥是提高相对贫困治理效率的关键性因素。本章以明晰各相对贫困治理主体功能比较优势为切入点，重点从机构精准扶贫功能递延及重构视角，分析政府机构治理职能转型难题；从行为心理视角分析相对贫困人口主体意识激发难题，提出"福利依赖型"人口主体意识形成的支持路径；从"软嵌入"视角分析社会组织功能有效发挥难题，提出发挥逻辑和路径。基于各主体性质、角色功能等差异和关系互动的异同，构建了在彼此互动中，以彼此协作为准则，以关系整合优化为保障，"差序—协同"的治理主体连接逻辑及实现机制。

第一节　相对贫困治理主体功能发挥的重点难点

一　重点分析

（一）明晰主体自身功能优势

政府在贫困治理中的功能是利用行政权力，发挥治理政策制定、政策实施、政策评估的作用，解决治理的"公共物品"供给问题。从我国已有贫困治理实践看，政府目前承担的具体核心职能包括：协同统筹、政策制定和动员宣传功能，组织实施功能，考核评价功能。解决相对贫困具有政治、经济、社会和国际等多重意义，涉及收入分配、社会保障、教育、科技、文化和卫生等多方面，这些领域需要政府行政权力的介入，因此需要发挥政府公共资源调配优势，在相对贫困治理顶层设计、制度安排、公共物品供给等方面发挥应有作用。从我国实际国情看，解决相对贫困是党和国家推动乡村振兴、促进共同富裕的应有之义，应当继续发挥政府"集中力量办大事"的优势，坚持全国一盘棋，调动各方面积极性，始终发挥党总揽全局、协调各方的领导核心作用。

市场在贫困治理中的功能是在经济运行中提高各类资源配置效率，促进贫困地区摆脱发展约束，使贫困人口在收入、发展能力等方面受益。市场在贫困治理中具有"双面性"，即市场既可能拉大贫富差距，也能给相对贫困地区或人口带来发展机遇、缓解贫困，贫困治理过程中市场的功能的发挥主要是指后者，重点是通过"看不见的手"在宏观和微观层面发挥作用。从宏观层面看，需要发挥市场区域益贫、包容性增长功能。新古典主义经济学家认为，市场能够通过价格引导供需双方调整行为，从而达到有效的均衡状态。以哈耶克为代表的契约论者认为，需求者、供给者都是单个行为个体，市场将供需信息传递给个体，解决了供需之间的不协调问题，因此缓解贫困就是要通过市场提高信息传递的效率，摆脱低水平封闭循环陷阱。从微观层面看，重点要发挥市场促进贫困人口增收、发展的功能。经典经济学理论认为只要提供平等机会，市场条件下的理性经济人自然会追求其福利最大化。公共经济学研究表明，在准公共物品或非公共物品的领域，市场机制能及时响应各类主体的需求，有效调动各类资源，相较于政府具有特定优势。贫困治理涉及产业发展、金融保险、就业增收等诸多方面，市场力量具有天然自身优势，需要在这些领域发挥市场功能。

社会力量在贫困治理中的功能是社会组织和社会个体（社会公益人士等）以无偿形式进行的减贫援助。从我国社会力量在贫困治理中的实践看，其功能发挥特点和优势包括：一是社会力量往往层级较少，具有扁平化特征，内部结构较为简单，能够灵活准确地对接政府和市场，及时弥补政府科层制模式下层级过多带来的"迟滞"缺陷，在救助和帮扶过程中准确传递信息，快速发动社会力量捕捉脱贫需求，快速将社会资源精准投放到相对贫困地区、相对贫困人口；二是具有专业技术优势，可以依靠社会专业人士或机构的资源和技术，在心理疏导、精神关爱、技术培训、就业指导等方面提供专业化指导，促进贫困地区特色产业发展和项目实施；三是在脱贫退出、政策效果评价过程中，社会力量是贫困治理绩效考核评估的重要参与者，研究机构、专家学者等社会力量参与评估既能够从"第三方"角度做出客观判断，让贫困人口、政府认可，也能够发挥自身专长，为政策调整提供科学建议。相对贫困治理需要多渠道有效吸纳社会资源，撬动社会力量，从不同领域汇聚扶贫合力，发挥社会力量的功能和优势。

贫困人口既是治理的客体，也是治理的主体。发挥贫困人口的主体功能能够激发其角色意识，变被动帮扶为主动脱贫，依托外部帮扶资源和发展机会形成持续发展的内生能力。贫困人口的主体功能及优势体现在三个方面：一是贫困人口主体角色意识的激发能够发挥"自下而上"的功能，降低识别监测、治理资源投放的搜寻成本，提高治理供需对接的精准度；二是贫困人口主体功能的强化，能够促进内生发展能力的形成，从而降低返贫风险，避免福利依赖，避免减贫资源重复投放的低效困境；三是贫困人口主体积极性的提升能够促进群体内部采取一致行动，提高集体行动能力，既能够降低村社公共设施建设协调成本，摆脱设施后期维护困境，也能够为壮大集体经济、促进共同富裕提供有利条件。

（二）理顺主体之间协作关系

重点理顺政府、市场、社会与贫困人口之间的协作关系。各主体角色定位不清或错位易造成治理信息不对称、治理资源传递效率低下、治理供需不匹配、治理绩效下降。从我国实践层面看，在绝对贫困治理阶段，各主体已形成相应分工、合作关系，其中政府承担着全过程、大范围的治理职责，甚至在产业发展领域，政府也承担一定的职责。在相对贫困治理阶段，治理目标已由重点解决"两不愁三保障"转向多维能力提升，涉及贫困人口市场自生能力等多方面，照搬已有模式及角色定位将难以适应治理需求。依据致贫原因与致贫路径，从相对贫困脆弱性角度看，既有自然灾害、事故等原因造成的自然脆弱性贫困以及老弱病残妇幼等生理脆弱性贫困，也有社会结构性、制度性原因造成的社会脆弱性贫困。基于错综复杂的贫困成因，长效解决相对贫困问题，需发挥政府"有形大手"、市场"无形利手"和社会"多元能手"等各自的作用和叠加效应。重点要厘清各主体间功能及作用界限，明确各主体相互配合、协调范围。厘清功能界限，主要是基于各主体自身优势，在相对贫困治理的识别监测、资源调配、绩效评估等方面，厘清各主体参与治理的内容、范围和程度，明晰各主体能够发挥的主要功能及作用，形成分工清晰、角色明确的治理格局，避免主体越位、错位。明确配合、协调范围主要针对相对贫困治理中涉及的各维度，明晰各主体间相互协作的动力、条件和范围，形成有效治理合力。

二　难点分析

（一）政府贫困治理职能转型难

党的十八大以来，从中央到地方高位推进精准扶贫、精准脱贫，政府贫困治理职能不断强化，扶贫机构快速完成了从"边缘部门"到"中心部门"的跃升。整体消除绝对贫困后，政府职能发挥将面临新的挑战和困难。首先是政府贫困治理责任无限扩大带来的主体性失衡及其他主体积极性减弱。在原有精准扶贫体系下，政府力量利用国家资源，短期内产生了显著效果。但是，在基层实践中，为了短期内达成目标，难免出现大包大揽式的贫困治理，"包揽"所有脱贫责任，从而造成农村精准扶贫场域中政府主体性失衡。其次是政府本身"无限责任"下供给方式单一、供给能力有限与相对贫困治理多维度、长期动态化需求之间存在矛盾。相较于绝对贫困治理中将收入作为关键指标，相对贫困治理涉及发展机会、文化心理等多维度，治理维度更广，需要的资源涉及社会和企业等多方面，且治理时间较长，这对政府在资源统筹、帮扶、管理、评估等方面的功能发挥提出新的要求。伴随国家和各省区市乡村振兴局的成立，扶贫机构已走在转型路上，在相对贫困长效治理中，如何做好与乡村振兴衔接，如何调整政府机构和队伍自身定位以适应未来贫困治理要求，是需要重点研究和探索的问题。

（二）相对贫困人口主体意识激发难

相对贫困人口主体意识的激发，既需要强化其责任，又要增强其信心。我国贫困治理存在贫困人口脱贫权责不明、积极性弱化的困境。首先是治理对象主体权利与责任不明。在政府政治主体性话语背景下，贫困人口仅是一种身份上的概念，并非现代意义的权利主体，而相关法律法规、政策文件也未明确其实体性的权利、责任，这就会导致贫困人口对自身角色及主体性缺乏认知，进而形成在贫困治理视域下贫困人口主体性呈现"赋权不足与身份缺损"的格局，引发贫困群体权利与责任的非对称性，以及贫困治理场域中治理对象主体性的紊乱。其次是治理对象难以打破自身现状，形成积极致富的动力。由于长期处于"低水平"发展状态，贫困人口容易出现听天由命、消极无为、安于现状、只求温饱以及"等、靠、要"思想，在外部减贫力量推动下，这种思想如果得不到改变，内生动力就得不到激发，反而可能加重对外部的依赖。从我国实践看，虽然经过脱贫攻坚的集中帮扶，贫困人口在思想观念、发展能力方面有所提升，但贫困人口重新认识自我、形成较强内生动力需要一定时间。较短时间的外部帮扶和较长时间的内化形成存在时间差，在外部帮扶力量弱化后，贫困治理对象可能重新怀疑自身能力，进而产生消极脱贫心理，致使返贫或低水平脱贫。因此，如何在相对贫困长效治理中进一步明晰治理对象的主体权利与主体责任，引导治理对象从"旁观者"转变为"参与主体"，激发其内在脱贫动力，是当前需要着力关注的问题。

（三）社会组织功能有效发挥难

社会组织功能的有效发挥既存在资源不足之困，也面临本土融入之难。一是资源不足之困。目前公益基金组织、文化类组织等社会组织主要活动在城市社区，而农村社会组织主要还是单一的村民自发组织。由于城乡"二元"分割，大量农村主要劳动力人口外流，留守老人、妇女、残疾人等弱势群体成为农村社会组织的"主体"，加之相对贫困地区经济发展较差，农村自发性社会组织经费偏少，管理协调人员能力不足，无法提供较高质量的社会服务。二是本土融入之难。由于农村内部的亲缘、血缘、宗族关系网络依然存在，相较于"外来"人员，村民对本村的"乡贤""能人"认可度更高，这就会导致非本土社会组织处于长期"悬浮"状态，无法真正嵌入农村相对贫困治理全过程。另外，非本土社会组织自身对治理目标村了解程度有限，有效开展工作需要一定时间，若不熟悉村级社会、经济、历史环境，往往难以实现既定目标。

第二节 政府机构职能递延与重构

一 精准扶贫期间政府机构设置及职能

（一）国家机构谋划全局

从国家层面看，当时我国构建了以国务院扶贫开发领导小组为牵头机构的横向、纵向贫困治理体系（见图5-1）。其中，国务院扶贫开发领导小组是国务院的议事协调机构，国务院扶贫开发领导小组下设办公室，即国务院扶贫开发领导小组办公室，负责承担领导小组日常工作。国务院扶贫开发领导小组的主要任务是：制定全国性扶贫开发的法律法规、方针政策和规划；审定中央扶贫资金分配计划；组织调查研究和工作考核；协调解决扶贫开发工作中的重要问题；调查、指导全国扶贫开发工作；做好扶贫开发重大战略、政策、措施的顶层设计。

（二）省级机构区域统筹

从省级层面看，精准扶贫实施之后，西部、中部地区扶贫机构职能明显得到强化。比如，精准扶贫期间，四川省扶贫开发局是2018年四川省机构改革组建的单位，由四川省扶贫与移民工作局更名而成。四川省扶贫与移民工作局包含四川省扶贫开发办公室和四川省政府大型水电工程移民办公室，其职责涵盖扶贫、移民两个部分。贵州省扶贫开发办公室为省政府直属正厅级

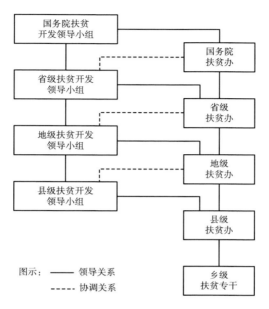

图示：—— 领导关系
　　　----- 协调关系

图 5-1　精准扶贫期间政府减贫组织体系

资料来源：课题组自制。

行政单位，是贵州省扶贫开发领导小组的办事机构，内设综合处、政策法规处和规划统计处等 12 个处室，下辖外资项目管理中心、扶贫开发技术指导中心和扶贫开发贫困监测中心 3 个政府直属事业单位。精准扶贫实施之后，由于云南省的扶贫开发工作任务和实际工作需要，云南省委编办批准省扶贫开发办公室增设了规划指导处，云南省扶贫办为正厅级行政单位，下设秘书行政处、政策法规处、社会扶贫处和易地扶贫开发处等 13 个处室，下辖世界银行西南扶贫项目云南办公室、信息中心、扶贫人力资源开发中心、省革命老区建设促进会 4 个事业单位，其中信息中心和扶贫人力资源开发中心是精准扶贫实施后省扶贫办增设的事业单位。湖南省扶贫开发办公室则由原来的副厅级事业单位升格为正厅级事业单位，内设综合督查处（加挂人事处牌子）、规划财务处、开发指导处、政策法规处和社会扶贫处 5 个处室，下辖扶贫基金会办公室和扶贫开发培训中心 2 个直属事业单位。

从扶贫机构设置看，调整之后，省级扶贫机构职能都有所强化，在区域层面依托脱贫攻坚领导小组，横向协调贫困治理相关部门、纵向统筹市县级政府机构，形成了大范围资源调度、政策引导、脱贫目标管理、监督考核的职能。

（三）县级机构主抓落实

县级扶贫机构为政策落实的执行者，对脱贫攻坚工作的顺利执行起着极为关键的作用。精准扶贫期间，特别是"四到县"制度实施之后，县级扶贫机构职权、事权及财权的匹配度提高，资金、任务等下达的中间环节减少。实行了扶贫工作和减贫任务县级人民政府负主责机制，建立了符合实际的资金分配机制和项目申报及审批机制，建立了分工明确、权责匹配、运行规范、管理到位的项目资金监管机制。整体来看，"四到县"制度实施后，县级扶贫机构的主要职能发生了明显转变，工作重心逐渐向扶贫项目的立项、管理和验收评估转移。由于"四到县"制度的实施，各县级扶贫机构的工作量大为增加，不仅要承担之前的组织、协调、执行等职能，还要承担"四到县"制度实施后新增的扶贫项目的立项、管理和验收评估等职能。

二　消除绝对贫困后政府职能递延及重构

（一）消除绝对贫困后政府机构职能结构变化情况分析

2021年2月25日，习近平总书记庄严宣告："我国脱贫攻坚战取得了全面胜利，现行标准下9899万农村贫困人口全部脱贫，832个贫困县全部摘帽，12.8万个贫困村全部出列，区域性整体贫困得到解决，完成了消除绝对贫困的艰巨任务。"[1] 同日，国家乡村振兴局正式挂牌。国家乡村振兴局为国务院直属机构，前身为国务院扶贫开发领导小组办公室。当前国家乡村振兴局主要任务是针对五年过渡期巩固拓展脱贫攻坚成果，具体职能是构建防止返贫的长效机制，形成长效稳固的提升机制，在西部地区的脱贫县中确定一批国家乡村振

---

[1]　中华人民共和国中央人民政府网站，https：//www.gov.cn/gongbao/content/2021/content_ 5591398.htm。

兴重点帮扶县，有序推进政策优化调整，做好同乡村振兴有效衔接，逐步实现平稳过渡。国务院扶贫办与国家乡村振兴局机构递延承接情况见表5-1。

表5-1　国务院扶贫办与国家乡村振兴局机构递延承接情况

现名称	基础机构
国家乡村振兴局综合司	国务院扶贫办综合司
国家乡村振兴局开发指导司	国务院扶贫办开发指导司
国家乡村振兴局考核评估司	国务院扶贫办考核评估司
国家乡村振兴局信息中心	国务院扶贫办信息中心

资料来源：课题组根据国家乡村振兴局和国务院扶贫办官网整理。

国家乡村振兴局成立后，参照中央的做法，地方成立了省级乡村振兴局。2021年4月30日，湖南省乡村振兴局揭牌亮相，成为全国第一个正式成立的省级乡村振兴局。2021年5月10日，广东、广西和吉林三省区乡村振兴局揭牌成立，成为最早一批成立的省级乡村振兴局。2021年5月20日到5月31日，辽宁、宁夏、陕西和四川等26个省级乡村振兴局相继挂牌亮相。

从新旧机构前后关联看，大部分省级乡村振兴局均由省级扶贫机构重组而来，重组后的省级乡村振兴局，原有人员编制、领导职数、内设机构及所属事业单位均保持不变，不再保留省级扶贫开发办公室。从设立级别方面看，湖南、湖北、河南、江西、安徽、辽宁、青海、甘肃、宁夏、西藏、陕西、山西、四川、海南等14个省区的乡村振兴局均为省级政府直属机构，明确为正厅级，由省级农业农村厅统一领导和管理。内蒙古自治区扶贫开发办公室重组为内蒙古自治区乡村振兴局，为自治区政府正厅级直属机构，由自治区农牧厅统一领导和管理。新疆生产建设兵团扶贫开发办公室重组为新疆生产建设兵团乡村振兴局，为兵团正厅级行政工作部门，由兵团农业农村局统一领导和管理。云南省扶贫办重组为云南省乡村振兴局，为省政府直属机构，规格为正厅级。贵州省乡村振兴局由贵州省扶贫办重组而成。东部沿海省市大部分则在农业农村厅加挂省市乡村振兴局牌子，如广东将广东省扶贫开发办公室重组调整为广东省乡村振兴局，仍在省农业农村厅加挂牌子。

虽然大部分省级乡村振兴局都明确由省级农业农村厅统一领导和管理，但不少省级乡村振兴局也成立了党组，一些省级乡村振兴局的首任局长主要由省级扶贫办领导转任，也有一些省级乡村振兴局首任局长由省级农业农村厅厅长兼任。此外，至少有广西、湖南、湖北、江苏、甘肃、陕西、山西、四川、重庆、云南和海南等 11 个省区市的乡村振兴局成立了党组。精准扶贫期间部分省级扶贫机构调整情况见表 5-2。

表 5-2　精准扶贫期间部分省级扶贫机构调整情况

新设机构名称	原机构名称	新机构成立时间	新机构级别	新设职能处室
四川省乡村振兴局	四川省扶贫开发局	2021 年 4 月 28 日	省政府正厅级直属机构，由省农业农村厅统一领导和管理	无
贵州省乡村振兴局	贵州省扶贫办	2021 年 5 月 25 日	省政府正厅级单位，由省扶贫开发办公室主任担任局长，兼任省委副秘书长	无
云南省乡村振兴局	云南省扶贫办	2021 年 5 月 26 日	省政府直属正厅级单位，由省扶贫开发办公室主任担任局长，兼任省委副秘书	无
甘肃省乡村振兴局	甘肃省扶贫办	2021 年 5 月 25 日	省政府直属机构，规格为正厅级，由省农业农村厅统一领导和管理	无
陕西省乡村振兴局	陕西省扶贫办	2021 年 5 月 21 日	省政府直属机构，规格为正厅级，由省农业农村厅统一领导和管理	无
青海省乡村振兴局	青海省扶贫办	2021 年 5 月 25 日	省政府直属机构，规格为正厅级，由省扶贫开发办公室主任担任局长	无
山西省乡村振兴局	山西省扶贫办	2021 年 5 月 25 日	省政府直属机构，规格为正厅级，由省扶贫开发办公室主任担任局长	无
重庆市乡村振兴局	重庆市扶贫办	2021 年 5 月 29 日	市政府直属正厅级机构，由市农业农村委统一领导和管理	无
湖北省乡村振兴局	湖北省扶贫办	2021 年 5 月 28 日	省政府正厅级直属机构	无

续表

新设机构名称	原机构名称	新机构成立时间	新机构级别	新设职能处室
江苏省乡村振兴局	江苏省政府扶贫办	2021 年 5 月 31 日	由省农业农村厅管理,规格为副厅级	无
浙江省乡村振兴局	浙江省扶贫办	2021 年 5 月 31 日	正厅级,省农业农村厅加挂省乡村振兴局牌子,由省农业农村厅厅长兼任局长	同时设立乡村振兴协调处
广东省乡村振兴局	广东省扶贫办	2021 年 5 月 10 日	正厅级,省农业农村厅加挂省乡村振兴局牌子,由省农业农村厅厅长兼任局长	逐渐融入农业农村厅,与农业农村厅机构合并

资料来源：课题组根据各省市乡村振兴局和扶贫部门官网整理。

总体来看，通过脱贫攻坚全面消除绝对贫困后，我国扶贫机构设置和职能调整较为迅速。在设置上，国家和地方皆以扶贫机构为基础调整为乡村振兴机构；在职能上，由原来专注于脱贫攻坚，转型为承担巩固拓展脱贫攻坚成果并同乡村振兴有效衔接的统筹协调、政策指导、推动落实、督促检查等职能。从层级上看，保留了扶贫机构的层级，特别是省级层面，多数乡村振兴机构由省级政府直属事业单位调整为省级政府直属机构，即单位编制由事业编转为公务员编制。从整体上看，中部和西部地区乡村振兴机构没有调整内部处室，部分东部地区则进行了微调，比如浙江省新设立了乡村振兴协调处，而广东省则是将扶贫机构逐渐融入农业农村厅，将各处室与农业农村厅机构合并。

（二）消除绝对贫困后地方政府职能适应困境

1. 部门间关系模糊

一是乡村振兴部门与涉农部门职责划分需厘清。在机制设计上，目前巩固脱贫攻坚、推进乡村振兴主要由党口的农办来执行，但目前按照机构改革要求，省级及以下农办、农业农村（厅）局和乡村振兴局之间的职责划分还不够清晰。二是乡村振兴部门与其他部门协调不够。调研发现，乡村振兴部门与其他部门在信息传递、政策协调方面存在不及时的问题。部门间协调的弱化，加大了政策实施成本，可能降低贫困治理效果。

2. 乡村振兴部门配置发生变化

省级及以下乡村振兴局由扶贫机构转变、重组而来，继承了扶贫机构的配置，人员配置发生变化。一是人员减少。调研发现，乡村振兴部门人员减少成为普遍现象，样本县乡村振兴局实际工作人员平均减少了12%。二是人员配置不强。精准扶贫期间，扶贫机构领导干部多为经验丰富、能力较强的干部，转设为乡村振兴局后，干部配置发生变化。

3. 驻村干部能力需提高

精准扶贫期间，驻村干部起到了显著作用。整体消除绝对贫困后，驻村干部陆续轮换，在人员替换方面较为顺畅，新的干部整体轮换到位，但轮换后的干部适应"三农"工作的综合能力不足，尚未完全实现工作能力"平稳过渡"。

一是轮换干部专业能力需提高、业务政策熟悉程度需提高。驻村干部有关巩固脱贫攻坚、乡村振兴项目专业知识水平需提高。

二是工作思路不明、缺乏抓手，创新能力需提高。部分干部思想认识与工作转换不到位，一些新任干部对政策和工作熟悉程度不够，抓衔接促振兴的办法较少，依然沿袭脱贫攻坚时的思维和方法抓有效衔接。

4. 村级基层组织存在工作"惯性依赖"

一是村干部工作主动意识偏弱，存在"思想依赖"。工作主动性、积极性不高。

二是村干部工作能力提升不明显，存在"能力依赖"。脱贫攻坚干部驻村，极大提升了基层治理能力，但是驻村干部对村干部的能力带动作用还不明显。在此情景下，村干部容易陷入"主动性不强—能力弱—主动性不强"的恶性循环，对农村贫困治理极为不利。

（三）相对贫困治理时期政府职能递延及重构路径

消除绝对贫困后，相对贫困长效治理的复杂性，对政府机构治理方式、资源配置等都形成了前所未有的新挑战。结合目前政府职能设置情况看，需要递延的职能如下。

1. 递延精准扶贫的统筹协调职能

精准扶贫期间，各省区市以脱贫攻坚领导小组及扶贫机构为依托，协调农业、水利、住房、教育和卫生等部门，形成了精准而强大的合力，明显改善了绝对贫困人口在生产、生活等多个维度上的发展状态。相对贫困治理同样涉及贫困人口多个维度，甚至更多维度的发展，需要综合协调、多维施策。从目前乡村振兴局机构职能设置看，大多数地区取消或弱化了原有机构的协调职能，特别是全部归属农业部门后，相对贫困治理涉及的教育、卫生、民政、社保等政策与资源衔接将可能受到影响。因此，有必要探索以增强乡村振兴统筹协调职能为突破口，强化部门干部配置，比如在乡村振兴重点帮扶县由县委常委兼任乡村振兴局局长，或将乡村振兴局局长列入县级人民政府党组成员。

2. 递延精准扶贫的识别管理职能

精准扶贫期间，由政府设定了以收入为核心，以"两不愁三保障"为重要参考的统一识别标准，经过多轮优化，构建了以个人和家庭为基础单元的建档立卡扶贫数据系统，为绝对贫困治理提供了精准靶标。相对贫困治理，理应递延精准扶贫的识别管理职能。一方面，相对贫困治理是关乎国家、社会的重大战略，影响面较广，相对贫困的标准也应由政府官方制定而非民间制定，这样的标准才具有公信力。另一方面，通过建设建档立卡扶贫数据系统，政府已经有了丰富的经验，政府机构有能力、有资源、有平台，可以继续依托已有数据系统及经验，建立相对贫困识别系统，开展相对贫困人口和地区动态化管理。

3. 递延精准扶贫的宣传动员职能

精准扶贫期间，政府在全国层面开展了大量宣传动员工作，广泛发动社会力量宣传扶贫意义、宣传扶贫政策，树立了一批又一批精准扶贫工作中涌现的先进典型，大力宣传基层干部和驻村工作组为民服务、勇于奉献的先进事迹，宣传脱贫摘帽先进单位和先进个人，不断树立榜样、扩大影响。这些活动为在全社会营造参与扶贫的氛围、带动贫困人口脱贫、在基层和人民群众当中落实好扶贫政策起到了重要作用。在相对贫困治理过程中，应当继续发挥政府的宣传和动员优势，发动全社会形成大扶贫格局。

乡村振兴局的成立为政府治理职能重构提供了新的契机，未来需优化和重构的重点如下。

1. 重构政府主体的权责定位

政府自身贫困治理权责定位设定，即政府根据相对贫困治理能力与目标、治理主体与需求，按照相关法律法规，明确和细化治理权责及治理体系。比如在促进贫困人口获得扶贫资源的同时，政府明确规定其应履行积极劳动、就业脱贫等参与义务，以及阐述不履行义务的不利后果。又比如在农村社会救助中明确各级政府如何进行财政支持、技术支持、服务支持等。目前，贫困治理中包括政府机构在内的各主体权责还不明确，未来需总结实践经验，探索、创新制度化治理模式。尽快出台"三定"方案，明确各级农办、农业农村局、乡村振兴局等的职责，借鉴脱贫攻坚领导小组办公室的运行思路，进一步发挥各级农办在牵头总抓、统筹协调方面的作用，理顺政府部门间关系。

2. 重构政府减贫专项职能

乡村振兴是国家较长一段时期内农村发展的重大战略，关乎农村乃至城乡发展大格局。农村相对贫困治理也包括在乡村振兴范畴之内。但是乡村振兴不等同于相对贫困治理，乡村振兴范围更大，更多涉及城乡宏观层面，集中在产业、文化、生态等整体层面，农村相对贫困治理则主要瞄准相对贫困人口、相对贫困村这两个特殊对象，更具有减贫的专业性特征。乡村振兴局成立后，虽然西部和中部地区暂时保留了扶贫相关机构，但是随着脱贫攻坚任务的完成，全面进入乡村振兴后，扶贫机构有弱化甚至消失的可能。由于贫困治理的专业性，在乡村振兴过程中有必要专门设置贫困治理相关处室或保留一部分贫困治理机构。

3. 重构基层组织内生能力

建强基层党组织战斗堡垒，充分发挥广大党员先锋模范作用。实施基层干部"领雁强能"行动，培育好青年干部，既要强化队伍，开展驻村干部"导师传帮带"行动，发挥优秀干部示范作用，全员大学习、大培训、大讨论、大调研，消除青年干部乡村振兴实践"本领恐慌"，又要注入新鲜"血液"，抓住农民工集中返乡的农村党建新契机，重点支持将返乡农民工中的优秀分子吸收到党员队伍中来。实施基层党组织"育优消薄"强基行动，培育一批乡村振兴优秀基层组织，以强带弱，注重经验复制，探索建设基层党建联合体，全面消除基层薄弱组织。

第三节　农村相对贫困人口主体意识激活

一　基于行为心理的主体意识及其形成逻辑

（一）主体意识的主要范畴

贫困问题不仅涉及社会系统、经济系统，还涉及个体心理。脱贫主体意识有效激活，核心是唤醒主体的脱贫需求、脱贫信心和脱贫动力。根据傅安国等（2020）的研究，可将个体脱贫的主体意识的核心范畴定义为"贫困个体所具备的价值观、自我观和脱贫的行为倾向这三大要素的积极方面的总和"，其提出的贫困个体主体意识的内在结构，主要包括：价值观、自我观、脱贫的行为倾向（见表5-3）。价值观是个体信念以及信仰系统的内化部分，具有统领整体的作用。自我观是一个人对自身存在的体验，包含自我认知和自我评价，贫困者在自我观方面，往往容易表现为自卑且好面子等，而脱贫者则表现出能客观认识自身优点和不足。脱贫的行为倾向是为了追求幸福生活而积极脱贫。

表 5-3　主体意识的主范畴、副范畴及表现特征

主范畴	副范畴	表现特征
价值观	人生价值观	包括命运观念、生活观念、处世态度三个维度
	劳动价值观	包括贫富观念、劳动观念、时间观念三个维度
	家庭价值观	包括婚姻家庭观念和生育观念两个维度
	观念开放性	包括经验开放与接纳新事物两个维度
自我观	自我概念	包括自我认知和自我评价两个维度
	自我调节	包括自我管理与情绪调控两个维度
	自强动力	包括自我激励和独立自主性两个维度
脱贫的行为倾向	脱贫策略	包括生活任务、目标设定、个人规划和投资理财四个维度
	脱贫素质	包括文化水平、劳动工作能力、观察学习能力、脱贫知识与技能和意志品质五个维度
	获取支持	包括社会知觉、社交技巧与人际关系三个维度

资料来源：课题组自制。

　　以上理论揭示了贫困个体脱贫主体意识的静态构成，但并未说明随着贫困状态的变化，各主体意识维度的变化规律。整体来看，绝对贫困治理阶段和相对贫困治理阶段，主体意识的维度基本一致，但激发的层级要求不同。在绝对贫困治理阶段，解决的主要是"生存问题"，比如我国精准扶贫实践中提出的"两不愁三保障"标准，其主要考量就是解决基本温饱问题。在相对贫困治理阶段，解决的主要是"差距问题"，其要求更高、范围更广，因此，对主体意识的激发程度也更强，激发难度相应增大。具体而言，在相对贫困治理阶段，对观念开放性、自我概念、自强动力、脱贫素质方面（见表 5-4）要求会更高，其中提升最为显著的心理行为是经验开放、接纳新事物、自我认知、自我评价、文化水平、观察学习能力、脱贫知识与技能、意志品质等。这也说明，激发贫困人口主体意识，需要多维度施策，才能达到巩固提升的效果。

表 5-4　关于脱贫主体意识各范畴重要性的理论量表

副范畴	心理行为	绝对贫困治理阶段	相对贫困治理阶段
人生价值观	命运观念	***	***
	生活观念	**	***
	处世态度	*	***
劳动价值观	贫富观念	***	***
	劳动观念	***	***
	时间观念	*	**
家庭价值观	婚姻家庭观念	*	**
	生育观念	**	***
观念开放性	经验开放	*	***
	接纳新事物	*	***
自我概念	自我认知	**	***
	自我评价	**	***
自我调节	自我管理	**	**
	情绪调控	**	**
自强动力	自我激励	***	***
	独立自主性	*	**
脱贫策略	生活任务	***	***
	目标设定	***	***
	个人规划	**	***
	投资理财	*	**
脱贫素质	文化水平	*	***
	劳动工作能力	***	***
	观察学习能力	*	***
	脱贫知识与技能	**	***
	意志品质	*	***
获取支持	社会知觉	*	***
	社交技巧	*	***
	人际关系	*	***

注：* 表示重要性一般，** 表示比较重要，*** 表示非常重要。
资料来源：课题组自制。

（二）主体意识形成的逻辑

前文回答了脱贫的主体意识的内涵和外延，但未具体分析脱贫主体意识是如何形成的。本部分将以案例分析、归纳总结的方法，基于课题组在凉山州喜德县调研搜集的一手资料，揭示脱贫主体意识形成的规律。需要说明的是，因为在绝对贫困治理阶段与相对贫困治理阶段，主体意识的维度基本一致，只是激发的层级要求不同，所以本部分没有区分绝对贫困、相对贫困，而是重点按照"外部激发—主体意识持续增强"的思路，解析主体意识形成过程。在理论层面，激发主体意识，存在两种明显的倾向。一种倾向认为贫困人口是"非理性个体"，激发主体意识必须采取直接的心理干预，让其回归"理性"；还有一种倾向认为贫困人口自身是"理性个体"，激发主体意识应当采取"间接"的策略，在外部为其理性行为创造环境。

案例 5-1

"我开挖掘机已有一年多了，挖沟、甩方、找平、刷坡，每个动作我都操作得很好，我的老板经常夸我呢。"这是加巴五果现在对自己的评价。21 岁的加巴五果家住在喜德县光明镇阿吼村，参加了喜德县农民素质提升培训工程，跟着干部西昌学习挖掘机操作技能。

加巴五果没有什么文化，连小学都没有毕业就辍学了。辍学回来后在家放了几年羊，之后跟着村里的亲戚先后去了江苏、河南、西藏、甘肃等地打工，可由于没有技术，只能做钢筋工等重体力活，还没体验过重体力活的加巴五果根本承受不了那么重的活，体力跟不上，没有耐心，这样的工作态度，经常被老板批评，工作被扣工资，没有挣到钱不说，还把自己的车费搭了进去，最后还得求父母寄车费，这样的遭遇，让他逐渐失去了脱贫致富的信心。

后来，喜德县开展了挖掘机培训活动，经过 4 个月的培训，加巴五果掌握了挖掘机操作基本技能。随后在政府务工平台的支持下，跟着一家建筑公司到云南省昆明市富民县一个工地上开挖掘机。

"收入还可以，去年，我给家里寄去了 7 万元。"谈到工资时，加巴五果非常高兴，开挖掘机，公司每个月给他发 7500 元的底薪，节假日、周末加班还有加班费，工资更多。一下子从山里的放羊娃转变为挖掘机师傅，走上了开挖掘机的道路，而且带领整个家庭实现了脱贫、致富。村里其他年轻村民看到加巴五果通过吃苦耐劳学会了一项技能，拿着 7000 多元的稳定月薪，都想通过参加挖掘机培训活动改变自己的命运。

资料来源：根据课题组 2021 年在凉山州调研的资料整理。

案例 5-2

冕山镇小山村位于喜德县西北部，为彝族、汉族杂居村，彝族人口占总人口的 76.3%。该村老人去世后，会宰杀大量的牲畜来祭奠逝者，多者要宰杀三四十头牛、四五十只羊、二三十头猪，少者也要宰杀十来头牛、十来只羊、十来头猪，彰显主人家的高贵大方；婚姻则盛行家族、父母做主，包办婚姻，注重家支等级地位，要高额彩礼，婚嫁彩礼高者已达四五十万，少者也得要十几、二十万。长久以来，这些风俗习惯给村民带来了很大负担，严重阻碍了脱贫致富。

在喜德县积极开展移风易俗的背景下，小山村村干部组织村民依托农民夜校大力宣传文明新风尚，提倡良好的民风民俗。一开始，村里谁也不想从自己身上改变这长久以来的习惯。无奈之下，村支书巴久尔铁和驻村队员、帮扶干部，组织村干部、村民代表、有威望的彝族"德古"，一同商量对策、办法。经过大家的协商，一致通过了"村规民约"，比如，明确规定村民丧事简办、俭办，村里人去世了，杀牛不得超过 3 头、羊不得超过 3 只、猪不得超过 3 头，禁止撒钱撒物等。全村村民在"村规民约"承诺书上按印、签字，巴久尔铁也带头践行"村规民约"，制约小山村经济发展、社会进步、群众致富的陈规陋习逐渐消除。

小山村的乡风变化是喜德县精神扶贫的缩影。喜德县通过在村社开展感恩教育、风气教育，推进文化、卫生、文明进彝家，以"比过去看现在、比日子看将来、比村容看户貌"消除"等、靠、要"思想，引导农户在新文明中勤俭持家、勤劳生活。

资料来源：根据课题组 2021 年在凉山州调研的资料整理。

以上两个案例显示了以外部力量引导农户发展、致富的过程。第一个案例通过间接的技术培训，进而通过提高脱贫素质、自强能力，激发农户主体意识；第二个案例则是较为直接地采取改变村集体和个人的思想、习惯，通过人生价值观、劳动价值观、家庭价值观，激发农户勤劳致富的主体意识。这两个案例展现了我国在激发贫困人口主体意识方面的探索经验，同时表明贫困人口是"多面的"，既有"非理性"的一面，需要较为直接的心理干预，又有"理性"的一面，激发主体意识应当采取"间接"的策略，在外部为其理性行为创造环境。因此，主体意识的激发过程，是外部、内部因素共同作用，系统性增强"理性心理""理性能力"的结果。喜德县以农民夜校帮助农户脱贫致富的例子印证了激发主体意识的心理行为类型，其主要内容如表 5-5 所示。

表 5-5　喜德县农民夜校培训活动及其激发主体意识的心理行为类型

培训分类	培训内容	有利于激发主体意识的心理行为类型
种植技术	牧草种植与秸秆利用	命运观念
	大棚辣椒规范化栽培	贫富观念
	农产品"三品一标"知识简介	时间观念
	怎样识别防范假冒伪劣农资	劳动观念
养殖技术	生猪养殖	经验开放
	肉牛养殖	接纳新事物
	重大动物疫病防控	自我认知
	畜禽圈舍设计	自我评价
		自我管理
		劳动工作能力
		脱贫知识与技能

续表

培训分类	培训内容	有利于激发主体意识的心理行为类型
彝族文化	《玛牧特依》	命运观念
	《勒俄特依》	生活观念
	阿普布得（彝族故事）	婚姻家庭观念
	《妈妈的女儿》	意志品质
移风易俗	倡导文明新风，养成良好生活习惯	命运观念
	提倡婚、丧事简办	生活观念
	制定村规民约	处世态度
	改善人居环境的活动	生活任务
		人际关系
政策法规	土地承包法	处世态度 自我管理
	补贴政策	
	禁毒防艾	
	农民工依法维权知识	
安全常识	地质灾害防治	生活任务
	怎样识别电信诈骗	独立自主性
就业技能	中式烹调	命运观念
	美容美发	劳动观念
	电焊	个人规划
	砌砖	劳动工作能力
	家用电子产品维修	观察学习能力
		脱贫知识与技能
金融知识	金融税收优惠政策	投资理财
	贷款常识	
村务公开	村两委任期规划	社会知觉
	村民或村民代表会议的决定实施情况	
健康卫生	村集体资产情况	自我管理 生活任务
	中医养生防病食疗法	
	人兽共患病的防治	
	急性传染病的防治	

资料来源：根据课题组 2021 年在凉山州调研的资料整理。

喜德县农民夜校激发主体意识的心理行为类型，既有个体层面，也有村级层面，既有短期增收，也有长期能力培育，其开展时间从精准扶贫时期一直持续到如今的乡村振兴，充分展现了激发主体意识的持续性过程。总体来看，农户主体意识的有效激发特别需要持续性，逐步由弱变强。一方面，需要在个体层面（包括农户个人及家庭）激发，提高其脱贫致富的能力，在客观条件方面为其创造可行空间。另一方面，需要在村级、社区层面改变其生活环境，包括村社的风俗习惯、人际关系、公共服务设施等。由此，生成触动个体心理变化的客观因素，再通过心理、能力的持续增强，达到强主体意识的目标。在该作用过程中，能力和心理会形成相互影响的路径，能力"跟不上"心理，就会造成脱贫致富信心丧失，再次激发将会更加困难，而心理"跟不上"能力，又会造成安于现状的困境。因此，强主体意识的形成，就是能力和心理、外部环境和个体行为协同作用的长期性、持续性过程。主体意识变化模型见图5-2。

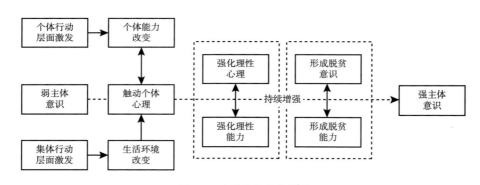

图 5-2　主体意识变化模型

资料来源：课题组自制。

二　"福利依赖型"人口主体意识形成的支持路径

重点是消解"福利依赖型"农户的依赖心理。在绝对贫困治理阶段，大量治理资源短期集中到村、到户，既带来了农村巨变，也容易滋生、放大个别农户"依赖"心理。在相对贫困治理阶段，需要重点消解这种治理的"后遗症"。一是要强化政策宣传,通过驻村干部、村干部、村内乡贤,借助文化活动、文艺表演等深入群众的鲜活传播形式,通过引导农户逐步理解政府的贫困治理政策,让其认识到脱贫致富终究得靠自身的道理,避免相对贫困治理中争当"贫困户"的现象。二是提高政策透明度,提高农户的参与度,及时发布相关项目前期设计、后期实施等信息,避免群众产生误会。三是在相对贫困治理过程中,避免使用"纵容式"的政策措施,比如长期为没有劳动能力的人安排公益性岗位并发放津贴,将公益性岗位变为没有激励作用的"给钱"。

协同推进物质脱贫与精神脱贫。充分认识物质脱贫与精神脱贫相互作用、相互依赖的关系,在相对贫困治理中既不能仅给予物质层面的支持,止步于短期"硬件"的改善,忽视精神塑造、主体意识激发,又不能脱离物质支持,单独依靠精神激励,陷入"形而上"的困境,应注重"物质""精神"同步推进、同步治理,在治理进程中形成相互促进、相互支撑的良性循环。结合国家扎实推进共同富裕的实现进程,从阶段特征来看,在瞄准解决相对贫困"底部"问题的近期,重点是在巩固成果过程中逐步加大"有条件"的物质支持,适当提高政策或项目实施事后奖励的比例,强化农户自身的"责任和义务",重点针对命运观念、生活观念、意志品质、自我认知等方面,增强农户自信心、自强心,全面"唤醒"农户主体意识。在解决相对贫困"中部"问题、大幅度提高中等收入群体比例的中期,重点针对贫富观念、劳动工作能力、脱贫知识与技能,将精神脱贫、文明风尚融入相对贫困治理目标,作为治理效果的重要考核内容。在促进农民普遍享有幸福生活的远期,重点引导和强化社会知觉、个人规划、自我管理等心理行为,高质量增强农户获得感、幸福感、安全感。

协同推进个人脱贫与家庭支持。应充分认识家庭血缘关系对个人主体意识的影响,激发家庭在个人脱贫中的正向作用。积极挖掘传统文化中吃苦耐劳、勤俭持家、助人为乐、孝老爱亲等优良家风,重点发挥家庭对老人、妇女、儿童的支持功能。发挥家庭对老人的支持功能,倡导子女同等养老的理念，探索将子女赡养行为纳入相对贫困治理的考量范围，避免在相对贫困治理过程中子女以"分户"的名义将对老人的义务"甩给"政府，既要提高子女赡养老人的能力，也要增强其赡养老人的责任感，引导子女不仅在物质层面支持老人，更要在心理层面关心老人。发挥家庭对妇女的支持功能，在提高农村女性经济能力的同时，以家庭为基本单元，开展女性自强、自信等教育，引导家庭成员相互信任、相互尊重，支持女性就业、创业，为其脱贫致富解除后顾之忧。发挥家庭对儿童的支持功能，重点将家庭参与纳入儿童心理健康建设体系，在对儿童心理健康评估中，要考察家庭的支持功能，推动父母掌握关于儿童心理健康的相关知识和技能，提高其对儿童的理解、关怀、引导能力。

协同推进农户致富与村风建设。充分认识乡村风俗对农户主体意识的影响，营造促进发展致富的村社文化环境。深入开展新风文明实践活动，把村风建设纳入乡镇干部和村干部工作业绩考核当中，支持专业力量开展村风第三方评估，全面开展村风动态评比、评级，将发展项目优先向村风好的村社倾斜。通过更新村规民约、鼓励村干部带头支持建设道德银行等方式破除陈规陋习，树立文明风尚，逐步减少高价彩礼、大操大办、攀比消费等行为，为农户生产致富卸下不必要的支出负担，引导农户将资金和精力集中在发展方面。运用乡村文艺活动、广播宣传、广场活动等方式形成积极致富的村风，通过持续在乡镇、村社树立致富典型，形成积极向上、勤劳致富的精神风尚，同时激励致富能人带动周围农户，营造"先富带动后富"的良好氛围。

第四节　社会组织功能发挥

一　基于"软嵌入"视角的社会组织功能发挥逻辑

"嵌入"一词最早见于匈牙利政治经济学家卡尔·波兰尼的名著《大转

型：我们时代的政治与经济起源》，他认为："传统经济活动不同于现代经济，它嵌入于社会关系之中，与其他非经济因素融为一体，而非独立的系统。"（卡尔·波兰尼，2007）目前通过"嵌入"视角分析社会组织功能已成为该领域较为通用的范式之一。社会组织嵌入可以分为"硬嵌入"与"软嵌入"。与"硬嵌入"相比，"软嵌入"更强调嵌入方法的"软治理"，比如注重乡村文化习俗、多元主体协商等（张雪、甘甜，2019）。从大量实践案例看，"软嵌入"更能持续发挥社会组织的功能。因此，本书主要从"软嵌入"视角分析社会组织功能发挥的内在逻辑。

从我国贫困治理实践看，在精准扶贫精准脱贫时期，在大扶贫格局下，社会力量的参与取得了显著成效，形成了一些典型经验，这些经验为后续相对贫困治理提供了重要借鉴，也为剖析社会组织"嵌入"情景下功能的发挥提供了重要参考，因此本部分以凉山州喜德县为样本案例，基于研究团队在该地的基层调研，进行深入分析。

阿吼村是一个高寒的彝族聚居村，隶属凉山州喜德县光明镇，距县城17公里。全村面积22.38平方公里，海拔2500—3200米，辖4个村民小组，有260户946人，22名党员，耕地面积1200亩。该村原来是深度贫困村，精准脱贫期间有建档立卡贫困户73户309人。2015年前人均年收入只有1500元。从2016年开始由国网四川省电力公司、国网凉山供电公司、国网喜德县供电公司对口帮扶，国网喜德县供电公司派驻了4名驻村帮扶队员。

然而，在帮扶过程中，工作队遇到了不少难题，比如帮扶工作队为了支持村集体发展经济、带动农户增收，制订了流转土地发展产业的计划，但在实施过程中农户一开始不理解、不支持，担心风险和收益问题，不愿参加。为了消除村民疑虑，工作队一趟一趟、挨家挨户地宣传讲解，动员村民到基地务工并学习劳务技能，发放务工费，让村民感受到发展产业带来的实惠。同时争取政府和帮扶单位支持解决土地流转费用问题，让村民领到"放心钱"。为了激发贫困村民积极参与脱贫致富，工作队将企业竞争激励机制引入产业发展中，组织村民开展劳动竞赛，按照各种生产指标对村民进行排名，对名次靠前的村民予以生产资料和现金奖励，形成了村民积极参与种植业、养殖业的良性循环。为了让村民持续转变思想、掌握现代农业生产技术，工作队还开展了经常性的农民培训，培训课全部用彝语。

通过前期的工作，获得村民信任后，工作队乘势而上，结合村民生产技术和地域性特点，有针对性地发展"一户一产业"，主要是花椒种植、蜂蜜养殖、生态猪养殖以及阉鸡养殖（见表5-6）。工作队在阿吼村试点建立了智慧农业可视化系统，以打造科技含量高的立体式种植大棚为载体，建设具备农业生态环境实时监测、农产品质量安全追溯、养殖智能监管等功能的智慧农业示范园，提升阿吼村产业园区科技水平，吸引高素质的务工村民返乡创业。

表5-6　阿吼村社会帮扶"一户一产业"实施明细

产业项目	实施农户（户）	数量	项目资金（万元）	完成时间	收益评估
花椒种植	140	100株/户	2.8	2020年4月	3—5年见成效，每株300元左右
蜂蜜养殖	1	蜂箱20个，采蜜服、摇蜜机等1套；	0.25	2020年5月	助力增收1万元左右
生态猪养殖	72	3头/户，其中每猪1头，循环繁殖	13.1	2020年12月	助力每户增收8000元左右
阉鸡养殖	140	20只/户	9	第一批：2020年5月第二批：2020年10月	助力农户直接增收4000元左右

资料来源：根据课题组2021年在凉山州调研的资料整理。

在社会帮扶过程中，该村注重融入本村文化，不局限于本村文化，积极推行阿吼村村民"文明新风"积分制，建设"国家电网"爱心超市，对村民卫生习惯、生活习惯、自律习惯、守法新风等进行分值量化，并组织开展"文明新风奖"评比。村民按照"自主需求"，依据季度公示后的季度考核积分，可申请将积分兑换为相应奖品，也可年终按照考核积分情况，统一兑换相应奖品。每季度积分前5名直接成为当季度文明新风奖评选的候选人，村民年度文明新风总积分前 3 名，由村两委和驻村第一书记推荐评选为"优秀村民"，给予物质和精神奖励。该措施不仅可以培育文明村风、淳朴民风，实现了文明大进步，还强化了工作队与村民直接的生活互动，促进了工作队深度融入农户生活。阿吼村社会帮扶过程中形成的村级文明建设评分细则见表 5-7。

表 5-7 阿吼村社会帮扶过程中形成的村级文明建设评分细则

	评价内容	标准分	评分标准
卫生习惯	有脸盆、香皂、洗衣粉、扫帚等用品，人人都有毛巾、牙膏、牙刷	7 分	每缺一项，扣 0.5 分
	家庭成员勤洗脸、洗手、洗澡、洗脚、洗衣被、洗餐具，个人卫生习惯良好	7 分	从个人卫生、衣被叠放、厨房清洁等方面考评，一项不达标扣 1 分
	室内屋外卫生整洁，家具摆放整齐，床上物品整齐，有垃圾收集设施，无乱堆乱放、牲畜乱跑现象	5 分	一项不达标扣 1 分
	主动学习健康卫生知识，影响带动身边亲人、朋友养成好习惯，有座椅、板凳，不坐地上，不蹲在地上吃饭	6 分	参加 1 次学习积 1 分，无座椅扣 1 分，坐 1 次地上扣 1 分，蹲在地上吃饭 1 次扣 1 分
	积极参与城乡环境整治工作，主动打扫村内公共地段卫生	5 分	参与 1 次积 1 分
生活习惯	崇尚科学，不搞迷信活动	5 分	除每年 1 次的祭祀，其他 1 次扣 1 分
	家庭成员积极参加农民夜校培训和农村全民阅读活动（每月至少一次）	5 分	参加 1 次积 1 分
自律习惯	家庭成员无酗酒、赌博等情况	5 分	有酗酒或赌博行为，扣除该项分值
	积极参与村组开展的文体活动、会议等	5 分	每参加 1 次积 1 分，满分 5 分
守法新风	家庭成员遵纪守法、无违法违纪行为	3 分	发生违法违纪行为，扣除该项分值
	服从村民（代表）会议集体决策，积极参加村组开展的治安联防、禁毒防艾、防山火等工作	4 分	参加 1 次积 1 分
	积极参与法律知识培训、会议等，做到遇事讲法、办事依法	4 分	参加 1 次积 1 分
教育新风	根据每户情况进行评议，分等次打分，有 1 名辍学适龄儿童不得分	5 分	家中有高中生 1 名，1 次性积 1 分；大学生，1 次性积 3 分；不重复积分
	家庭成员积极学习汉语、种植和养殖技术、致富知识，宣讲党的政策	5 分	参加 1 次积 1 分
	家中小朋友手干净，脸干净，衣服干净整齐，有礼貌，不乱扔果皮纸屑	5 分	发现 1 次不干净扣 1 分，无礼貌 1 次扣 1 分，乱扔果皮纸屑 1 次扣 1 分

续表

	评价内容	标准分	评分标准
勤俭新风	家庭成员热爱劳动，积极参加合作社义务劳动	5分	参加1次积1分
和谐新风	家中老人得到赡养，家庭成员相互尊重，关系和睦，无吵嘴打架行为	3分	不赡养老人扣除5分，发生吵嘴打架1次扣1分
	家庭成员诚实守信，无不良信用记录，无偷、骗行为	3分	发生1次，不得分
	邻里关系和谐，积极参与村组公共活动，邻里纠纷和平解决，不发生吵嘴打架行为	3分	发生1次扣1分
加分项	个人受到上级表彰	1—5分	州级及以上积5分，县级及以下积1—3分
	勇于担当，主动承担村两委安排的工作，发挥先锋模范作用；在党的建设、脱贫攻坚、主动帮扶他人等方面做出重大贡献	1—2分	视情形给予加分，本项累计积分不超过5分
	参加种养殖劳动竞赛，成绩突出	1—3分	获得一、二、三等奖，分别加3分、2分、1分

资料来源：课题组自制。

从以上案例可以看出，社会组织在贫困治理过程中，有效嵌入村社需要满足以下条件。一是获得农户的感情信任，因为农户自身发展能力缺乏，所以贫困治理的措施、方案往往采取外部植入的方式，治理计划能否实施下去，关键要获得农户的认可，其核心是获得农户感情层面的信任和支持。二是社会组织自身要具备较强的文化适应力，比如在上面的案例中，培训活动采取彝语讲授、宣讲的方式，在培训内容上用农户听得懂、能理解的话语，适应农户的文化、语言、生活习惯。三是具备引领发展、解决问题的能力。仅仅停留在适应层面，将缺乏持久嵌入能力，无法持续促进村社和农户发展，因此需要具备改造村级发展环境、引领农户发展的能力，解决农户生产生活中关心的实际问题。

二　社会组织"软嵌入"村社贫困治理的路径

促进社会组织嵌入的制度化。刚性的制度化支持是社会组织有效嵌入的核心保障。一是要明确社会组织嵌入的角色定位。根据社会组织嵌入强度不同，社会组织嵌入的类型可分为辅助性嵌入、补充性嵌入、协同性嵌入三种。辅助性嵌入是以政府为主导力量，社会组织辅助政府共同实现治理目标。补充性嵌入是在专业性较强或政府难以发挥作用的领域，以社会组织为主体提供服务。协同性嵌入是以政府、社会组织协同合作的形式，推进治理，两者缺一不可。因此，在相对贫困治理的相关政策、机制设计中，应精细化明确社会组织的具体服务内容、服务范围、服务责任、服务义务等。二是完善激励约束机制，更多为社会组织，特别是本土社会组织发展、壮大创造良好条件，完善社会组织的评价、考核体系，发动农户参与评价，积极推动开展社会服务按等级奖励、表彰等工作。

促进社会组织嵌入的专业化。一是重点促进社会服务从业人员的专业化，加大社会工作专业人才培养、资格认证等方面的支持力度和规范引导力度，构建进出有通道、履职有目标、考核有标准、待遇有保障、发展有空间、激励有机制的社区工作者职业化体系。二是创新专业化服务模式，比如通过数字化、信息化的虚拟空间建设，推动城乡数字技术对接，搭建高效数字化平台，形成城乡一体的社会化服务模式，打破传统服务模式受空间限制、农村服务成本高等局限。三是不断优化、创新政府购买社会服务的方式和模式，通过专业社会组织进村社，组织医务类社工、心理引导类社工、能力培训类社工参与村社治理，提高专业化水平；通过联合高校、科研院所，开展农村社工研究、宣传和服务，推动社工研究成果有效转化，解决治理过程中的各类难题。

促进社会组织嵌入的内生化。一是推动外部社会组织志愿服务下沉村社，搭建好服务平台，探索以平台对接平台的方式实现沟通，通过村社建设的信息平台获取农户需求数据，将这些需求与入驻中心的社会组织进行合理对接和分配，实现服务的下沉。二是引导社会组织服务更贴近农户需求，重点在居民生活服务类、公益慈善类、文体活动类等村社服务方面，强化社会组织参与，实现多元化治理。三是积极培训本土社会组织，支持外部专业化组织对农村本土社会组织的指导，加强各类社会组织的交流、合作和联合，培育一批经验丰富、有责任心的本土社会组织带头人，促进各社会组织带头人在发展创新的同时提升其专业技能水平，支持各社会组织发挥好协同作用。探索建设社会组织孵化园，孵化一批专业能力强、熟悉本土村情的社会服务组织。

第五节　构建"差序—协同"的主体运行机制

一　治理主体间"差序—协同"关系界定

相对贫困治理主体间"差序—协同"关系，是在贫困治理场域中，各主体基于差异化的角色定位，在彼此互动中，以有序、稳定的网络化关系为基础，以彼此相互协作为准则，以关系整合、优化为保障，形成的带有"差序化"特征的多主体协同治理关系。

"协同"是主体间互作关系的优化状态。相对贫困治理主体间的"协同"是在网络化的关系中，推动治理计划、任务实施，使整体功能得到加强，在互动过程中不断优化、调整，及时适应治理各阶段的需要，从而达到治理主体功能充分发挥的目标。"差序"是主体间关系的动态角色定位。"差序"是明确各主体功能的优势、劣势，承认各主体的差异化定位，避免角色冲突、功能混淆，从而形成的差异化互补关系。在"差序"关系构建中，核心是明确各环节、各阶段居于主导、辅助、补充等的角色的功能，形成既有差别又有秩序的协同，高效推动治理目标的达成。相对贫困治理中各主体"差序"下的角色与功能定位见表5-8。

表5-8　相对贫困治理中各主体"差序"下的角色与功能定位

治理主体	治理角色	主体功能
中央政府机构	领导角色	总揽全局、全国协调
省级政府机构	统筹角色	区域统筹、省级协调
市县政府机构	实施角色	落实实施、县级协调
相对贫困人口	责任人角色	主体参与
社会力量	力量补充角色	专业化和广泛参与

资料来源：课题组自制。

二　"差序—协同"关系的运行逻辑框架

从我国国情和实践看，在相对贫困治理过程中，政府机构应居于协同体系的核心主导地位，起到领导统筹、综合协调的作用。在"差序—协同"的关系中，相对贫困人口的主体责任表现为主体意识激发和自我发展能力提升。社会力量应充分发挥专业性的辅助功能，突破政府资源有限、专业人员缺乏的局限。具体而言需要形成以下几个方面的协同格局。

一是区域间各主体协同。区域间的协同包括各主体之间东西协同、省际协同和省内协同。东西协同是相对贫困治理中促进欠发达地区发展的重要途径。从资源配置来讲，东部发达地区的管理经验、区域开发模式和资金等输入有利于西部欠发达地区区域发展。在东西协同过程中，重点在于强化东西协同的资源供需对接机制和考核机制。提高东部沿海地区对欠发达地区的扶贫对接效率，在基础建设、教育和卫生等方面，以欠发达地区需求为参考，在区域开发、经济发展等方面，充分发挥东部沿海地区的能动性，强化考核机制，提高东部地区专项支持积极性。在省际协同过程中，重点强化欠发达地区在交通、区域发展方面扶贫的协同，可探索专门针对西部各省区市边界区域的相对贫困治理联席会议机制。在省内协同方面，重点是强化从省到县的城乡协同，可以模仿东西协同的模式，促进省内较发达地区对省内欠发达地区的对口支持，同时在欠发达地区区域发展中，前瞻性统筹城乡发展，增强区域发展的益贫性。

二是区域内领导综合协调。相对贫困治理具有较强多维性，这就决定了其脱贫需求多维，涉及多部门多领域。在贫困治理资源有限的情况下，部门间的协同尤为重要。继续坚持强化从省到县的贫困治理机构（以农办、乡村振兴局等为主）的领导、组织、协调和瞄准纠偏能力，强化部门间信息共享和沟通机制，对于在某一贫困维度贫困程度特别深的区域，要充分发挥协调资源统筹治理能力，对于在多个维度贫困程度深、强度大的区域，要能够集中资源综合治理，避免重复建设、低效投入。

三是统筹社会力量差序协同。强化社会协同的核心是提高社会各界参与扶贫的积极性，发挥市场化服务优势。一方面，需要完善社会参与的渠道，以网络化、信息化资源库为核心，以广播、电视等媒介为补充，构建畅通的贫困治理资源需求信息渠道，多形式、多途径地为相对贫困群体对接爱心企业、爱心人士，形成高效有力的社会力量参与信息系统。另一方面，强化参与激励机制，促进相对贫困家庭参与，重点是提高相对贫困老年人口家庭子女参与治理的积极性，增强家庭内源扶贫的动力。

形成"差序—协同"的治理关系，需着力构建与之相应的实现机制，主要包括如下几种机制（见表5-9）：一是责任机制，即明确各主体的责任，各主体间协作衔接，该机制主要是明确各主体的角色分工、功能定位；二是衔接机制，该机制主要是实现不同功能主体之间功能的对接、互动，避免各自发挥作用时缺乏统筹和整合；三是协调机制，该机制是在衔接的同时，进一步发挥主体综合协调能力，指引各主体行动到位，确保作用充分发挥；四是引领机制，充分发挥主导部门或主体的核心引领能力，确保主导作用积极发挥；五是动员机制，该机制激励、吸纳多主体广泛参与；六是保障机制，该机制为治理主体提供资源和保障服务，确保达到预期治理效果（滕玉成、臧文杰，2022）。

表5-9 "差序—协同"关系生成与互动逻辑及实现机制

生成与互动逻辑	实现机制	机制内容
角色功能设定	责任机制、衔接机制	明确各类主体角色功能和差序协同分工的各种举措。
网络组织构建	引领机制、衔接机制	能够引领各类主体有序构建网络组织并形成相互衔接的组织架构的各种举措。
结构整合优化	协调机制、衔接机制	实现各类主体间关系结构协调、各类主体间关系结构有序衔接的各种举措。
核心引领	引领机制	实现引领，在治理格局、治理方向、治理标准等方面引导和领导。
综合调节	协调机制	实现对各类主体互动综合调节的各种举措。
关键驱动	动员机制	实现对各类主体激励、吸纳的各种举措。

续表

生成与互动逻辑	实现机制	机制内容
有效支撑	保障机制、责任机制	为各类主体提供资源支撑并确保避免过度依赖、干预的各种举措
双向均衡	衔接机制、协调机制	确保政府机构和社会力量双向功能有效衔接、动态均衡的各种举措
内外有序	责任机制	实现组织内部关系互动和外部关系协调有序的各种举措。

资料来源：课题组自制。

本章小结

本章分析了各主体功能发挥的重点，分析认为政府在相对贫困治理中的功能是解决治理的"公共物品"供给问题；市场在贫困治理中的功能是在经济运行中配置资源，通过经济增长、产业发展，使贫困人口脱贫受益；社会力量往往层级较少，具有扁平化特征，内部结构较为简单，能够灵活准确地对接政府和市场，及时弥补政府科层制模式下层级过多带来的"迟滞"缺陷，发挥专业技术优势；贫困人口主体积极性的提高能够促进群体内部一致行动，提高集体行动能力，既能够降低村社公共设施建设协调成本，摆脱设施后期维护困境，又能够为壮大集体经济、促进共同富裕提供有利条件。因此，重点是理顺政府、市场、社会力量与贫困人口之间协作关系，发挥各主体比较优势。

第一，研究提出了发挥主体比较优势的三个难点，即政府贫困治理职能转型难、相对贫困人口主体意识激发难、社会组织功能有效发挥难，并针对这些难点进行了深入分析。在政府功能层面，分析认为部门间关系模糊导致出现"治理真空"，乡村振兴部门配置"直线下滑"，驻村干部轮换后出现能力"交接空档"，村级基层组织存在工作"惯性依赖"，应递延精准扶贫的统筹协调职能、递延精准扶贫的识别管理职能、递延精准扶贫的宣传动员职能，重构政府主体的权责定位、重构相对贫困治理过程中政府部门间关系、重构政府减贫专项职能、重构基层组织内生能力；在贫困人口层面，分析认为应重点瞄准最难以形成主体意识的群体，即"福利依赖型"人口，需消解"福利依赖型"人口的错误判断，提高政策权威性、公平性，提高帮扶措施的有效性；在社会组织层面，分析认为存在本土组织资源流失之困，提出将外部正式组织专业功能与本土非正式组织融入优势相结合，通过"软嵌入"持续发挥社会组织功能，孵化乡村公益组织，推动农民的再组织化，提高服务质量。

　　第二，本书根据以上分析提出了各主体"差序—协同"的联结机制，在角色差别既互补又有序的设定下，避免混乱或异化。构建"差序—协同"的联结机制，关键是要理顺主体之间角色定位，引导主体间角色功能差序化设定、在互动中实现双向均衡，避免由主体间过度依赖、干预导致的关系异化，核心是要激励、吸纳多元主体参与，促进治理重心下移和资源下沉，为主体功能发挥提供有效支撑。

第六章
农村相对贫困治理方式优化分析

相对贫困治理方式是采取治理举措、投入治理资源的过程，是治理全过程中能让治理对象直接参与并感受到治理效果的环节。本章分析全球发达国家相对贫困治理采取的主要方式以及我国已有的治理方式实践，提出治理方式的优化重点是要解决城乡、农村内部"两个"差距，难点是解决治理资源投放效率和未来缺口问题。在此基础上，本章通过实证分析，定量测算了资源投放效率和未来缺口，并依据系统论，从资源投放视角解构高效率、可持续的农村相对贫困治理方式。

第一节　相对贫困治理方式及重点难点

一　相对贫困治理的主要方式

（一）发达国家相对贫困治理方式

全球相对贫困治理方式，主要包括包容性增长（机会）、基本公共服务（赋能）、社会保障（保护）。比如世界银行提出了涵盖劳动密集型经济增长、人力资本投资、防备挫折型社会保障的治理方式。欧洲共同体（European Community）从 1975 年开始，实施了三轮贫困治理措施，核心举措包括：提高落后地区经济水平，缩小区域之间的差距；制定就业政策，实施"就业政策信任案"；培训高技术工人、增加就业机会；强调继续培训和终身学习的概念，以提高竞争力。美国则通过直接救助、间接救助、定向优惠、低价出售国有土地等方式，减少农村相对贫困人口。

整体来看，发达国家相对贫困治理方式集中在发展和保障两个方面，其特点包括：一是注重引入赋权理念，通过福利配置机制，增加弱势群体福利获得机会，以参与式的治理为农民赋权；二是注重强化教育培训，通过能力培训，提高其适应现代化生产的能力；三是注重就业引导，通过农业生产支持体系、奖励政策，促进农业生产高效率、高效益，同时强化保险等配套政策，为农业生产提供产业支撑；四是注重心理干预，比如荷兰政府在农村大范围推广"流动辅导"（Mobility Mentoring）策略，对农民进行心理辅导和情绪控制训练，并和农民共同制定减轻压力的措施；五是注重构建防贫机制，比如多数欧美国家实行"救济+福利补偿"的防止返贫策略。

（二）我国相对贫困治理方式

精准扶贫、精准脱贫伟大实践形成的贫困治理方式，为相对贫困治理提供了重要参考。目前，全国部分较发达地区在相对贫困治理方面进行了探索和实践。比如浙江以高质量发展建设共同富裕示范区为目标，实施居民收入和中等收入群体"双倍增"计划（见表6-1），推进公共服务优质共享先行示范，拓宽先富带后富、先富帮后富有效路径，推进城乡区域协调发展先行示范、社会主义先进文化发展先行示范、社会治理先行示范，创新了相对贫困治理方式。四川于2020年开始在53个地区试点开展相对贫困治理的探索，其核心是把改善交通条件、教育医疗条件、产业发展条件摆在突出位置，提高相对贫困地区自我发展能力，持续解决相对贫困问题。成都市以城乡融合发展为契机，探索绿色生态价值实现机制，让"资源变资产、农民变股东"，持续增加低收入群体收入。

表6-1　浙江高质量发展建设共同富裕示范区中相对贫困治理的主要方式

治理方式	主要内容
收入分配制度改革	实施居民收入和中等收入群体"双倍增"计划
	实施居民收入十年倍增计划
	完善创新要素参与分配机制
	创新完善财政政策制度

续表

治理方式	主要内容
公共服务优质共享	争创新时代教育综合改革试验区
	健全面向全体劳动者的终身职业技能培训制度
	深入实施健康浙江行动
	推进社保制度精准化结构性改革
	构建幸福养老服务体系
	打造"浙里安居"品牌,打造现代宜居型"浙派民居"
	全面建立新时代社会救助体系
	推进公共服务社会化改革
城乡区域协调发展	开展新型城镇化"十百千"行动
	大力推进农业转移人口市民化集成改革
	率先探索以土地为重点的乡村集成改革
	大力实施强村惠民行动
	实施先富带后富"三同步"行动
	打造山海协作工程升级版
	打造对口工作升级版
社会主义先进文化发展	高水平推进全域文明创建
	构建高品质公共文化服务体系
	传承弘扬中华优秀传统文化
	加快文化产业高质量发展
社会治理	健全党组织领导的"四治融合"城乡基层治理体系
	加快建设法治中国示范区
	高水平建设平安中国示范区

资料来源：课题组自制。

从已有实践探索来看，主要还是集中在"发展"和"保障"两个方面，同时强化了具体维度，比如整体更注重城乡之间的协调性，而非局限于农村，更加注重就业和农民工等特殊群体的福利，更加强调精神文化的"富裕"。整体上看，是对原来精准扶贫、精准脱贫治理方式的提档升级。

二　治理方式优化的重点与难点

（一）重点是缩小"两个差距"

从绝对贫困治理到相对贫困治理转变，重点是缩小"两个差距"。既要继承、发扬、传承脱贫攻坚成功经验，也要调整治理思路，在精准到人的同时，更加突出在区域层面缓解相对贫困。一是重点缩小城乡差距，跳出乡村治理乡村意识。根据国家统计局《2021 年国民经济和社会发展统计公报》数据，2021 年我国城镇居民人均可支配收入为 47412 元，农村居民人均可支配收入为 18931 元，城乡差距仍然较大。在城乡差距下，城市资源和要素集聚能力越来越强，农村资金、人力等将进一步流失。因此，重点要从原来精准扶贫时期贫困治理集中在农村区域，转变为在城乡融合发展中解决农村相对贫困，工农互促、城乡互补、全面融合、共同繁荣，前期重点治理农村相对贫困，发展到较高水平后，以城乡一体化治理相对贫困。二是重点缩小农村内部差距，开展长效治理。目前我国农村内部的收入差距仍然较大，2019 年农村基尼系数为 0.4591，比 2010 年增加了大约 20%，按照目前趋势，如果不采取干预措施，到 2035 年时，农村低收入组将落后中等收入组 20 年左右，落后高收入组 25 年，贫富差距将进一步拉大。因此，需要重点针对没有发展能力的"兜底型"相对贫困人口、有发展能力的相对贫困人口，强化治理政策的长效性。

（二）难点是解决资源投放效率和未来缺口问题

相对贫困治理方式优化的难点是解决资源投放效率和未来缺口问题。相对贫困治理资源既有政府主导的行政资源，也有社会参与的非行政资源。从我国国情来看，今后较长一段时期，规模最大、最为核心的相对贫困治理资源仍是政府主导的行政资源。其中，行政资源供给可能面临的困难包括两点。一是近期提高资源使用效率存在瓶颈。在精准扶贫、精准脱贫阶段，大规模行政资源投放主要依赖于增量的益贫效应，较少考虑成本、效率问题。进入相对贫困治理阶段，提升资源投放精准度、提高资源投放效率，解决信息不对称、重复投放等带来的成本高企问题存在困难。二是中长期资源投放缺口较大。在实现共同富裕目标进程中，资源投放将由原来的聚焦贫困县、贫困村、贫困人口的"点"，转向更为"普惠"的"面"，资源投放将更为分散，资源需求量将更大。在精准扶贫、精准脱贫期间，地方财政已有一定的"透支"，需要时间"消化"。在相对贫困治理时期，财政资金长期在"面"上保持原有投放规模和速度，存在困难。因此，在长期的相对贫困治理中，需解决已产生的地方财政问题，也需解决长期持续性资源投放缺口问题，由此将引发政府财政"新账""旧账"双重压力。

第二节　基于缩小城乡差距的治理效率检视

基于缩小城乡收入差距目标，本部分重点使用涉农资金作为切入点，检视相对贫困治理方式的效率。其中，城乡区域间关系主要采用空间自相关方法进行分析。本部分选取四川乡村振兴重点帮扶县为研究样本。之所以选取乡村振兴重点帮扶县，是因为这些地区涉及近期相对贫困治理的"底部"问题，是巩固拓展脱贫攻坚成果的关键地区，近期农村相对贫困治理资源主要还是集中在这些地区。

一　模型构建

（一）空间自相关分析

空间自相关分析是对地区空间数据进行分析统计的方法，可对具有空间观测值的地区与其相邻地区有无关联性进行检验。地区空间的特性决定了其会受空间相互作用和扩散作用的影响，所研究的地区的发展变化或许不是独立分隔开的，而是有所关联的。空间自相关系数则可以为这些可能存在的理论关系进行定量解释，更直观准确地描述它们的关系。该分析可进行检验的指数较多，根据指数的特点，本章选取 *Moran's I* 指数作为检验空间相关性的指数。

由于空间相关性是多维度的，因此对其的分析比一维的自相关更加复杂。*Moran's I* 指数的形式定义如下。

$$Moran's\ I = \frac{N}{\sum_i \sum_j W_{ij}} \frac{\sum_i \sum_j W_{ij}(X_i - \overline{X})(X_j - \overline{X})}{\sum_i (X_i - \overline{X})^2} \tag{6-1}$$

式（6-1）中，N 是由 i 和 j 所研究的空间地区个体数量；X 是目标变量；$\overline{X}$ 是均值；W_{ij} 是空间权重矩阵，是指所研究地区 i 和 j 的空间权重。

在原假设为无空间自相关的条件下，$Moran's\ I$ 的期望如下。

$$E(Moran's\ I) = \frac{-1}{N-1} \qquad (6-2)$$

方差如下。

$$Var(Moran's\ I) = \frac{n^2 S_1 - n S_2 + 3(S_0)^2}{(S_0)^2(n^2-1)} \qquad (6-3)$$

式（6-3）中，$S_0 = \sum_{i=1}^{n}\sum_{j=1}^{n} W_{ij}$，$S_1 = \frac{1}{2}\sum_{i=1}^{n}\sum_{j=1}^{n}(W_{ij}+W_{ij})^2$，$S_2 = \sum_{i=1}^{n}(\sum_{j=1}^{n}W_{ij}+\sum_{j=1}^{n}W_{ij})^2$。

如果一个变量的观测值在空间位置上是相互独立的，那么 $Moran's\ I$ 的值应该接近于它的期望。$Moran's\ I$ 的取值范围为（$-1 \leqslant Moran's\ I \leqslant 1$）。若 $Moran's\ I>0$，则表示存在正向的空间相关性，其值越大，空间相关性越明显；反之，则说明存在负向的空间相关性；当 $Moran's\ I=0$ 时则表示区域内的变量不存在空间相关性，而是呈现空间随机性。

（二）空间权重矩阵

通过 $Moran's\ I$ 指数公式可以发现，进行计算之前应定量地界定所研究区域之间的邻接关系，即空间权重矩阵 W。构建一个空间权重矩阵可用于观测空间个体之间的位置关系和依赖程度。通过比对参考前人的研究，本章将同时考虑邻接标准的空间权重矩阵，选取"0—1"的空间邻接矩阵以及更加贴近现实的经济地理空间权重矩阵，即嵌套矩阵。

"0—1"空间权重矩阵是依据空间地理区域是否相邻来设定的，地理范围内相邻的地区赋值为"1"，而其他（不相邻）地区赋值为"0"。

$$W_1 = \begin{cases} 1,\text{当区域 } i \text{ 和区域 } j \text{ 相邻接} \\ 0,\text{其他} \end{cases} \qquad (6-4)$$

参照张跃等（2019）的文章，为消除邻接矩阵中可能存在的与现实不符的问题，本章进一步构建了邻接与经济相结合的经济地理空间权重矩阵，以更加贴合社会实际情况。具体构建方法如下。

$$W_2 = W_1 \times \frac{1}{|pgdp_i - pgdp_j|} \quad\quad (6-5)$$

其中，W_1 为已求出的空间邻接矩阵，$pgdp_i$ 和 $pgdp_j$ 表示区域 i 和 j 样本期内人均地区生产总值，通过相乘将地理关系与经济发展情况结合起来。

（三）LM_{lag} 和 LM_{error} 的空间自相关检验

检验完地区间的空间相关性以后，应通过相关的模型检验来确定引入的模型是否合理恰当。模型的选择一般可以通过空间自相关检验的两个拉格朗日乘数形式 LM_{lag} 和 LM_{error} 来实现，进一步判断所设定的模型是否存在空间自相关关系。

（1）如果两个检验均通过，并且 LM_{lag} 比 LM_{error} 更显著，便可以选择使用空间自回归模型（SAR 模型）。（2）如果两个检验均通过，并且 LM_{error} 更显著，则建议使用空间误差模型（SEM 模型）。（3）如果两个检验均没有通过，则通过稳健的 $R\text{-}LM_{lag}$ 和 $R\text{-}LM_{error}$ 对比来检验。

LM_{lag} 和 LM_{error} 的一般形式如下。

$$LM_{lag} = \frac{(\hat{e}'Wy/\sigma^2)^2}{J} \quad\quad (6-6)$$

$$LM_{error} = \frac{(\hat{e}'W\hat{e}/\sigma^2)^2}{TT_W} \quad\quad (6-7)$$

$$J = \frac{1}{\sigma^2}\{[(I_T \times W)X\hat{\beta}]'[M(I_T \times W)X\hat{\beta}] + TT_W\hat{\sigma^2}\} \quad\quad (6-8)$$

$$M = I_{NT} - X(X'X)^{-1}X' \quad\quad (6-9)$$

$$T_W = trace(WW + WW') \quad\quad (6-10)$$

其中，$trace$ 是矩阵求迹，$\hat{e}$ 是 OLS 轨迹的残差向量，$W = (I_T \times W_{ij})$，W 与

J 的统计量都服从渐进卡方分布，其自由度为 1。

蒙特卡罗实验方法被 Anselin 等（1991）用于检验该方法是否能够指导空间面板回归模型的选择，并得出了赞同的结论。自此，许多学者在进行该类型的实证分析时均采用这一方法来确定应该使用的空间计量模型。

（四）空间计量模型

由于空间面板数据多数存在空间依赖性或者异质性，关于这方面研究的学者放弃经典的线性回归模型，转向使用空间自回归模型。多数研究也表明，采用这一空间计量模型能够得出与经典模型不一样的、另一个角度的结果，从而更加全面地对事物进行分析。

本章构建一般面板回归模型如下。

$$cxcj_{it} = \alpha_0 + \alpha_1 \ln zj_{it} + \alpha_2 X_{it} + \mu_{it} + \varepsilon_{it} \tag{6-11}$$

$$cxcj_{it} = \alpha_0 + \alpha_1 \ln zj_{it} + \alpha_2 (\ln zj_{it})^2 + \alpha_3 X_{it} + \mu_{it} + \varepsilon_{it} \tag{6-12}$$

t 和 i 分别表示年份和地区；$cxcj$ 是城乡地区居民的收入差距；$\ln zj$ 表示涉农资金的投入规模；$(\ln zj)^2$ 为涉农资金的平方项；X 代表控制变量，包括社会消费品零售总额、地区生产总值、第一产业与第三产业之比、每万人拥有病床数、义务教育阶段生师比；μ 为个体效应；ε 为随机扰动项。

本章构建空间面板回归模型如下。

根据 Anselin（1988）的理论分析，可以发现任何单元都不是孤立存在的，而是与该单元相邻的单元之间存在一定的关联性，即地理距离越近，它们之间的联系会越紧密。之所以将地理空间效应引入传统空间计量模型中，是因为相邻地区的城乡收入差距有可能相互影响。

基于此，本章采用空间计量模型来进行动态面板回归分析，构建如下模型。

$$cxcj_{it} = \beta_0 + \rho W cxcj_{it} + \beta_1 \ln zj_{it} + \beta \sum_{k=2}^{k} a_n X_{it} + \mu_{it} + \varepsilon_{it} \tag{6-13}$$

$$cxcj_{it} = \beta_0 + \rho W cxcj_{it} + \beta_1 \ln zj_{it} + \beta_2 (\ln zj_{it})^2 + \gamma \sum_{k=2}^{k} a_n X_{it} + \mu_{it} + \varepsilon_{it} \tag{6-14}$$

其中，$W cxcj_{it}$ 是空间自回归变量；W 为空间权重矩阵，本章采用地理邻接矩阵以及经济、地理相结合的权重矩阵作为空间权重矩阵分别进行回归分析；α 与 β 为待估参数；μ 为个体效应；ε 为随机扰动项。

二 数据说明及变量设定

（一）数据说明

本章资料来源为四川省财政厅《财政专项扶贫资金公告》、四川省扶贫统计年表、四川省各县市区国民经济和社会发展统计公报和政府工作报告、《四川统计年鉴》、《中国县域统计年鉴》以及四川省各县市区统计年鉴。

（二）变量设定

1. 被解释变量

参考刘耀彬等（2019）的方法，本章将城镇居民年人均可支配收入（w_1）与农村居民年人均可支配收入（w_2）综合进行计算，求得其收入差距。

具体计算公式如下。

$$P = \frac{w_1 - w_2}{w_1 + w_2} \tag{6-15}$$

2. 核心解释变量

涉农资金。

3. 控制变量

相对贫困问题的复杂性导致涉农资金对城乡收入差距的外溢效应受到其他因素的影响，故模型中加入地区经济总体水平、社会消费水平、地区教育水平、地区医疗水平、产业结构这5个控制变量。选取时，主要参考减贫效率、涉农资金使用以及城乡协调发展方面的相关文献（王富喜等，2013；贾敬全、祝伟展，2017；李建伟，2017；熊小林、李拓，2018）。

由于模型中各类型变量之间量纲差异较大，本章以对变量采取对数处理的方式来排除单位不一致对实证结果带来的影响。同时，由于城乡收入差距和产业结构两个变量数值小于 1，对数化易削弱数据之间的差异性，还会产生负值，对实证结果有一定的干扰，因此，除上述两个变量外，其余变量均进行对数化处理。空间溢出效应和门槛效应变量见表 6-2。

表 6-2　空间溢出效应和门槛效应变量

变量分类	变量名称	符号	数据处理说明
解释变量	涉农资金	$lnzj$	县域每年涉农资金投入量
被解释变量	城乡收入差距	$cxcj$	城乡居民收入差距
控制变量	地区经济总体水平	$lngdp$	地区生产总值
	社会消费水平	$lnxf$	社会消费品零售总额
	地区医疗水平	$lnbc$	每万人拥有病床数
	地区教育水平	$lnssb$	义务教育阶段生师比
	产业结构	$cyjg$	第一产业与第三产业之比
空间权重矩阵	地理空间矩阵	W_1	相邻 = 1，不相邻 = 0
	嵌套空间权重	W_2	邻接矩阵与地区 i,j 人均地区生产总值之差的倒数的乘积

资料来源：课题组自制。

首先运用 STATA14.0 软件，对全省脱贫县涉农资金、城乡居民收入差距和控制变量进行描述性统计分析，结果见表 6-3。

表 6-3　相关变量的描述性统计分析

变量	观测值	均值	标准差	最小值	最大值
$cxcj$	112	0.55	0.07	0.41	0.67
$lnzj$	112	9.09	0.65	6.92	10.47
$lnzj^2$	112	83.00	11.37	47.89	109.62
$lngdp$	112	11.17	0.51	10.07	12.37
$lnxf$	112	12.52	0.41	11.78	13.65
$lnbc$	112	3.01	0.24	2.34	3.31
$cyjg$	112	0.87	0.27	0.20	1.31
$lnssb$	112	3.25	0.34	2.53	4.10

资料来源：课题组自制。

三 动态面板估计

(一) Moran's I 指数测算

本章对所有变量进行了 Moran's I 指数计算。表6-4 估计结果显示，核心变量的 Moran's I 值多数为负值，即表明存在空间负相关，出现这个现象的原因可能是这些地区存在相互竞争的关系或地区差异较大，数值或高或低，不够稳定。而控制变量的 Moran's I 值则多数显著为正值，表明存在着较为显著的正向空间相关性。

表6-4 变量的空间相关性检验结果

年份	cxcj	lnzj	lnxf	lngdp	lnssb	cyjg	lnbc
2010	-0.34*	-0.52**	-0.24	-0.19	0.55***	0.49***	0.36**
2011	-0.41*	0.21*	-0.22	-0.14	0.46***	0.50***	0.22*
2012	-0.44*	-0.12	-0.19	-0.14	0.48***	0.19*	-0.12
2013	-0.21	-0.24	-0.21	-0.16	0.41**	0.52***	0.07
2014	0.08	-0.28*	-0.16	-0.09	0.37**	0.51***	0.07
2015	-0.14	0.01	-0.15	-0.05	0.38**	0.51***	0.23*
2016	-0.19	-0.10	-0.14	-0.04	0.43***	0.47***	0.36**
2017	-0.31*	-0.46**	-0.13	-0.02	0.46***	0.45***	0.19*

注：***、**、*分别表示在1%、5%、10%水平下显著。
资料来源：课题组自制。

(二) 空间面板模型设定检验

进行空间面板回归之前，应先对数据进行 LM 检验、Wald 检验、LR 检验和 Hausman 检验。表6-5 显示，空间自回归模型的 LM 检验、Wald 检验和 LR 检验结果都在1%的显著性水平上拒绝了原假设，说明应选择空间自回归模型进行面板回归。两个模型的 Hausman 检验结果均通过了1%显著性水平检验。综上，本章用固定效应空间自回归模型进行下一步回归分析。

表 6-5 面板设定检验结果

检验项目	模型(6-7)统计量	模型(6-8)统计量	模型(6-9)统计量		模型(6-10)统计量	
			邻接矩阵	嵌套矩阵	邻接矩阵	嵌套矩阵
LM 检验	——	——	32.68***	11.28***	38.00***	29.19***
Wald 检验	——	——	155.31***	92.02***	160.51***	102.60***
LR 检验	——	——	21.37***	32.81***	19.63***	30.75***
Hausman 检验	58.11*** (0.0000)	61.13*** (0.0000)	——	——	——	——

注：*** 表示在 1% 水平下显著。
资料来源：课题组自制。

（三）空间面板模型估计结果

接下来采用空间邻接矩阵和空间嵌套矩阵进行面板回归，回归结果如表 6-6、表 6-7 所示。根据回归结果可知，在两种不同的空间权重矩阵中，模型的样本拟合度均在 80% 以上，且回归系数的作用方向较为一致。从空间自回归系数 spatial rho 的估计值来看，虽然其分别从邻接矩阵的 0.7343、0.7452 降低为嵌套矩阵的 0.6898、0.6947，但系数的符号和显著性均不变，在 1% 的显著性水平下为正，说明该结果在不同的空间权重矩阵中均较为稳健，表示该地区涉农资金的空间相关性是正向的。

表 6-6 空间邻接矩阵回归结果

变量	模型(6-9)			模型(6-10)		
	直接效应	间接效应	总效应	直接效应	间接效应	总效应
$\ln zj$	0.0024 (0.47)	0.0039 (0.47)	0.0063 (0.46)	-0.190*** (-2.98)	-0.327** (-2.45)	-0.516*** (-2.67)
$\ln zj^2$				0.0108*** (3.02)	0.0185*** (2.46)	0.0293*** (2.69)
$\ln xf$	-0.0982*** (-5.3)	-0.1443*** (-4.57)	-0.2334*** (-5.21)	-0.0879*** (-5.37)	-0.1480*** (-4.70)	-0.2360*** (-5.33)
$\ln gdp$	-0.0008 (-0.04)	-0.0027 (-0.07)	-0.0035 (-0.06)	-0.0055 (-0.29)	-0.0108 (-0.31)	-0.0163 (-0.31)
$\ln ssb$	-0.0859*** (-2.95)	-0.1418** (-2.38)	-0.2277*** (-2.62)	-0.0701* (-2.53)	-0.1200* (-2.21)	-0.1900* (-2.35)

续表

变量	模型(6-9)			模型(6-10)		
	直接效应	间接效应	总效应	直接效应	间接效应	总效应
$cyjg$	0.0094	0.0157	0.0251	0.0148	0.0256	0.0404
	(0.34)	(0.33)	(0.33)	(0.55)	(0.53)	(0.54)
$\ln bc$	0.0233*	0.0390	0.0623*	0.0250*	0.0440	0.0690*
	(1.90)	(1.60)	(1.72)	(1.94)	(1.63)	(1.75)
spatial rho		0.7343***			0.7452***	
		(15.73)			(16.68)	
obs		112			112	
R^2		0.82			0.83	

注：***、**、*分别表示在1%、5%、10%水平下显著。
资料来源：课题组自制。

表6-7　空间嵌套矩阵回归结果

变量	模型(6-9)			模型(6-10)		
	直接效应	间接效应	总效应	直接效应	间接效应	总效应
$\ln zj$	0.0014	0.0017	0.0031	-0.1490**	-0.1932**	-0.3422**
	(0.27)	(0.26)	(0.27)	(-2.38)	(-2.13)	(-2.26)
$\ln zj^2$	——	——	——	0.0084**	0.0109**	0.0193**
				(2.39)	(2.14)	(2.28)
$\ln xf$	-0.0982***	-0.1226***	-0.2208***	-0.0969***	-0.1233***	-0.2202***
	(-5.64)	(-5.05)	(-5.77)	(-5.72)	(-5.12)	(-5.85)
$\ln gdp$	-0.0015	-0.0010	-0.0025	-0.0024	-0.0040	-0.0064
	(-0.07)	(-0.04)	(-0.05)	(-0.12)	(-0.15)	(-0.14)
$\ln ssb$	-0.0919***	-0.1167**	-0.2086***	-0.0795***	-0.1026**	-0.1821***
	(-3.10)	(-2.55)	(-2.83)	(-2.79)	(-2.43)	(-2.63)
$cyjg$	0.0019	0.0025	0.0044	0.0057	0.0073	0.0130
	(0.07)	(0.07)	(0.07)	(0.21)	(0.20)	(0.20)
$\ln bc$	0.0169	0.0217	0.0386	0.0175	0.0232	0.0407
	(1.39)	(1.26)	(1.32)	(1.37)	(1.25)	(1.30)
spatial rho		0.6898***			0.6947***	
		(14.28)			(14.71)	
obs		112			112	
R^2		0.83			0.84	

注：***、**分别表示在1%、5%水平下显著。
资料来源：课题组自制。

核心解释变量 lnzj 的一次项和平方项回归结果在不同空间权重矩阵中的显著性和影响符号均有较大差异。加入平方项后，一次项由原本不显著，变为显著促进了城乡差距的缩小，进一步为当地经济稳定增长提供保障。因此，总体来看，涉农资金与城乡收入差距之间呈现先改善后弱化的近"L形"的关系。

接着，对总的空间溢出效应模型进行分解，将总效应分为两部分：一是直接效应，也称本地效应，表示本地区投入的涉农资金对本地区内的城乡收入差距的影响；二是间接效应，即溢出效应，代表本地区的涉农资金对相邻地区的城乡收入差距的影响。结果如下。①在空间邻接矩阵回归结果中，直接效应下的涉农资金系数为-0.190，在 1%的水平下显著；间接效应下的涉农资金系数为-0.327，即本地每增加 1 个百分点的涉农资金，相邻地区减少0.327%的城乡收入差距，较直接效应增加了 0.137 个百分点。②在空间嵌套矩阵回归结果中，间接效应下的涉农资金系数较直接效应提高了 0.0442。可见，涉农资金对城乡收入差距的影响还存在显著的外溢效应，且地区内的溢出效应小于地区间的溢出效应。另外，核心解释变量在空间嵌套矩阵中的估计系数小于空间邻接矩阵，这意味着现阶段乡村振兴重点帮扶县经济发展的相互依赖性大于竞争性。

在控制变量方面，社会消费品零售总额、义务教育阶段生师比可显著缩小城乡收入差距，说明该地区在这一时段内人民物质文化生活水平有所提高，居民购买力提高，居民收入增长，在一定程度上缩小了城乡收入差距。义务教育阶段生师比则体现了地区内的师资水平可为其带来城乡物资的流动互通，从思想观念上破解贫困的代际传递，给农村居民收入带来正向影响，使城乡居民的收入差距得以缩小。

地区生产总值估计系数虽不够显著，但其可缩小城乡收入差距，各地区内的生产总值增长对城乡收入差距的影响比对相邻地区间的影响小，说明经济较发达的地区，其人民群众的可支配收入较多，可通过消费相邻地区的商品服务带动其经济，在一定程度上缩小相邻地区之间的差距。产业结构和地区医疗水平对该地区的城乡收入差距有微弱的负向影响。

四　结论分析

在相对贫困治理过程中，涉农资金作用存在边际报酬先递增再递减趋势。总体上，涉农资金与缩小城乡收入差距之间呈近"L形"关系，在初始阶段涉农资金利用率较高时，资金投入可对缩小城乡差距起到显著促进作用，通过拐点值 8.84 和 8.86 后，其外溢效应逐渐转变为负，这表明过高的涉农资金可能会使资金使用出现"偏差"，作用逐渐消减。因此，仅靠政府投入资源治理相对贫困，可能存在效益"瓶颈"，需要撬动更多社会资源。

涉农资金利用率体现在直接效应和间接效应两个方面。直接效应下的涉农资金系数为 -0.190，在 1% 的水平下显著；间接效应下的涉农资金系数为 -0.327，即本地每增加 1 个百分点的涉农资金，相邻地区城乡收入差距缩小 0.327%，较直接效应增加了 0.137 个百分点。间接效应下的涉农资金系数较直接效应提高了 0.442，因此，涉农资金对城乡收入差距的影响还存在显著的外溢效应，且地区内的溢出效应小于地区间的溢出效应。该结论表明应当积极在大地区层面调配资金，同时谋划一批带动作用强的"中心地区"。

第三节　基于缩小农村内部差距的治理资金缺口预测

一　研究设计及描述性分析

财政资金是政府相对贫困治理的资源支撑和核心要素，本部分以财政资金为切入点，聚焦中长期政府资源投放供需缺口问题。基于全国各省区市农村地区主要微观数据，瞄准 2050 年相对贫困问题得到基本解决的目标，分别进行缺口计算和拟合回归，得到未来使农村相对贫困人口中的最低生活保障农户（简称低保农户）和非最低生活保障农户（简称非低保农户）达到相对贫困标准所需要的财政资金。

西藏自治区相关数据收录较少，存在较多数据缺失。基于数据的可得性，本书选取我国 30 个省区市的农村地区作为研究对象，探讨不同省区市之间财政资金的配置状况。在同一省区市内，根据治理方式，将相对贫困人口按照发展型、保障型分类，即将农户划分为无劳动能力的农户（即低保农户）以及有劳动能力的农户（即非低保农户），分别探求两类农户达到相对贫困标准的缺口，根据缺口计算和拟合回归结果得到未来带动低保农户和非低保农户达到相对贫困标准所需要的财政投入，以期获得各省区市农村地区达到相对贫困标准所需的财政资金。

鉴于全国农村低保制度于 2008 年正式全面普及，故以 2008 年作为研究起始年份。鉴于数据的可得性，以 2020 年底为截止时间。本章选取的资料来源于国家统计局、《中国民政统计年鉴》、《中国教育经费统计年鉴》、《城乡建设统计年鉴》、各省区市国民经济和社会发展统计公报及统计年鉴、Wind 数据库。对数据中的个别缺失值采用线性插值法补全。

（一）低保农户资金投入量化

在量化反映相对贫困治理进程的有机整体中，居民收入是一个非常重要的指标。相对贫困标准常以居民家庭收入（消费）平均数（中位数）的一定比例（通常取 40%—60%）为依据设定。由于本部分主要瞄准 2050 年相对贫困问题得到基本解决这一目标，测算整个时期需要的资金，因此选取面向 2050 年的较高标准，将相对贫困标准设定为各省区市农村居民年人均可支配收入的 60%。当相对贫困标准被设定为某省区市农村居民年人均可支配收入的 60% 时，该省区市未来带动低保农户达到相对贫困标准所需的财政资金最大缺口即为省级农村居民年人均可支配收入的 60%×农村低保人数，资金最小缺口为（省级农村居民年人均可支配收入的 60%－低保标准）×农村低保人数（见表 6-8）。

表6-8　低保农户资金缺口衡量参考标准

相对贫困标准	资金最大缺口	资金最小缺口
省级农村居民年人均可支配收入的60%	省级农村居民年人均可支配收入的60%×农村低保人数	(省级农村居民年人均可支配收入的60%-低保标准线)×农村低保人数

资料来源：课题组自制。

"保障型"相对贫困人口治理的财政资金缺口见表6-9。

表6-9　"保障型"相对贫困人口治理的财政资金缺口

单位：亿元

序号	省区市	资金最大缺口	资金最小缺口	序号	省区市	资金最大缺口	资金最小缺口
1	北京	16.6163	11.0164	16	河南	435.3537	302.1096
2	天津	17.9603	9.6874	17	湖北	241.969	155.6455
3	河北	262.5569	173.9285	18	湖南	263.5679	188.6899
4	山西	150.8994	97.9145	19	广东	314.5225	208.0054
5	内蒙古	16.6163	11.0164	20	广西	435.3537	302.1096
6	辽宁	136.7373	98.3324	21	海南	25.6093	17.5988
7	吉林	83.9663	60.2067	22	重庆	115.1408	77.5624
8	黑龙江	120.9628	83.2763	23	四川	594.7326	399.8296
9	上海	12.7946	8.4017	24	贵州	275.8676	178.4057
10	江苏	136.7373	98.3324	25	云南	25.6093	17.5988
11	浙江	173.5005	115.2663	26	陕西	181.933	122.8402
12	安徽	309.7229	169.8665	27	甘肃	173.0057	109.0981
13	福建	100.9758	64.0076	28	青海	43.5349	29.3806
14	江西	246.9834	163.1334	29	宁夏	61.0923	42.655
15	山东	173.5005	115.2663	30	新疆	181.933	122.8402

资料来源：课题组自制。

（二）非低保农户资金投入量化

当相对贫困标准被设定为某省区市农村居民年人均可支配收入的60%时，

就与当前农村非低保农户年人均可支配收入形成差值，这个差值便是农村非低保农户年人均可支配收入达到相对贫困标准还需增收的部分。为准确地对农村资金投入进行研究，本章选取各省区市按收入五等份分组中的低收入组为研究对象，以探求低收入组中的非低保农户达到相对贫困标准所需的资金量。在变量选取方面，本章以各省区市财政投入额为解释变量、以非低保农户年人均可支配收入为被解释变量进行面板数据回归，得出财政投入额带动农村非低保农户年人均可支配收入的系数，分析未来财政投入带动非低保农户增收达到相对贫困标准需要的数目。

被解释变量为农村低收入农户中非低保农户的年人均可支配收入（lncome）。由于没有直接的数据，因此我们以式（6-16）计算 lncome。

$$\text{lncome} = \frac{low \times a \times 20\% - b \times criteria}{a \times 20\% - b} \tag{6-16}$$

其中，a 表示农村总人数，low 表示低收入农户年人均可支配收入，b 表示农村低保农户人数，$criteria$ 表示低保标准。

核心解释变量为财政投入额（lnvest）。包括农林水（类）投入、村庄建设投入和农村义务教育投入，其中农林水（类）投入为农林水事务支出，村庄建设投入包括住宅、公共建筑、生产性建筑、供水、道路桥梁、排水、园林绿化、环境卫生等投入，农村义务教育投入包括农村初中教育经费与农村小学教育经费（见表6-10）。

表 6-10 主要变量设置

变量	一级指标	二级指标	符号说明
被解释变量	非低保农户人均可支配收入	——	*income*
核心解释变量	农林水（类）投入	农林水事务支出	*invest*
	村庄建设投入	住宅	
		公共建筑	
		生产性建筑	
		供水	
		道路桥梁	

续表

变量	一级指标	二级指标	符号说明
核心解释变量	村庄建设投入	排水	*invest*
		园林绿化	
		环境卫生	
	农村义务教育投入	农村初中教育经费	
		农村小学教育经费	
控制变量	生产性投入水平	化肥施用量	*fertile*
		农作物播种总面积	*area*
		农业机械总动力	*machine*
	公共服务设施类	每万人口普通高校在校学生数	*student*
		高等学校数	*university*
	区域经济活跃程度	数字普惠金融指数	*finance*
		乡村社会消费品零售总额	*turnover*
		乡村就业人口	*employment*

资料来源：课题组自制。

在控制变量选取方面，为了分析自变量与因变量之间的净效应，需要引入合适的控制变量。参考现有文献，本章将控制变量分为生产性投入水平、公共服务设施类、区域经济活跃程度等三个一级指标。其中生产性投入水平包括化肥施用量、农作物播种总面积、农业机械总动力；公共服务设施类包括每万人口普通高校在校学生数、高等学校数；区域经济活跃程度包括数字普惠金融指数、乡村社会消费品零售总额、乡村就业人口。

在模型设定方面，为消除异方差，本部分将变量取对数进行处理。本章考虑到变量之间的关系，将农业机械总动力与乡村社会消费品零售总额和化肥施用量与农作物播种总面积的交互项引入面板模型，验证非低保农户年人均可支配收入与两交互项之间的关系。其中 i 为省区市，t 为时间。

$$
\begin{aligned}
\mathrm{ln}income_{it} = {} & \alpha_i + \beta_1 \mathrm{ln}invest_{it} + \beta_2 \mathrm{ln}student_{it} + \beta_3 \mathrm{ln}employment_{it} \\
& + \beta_4 \mathrm{ln}university_{it} + \beta_5 \mathrm{ln}finance_{it} + \beta_6 \mathrm{ln}machine_{it} \\
& \times \mathrm{ln}turnover_{it} + \beta_7 \mathrm{ln}fertile_{it} \times \mathrm{ln}area_{it} + \varepsilon_{it}
\end{aligned}
\tag{6-17}
$$

（三）描述性分析

为对 30 个省区市的财政投入额与非低保农户年人均可支配收入进行实证分析，现对各经济变量进行描述性分析。结果见表 6-11。

表 6-11　主要变量描述性结果

变量	样本量	最小值	最大值	平均值	标准差	中位数
income	390	2371.106	21866.710	7948.378	3176.592	7501.389
invest	390	71.110	2997.860	981.187	640.594	810.970
student	390	969.000	6750.000	2563.831	890.632	2382.000
machine	390	93.970	13353.020	3294.119	2891.624	2492.415
area	390	88.550	14910.130	5433.393	3836.160	5133.280
trunover	390	24.800	6885.300	1269.365	1298.971	765.500
employment	390	1.600	1206.000	120.093	133.201	81.245
fertile	390	5.500	716.100	189.130	144.356	181.024
university	390	9.000	167.000	82.285	37.300	81.000
finance	390	1.453	431.930	170.795	120.260	182.490

资料来源：课题组自制。

二　实证分析

（一）平稳性检验

由于面板数据兼有时间序列数据和截面数据的特点，因此为避免"伪回归"，应对变量做平稳性检验。单位根检验是判断变量平稳性的一种常用方法。如果变量不存在单位根，则序列平稳，可以加入模型进行分析；如果变量存在单位根，且同阶单整，则序列不平稳，需要通过协整检验判断序列长期稳定关系。因此，选择同质面板单位根检验 LLC 和异质面板单位根检验 ADF-Fisher 来判断变量的稳定性。根据表 6-12 中的单位根检验结果可知，以上变量均在 1% 的置信水平上拒绝原假设，即自变量与因变量均为原序列平稳变量，可直接加入面板回归模型分析。

表 6-12　平稳性检验结果

变量	LLC	ADF-Fisher	结论
lnincome	-11.3639 (0.0000)	187.590 (0.0000)	平稳
lninvest	-13.7756 (0.0000)	203.902 (0.0000)	平稳
lnstudent	-13.2702 (0.0000)	191.044 (0.0000)	平稳
lnemployment	-13.2311 (0.0000)	195.253 (0.0000)	平稳
lnuniversity	-15.4232 (0.0000)	215.861 (0.0000)	平稳
lnfinance	-8.71716 (0.0000)	128.496 (0.0000)	平稳
lnmachine×lnturnover	-13.1392 (0.0000)	208.548 (0.0000)	平稳
lnfertile×lnarea	-13.8198 (0.0000)	200.659 (0.0000)	平稳

资料来源：课题组自制。

（二）模型建立

为研究财政投入额对非低保农户年人均可支配收入的影响效果，需选择合适的面板回归模型。面板回归模型有混合回归模型、固定效应模型及随机效应模型三种形式，需要通过模型设定检验并选择合适的回归模型。首先，采用 F 检验方法，确定面板回归模型是否存在个体异质性，如个体异质性截距项不为 0，即 p 值小于 0.05，则拒绝原假设，不应该选择混合回归模型。其次，采用 BP 检验将随机效应模型与混合回归模型进行对比，p 值小于 0.05 意味着随机效应模型更优，反之则使用混合回归模型。最后，采用 Hausman 检验方法，确定个体异质性截距项与解释变量是否相关，如相关，则拒绝原假设，选择固定效应回归模型。

从表 6-13 可知，在 5% 的显著性水平下，F 检验的 $F_{(29, 353)} = 58.411$，

p=0.000<0.05，意味着相对混合回归模型而言，固定效应模型更优。在 5% 的显著性水平下，BP 检验的 χ^2（1）= 1119.343，p=0.000<0.05，意味着相对混合回归模型而言，随机效应模型更优。在 5% 的显著性水平下，Hausman 检验的 χ^2（7）= 76.971，p=0.000<0.05，意味着相对混合回归模型而言，固定效应模型更优。综合上述分析，本章最终选择固定效应模型。

表 6-13 模型设定检验

检验类型	检验目的	检验值	检验结论
F 检验	固定效应模型和混合回归模型比较选择	$F(29,353)=58.411,p=0.000$	固定效应模型
BP 检验	随机效应模型和混合回归模型比较选择	$\chi^2(1)=1119.343,p=0.000$	随机效应模型
Hausman 检验	固定效应模型和随机效应模型比较选择	$\chi^2(7)=76.971,p=0.000$	固定效应模型

（三）实证结果分析

1. 参数估计结果

从表 6-14 可知，针对 lninvest 而言，其呈现 0.01 水平上的显著性（t= 8.812，p=0.000<0.01），并且回归系数值为 0.302>0，说明 lninvest 对 lnincome 会产生显著的正向影响。针对控制变量 lnstudent 而言，其呈现 0.01 水平上的显著性（t=4.655，p=0.000<0.01），并且回归系数值为 0.254>0；针对 lnfinance 而言，其呈现 0.01 水平上的显著性（t=9.219，p=0.000<0.01），并且回归系数值为 0.097>0；针对 lnmachine×lnturnover 而言，其呈现 0.01 水平上的显著性（t= 3.892，p=0.000<0.01），并且回归系数值为 0.006>0，说明 lnstudent、lnfinance 和 lnmachine×lnturnover 都对 lnincome 产生显著的正向影响。针对 lnemployment 而言，其并没有呈现显著性（t=0.299，p=0.765>0.05）；针对 lnuniversity 而言，其并没有呈现显著性（t=0.966，p=0.335>0.05）。这说明 lnemployment 以及 lnuniversity 对 lnincome 的影响不够显著。针对 lnfertile×lnarea 而言，其呈现 0.01 水平上的显著性（t=-12.541，p=0.000<0.01），并且回归系数值为-0.050<0，说明 lnfertile×lnarea 对 lnincome 会产生负向影响。

表 6-14　固定效应模型回归结果

变量	Coef.	Std. Err.	t	p	95% CI
截距	5.918	0.346	17.116	0.000**	5.240—6.596
ln*invest*	0.302	0.034	8.812	0.000**	0.235—0.369
ln*student*	0.254	0.055	4.655	0.000**	0.147—0.361
ln*employment*	0.003	0.009	0.299	0.765	−0.015—0.021
ln*university*	0.062	0.064	0.966	0.335	−0.064—0.188
ln*finance*	0.097	0.010	9.219	0.000**	0.076—0.117
ln*machine*×ln*turnover*	0.006	0.002	3.892	0.000**	0.003—0.009
ln*fertile*×ln*area*	−0.050	0.004	−12.541	0.000**	−0.058—−0.042

注：$F_{(7, 353)} = 827.878$，$p = 0.000$，$R^2 = -0.166$，R^2（within）$= 0.943$，** $p < 0.01$。
资料来源：课题组自制。

2. 稳健性检验

如果数据中存在异常值，此时常规线性回归会受到异常值影响，考虑到变量的异常值可能会使参数的估计结果产生偏误，因此本章采用稳健性检验，验证参数估计的准确性。

从表 6-15 可知，对自变量和因变量进行 Robust 回归分析，ln*invest* 的回归系数值为 0.086（$t = 2.603$，$p = 0.009 < 0.01$），意味着 ln*invest* 会对 ln*income* 产生显著的正向影响。最后总结分析可知：ln*invest*、ln*student*、ln*university*、ln*finance*、ln*machine* × ln*turnover* 会对 ln*income* 产生显著的正向影响。ln*employment*、ln*fertile*×ln*area* 会对 ln*income* 产生负向影响。

将表 6-14 与表 6-15 进行对比不难发现，被解释变量与解释变量之间回归系数符号和显著性水平没有发生变化，仅仅改变的是回归系数的大小，说明上述分析结果具有较强的稳健性。

表 6-15　Robust 回归分析结果（n = 390）

变量	回归系数	标准误	t	p	95% CI
ln*income*	4.659	0.346	13.455	0.000**	3.981—5.338
ln*invest*	0.086	0.033	2.603	0.009**	0.021—0.152
ln*student*	0.377	0.045	8.333	0.000**	0.288—0.466

续表

变量	回归系数	标准误	t	p	95% CI
ln*employment*	−0.041	0.014	−2.844	0.004**	−0.069——0.013
ln*university*	0.068	0.034	2.040	0.041*	0.003—0.134
ln*finance*	0.152	0.013	11.680	0.000**	0.127—0.178
ln*machine*×ln*turnover*	−0.011	0.001	−7.888	0.000**	−0.014——0.008
ln*fertile*×ln*area*	0.007	0.002	3.990	0.000**	0.004—0.010

注：因变量为 ln*income*，＊p<0.05，＊＊p<0.01。
资料来源：课题组自制。

3. 资金缺口分析

本章将相对贫困标准与 2020 年非低保农户人均可支配收入的差额作为非低保农户达到相对贫困标准未来应增加的年人均可支配收入，从而得到非低保农户年人均可支配收入达到相对贫困标准应增加的百分比。2020 年各省区市非低保农户人均可支配收入与相对贫困标准差额如图 6-1 所示。

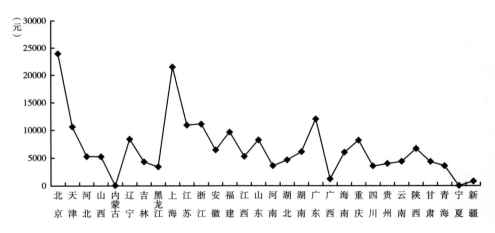

图 6-1　2020 年各省区市农村非低保农户人均可支配收入
与相对贫困标准差额

同时，根据固定效应模型回归结果可知，在其他条件不变的情况下，财政投入额每增加 1 个百分点，能够带动非低保农户年人均可支配收入增加

30.2%。基于此,本章将非低保农户年人均可支配收入的变动百分比除以财政投入额系数(即30.2%),得到财政投入额应增加的百分比,再乘以2020年的财政投入额,即可得到未来非低保农户达到相对贫困标准所需的财政总投入。结果如表6-16所示。

表6-16　共同富裕目标下未来非低保农户所需财政总投入

单位:亿元

序号	省区市	所需财政总投入	序号	省区市	所需财政总投入
1	北　京	3555.3434	16	陕　西	2319.3199
2	天　津	575.3982	17	甘　肃	2299.8829
3	河　北	3266.3854	18	青　海	1247.224
4	辽　宁	1910.8769	19	内蒙古	1298.5594
5	吉　林	1101.0032	20	江　苏	5512.3523
6	黑龙江	1163.0776	21	山　东	6845.3888
7	浙　江	3535.0496	22	云　南	4007.954
8	安　徽	4259.7051	23	新　疆	3813.0865
9	福　建	3075.8827	24	山　西	2002.476
10	河　南	2919.1813	25	上　海	2033.9706
11	湖　北	2506.789	26	广　东	9523.6129
12	湖　南	3700.7334	27	宁　夏	810.8678
13	海　南	1062.4304	28	江　西	2549.2332
14	重　庆	2456.0184	29	贵　州	3481.2219
15	四　川	5561.4252	30	广　西	1510.3932

资料来源:课题组自制。

　　根据2020年低保农户的最大资金缺口和最小资金缺口以及非低保农户所需财政总投入,可以得到各省区市农村未来为达到相对贫困标准所需的最高、最低财政总投入,如表6-17、表6-18所示。

表 6-17　各省区市农村所需最高财政总投入

单位：亿元

序号	省区市	最高财政总投入	序号	省区市	最高财政总投入
1	北 京	3571.9597	16	陕 西	2501.2529
2	天 津	593.3585	17	甘 肃	2472.8886
3	河 北	3528.9423	18	青 海	1290.7588
4	辽 宁	2047.6141	19	内蒙古	1550.6656
5	吉 林	1184.9695	20	江 苏	5685.6447
6	黑龙江	1284.0404	21	山 东	7112.2717
7	浙 江	3708.5501	22	云 南	4350.258
8	安 徽	4569.428	23	广 西	1905.2829
9	福 建	3176.8585	24	贵 州	3757.0894
10	河 南	3354.535	25	山 西	2153.3754
11	湖 北	2748.758	26	江 西	2796.2166
12	湖 南	3964.3013	27	宁 夏	871.9601
13	海 南	1088.0398	28	上 海	2046.7652
14	重 庆	2571.1592	29	广 东	9838.1354
15	四 川	6156.1578	30	新 疆	4021.4976

资料来源：课题组自制。

表 6-18　各省区市农村所需最低财政总投入

单位：亿元

序号	省区市	最低财政总投入	序号	省区市	最低财政总投入
1	北 京	3566.3598	16	陕 西	2442.1602
2	天 津	585.0856	17	甘 肃	2408.981
3	河 北	3440.3139	18	青 海	1276.6046
4	辽 宁	2009.2093	19	内蒙古	1467.3025
5	吉 林	1161.2098	20	江 苏	7021.6633
6	黑龙江	1246.3539	21	山 东	4237.7975
7	浙 江	3650.3159	22	云 南	5625.5309
8	安 徽	4429.5716	23	广 西	1762.5168
9	福 建	3139.8903	24	贵 州	2100.3905
10	河 南	3221.2909	25	山 西	2042.3723
11	湖 北	2662.4345	26	江 西	9731.6183
12	湖 南	3889.4234	27	宁 夏	853.5228
13	海 南	1080.0292	28	上 海	2712.3667
14	重 庆	2533.5808	29	广 东	3659.6276
15	四 川	5961.2548	30	新 疆	3952.1875

资料来源：课题组自制。

三 分析结论

财政投入额增加能够缩小农村内部差距。财政投入额增加对发展型相对贫困人口（非低保农户）年人均可支配收入起正向作用，即财政投入额增加可以提高发展型相对贫困人口年人均可支配收入，每万人普通高校在校学生数、高等学校数、数字普惠金融指数等控制变量对发展型相对贫困人口年人均可支配收入有一定正向作用。农业生产没有明显作用，缩小农村内部差距重点应放在促进务工、提高工资性收入方面。

从中长期看，相对贫困治理所需财政资金缺口较大。部分经济较发达地区反而需要更多的财政资金，原因可能在于地区内农户收入差距较大，高收入群体占比较高，经济发达省市达到相对贫困标准更为困难。此外，省际差距较为明显，具体来看，相较于东部地区，解决中西部地区相对贫困问题，资金带动作用更为明显，原因可能在于中西部地区内农户收入差距较小，高收入群体占比较小，中西部地区更易达到当地相对贫困标准，资金带动作用更为明显。

财政投入额增加促进相对贫困人口增收难度较大，政府主导式治理存在可持续问题。提高发展型相对贫困人口年人均可支配收入需要的财政投入额多于保障型相对贫困人口的最大缺口，说明发展型相对贫困人口增收最为困难，通过财政投入额增加解决持续增收问题任重道远。因此，各省区市更需要做好低收入农户增收工作，发挥市场和社会资源优势。

第四节 基于资源供给的相对贫困治理优化及路径

一 系统论视角下治理优化总体框架

系统论是研究系统的一般模式、结构和规律的科学。系统论的核心思想是系统的整体观念。依据系统论的优化原则包括：一是系统整体性，即要素组合形成更强的功能；二是系统层次性，即系统与要素、高层次系统与低层次系统具有相对性；三是系统开放性，即系统能够受外界影响而不断调整和更新；四是系统目的性，即系统运行具有目标引导特点；五是系统稳定性，即系统自身具有稳定能力，能够实现自我不断调适。

根据系统理论，本章构建了一个以治理资源为核心，旨在提高效率、弥补缺口、缩小三大差距的优化系统。该系统分为治理举措、治理过程、治理目标三个子系统（见图6-2），三个子系统之间存在紧密联系，治理举措、治理目标通过治理过程来实现。治理举措既包括宏观层面的区域协调发展和城乡融合发展，也包括微观层面的收入三次分配、机会均等和兜底保障。落实这一系列举措，需要重点解决资源缺口、效率问题。针对资源缺口问题，可从资源供给多样性、互补性入手，在公共物品领域以政府资源为主，整合、盘活、撬动社会资源，在非公共物品领域（比如产业发展）以市场资源为主、政府资源为辅。针对资源使用效率问题，可从提高供需匹配度、降低供给成本入手，通过引入大数据系统、充分保障相对贫困人口权利、参与式地建设项目等方式，避免资源重复投放，通过优化资源投放方式、缩短投放过程，进一步降低供给成本。

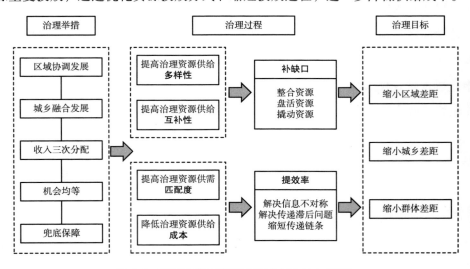

图6-2　基于系统不平衡的相对贫困治理方式解构

资料来源：课题组自制。

二　基于资源供给的治理方式优化关键路径

（一）整合盘活乡村资源，提升资源利用效率和吸附能力

因地制宜，规划资源盘活方案。一是摸清农村资源底数。盘活农村闲置资源，避免资源浪费，摸清区域内资源底数，特别是土地、山林、民房、人员流动等基本信息，掌握影响区域发展的资源优势与劣势实情，逐步形成盘活闲置资源发展优势产业的思路。二是精准定位，制订资源盘活方案。大胆创新、积极探索，从实际出发，与村民约定盘活相关原则，探索盘活模式，规范盘活流程。以优势资源品牌为牵引，充分利用闲置土地与民房发展新业态，对闲置土地与民房重新进行规划，对闲置土地与民房进行综合评估，提升资源利用效率。

开拓创新，探索资源利用模式。一是集中整治，提升资源利用效率。探索整合、重组农村集体闲置资源的新模式。二是引进外资，发展新业态。统筹区位条件、资源禀赋、环境容量、产业基础和历史文化传承，坚持"宅与地联结、村与户联动、自主与招商并存"的原则，支持农村集体经济组织及其成员自营、出租、入股、合作。三是用好政策，走特色盘活之路。鼓励创新盘活利用机制，政府出台政策支持各地统筹安排相关资金，用于农村闲置宅基地和闲置住宅盘活利用奖励、补助等。突出乡村产业特色，整合资源创建一批民宿（农家乐）集中村、乡村旅游目的地、家庭工场、手工作坊等盘活利用样板。总结一批可复制、可推广的经验模式，探索一套规范、高效的运行机制和管理制度，以点带面、逐步推开。

优化乡村软环境，提升农村资源吸附能力。一是改造环境，让更多村民回归创业。充分利用政策资源，争取各级政府支持，完善村基础设施，改善人居环境。成立村集体合作社，整合各专业合作社组织，做强村级集体经济综合体，为村财增收创造持续的增长点。二是挖掘优势，吸引更多企业入驻。发挥村集体闲置土地和闲置设施最大经济效用，做大村级集体经济综合体，为村财增收创造持续的增长点，利用优势资源，吸引更多投资集团入驻，参与乡村振兴。

（二）有效撬动市场资源，打通金融市场下沉农村通道

强化乡村金融供给制度保障，提前防范市场失灵。相对贫困治理资源供给有较强的公共物品属性，仅靠市场调节机制，容易产生市场失灵。因此，在撬动金融资源促进农村相对贫困治理的过程中，需强化金融支持政策，创新金融工具，探索适应相对贫困人口需求的金融产品。充分发挥财政支持作用，通过税收优惠或减免等政策，激励金融资源向相对贫困人口需要发展的产业倾斜，进一步健全农业保险和农村金融风险的补偿、担保机制。

打通金融市场下沉农村通道，着力补齐金融要素供给短板。农村信用体系建设是完善乡村资本市场的重要抓手，金融机构在农村设置分支机构和优化人员配置是促农增收的重要手段。构建信用信息平台，联合工商、税务部门与金融机构，共同采集农业经营主体信息，并将其应用于征信平台，保证数据信息的时效性。强化村级信用建设，筑牢诚实守信的道德标准。优化金融服务人员配置，引导金融机构共同制订工作计划，加强政府部门与金融机构之间的信息沟通联系。

（三）嵌入大数据资源，降低贫困治理信息传递成本

加强创新，推进数据基础建设。一是要提高乡村大数据研发能力，积极支持高校院所、科研机构、企业等研究和推广适应乡村的数据信息技术，比如研发适合农村老年人口、妇女等群体的信息平台。二是在乡村大数据建设中，探索构建融合相对贫困治理的大数据建设标准、技术规范，嵌入低收入人口的动态信息。三是构建共享的数据信息系统，推动相对贫困治理需求信息、资源供给信息横向、纵向共享，打破各部门、各领域信息壁垒，推动信息及时传递。四是构建相对贫困治理相关评价数据信息系统，规范数据建设、使用、监管和评价流程。五是强化配套支持政策，对乡村振兴重点县等基础较弱的地区，加大财政支持信息化基础设施建设的力度，布局好 5G、数据中心等大数据基础设施。

坚持能力导向，全面培养乡村大数据人才。一是基于学科交叉的趋势，推动企业、高校协同培养乡村大数据建设和分析人才，以及具备信息统计、

数据分析、经济分析等能力的综合型乡村振兴实践人才。二是重视乡村基层干部数据统计、收集和掌控能力，积极开展大数据掌控能力业务培训，并作为干部能力考核的重要方面。三是完善人才激励机制，探索该领域不同人才的薪酬激励机制，激发人才的动力，形成以大数据推动相对贫困治理的人才支撑体系。

本章小结

本章梳理了发达国家的治理方式，分析认为其治理方式集中在发展和保障两个方面，特别注重引入赋权理念，注重强化教育培训、就业引导、心理干预、构建防贫机制。我国在绝对贫困治理阶段，通过精准扶贫、精准脱贫伟大实践，形成了一系列适应国情、成效显著的治理方式，我国治理方式注重施策"精准"，找到"贫根"，对症下药，"靶向治疗"。

第一，根据治理方式的特点，本章提出了治理方式优化的重点和难点，分析认为，从绝对贫困治理到相对贫困治理转变，重点是缩小"两个差距"。既要继承、发扬、传承脱贫攻坚成功经验，也要调整治理思路，在精准到人的同时，更加突出在区域层面缓解相对贫困。难点是解决资源投放效率和未来缺口问题，近期提高资源使用效率存在瓶颈，中长期资源投放缺口较大。

第二，在实证部分，基于缩小城乡差距，定量研究了治理效率，分析认为，在相对贫困治理过程中，涉农资金作用存在边际报酬先递增再递减的趋势，因此，仅靠政府投入的资源治理相对贫困，可能存在效益"瓶颈"，需撬动更多社会资源。涉农资金对城乡收入差距的影响还存在显著的外溢效应，地区内的溢出效应小于地区间的溢出效应。因此，应当积极在大地区层面调配资金，同时谋划一批带动作用强的"中心地区"。基于缩小农村内部差距，本章预测了治理资金缺口，从中长期看，相对贫困治理所需财政资金缺口较大，部分经济较发达地区反而需要更多的财政资金，省际差距较为明显，具体来看，相较于东部地区，解决中西部地区相对贫困，资金带动作用更为明显。此外，政府主导式治理存在可持续问题，发展型相对贫困人口增收最为困难，通过财政投入额增加解决持续增收问题任重道远。

第三，本章构建了一个以治理资源为核心，旨在提高效率、弥补缺口、缩小三大差距的优化系统。该系统分为治理举措、治理过程、治理目标三个子系统，三个子系统之间存在紧密联系，治理举措、治理目标通过治理过程来实现。治理举措既包括宏观层面的区域协调发展和城乡融合发展，也包括微观层面的收入三次分配、机会均等和兜底保障。落实这一系列举措，需要重点解决资源缺口、效率问题。针对资源缺口问题，可从资源供给多样性、互补性入手，在公共物品领域以政府资源为主，整合、盘活、撬动社会资源，在非公共物品领域（比如产业发展）以市场资源为主、政府资源为辅。针对资源使用效率问题，可从提高供需匹配度、降低供给成本入手，通过引入大数据系统、充分保障相对贫困人口权利、参与式地建设项目等方式，避免资源重复投放，通过优化资源投放方式、缩短投放过程，进一步降低供给成本。

第七章

农村相对贫困治理进展评估

　　进展评估是相对贫困治理过程中政策调整、路径矫正的重要手段。在前几章研究的基础上，本章重点探讨共同富裕进程中我国农村相对贫困治理进展评估。首先，围绕农村相对贫困治理进展评估的重点难点、方法、指标和阶段性目标开展相关理论研究；其次，选取关键指标，对共同富裕进程中我国农村相对贫困治理进程进行实证评估。希望通过对共同富裕进程中我国农村相对贫困治理进展评估理论和实证研究，本章能够为农村乃至城乡相对贫困治理提供理论与实践参考。需要说明的是，为避免与第四章研究内容重复，同时也为综合反映共同富裕进程中我国农村相对贫困治理状况，本章所涉及的农村相对贫困治理进展评估主要是从区域角度进行的探讨。

第一节　评估重点难点分析

一　评估方法选择

　　如何选择恰当的评估方法，是农村相对贫困治理进展评估的重点难点之一。评估方法是开展农村相对贫困治理进展评估的重要工具，直接影响评估工作的可行性以及最终评估结果的准确性和合理性。因此，评估方法的选择在农村相对贫困治理进展评估过程中尤为重要。评估方法选择不当，可能导致评估不具有可行性或给评估结果带来偏差，从而对决策者研判农村相对贫困治理状况以及出台相对贫困治理政策产生消极影响。按照评估流程与划分阶段，评估方法既包括数据获取方法，又包括数据分析方法。二者既相互独立，又存在依赖关系。故而，农村相对贫困治理进展评估方法的选择，既涉及评估数据获取方法的选择，又涉及评估数据分析方法的选择。二者中的任何一环出现问题，都将严重影响农村相对贫困治理进展评估的可行性和结果的科学性。

科学选择农村相对贫困治理进展评估方法存在较大难度，主要体现在两方面。第一，只选择某一种方法很难客观反映我国农村相对贫困治理状况。虽然现有评估方法较为丰富，比如数据搜集方法就包括典型调查、重点调查、抽样调查和个案调查，数据分析方法又分为描述性分析、统计推断分析和量化分析等，但是每一种评估方法都有各自的限制性使用条件，这使在农村相对贫困治理进展评估中到底应该选择哪种方法存在客观难度。第二，如果选择同时使用几种方法，就会存在客观标准不一致而无法展开比较分析等现实难题。比如，在对农村相对贫困治理态势进行预测时，就存在方法选择困难。因为不同省区市相对贫困治理异质性特征明显，如果使用统一方法对全国农村相对贫困治理态势进行预测，就不能全面反映农村相对贫困治理客观现实。如果不使用统一方法进行预测，就可能导致预测工作量增加，预测结果可比性下降。

二 评估指标体系构建

评估指标体系的科学性和合理性是对农村相对贫困治理进行科学有效评估的前提，也是避免主观片面性以及引导各级政府调整完善农村相对贫困治理相关政策和制定新的发展战略的重要依据。因此，构建科学的农村相对贫困治理进展评估指标体系具有必要性和紧迫性。按照一般评估指标体系的构建原则，科学的评估指标体系不但要有能够较好体现评估内容、具有现实可操作性的评估指标，而且要有能够真实反映各维度内容重要程度的指标权重。故而，农村相对贫困治理进展评估指标体系的构建将主要围绕指标选择和指标赋权两方面展开。在指标选择方面，农村相对贫困治理进展评估指标既要考虑农村相对贫困涉及的农村居民在生产、生活和社会参与等方面的客观相对贫困剥夺状况，还要考虑农村居民在幸福感、获得感、安全感等主观维度上的相对剥夺。在指标赋权方面，农村相对贫困治理进展评估指标权重不仅要真实反映各维度在相对贫困治理中的重要程度，还要兼顾操作便利性等内容。

截至目前，农村相对贫困治理进展评估指标体系的科学构建依然存在困难，主要体现在以下两方面。第一，选择农村相对贫困治理进展评估指标存在较大困难。这是因为与绝对贫困相比，农村相对贫困更为复杂、更具隐蔽性，涉及的地域更广、人群更多。这给构建科学的农村相对贫困治理进展评估指标体系带来了困难。第二，确定农村相对贫困治理进展评估指标权重存在困难。相对贫困治理既涉及物质贫困治理、精神贫困治理，还涉及生态文明等众多贫困的治理，到底是应该给各维度的贫困治理指标赋予同等权重，还是参照绝对贫困治理时期赋予物质贫困治理指标更大权重，需在理论和实践上有更科学的依据。

三　评估目标设置

评估目标是农村相对贫困治理进展评估的指示器和方向盘，是衡量和评判农村相对贫困治理成效的尺度与标准。因此，设置科学的符合客观实际的评估目标，是农村相对贫困治理进展评估的重要内容之一。在具体操作过程中，评估目标的设置首先要考虑事物发展的地域性和阶段性，因为任何事物的发展变化都处于一定的时空维度之中。另外才是依据具体地域和阶段的事物的发展规律，设置科学合理的评估标准，以此作为评估事物发展的客观科学依据。具体到我国农村相对贫困治理进展评估目标的设置上，根据党的十九大和十九届五中全会关于我国经济社会发展规划与远景目标，结合2020年后我国农村经济社会发展和相对贫困治理规律，我们应重点讨论2021—2025年、2026—2035年和2036—2050年三个阶段的农村相对贫困治理目标。其中，2021—2025 年的农村相对贫困治理目标设置应紧扣居民收入和实际消费水平差距逐步缩小；2026—2035 年的农村相对贫困治理目标设置应聚焦全体人民共同富裕取得更为明显的实质性进展、基本公共服务实现均等化；2036—2050 年的农村相对贫困治理目标设置要反映全体人民共同富裕基本实现、居民收入和实际消费水平差距缩小到合理区间等内容。

农村相对贫困治理进展评估目标设定存在较大困难，主要体现在以下三方面。第一，农村相对贫困治理进展评估目标既要契合乡村振兴、共同富裕进程，还要充分考虑国际、国内经济社会发展状况。受全球性金融危机、局部地区动荡等因素影响，目前我国经济发展面临的不确定性因素增加，设定农村相对贫困治理进展评估的阶段性目标变得更为困难。第二，目前关于设定农村相对贫困治理进展评估阶段性目标的可参考性理论文献不多。纵观国内外文献，本书发现目前关于农村相对贫困治理阶段性目标的可参考性理论文献依然较少。在国内，大多数研究还停留在农村相对贫困对象识别和帮扶上（汪三贵、孙俊娜，2021；樊增增、邹薇，2021），对相对贫困治理的阶段性目标缺乏深入的理论探讨。第三，目前关于农村相对贫困治理进展评估阶段性目标的可参考性实践较少。在国内，虽然东部沿海地区部分农村较好地缓解了农村相对贫困问题，但是那些地区大多是依靠农村城镇化方式缓解的，该模式在中国广大农村地区并不可取，可供借鉴和参考的经验并不多。在国外，西方发达国家本身并没有严格的农村和城市划分，导致其相对贫困治理经验也不能为国内农村相对贫困治理进展评估阶段性目标的设定提供有益参考。

第二节　评估方法分析

农村相对贫困治理进展评估方法主要包括评估数据的获取方法和评估数据的分析方法。前者是如何获取贫困对象的现状、政策帮扶瞄准和扶贫成效等基本信息，是共同富裕进程中农村相对贫困治理进展评估的主要环节；后者是在获取数据资料的基础上，利用统计分析方法发掘现象的内在本质与原因，验证农村相对贫困治理规律和特征，是优化农村相对贫困治理工作和政策的关键。

一 评估数据的获取方法

农村相对贫困治理进展评估数据的获取方法与其他评估数据获取方法相似，主要包括典型调查、重点调查、抽样调查和个案调查。一般会根据农村相对贫困治理进展评估目的的差异，选择相应的方法。

（一）典型调查

典型调查是指为了认识或了解某类事物（现象）的规律或者属性，调查者按照事先设计的方案，有目的地从所有被调查对象中选择某个或某几个代表性单元（个体）进行针对性调查。与全面普查要对所有被调查对象进行调查不同的是，典型调查只对某些代表性单元进行调查，并主要依托代表性单元数据反映整体被调查对象的规律或属性。这就对代表性单元的选择、调查方案的设计以及调查实践操作提出了更高要求。如果代表性单元选择不当、调查方案设计不合理、调查实践操作不恰当，那么调查出来的数据将无法准确反映所有被调查对象的共性特征，依托该数据有时候甚至还会得出错误的结论。

农村相对贫困治理进展评估的典型调查主要是针对一些具有明显特征或具有代表性的相对贫困对象展开，如农村流动人口、农村留守儿童、农村老年人口等，通过对该特定群体或地区的实际情况进行详细、深入调查，了解该特定群体或地区相对贫困的一般特征。在农村相对贫困治理进展评估中，典型对象的选择通常要考虑对象的经济、文化、社会等多方面的特征。

（二）重点调查

重点调查是在全部单位中选择部分重点单位进行调查以取得统计数据的一种非全面调查方法（国家统计局，2021）。在调查过程中，重点调查只对总体中那些在某一或某些数量指标上占有较大比重的单位（重点单位）进行调查，被调查对象数量较少，故而该方法较为省时、省力、方便易行。与典型调查相比，重点调查既有相似之处，又有不同之处。相似的地方在于，两种调查方法都是非随机调查方法，易受调查方案、调查实践操作影响。不同之处在于，二者选择的对象不一样，重点调查选择的对象是重点单位，典型调查选择的对象是代表性单元，重点单位和代表性单元可重合，也可不重合；此外，重点调查主要目的是进行数量认识，典型调查则主要是为了属性或规律认识。

农村相对贫困治理进展评估的重点调查主要是针对在特定领域具有重要地位的贫困对象。如在探讨易地搬迁群体相对贫困治理时，一般会将贵州、四川、云南等地区的易地搬迁群体作为重点调查对象，因为这些地区是全国易地搬迁人口最多、搬迁集中安置程度最高的地区，只有对这些地区的易地搬迁群体进行调查，才能够把握易地搬迁群体这一相对贫困对象的基本情况。

（三）抽样调查

抽样调查是从调查对象中抽取一些单位作为样本，实地对样本进行调查的一种资料搜集方法。其目的是推断调查对象的总体概况。与全面调查相比，抽样调查只调查所有对象中的部分样本，往往更具成本、操作优势。与典型调查、重点调查相比，抽样调查标准化、结构化程度更高，具有综合定性研究和定量研究的功能。因此，抽样调查已成为社会各界在搜集经济、社会数据过程中使用最多的调查方法。根据调查任务，抽样调查需要确定调查对象的范围，以明确抽样范围。在确定调查范围后，便要选择科学的方法进行抽样。为保证样本的准确性和科学性，现代抽样调查大多采用随机抽样方法确定样本（不随机抽样方法一般较少使用），因为随机抽样较少受到抽样者主观因素的影响，能够保证调查数据的信度和效度。

农村相对贫困治理进展评估涉及的相对贫困地区范围大、相对贫困人口数量多，难以逐一进行详细调查，通常采用抽样调查方法来把握整体发展情况。在具体实施过程中，一般先对总体进行分层，再采用随机抽样方法来获取样本对象。常见的分层标准如下。

1. 以片区为标准

通常以国家行政区划、东中西部地区等为标准对总体进行划分，并可依据总体范围对其进行调整。比如，以全国为调查范围时，可依据农业生产条件，将调查区域划分为农区、牧区、半农半牧区；再比如，若以经济总量进行划分，可将全国调查区域划分为地区生产总值等于或超过 10 万亿元的省区市、地区生产总值等于或超过 5 万亿元的省区市、地区生产总值等于或超过 1 万亿元的省区市、地区生产总值在 1 万亿元以下的省区市。

2. 以民族聚集区为标准

以民族聚集区为标准划分抽样层，主要是针对少数民族聚集区，如西南民族地区，各民族文化习俗差异导致了各民族聚集区相对贫困的异质性。根据聚集区主要民族的不同，可将西南民族地区划分为彝族地区、涉藏地区等。

3. 以农业生产类型为标准

该标准主要依据样本区域农民从事的农业生产类型进行划分，大体上分为农区、牧区、林区三大类，生产类型的差异对农民收入增长以及收入来源结构会产生不同影响，进而导致相对贫困存在差异。

4. 以地形为标准

不同地形对农业生产方式、农业基础设施建设等方面具有显著影响，进而影响贫困程度和规模。依据地形，可将样本总体划分为高原地区、丘陵地区、盆地地区、平原地区和山地地区。

（四）个案调查

个案调查是指从所有调查对象中选择一两个调查对象进行调查的资料收集方法。具体而言，个案调查可细分为两种类型。第一种类型是专项调查，即针对某一个体进行专门调查。进行专项调查往往不是为了搜集很多调查对象的资料，而是特地为了解某个个体进行的调查。第二种类型是从某一社会领域中选择一两个调查对象进行深入细致的研究。与重点调查、典型调查和抽样调查不同的是，该类调查主要是为了了解被调查对象的状况，并不要求依托该调查做某些统计推断。因此，个案调查对象可不具备重要性、典型性或随机性，只需具备独特性即可满足调查要求。

农村相对贫困治理进展评估的个案调查是针对某一或某些特定的相对贫困对象展开的，这些对象在国内不属于一般对象，属于极少、极个别的对象，但从扎实推进共同富裕的视角来看，这些对象是不可被忽略的，因而需要对其进行专门的个案调查和分析。

农村相对贫困治理进展评估机构依据不同评估目的和任务，采用不同调查方法，借鉴访问、观察等数据收集方式，对帮扶政策和方案实施的成效进行评估。这是农村相对贫困治理进展评估的基础和核心内容，常用的数据收集方法如表7-1所示。

表 7-1　常用的数据收集方法

方法	具体描述
专家访谈(引导性访谈)	借助指南进行的个别访谈，以开放性问题为主
调查(面对面访谈)	由调查者借助标准化问卷进行的口头访问(主要是封闭性问题)
计算机辅助电话访问(CATI)	由调查者借助计算机辅助访问系统进行的电话访问(主要是封闭性问题)
在线访问	通过网络进行访问(大多数是互联网)，没有访问者(主要是封闭性问题)
信函询问	通过邮寄途径进行的访问，没有访问者(主要是封闭性问题)
教室访谈	在一个房间内借助一个调查者的帮助对出席的群体进行标准化访问(主要是封闭性问题)
小组讨论(焦点小组)	按照事先给定的问题，开放但有主持地讨论(调查者更像一个主持人，主要是开放性问题)
多级小组询问(同行评审、德尔菲问询)	标准化的和具有反馈环节的开放式小组访问的混合(可以有访问者，也可以没有访问者)

资料来源：弗洛德·J. 福勒：《调查问卷的设计与评估》，蒋逸民等译，重庆大学出版社，2010。

二　评估数据的分析方法

农村相对贫困治理进展评估关键是数据分析。评估数据分析是质量管理体系的支持过程，其本质就是利用相应的统计分析方法对收集到的数据进行分析，发掘数据所反映的现象的本质以及形成这些现象的原因。农村相对贫困治理进展评估的数据分析就是对委托方或第三方通过实地考察、问卷调查、访谈等方法获得的相关数据资料进行统计分析，揭示农村相对贫困治理的现状，发现农村相对贫困治理绩效的影响因素，验证农村相对贫困治理政策的可行性与合理性，为增强农村相对贫困治理成效提供指导和建设性意见。农村相对贫困治理进展评估数据分析方法主要有以下三种。

（一）描述性分析

描述性分析主要是通过作图、制表以及各种形式的方程拟合，计算均值、方差、偏度等特征统计量来探索数据所反映的信息，如实际脱贫人数、致贫原因分布、通水通电程度等基本的相对贫困治理现状。农村相对贫困治理的描述性分析是在收集的相关定性和定量数据基础上，对相对贫困的识别准确率、治理满意度等现状特征和贫困治理对象、政府等参与主体特征分布的概括性分析。从具体分类上看，农村相对贫困治理进展评估数据的描述性分析主要包括数据的集中趋势分析（平均数、中位数、众数）、数据的离散程度分析（极差、内距、方差）和数据分布的偏态与峰度分析（偏态、峰度）三类。

（二）统计推断分析

统计推断分析，即根据样本特征，采用参数估计和假设检验推断总体特征的一种数据分析方法。比如，根据在某县随机抽取的样本村的相关信息推断该县相对贫困治理现状、贫困特征等信息。农村相对贫困治理进展评估的统计推断分析则是基于抽样选择的样本县（村）以及对应农户的特征，利用数理统计原理推断总体相对贫困治理特征的过程。农村相对贫困治理进展评估的统计推断分析包括参数估计和假设检验两个部分。在具体分析过程中，对于两个或两个以上区域的分析，一般利用 EXCEL、EVIEWS、STATA 等软件，采用方差分析法进行统计推断分析。

（三）量化分析

量化分析，即通过回归分析、主成分分析、聚类分析（Cluster Analysis）

等计量分析方法探索事物发展的规律，验证已发现规律的真伪与区域适应性。农村相对贫困治理进展评估的量化分析则是在对县（村、人）等相对贫困对象的一般现象进行归纳的基础上，利用计量分析软件，分析这些相对贫困现象背后的原因和影响因素，验证有关相对贫困治理规律正确与否。

常见的农村相对贫困治理进展评估量化分析方法有主成分分析、聚类分析、结构方程模型（Structural Equation Modeling，SEM）、灰色关联度分析（Grey Relational Analysis）、模糊层次综合评价（FAHP）等方法。

第三节　评估指标构建分析

一　指标设定依据

（一）党和国家发展战略

党的十八大以来，党中央把握发展阶段新变化，把逐步实现全体人民共同富裕摆在更加重要的位置上。党的十九届五中全会把"全体人民共同富裕取得更为明显的实质性进展"定为现代化建设的远景目标之一，明晰了从全面小康到共同富裕的重大历史性任务。我国农村相对贫困治理目的和目标，从属于党和国家新的阶段性发展战略，服务于农村相对贫困人口福祉水平的提高及贫富差距的缩小，最终落脚于全体人民共同富裕。与时俱进的共同富裕思想内涵、战略目标为农村相对贫困治理的具体实施提供了理论指导和战略框架，为农村相对贫困治理进展评估指标的设定提供了方向和理论依据。

（二）已有相关理论研究

已有研究表明，贫困治理要体现公平与效率，政策上应践行多阶段"公平"与"效率"的钟摆轮回（黄妮，2021；刘学敏等，2018；王荣党，2017）。故而，可以从"公平"与"效率"、"共享"与"发展"来理解共同富裕进程中的相对贫困治理。其中"效率"主要表现为经济增长的"总体富裕"，"公平"主要表现为收入分配的"共享富裕"，分别对应经济的稳定增长和收入的合理分配（杨煌，2021）。结合中国过去几十年的发展历程，共同富裕进程中的相对贫困治理要求机会平等和结果共享，但也要求不能出现平均主义，相对贫困治理绝不是共同贫穷或杀富济贫。推进相对贫困治理、实现共同富裕的内涵是全民共富、全面富裕、共建共富、逐步共富，既强调共同进步，又强调前进过程是阶段性的，有快有慢、有先有后地推进相对贫困治理，最终实现共同富裕。

（三）国内地方实践探索

浙江、江苏、广东、成都等地区开展的以缩小居民收入差距、提高居民整体生活水平为目标的相对贫困治理实践启示，应将"共享""发展"作为农村相对贫困治理的重要维度。《中共中央　国务院关于支持浙江高质量发展建设共同富裕示范区的意见》明确提出，体现效率、促进公平，坚决防止两极分化，要在发展中补齐民生短板，在共建共享过程中逐步推进共同富裕。共同富裕进程中的农村相对贫困治理不但要体现效率，补齐民生短板，提高农村居民物质和精神生活水平，而且要促进公平，坚决防止城乡和农村内部两极分化。

纵观有关共同富裕和相对贫困治理的战略目标规划、理论研究和地方实践，本书认为，对共同富裕进程中农村相对贫困治理的理解至少有三个基本理论共识：第一，平均的贫穷及相对贫困治理不是共同富裕进程中的相对贫困治理；第二，两极分化的富裕及相对贫困治理不是共同富裕进程中的相对贫困治理；第三，共同富裕进程中的相对贫困治理不是"同时均等富裕"条件下的相对贫困治理。基于以上分析，本书认为共同富裕进程中农村相对贫困治理应从"发展"与"共享"、"总体富裕"与"共享富裕"维度设定相关指标。"总体富裕"重在反映农村居民物质和精神生活水平提高，"共享富裕"重在表征促进公平正义，防止城乡和农村内部两极分化。

二　评估指标设定

根据相对贫困治理进展评估指标设定依据，参考《中华人民共和国国

民经济和社会发展第十四个五年规划和 2035 年远景目标纲要》（以下简称
"纲要"）、《"十四五"推进农业农村现代化规划》（以下简称"规划"）、
《浙江高质量发展建设共同富裕示范区实施方案（2021—2025 年）》以及
张来明和李建伟（2021）等有关专家的研究成果，本书主要从"共享富
裕"和"总体富裕"两个维度选择共同富裕进程中农村相对贫困治理进展
评估指标。"共享富裕"体现为富裕实现的范围，即全体农村居民享有平等
的发展机会和成果，本章拟采用体现人群差距和城乡差距的双维度指标[1]来
反映"共享富裕"程度；"总体富裕"用来表征全体农村居民的平均生活水
平达到发达国家甚至超越发达国家生活水平的程度，本章拟从物质生活富裕
富足、精神生活富裕富足两方面来表征。如表 7-2 所示，共同富裕进程中农
村相对贫困治理进展评估的指标体系由 2 个一级指标、4 个二级指标、10 个
三级指标组成。

表 7-2　共同富裕进程中农村相对贫困治理进展评估指标体系

一级指标	二级指标	三级指标
共享富裕	人群差距	农村基尼系数
	城乡差距	城乡居民可支配收入比
总体富裕	物质生活富裕富足	农村居民人均可支配收入
		农村居民家庭恩格尔系数
		乡村医生中执业（助理）医师比例
		乡村义务教育学校专任教师本科以上学历比例
		乡镇（街道）范围具备综合功能的养老服务机构覆盖率
		农村生活污水处理率
		农村生活垃圾处理率
	精神生活富裕富足	农村居民教育文化娱乐消费支出占比

资料来源：课题组自制。

1　本书关注的三大差距中的区域差距主要由各地区的人群差距和城乡差距体现。

第四节　评估阶段性目标分析

根据"纲要"和"规划",基于对我国农村经济社会发展总体趋势的预测分析,参考《浙江高质量发展建设共同富裕示范区实施方案(2021—2025年)》以及张来明和李建伟(2021)等有关专家的研究成果与计算方法,本章提出了共同富裕进程中农村相对贫困治理各项指标的阶段性目标。

一　第一阶段目标

第一阶段(2021—2025年),稳定脱贫、相对贫困缓解并存期,农村相对贫困治理各项指标的目标分别设定为:农村基尼系数小于0.45、城乡居民可支配收入比小于2.4、农村居民年人均可支配收入大于等于21585元、农村居民家庭恩格尔系数小于等于0.28、乡村医生中执业(助理)医师比例大于等于45%、乡村义务教育学校专任教师本科及以上学历比例大于等于62%、乡镇(街道)范围具备综合功能的养老服务机构覆盖率大于等于60%、农村居民教育文化娱乐消费支出占比大于等于11.5%(各指标第一阶段目标值及其具体依据如表7-3所示)。

表7-3　第一阶段(2021—2025年)农村相对贫困治理各项指标的目标

三级指标	治理目标	依据
农村基尼系数	<0.45	1. 国际惯例把基尼系数在0.2以下视为收入绝对平均,0.2—0.3视为收入比较平均,0.3—0.4视为收入相对合理,0.4—0.5视为收入差距较大,0.5以上视为收入悬殊 2. 近年来我国城乡基尼系数不断增大,截至2020年,农村基尼系数达到了0.442,居民基尼系数达到了0.468 3. 张来明和李建伟(2021)等将促进共同富裕的阶段性目标设定为:到2025年居民基尼系数下降到0.45以下 4. 基于近年来农村基尼系数仍处于增长态势,以及农村基尼系数低于居民基尼系数的客观现实,在参考张来明和李建伟(2021)研究的基础上,将2025年农村基尼系数目标值设定为<0.45

续表

三级指标	治理目标	依据
城乡居民人均可支配收入比	<2.4	1. 2011—2021 年《中国统计年鉴》显示，我国城乡居民年人均可支配收入相对差距已从 2010 年的 2.99 倍下降至 2020 年的 2.56 倍，年均下降 1.5% 2. "规划"有关城乡居民人均可支配收入比的目标设定为农村居民年人均可支配收入增长与国内生产总值增长基本同步，城乡居民收入差距持续缩小 3. 参考胡鞍钢的计算方法，2021—2025 年城乡居民人均可支配收入比按人均可支配收入倍增目标计算得出
农村居民年人均可支配收入	≥21585 元	1. "规划"仅设定农村居民年人均可支配收入增长与国内生产总值增长基本同步目标，并未设定具体目标值 2. 2010—2020 年我国农村居民年人均可支配收入年均增长 4.73%，在 2020 年达到 17132 元 3. 参考胡鞍钢的计算方法，2021—2025 年农村居民年人均可支配收入按人均可支配收入倍增目标计算得出
农村居民家庭恩格尔系数	≤0.28	1. 近年来我国城乡居民收入不断增加，恩格尔系数持续下降，2020 年，全国城镇居民恩格尔系数为 29.2%，比上年上升 1.6 个百分点；农村居民恩格尔系数为 32.7%，比上年上升 2.7 个百分点 2. 联合国依据恩格尔系数对居民生活水平进行了划分：恩格尔系数处于 20% 以下为极其富裕，20%—30% 为富足，30%—40% 为相对富裕，40%—50% 为小康，50%—60% 为温饱，大于 60% 为贫困 3. 引用胡鞍钢设定的 2025 年农村居民家庭恩格尔系数值
乡村医生中执业（助理）医师比例	≥45%	1. 2020 年（基期）乡村医生中执业（助理）医师比例为 38.5%，"规划"按照年均增速 6.5% 计算得出 2025 年目标为大于等于 45% 2. 以"规划"中 2025 年乡村医生中执业（助理）医师比例作为目标
乡村义务教育学校专任教师本科及以上学历比例	≥62%	1. 2020 年（基期）乡村义务教育学校专任教师本科及以上学历比例为 60.4%，"规划"按照年均增速 1.6% 计算得出 2025 年目标为大于等于 62% 2. 以"规划"中 2025 年乡村义务教育学校专任教师本科及以上学历比例作为目标
乡镇（街道）范围具备综合功能的养老服务机构覆盖率	≥60%	1. 2020 年（基期）乡镇（街道）范围具备综合功能的养老服务机构覆盖率为 54%，"规划"按照年均增速 6% 计算得出 2025 年目标为大于等于 60% 2. 以"规划"中 2025 年乡镇（街道）范围具备综合功能的养老服务机构覆盖率作为目标
农村居民教育文化娱乐消费支出占比	≥11.5%	1. 2020 年（基期）农村居民教育文化娱乐消费支出占比为 9.5%，"规划"按照年均增速 2% 计算得出 2025 年目标为大于等于 11.5% 2. 以"规划"中 2025 年农村居民教育文化娱乐消费支出占比作为目标

资料来源：课题组自制。

二　第二阶段目标

第二阶段（2026—2035 年），相对贫困缓解全面推进期，农村相对贫困治理各项指标的目标分别设定为：农村基尼系数小于 0.4、城乡居民可支配收入比小于 2、农村居民年人均可支配收入大于等于 34264 元、农村居民家庭恩格尔系数小于等于 0.2、乡村医生中执业（助理）医师比例大于等于 84%、乡村义务教育学校专任教师本科及以上学历比例大于等于 73%、乡镇（街道）范围具备综合功能的养老服务机构覆盖率达到 100%、农村居民教育文化娱乐消费支出占比大于等于 14%（各指标第二阶段目标值及其具体依据如表 7-4 所示）。此外，考虑到第三、第四阶段距今较远，本书没有再对第三阶段（2036—2050年）——相对贫困问题得到基本解决时期和第四阶段（2051 年及以后一段时间）——相对贫困问题解决、全面实现共同富裕时期各项指标的目标进行探讨。

表 7-4　第二阶段（2026—2035 年）农村相对贫困治理各项指标的目标

三级指标	治理目标	依据
农村基尼系数	<0.4	1. 国际惯例把基尼系数在 0.2 以下视为收入绝对平均，0.2—0.3 视为收入比较平均，0.3—0.4 视为收入相对合理，0.4—0.5 视为收入差距较大，0.5 以上视为收入悬殊 2. 近年来我国城乡基尼系数不断增大，截至 2020 年，农村基尼系数达到了 0.442，居民基尼系数达到了 0.468 3. 张来明和李建伟（2021）等将促进共同富裕的阶段性目标设定为：到 2035 年居民基尼系数下降到 0.4 以下 4. 考虑到近年来农村基尼系数还处于增长态势，以及农村基尼系数低于居民基尼系数的客观现实，在参考张来明和李建伟（2021）等研究的基础上，将 2035 年农村基尼系数目标设定为<0.4
城乡居民可支配收入比	<2	1. 2011—2021 年《中国统计年鉴》显示，我国城乡居民年人均可支配收入相对差距已从 2010 年的 2.99 倍下降至 2020 年的 2.56 倍，年平均下降 1.5% 2. 参考胡鞍钢的计算方法，2026—2035 年城乡居民人均可支配收入比按人均可支配收入倍增目标计算得出
农村居民年人均可支配收入	≥34264 元	1. "纲要"设定 2035 年我国经济社会发展基本达到中等发达国家水平 2. 2010—2020 年我国农村居民年人均可支配收入年均增长 4.73%，在 2020 年达到 17132 元 3. 参考胡鞍钢的计算方法，2026—2035 年农村居民年人均可支配收入按人均可支配收入倍增目标计算得出

续表

三级指标	治理目标	依据
农村居民家庭恩格尔系数	≤0.2	1. 联合国依据恩格尔系数对居民生活水平进行了划分：恩格尔系数处于20%以下为极其富裕，20%—30%为富足，30%—40%为相对富裕，40%—50%为小康，50%—60%为温饱，大于60%为贫困 2. 引用胡鞍钢设定的2035年农村居民家庭恩格尔系数
乡村医生中执业（助理）医师比例	≥84%	1. 2020年（基期）乡村医生中执业（助理）医师比例为38.5%，"规划"按照年均增速6.5%将2025年目标设定为大于等于45% 2. 参考"规划"的计算方法，2026—2035年乡村医生中执业（助理）医师比例目标按"十四五"时期增速计算得出
乡村义务教育学校专任教师本科及以上学历比例	≥73%	1. 2020年（基期）乡村义务教育学校专任教师本科及以上学历比例为60.4%，"规划"按照年均增速1.6%计算得出2025年目标为大于等于62% 2. 参考"规划"的计算方法，2026—2035年乡村义务教育学校专任教师本科及以上学历比例目标按"十四五"时期增速计算得出
乡镇（街道）范围具备综合功能的养老服务机构覆盖率	100%	1. 2020年（基期）乡镇（街道）范围具备综合功能的养老服务机构覆盖率为54%，"规划"按照年均增速6%计算得出2025年目标为大于等于60% 2. 参考"规划"的计算方法，2026—2035年乡镇（街道）范围具备综合功能的养老服务机构覆盖率目标按"十四五"时期增速计算得出
农村居民教育文化娱乐消费支出占比	≥14%	1. 胡鞍钢将2035年居民教育文化娱乐消费支出占比目标设定为≥15%，考虑到农村居民收入水平较城镇居民低，因此，农村居民教育文化娱乐消费支出占比的下限应位于15%以下 2. 2020年（基期）农村居民教育文化娱乐消费支出占比为9.5%，"规划"按照年均增速2%计算得出2025年目标为大于等于11.5% 3. 参考"规划"的计算方法，2026—2035年农村居民教育文化娱乐消费支出占比目标按"十四五"时期增速计算得出

资料来源：课题组自制。

第五节　评估实证分析

本章的进展评估实证主要分析农村相对贫困治理进程和治理态势。需要说明的是，考虑到第三阶段（2036—2050年）、第四阶段（2051年及以后一段时间）距今较远，面临的不确定性因素相对较多，本书只对第一、第二阶段（2021—2035年）的农村相对贫困治理进展情况进行评估。

一 指标选择及赋权

(一)指标选择

考虑到短期内农村相对贫困治理解决的主要矛盾是提高农村居民绝对收入水平和缩小城乡、农村内部以及不同地区农村的收入差距,在已有农村相对贫困治理进展评估指标体系基础上,结合数据可得性,本书从农村居民家庭收入角度选择指标,考察共同富裕进程中我国农村相对贫困治理进展情况。选择的指标主要包含农村居民年人均可支配收入(反映农村居民绝对收入水平)、城乡居民可支配收入比(反映城乡收入差距)和农村基尼系数(反映农村内部收入差距)三个指标。[1] 设定第一、第二阶段(2021—2035 年)农村居民年人均可支配收入目标为大于等于 34264 元、城乡居民可支配收入比目标为小于 2、农村基尼系数目标为小于 0.4。

(二)指标赋权

综观现有研究,不同专家学者对"共享富裕"和"总体富裕"维度到底谁重要并未达成一致。为计算方便,本书采用等权重方法对"共享富裕"维度和"总体富裕"维度进行赋权,再在各维度下对各指标进行等权重赋权。农村基尼系数和城乡居民可支配收入比的权重分别为 0.25,农村居民人均可支配收入的权重为 0.5(见表 7-5)。

表 7-5 农村相对贫困治理进展评估实践指标及权重

一级指标	二级指标	三级指标	2021—2035 年目标	权重
共享富裕	人群差异	农村基尼系数	<0.4	0.25
	乡城差异	城乡居民可支配收入比	<2	0.25
总体富裕	物质生活富裕富足	农村居民年人均可支配收入	≥34264 元	0.5

资料来源:课题组自制。

---

[1] 三大差距中的不同地区农村的收入差距主要由各地区农村内部收入差距和城乡收入差距体现。

二　资料来源及说明

本章数据主要来源于 2011—2021 年我国大陆地区 31 个省区市国民经济和社会发展统计公报，[1] 以及 2011—2021 年《中国统计年鉴》《中国农村统计年鉴》等公开资料。

在数据处理过程中，有两点需要重点说明。第一，在进行我国农村相对贫困治理进展评估时，本章选择的 2011—2021 年相关统计数据，其实际反映的是 2010—2020 年农村相对贫困治理情况；第二，本章利用 2011—2021 年相关统计数据计算了各省区市农村基尼系数、城乡居民可支配收入比、农村居民年人均可支配收入的平均增速，以此来研判实现第一、第二阶段（2021—2035 年）农村相对贫困治理目标所需时间和速度。

三　治理进程分析

（一）各指标实现进程分析

1. 农村基尼系数

整体上看，目前我国农村 2021—2035 年基尼系数目标实现程度较高。表 7-6 数据显示，2020 年北京、天津、黑龙江、安徽、四川、贵州等 6 省市（占比为 19.35%）的农村基尼系数已经低于 0.4，提前实现了 2021—2035 年农村基尼系数目标。山西、辽宁、吉林、上海、江苏、福建、江西、湖北、湖南、广西、青海、新疆等 12 省区市（占比为 38.71%）的农村基尼系数分布在 0.4—0.46，2021—2035 年农村基尼系数目标实现程度为 90%—100%；河北、内蒙古、浙江等 12 省区市（占比为 38.71%）的农村基尼系数分布在 0.47—0.51，2021—2035 年农村基尼系数目标实现程度为 80%—90%。需要说明的是，虽然广东、浙江等省区市整体经济较为发达，但是这些地区农村居民内部收入差距还是较大，因此其农村基尼系数实现程度相对较低。

1　港澳台地区没有被纳入计算范畴。

从区域分布来看，目前我国农村 2021—2035 年基尼系数目标实现程度区域规律性并不明显。比如，同为东部沿海省市，北京、天津 2021—2035 年农村基尼系数目标实现程度已经超过 100%，但是河北、山东的目标实现程度只有 82.02% 和 82.84%。再比如，在西部地区，四川 2021—2035 年农村基尼系数目标实现程度达到了 102.96%，但是重庆、西藏等的目标实现程度才达到 85.29% 和 82.64%。该现象说明农村基尼系数的高低并不必然与整体经济发展水平相联系，同时启示部分实现程度较低的省区市应重点关注如何缩小农村内部收入差距，实现包容性增长。

表 7-6　部分省区市农村基尼系数 2021—2035 年目标实现程度

省区市	2020 年农村基尼系数	2021—2035 年目标	实现程度（%）	排序
北　京	0.35	<0.4	107.51	1
天　津	0.36	<0.4	107.49	2
河　北	0.51	<0.4	82.02	31
山　西	0.45	<0.4	91.69	16
内蒙古	0.50	<0.4	82.93	27
辽　宁	0.42	<0.4	97.31	11
吉　林	0.44	<0.4	93.55	14
黑龙江	0.39	<0.4	101.51	6
上　海	0.45	<0.4	91.07	17
江　苏	0.43	<0.4	95.15	13
浙　江	0.48	<0.4	86.01	22
安　徽	0.36	<0.4	106.60	4
福　建	0.45	<0.4	90.86	18
江　西	0.45	<0.4	91.91	15
山　东	0.50	<0.4	82.84	28
河　南	0.50	<0.4	82.84	29
湖　北	0.41	<0.4	98.72	10
湖　南	0.42	<0.4	96.91	12
广　东	0.48	<0.4	87.39	21
广　西	0.46	<0.4	90.81	19
海　南	0.47	<0.4	87.68	20
重　庆	0.49	<0.4	85.29	24
四　川	0.38	<0.4	102.96	5

续表

省区市	2020 年农村基尼系数	2021—2035 年目标	实现程度（%）	排序
贵　州	0.36	<0.4	106.85	3
云　南	0.49	<0.4	85.10	25
西　藏	0.50	<0.4	82.64	30
陕　西	0.50	<0.4	83.04	26
甘　肃	0.49	<0.4	85.62	23
青　海	0.41	<0.4	98.78	9
宁　夏	0.40	<0.4	100.53	7
新　疆	0.40	<0.4	99.73	8

资料来源：课题组自制。

2. 城乡居民可支配收入比

整体上看，目前我国 2021—2035 年城乡居民可支配收入比目标实现程度较高。表 7-7 数据显示，2020 年天津、黑龙江、浙江（占比为 9.68%）的城乡居民可支配收入比已经低于 2，提前实现了 2021—2035 年城乡居民可支配收入比目标。吉林、上海、江苏、河南（占比为 12.90%）的城乡居民可支配收入比分布在 2.08—2.19，2021—2035 年城乡居民可支配收入比目标实现程度为 90%—100%；河北、辽宁、内蒙古等 14 省区市（占比为 45.16%）的城乡居民可支配收入比分布在 2.25—2.5，2021—2035 年城乡居民可支配收入比目标实现程度为 80%—90%；贵州、云南、西藏等 10 省区（占比为 32.26%）的城乡居民可支配收入比分布在 2.51—3.27，2021—2035 年城乡居民可支配收入比目标实现程度为 60%—80%。

表 7-7　部分省区市城乡居民可支配收入比 2021—2035 年目标实现程度

省区市	2020 年城乡居民可支配收入比	2021—2035 年目标	实现程度（%）	排序
北　京	2.51	<2	79.68	22
天　津	1.86	<2	107.53	1
河　北	2.26	<2	88.50	9

省区市	2020 年城乡居民可支配收入比	2021—2035 年目标	实现程度（%）	排序
山　西	2.51	<2	79.68	23
内蒙古	2.5	<2	80.00	21
辽　宁	2.31	<2	86.58	13
吉　林	2.08	<2	96.15	4
黑龙江	1.92	<2	104.17	2
上　海	2.19	<2	91.32	6
江　苏	2.19	<2	91.32	7
浙　江	1.96	<2	102.04	3
安　徽	2.37	<2	84.39	15
福　建	2.26	<2	88.50	10
江　西	2.27	<2	88.11	11
山　东	2.33	<2	85.84	14
河　南	2.16	<2	92.59	5
湖　北	2.25	<2	88.8	8
湖　南	2.51	<2	79.68	24
广　东	2.49	<2	80.32	20
广　西	2.42	<2	82.64	17
海　南	2.28	<2	87.72	12
重　庆	2.45	<2	81.63	18
四　川	2.4	<2	83.33	16
贵　州	3.1	<2	64.52	30
云　南	2.92	<2	68.49	29
西　藏	2.82	<2	70.92	26
陕　西	2.84	<2	70.42	27
甘　肃	3.27	<2	61.16	31
青　海	2.88	<2	69.44	28
宁　夏	2.57	<2	77.82	25
新　疆	2.48	<2	80.65	19

资料来源：课题组自制。

与 2021—2035 年农村基尼系数目标实现程度不同的是，目前我国 2021—2035 年城乡居民可支配收入比目标实现程度区域规律性较为明显。对比来看，东部地区各省市的城乡居民可支配收入比目标实现程度明显高于中部地区和西部地区，中部地区明显高于西部地区。比如，东部地区2021—2035年城乡居民可支配收入比目标实现程度超过90%的省区市有4个，而中部地区有3个，西部地区没有。再比如，2021—2035年城乡居民可支配收入比目标实现程度靠后的7个省区全部在西部地区。

当然，通过表7-7也可以看出，并不是所有东部省市2021—2035年城乡居民可支配收入比目标实现程度均靠前，并不是所有中部省都好于西部省区市。比如东部地区的北京、广东2021—2035年城乡居民可支配收入比目标实现程度就低于中部地区的安徽、江西等省，中部地区的山西2021—2035年城乡居民可支配收入比目标实现程度就低于西部地区的四川、重庆等。上述现象可能与城乡二元经济结构差异以及农村人口流动有较大关系。比如，统筹城乡改革、外出务工等因素，明显降低了成渝地区城乡居民可支配收入比。

3. 农村居民年人均可支配收入

整体上看，目前我国2021—2035年农村居民年人均可支配收入目标实现程度较低。表7-8数据显示，截至2020年底，全国31个省区市中只有上海的农村居民年人均可支配收入超过了34264元，提前实现了2021—2035年农村居民年人均可支配收入目标。而2021—2035年农村居民年人均可支配收入目标实现程度在50%—100%的也只有浙江（93.19%）、北京（87.92%）、天津（74.98%）、江苏（70.62%）、福建（60.94%）、广东（58.79%）、山东（54.73%）、辽宁（50.93%）8个省市，占比为25.81%。四川、西藏等22个占比为70.97%的省区市2021—2035年农村居民年人均可支配收入目标实现程度均在50%以下。

从区域分布来看，目前我国2021—2035年农村居民年人均可支配收入目标实现程度区域规律性明显。对比来看，东部地区各省市的农村居民年人均可支配收入目标实现程度明显高于中部地区和西部地区，中部地区明显高于西部地区。比如，东部地区2021—2035年农村居民年人均可支配收入目标实现程度超过 50% 的省市就有 9 个（除河北、海南外），而中部地区和西部地区中目标实现程度超过 50% 的省区市为 0 个。再比如，2021—2035 年农村居民年人均可支配收入目标实现程度靠后的 7 个省区，0 个在东部地区，1 个在中部地区，6 个在西部地区。

当然，通过表 7-8 也可以看出，并不是所有东部地区的省市 2021—2035 年农村居民年人均可支配收入目标实现程度均靠前，并不是所有中部省都好于西部省区市。比如东部地区的河北 2021—2035 年农村居民年人均可支配收入目标实现程度就低于中部地区的江西等省，中部地区的湖北 2021—2035 年农村居民年人均可支配收入目标实现程度就低于西部地区的重庆。上述现象可能与江西、重庆等外出务工人口占比较大有很大关系。因为相比就地务农，外出务工收入一般会更高。

表 7-8 农村居民年人均可支配收入 2021—2035 年目标实现程度

省区市	2020 年农村居民人均可支配收入（元）	2021—2035 年目标（元）	实现程度（%）	排序
北　京	30126	≥34264	87.92	3
天　津	25691	≥34264	74.98	4
河　北	16467	≥34264	48.06	14
山　西	13878	≥34264	40.50	26
内蒙古	16567	≥34264	48.35	13
辽　宁	17450	≥34264	50.93	9
吉　林	16067	≥34264	46.89	20
黑龙江	16168	≥34264	47.19	18
上　海	34911	≥34264	101.89	1
江　苏	24198	≥34264	70.62	5
浙　江	31930	≥34264	93.19	2
安　徽	16620	≥34264	48.51	11
福　建	20880	≥34264	60.94	6
江　西	16981	≥34264	49.56	10
山　东	18753	≥34264	54.73	8
河　南	16108	≥34264	47.01	19

续表

省区市	2020年农村居民人均可支配收入（元）	2021—2035年目标（元）	实现程度（%）	排序
湖　北	16306	≥34264	47.59	16
湖　南	16585	≥34264	48.40	12
广　东	20143	≥34264	58.79	7
广　西	14815	≥34264	43.24	22
海　南	16279	≥34264	47.51	17
重　庆	16361	≥34264	47.75	15
四　川	15929	≥34264	46.49	21
贵　州	11642	≥34264	33.98	30
云　南	12842	≥34264	37.48	28
西　藏	14598	≥34264	42.60	23
陕　西	13316	≥34264	38.86	27
甘　肃	10344	≥34264	30.19	31
青　海	12342	≥34264	36.02	29
宁　夏	13889	≥34264	40.54	25
新　疆	14056	≥34264	41.02	24

资料来源：课题组自制。

此外，从图7-1可以看出，各省区市农村基尼系数、城乡居民人均可支配收入比和农村居民年人均可支配收入目标实现程度并不一致。普遍存在各省区市的农村基尼系数目标实现程度最高、城乡居民可支配收入比目标实现程度次之、农村居民年人均可支配收入目标实现程度最低现象。这表明，在推进农村相对贫困治理的过程中，应该以提高农村居民绝对收入水平和缩小城乡居民收入差距为重点。

（二）治理进程总体分析

整体上看，如果以实现2021—2035年农村相对贫困治理目标为依据，2020年全国31个省区市的农村相对贫困治理目标实现程度主要分布在36.65%—73.94%。其中，实现程度在70%以上的省区市有2个，占比为6.45%；实现程度在60%—70%的省区市有2个，占比为6.45%；实现程

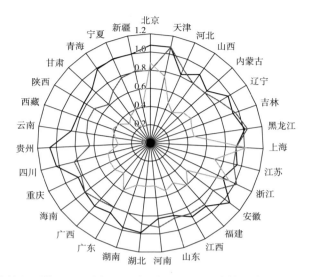

图 7-1　各指标 2021—2035 年目标实现程度

资料来源：课题组自制。

度在 50%—60% 的省区市有 5 个，占比为 16.13%；实现程度在 40%—50% 的省区市有 21 个，占比为 67.74%；还有 1 个省实现程度在 40% 以下。综合来看，全国大部分省区市的农村相对贫困治理目标实现程度主要集中在 40%—50%。

对比各省区市的农村相对贫困治理目标实现程度可知，实现程度较高的省市主要集中在东部沿海地区。其中，实现程度最高的是上海，2020 年已经实现了 2021—2035 年农村相对贫困治理目标的 73.94%；其次是北京，2020 年已经实现了 2021—2035 年农村相对贫困治理目标的 71.04%。除此之外，农村相对贫困治理目标实现程度排在前列的还有浙江（68.35%）、天津（64.63%）、江苏（59.33%）。农村相对贫困治理目标实现程度靠后的省区市主要集中在西部地区。其中，实现程度最低的是甘肃，2020 年实现 2021—2035 年农村相对贫困治理目标的 36.65%。农村相对贫困治理目标实现程度靠后的省区还有云南（40.19%）、陕西

（40.37%）和西藏（42.14%）。

当然，通过表7-9也可以看出，并不是所有东部沿海地区的省市的2021—2035年农村相对贫困治理目标实现程度均靠前，并不是所有中部省都好于西部省区市。比如东部地区的河北，2021—2035年农村相对贫困治理目标实现程度为44.76%，在全国居第22位。河北农村相对贫困治理目标实现程度靠后可能主要是因为该省农村内部和城乡之间收入差距较大且还有一部分发展欠发达的山区。

表7-9　全国各省区市农村相对贫困治理情况

单位：%

省区市	实现程度	排序	省区市	实现程度	排序
北　京	71.04	2	湖　北	48.70	12
天　津	64.63	4	湖　南	48.63	13
河　北	44.76	22	广　东	51.44	7
山　西	43.37	26	广　西	44.53	23
内蒙古	45.11	21	海　南	45.90	17
辽　宁	50.01	9	重　庆	45.40	20
吉　林	47.07	16	四　川	49.19	11
黑龙江	49.23	10	贵　州	43.86	25
上　海	73.94	1	云　南	40.19	30
江　苏	59.33	5	西　藏	42.14	28
浙　江	68.35	3	陕　西	40.37	29
安　徽	51.11	8	甘　肃	36.65	31
福　建	53.41	6	青　海	42.88	27
江　西	47.98	15	宁　夏	45.60	19
山　东	48.29	14	新　疆	45.65	18
河　南	44.45	24			

资料来源：课题组自制。

四　治理态势分析

本章主要以 2020 年为我国农村相对贫困治理态势预测的逻辑起点，[1] 以 2010—2020 年各省区市农村基尼系数、城乡居民可支配收入比、农村居民年人均可支配收入三个指标标准化后的年均增速作为 2020 年后农村相对贫困治理相关指标的总体发展速度。

（一）实现阶段性目标的时间分析

从各地区实现 2021—2035 年农村相对贫困治理目标的时间看，在全国 31 个省区市中，能如期实现 2021—2035 年农村相对贫困治理目标的省区市超过 1/5，大部分省区市需加倍努力才能实现预设目标。如图 7-2 所示，全国有上海、北京、浙江、天津、安徽、江苏和广东 7 个省市能够在 2035 年前实现 2021—2035 年农村相对贫困治理目标，占全部省区市的 22.58%。这 7 个省市因目标实现时间靠前，目标实现后还有充足的巩固提升时间。与此同时，内蒙古、辽宁、吉林、福建、湖北、湖南、海南、四川、贵州和青海 10 个省区能够在 2035 年后的 5 年内（含 5 年）实现 2021—2035 年农村相对贫困治理目标，占全部省区市的 32.26%。这部分省区属于临界省份，虽然在 2035 年及以前不能实现农村相对贫困治理目标，但极为接近目标值，通过大力发展实现农村相对贫困治理目标的难度不大。此外，全国仍有 14 个省区市在 2035 年后需要超过 5 年时间才能够实现 2021—2035 年农村相对贫困治理目标，占比为 45.16%。这部分省区市与 2021—2035 年农村相对贫困治理目标差距较大，需要锚定目标、大力发展，才能如期实现农村相对贫困治理目标。

从区域对比看，整体上东部地区 2021—2035 年农村相对贫困治理目标实现时间比中西部地区早，中部地区比西部地区早。图 7-2 显示，2021—2035

---

[1]　从农村贫困治理阶段划分看，2020 年是我国取得脱贫攻坚全面胜利的最后一年，之后我国就进入了全面解决相对贫困问题的新的历史时期。故而，农村相对贫困治理进展评估应以 2020 年为逻辑起点。

年农村相对贫困治理目标实现时间靠前的 7 个省市中，有 6 个位于东部地区，
1 个位于中部地区。而 2021—2035 年农村相对贫困治理目标实现时间靠后的 8
个省区市中，有 5 个是西部地区的省区市。

　　当然，通过图 7-2 还可以看出，陕西、甘肃、山东、山西、河南、重
庆、云南、新疆等省区实现 2021—2035 年农村相对贫困治理目标时间过
长。比如陕西要到 2066 年才能够实现 2021—2035 年农村相对贫困治理目
标，这个时间明显过长。从前面的分析可知，陕西实现 2021—2035 年农
村相对贫困治理目标时间过长，一方面是因为陕西刚完成脱贫攻坚任务，
大量脱贫人口刚解决了绝对贫困问题，农村相对贫困治理进展仍处于靠后
位置（见表 7-9），另一方面是因为陕西农村相对贫困治理速度过慢（见
表 7-10）。甘肃、山东、山西、河南、重庆、云南、新疆等省区市实现
2021—2035 年农村相对贫困治理目标时间过长的原因也与陕西类似。

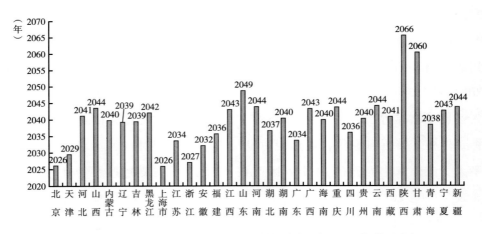

图 7-2　各省区市实现 2021—2035 年农村相对贫困治理目标的时间预测

资料来源：课题组自制。

（二）实现阶段性目标的增速分析

　　如表 7-10 所示，全国 31 个省区市中，上海、北京、浙江、天津 4 省
市需要 2.03%—2.95% 的年均增速，才能够如期实现 2021—2035 年农村

相对贫困治理目标；江苏需要 3.54% 的年均增速，才能够如期实现 2021—2035 年农村相对贫困治理目标；福建、广东等 9 省需要 4.27%—4.97% 的年均增速，才能够如期实现 2021—2035 年农村相对贫困治理目标；江西、吉林等 14 省区市需要 5.02%—5.93% 的年均增速，才能够如期实现 2021—2035 年农村相对贫困治理目标；陕西、云南和甘肃 3 省分别需要 6.23%、6.27%、6.92% 的年均增速，才能够如期实现 2021—2035 年农村相对贫困治理目标。

　　基于各省区市达到 2021—2035 年农村相对贫困治理目标所需的年均增速与前 10 年农村相对贫困治理年均增速的差额大小，本章进一步剖析我国各省区市农村相对贫困治理难度。在具体设定中，本章将年均增速差额在 0 个百分点及以上视为实现 2021—2035 年农村相对贫困治理目标无困难，差额小于 0 个百分点视为实现 2021—2035 年农村相对贫困治理目标有困难。其中，差额在 -1—0 个百分点视为实现 2021—2035 年农村相对贫困治理目标一般困难，差额在 -2—-1 个百分点视为实现 2021—2035 年农村相对贫困治理目标较困难，差额在 -2 个百分点及以下视为实现 2021—2035 年农村相对贫困治理目标很困难。

表 7-10　2021—2035 年农村相对贫困治理目标实现难度

省区市	2010—2020 年年均增速（%）	实现目标所需年均增速（%）	与前 10 年年均增速差额（个百分点）	难度
北　京	5.77	2.31	3.46	无困难
天　津	4.70	2.95	1.75	无困难
河　北	3.88	5.51	-1.63	较困难
山　西	3.62	5.73	-2.11	很困难
内蒙古	4.11	5.45	-1.34	较困难
辽　宁	3.67	4.73	-1.06	较困难
吉　林	3.96	5.15	-1.19	较困难
黑龙江	3.27	4.84	-1.57	较困难

续表

省区市	2010—2020 年年均增速（%）	实现目标所需年均增速（%）	与前 10 年年均增速差额（个百分点）	难度
上　海	5.28	2.03	3.25	无困难
江　苏	3.92	3.54	0.38	无困难
浙　江	5.56	2.57	2.99	无困难
安　徽	5.70	4.58	1.13	无困难
福　建	4.09	4.27	-0.18	一般困难
江　西	3.25	5.02	-1.77	较困难
山　东	2.57	4.97	-2.40	很困难
河　南	3.46	5.55	-2.09	很困难
湖　北	4.43	4.91	-0.49	一般困难
湖　南	3.61	4.92	-1.32	较困难
广　东	4.99	4.53	0.46	无困难
广　西	3.54	5.54	-2.00	较困难
海　南	3.99	5.33	-1.34	较困难
重　庆	3.39	5.41	-2.02	很困难
四　川	4.52	4.84	-0.32	一般困难
贵　州	4.16	5.65	-1.49	较困难
云　南	3.85	6.27	-2.41	很困难
西　藏	4.25	5.93	-1.68	较困难
陕　西	2.01	6.23	-4.22	很困难
甘　肃	2.52	6.92	-4.40	很困难
青　海	4.72	5.81	-1.09	较困难
宁　夏	3.53	5.38	-1.84	较困难
新　疆	3.36	5.37	-2.01	很困难

资料来源：课题组自制。

根据 2021—2035 年农村相对治理目标实现难度，从表 7-10 可知，全国只有 7 个省市（22.58%）实现 2021—2035 年农村相对贫困治理目标无困难；其余 77.42% 的省区市实现 2021—2035 年农村相对贫困治理目标都有困难。其中，实现 2021—2035 年农村相对贫困治理目标一般困难的省有 3 个

（9.68%），分别是福建、湖北和四川；实现 2021—2035 年农村相对贫困治理目标较困难的省区有 13 个（41.94%），分别是河北、内蒙古、辽宁、吉林、黑龙江、江西、湖南、广西、海南、贵州、西藏、青海、宁夏；实现 2021—2035 年农村相对贫困治理目标很困难的省区市有 8 个（25.81%），分别是山西、山东、河南、重庆、云南、陕西、甘肃、新疆。

本章小结

本章通过深入剖析我国农村相对贫困治理进展评估方法，在构建不同阶段农村相对贫困治理进展评估指标体系的基础上，选取收入和支出关键指标，基于 2010—2020 年我国 31 个省区市的相关统计数据，[1] 实证测度了各地农村实现 2021—2035 年相对贫困治理阶段性目标所达到的程度以及实现该目标所需要的总体发展速度和难度，主要结论如下。

第一，农村相对贫困治理进展评估的重点难点主要集中在评估方法选择、评估指标体系构建和评估目标设置三个方面。其中，评估方法选择的重点难点主要是每种数据获取和分析方法都有其固有缺陷；评估指标体系构建的重点主要是指标选择和指标赋权，难点在于指标和权重涉及的因素较多，难以把握；评估目标设置的重点在于较难客观反映事物发展的地域性和阶段性。

第二，农村相对贫困治理进展评估方法包括数据获取和分析方法。按照评估流程划分，农村相对贫困治理进展评估方法主要包括评估数据的获取方法和评估数据的分析方法两类。其中，评估数据的获取方法主要包括典型调查、重点调查、抽样调查和个案调查四种方法；评估数据的分析方法主要包括描述性分析、统计推断分析和量化分析三种方法。

第三，农村相对贫困治理进展评估指标应兼顾"总体富裕"和"共享富裕"两维度。依据党的十九大和党的十九大以来历次中央全会有关文献、国

1　数据分析并不包括港澳台地区。

家"十四五"规划及中长期规划，结合近年来相关学者对共同富裕和相对贫困的相关研究，在参考浙江、江苏等地区相对贫困治理实践的基础上，本章认为农村相对贫困治理进展评估指标选择应同时考虑"共享富裕"和"总体富裕"两个维度。其中，"共享富裕"维度应充分考虑人群差距和城乡差距，"总体富裕"维度应充分考虑农村居民物质生活富裕富足和精神生活富裕富足。

第四，农村相对贫困治理进展评估目标应融入共同富裕推进阶段。应充分考虑农村相对贫困治理进展评估的时空性，将评估目标纳入推进共同富裕阶段中予以设置。具体而言，2021—2025 年的农村相对贫困治理目标设置应紧扣居民收入和实际消费水平差距逐步缩小；2026—2035 年的农村相对贫困治理目标设置应聚焦全体人民共同富裕取得更为明显的实质性进展、基本公共服务实现均等化；2036—2050 年的农村相对贫困治理目标设置要能够反映全体人民共同富裕基本实现、居民收入和实际消费水平差距缩小到合理区间等内容。

第五，共同富裕进程中的农村相对贫困治理目标稳步推进。截至 2020 年，我国绝大多数省区市已经实现了 2021—2035 年农村相对贫困治理目标的一半以上，表明我国农村相对贫困治理已经取得了显著成效。通过 2010—2020 年农村相对贫困治理速度可知，在未来相当长时间内我国农村相对贫困依然会保持高速缓解趋势。由此可见，共同富裕进程中我国农村相对贫困治理得到稳步推进。在推进全体人民实现共同富裕取得实质性进展的过程中，应把握农村相对贫困治理的长期性、艰巨性、复杂性，坚持循序渐进，分阶段、分区域、分人群稳步推进全国农村相对贫困治理步伐。

第六，现阶段我国农村相对贫困治理区域不平衡特征凸显。从 2020 年农村相对贫困治理进程来看，我国农村相对贫困的不平衡在整体上有所改善，区域间以及区域内部的差异仍较为突出。对各地区农村相对贫困治理状况进行对比发现，除东部沿海地区的农村相对贫困治理目标实现程度大多集中在50% 以上外，包括中部地区、西部地区在内的其他地区的农村相对贫困治理目标实现程度均呈现不同程度的差异化。其中，西部地区农村相对贫困治理目标实现程度不高，表现为有相当比例的省区市的目标实现程度均在40%—50%。解决不平衡不充分的发展问题，为底部人群创造更多发展机会，让贫困治理成果更广泛地惠及全体人民，应当成为新时期我国农村相对贫困治理策略的主要目标。

第七，要实现我国农村相对贫困治理目标，促进共同富裕，依然任重道远。按照现有平均速率，上海、北京、浙江、天津、安徽、江苏和广东7个省市能够在2035年实现农村相对贫困治理预期目标；内蒙古、辽宁、吉林、福建、湖北、湖南、海南、四川、贵州和青海10个省区能够在2035年后的5年内（含5年）实现2021—2035年农村相对贫困治理目标。但同时，全国仍有河北、陕西等14个省区市（45.16%）在2035年后还需要超过5年时间才能够实现2021—2035年农村相对贫困治理目标。由此可见，要实现2035年我国农村相对贫困治理目标，促进共同富裕，依然任重道远。

Ⅱ　专题研究

第八章
农村流动人口相对贫困治理研究

农村流动人口是我国农村居民中的特殊群体，对他们的相对贫困的治理具有特殊性。与农村非流动人口相比，农村流动人口可能收入更高、生活条件更好；但相对城市人口而言，农村流动人口受工资收入不稳定、社会关系网络冲击、社区治理参与不足等因素影响，其家庭经济更脆弱且整体抗逆力更弱。因此，农村流动人口成为贫困边缘人口、贫困脆弱性人口的风险更大。解决农村流动人口的相对贫困问题，是阻断贫困再生的重要途径，值得深入研究。

第一节　农村流动人口的界定与特征

一　农村流动人口的界定

（一）农村流动人口的基本概念

在弄清楚农村流动人口概念之前，首先得认清什么是流动人口。关于流动人口的概念，不同专家学者、政府机构给出了许多解释。其中，国家统计局和国家卫生健康委给出的解释具有一定权威性。国家统计局将流动人口定义为"人户分离人口中不包括市辖区内人户分离的人口。市辖区内人户分离的人口是指一个直辖市或地级市所辖区内和区与区之间，居住地和户口登记地不在同一乡镇街道的人口"。[1] 国家卫生健康委在中国流动人口动态监测调

---

[1]　国家统计局网站，http://www.stats.gov.cn/sj/zbjs/202302/t20230202_1897109.html。

查（CMDS）项目中将流动人口定义为离开户籍区县到其他区县居住生活工作1个月及以上的人口。

国家统计局和国家卫生健康委对流动人口的定义不尽相同，主要存在三点区别。第一，流动范围不同。国家统计局定义的流动人口的最小流动范围是地级市，国家卫生健康委定义的流动人口的最小流动范围是区县。第二，流动时间不同。国家卫生健康委定义的流动人口的流动期限是1个月以上，国家统计局对此并无具体规定。第三，流动目的不同。国家卫生健康委定义的流动人口的流动目的是工作和生活，不包括外出旅游、外出看病、出差、外出探亲等临时性流动原因，国家统计局定义流动人口时并没有相应规定。

顾名思义，农村流动人口就是以户籍进行划分的属于农业户籍的流动人口。依据国家统计局的定义，农村流动人口就是人户分离人口中不包括市辖区内人户分离的人口的农业户籍人口。按照国家卫生健康委的定义，农村流动人口就是离开户籍区县到其他区县居住生活工作1个月及以上的农业户籍人口。考虑到国家统计局的定义经常被用于统计农村流动人口，本章主要采用国家统计局的定义。

按照不同标准，农村流动人口可以分为许多类型。比如，按照流动距离可将农村流动人口划分为县外市内农村流动人口、市外省内农村流动人口和省外农村流动人口；再比如，按照流动方向可将农村流动人口分为乡—城农村流动人口和乡—乡农村流动人口。

（二）农村流动人口与农民工的区别

从定义上讲，农民工又被称为进城务工人员。根据国家统计局的解释，农民工是指户籍仍在农村，年内在本地从事非农产业或外出从业6个月及以上的劳动者。其中本地农民工是指在户籍所在乡镇地域内就业的农民工，外出农民工是指在户籍所在乡镇地域外就业的农民工。

农民工与农村流动人口概念的区别在于，农民工强调从事非农产业或外出从业6个月及以上，对户籍地与居住地是否在同一个乡镇没有要求。实际上，与农村流动人口在概念上更接近的是外出农民工，毕竟外出农民工强调了在户籍地乡镇以外工作，满足了流动人口最基本的"流动"特征。因此，农民工与农村流动人口是不能完全等同的，因为本地农民工本身没有"流动"，只有外出农民工在一定程度上满足"流动"特征（实际上，外出农民工的最小流动范围小于流动人口的最小流动范围）。另外，在流动目的和流动时间上，二者也存在区别。综合国家统计局、国家卫生健康委的概念定义，可将农村流动人口和农民工的区别归纳为表 8-1。

表 8-1　农村流动人口与农民工在概念上的区别

概念	类别	户口	流动范围	流动方向	流动时间	流动目的
农村流动人口	乡—城农村流动人口	农村	区县及以上	由乡至城	不要求	不要求
	乡—乡农村流动人口	农村	区县及以上	由乡至乡	不要求	不要求
农民工	外出农民工	农村	乡镇及以上	不要求	6 个月及以上	非农生产工作
	本地农民工	农村	本地乡镇	不要求	6 个月及以上	非农生产工作

资料来源：课题组自制。

二　农村流动人口特征分析

本章结合 2014—2018 年中国流动人口动态监测调查数据及第七次全国人口普查数据，从人口总量、年龄结构、性别比例、教育分布、家庭规模等方面分析了农村流动人口的动态特征和基本规律。

（一）流动规模持续扩大，人户分离现象突出

第七次全国人口普查数据显示，2010—2020 年我国农村流动人口规模呈持续扩大趋势。其中乡—城农村流动人口规模由 2010 年的 1.43 亿人增加到 2020 年的 2.49 亿人，10 年时间增加了 1.06 亿人，增加幅度达到 74.13%（见表 8-2）。由于农村流动人口主要是乡—城流动，因而人户分离现象特别突出。农村流动人口数量激增、人户分离现象突出，给基层户籍管理、相对贫困治理带来了一系列挑战。

表8-2　2010—2020年我国乡—城农村流动人口的流动状况

单位：亿人，%

指标	2010 年	2020 年
规模	1.43	2.49
增加规模	——	1.06
增加幅度	——	74.13

资料来源：第七次全国人口普查数据。

（二）平均年龄持续上升，新生代成为流动主力

根据 CMDS 数据，近年来我国农村流动人口平均年龄呈持续上升趋势，从2014 年的 34.01 岁增加到 2018 年的 36.02 岁。在人口老龄化背景下，60 岁及以上的老年农村流动人口占比由 2014 年的 1.77% 迅速增至 2018 年的 2.84%。1980年以后出生的新生代农村流动人口规模持续扩大，占比从 2014 年的 54.81% 增至2018 年的 60.36%（见表 8-3），已经成为农村流动人口的主要力量。

表8-3　2014—2018年我国农村流动人口的年龄结构

单位：岁，%

指标	2014 年	2018 年
农村流动人口平均年龄	34.01	36.02
老一代农村流动人口占比	1.77	2.84
新生代农村流动人口占比	54.81	60.36

资料来源：2014—2018 年 CMDS 数据。

（三）女性占比不断增加，性别结构趋于平衡

随着经济社会不断发展，我国农村流动人口性别结构已经发生了很大变化。越来越多的农村女性主动加入流动人口大军中，并积极参与社会生产活动。CMDS数据显示，我国农村女性流动人口占比从 2014 年的 46.19% 增至 2018 年的 48.18%。随着农村女性流动人口所占比重持续上升，男女流动人口结构将趋于平衡。

（四）教育水平稳步提升，新生代教育状况更优

CMDS 数据显示，我国拥有高中及以上受教育水平的农村流动人口占比不断增

加，已经从 2014 年的 26.71% 增至 2018 年的 33.87%。从农村流动人口结构上看，新生代农村流动人口的受教育水平明显更高。2018 年新生代农村流动人口中拥有高中及以上受教育水平的农村流动人口占比为 46.4%，老一代农村流动人口中拥有高中及以上受教育水平的农村流动人口占比仅为 14.79%，老一代农村流动人口受教育水平明显较低。

（五）单人流动比例降低，家庭化流动趋势明显

CMDS 数据显示，农村流动人口单人流动比例逐年下降，从 2014 年的 24.07% 降至 2018 年的 11.73%，农村流动人口家庭规模在 3 人及以上的比例从 2014 年起就超过了 50%，至 2018 年达到 75.52%（见表 8-4）。农村流动人口家庭规模持续扩大的家庭化流动趋势，反映了农村流动人口社会融合的程度显著提高，城市的包容性、开放性持续提升，这要求城市也要尽早为教育、医疗、养老、住房等公共服务体系的优质高效加强监测，及时推动与需求侧增长相适应的城市功能建设。

表 8-4　2014—2018 年我国农村流动人口的规模构成

单位：%

指标	2014 年	2018 年
农村流动人口单人流动比例	24.07	11.73
农村流动人口家庭规模在 3 人及以上的比例	54.38	75.52

资料来源：2014—2018 年 CMDS 数据。

（六）省外流动依然是主流，流动趋势愈发明显

跨省流动依然是农村流动人口的主要流动方式。CMDS 数据显示，2018 年我国跨省流动的农村流动人口占比为 54.29%。虽然近年来各省经济社会发展差距持续缩小，但是并没有滞缓农村流动人口跨省流动步伐。2014 年我国跨省流动的农村流动人口占比为 51.52%，到 2018 年增长至 54.29%，5 年时间增长了 2.77 个百分点。

（七）东部地区为主要流入地，中西部地区吸引力增强

东部地区是农村流动人口的主要流入地。以农民工为例，《农民工监测调查报告》显示，2016—2020 年流入东部地区的农民工数量为 1.51 亿—1.59 亿人，流入中部、西部、东北地区的农民工数量分别为 0.57 亿—0.62 亿人、0.55 亿—0.62 亿人、0.08 亿—0.09 亿人。近年来流入东部、东北地区的农民工数量明显下降。与 2016 年相比，2020 年流入东部地区的农民工数量减少了 828 万人，流入东北地区的农民工数量减少了 51 万人，而流入中西部地区的农民工数量增加了 1276 万人。可见，中西部地区对农村流动人口的吸引力明显增强。

第二节　农村流动人口相对贫困状况分析

一　收入相对贫困分析

（一）收入相对贫困标准

与将农村相对贫困标准确定为农村居民年人均可支配收入中位数的 40% 不同的是，本章将城镇居民年人均可支配收入的 50% 作为农村流动人口的收入相对贫困标准（如果农村流动人口的人均家庭收入[1] 低于此标准，则认为该家庭处于相对贫困状态[2]）。本章选择城镇居民年人均可支配收入的 50% 作为农村流动人口的收入相对贫困标准的原因主要是以下三点。第一，本章的研究对象是农村流动人口，他们中的大多数人长期生活在城市，其生产生活环境与长期居住在农村地区的居民有较大差异。第二，已有农村流动人口相对贫困的研究，从理论和实证角度证实了单独设置农村流动人口相对贫困标准更具科学性。第三，杨帆和庄天慧（2018）以及朱晓和秦敏（2020）等学者将城镇居民年人均可支配收入的 50% 作为农村流动人口的收入相对贫困标准，为本章提供了参考。

本章使用 2014—2018 年 CMDS 调查数据，考察 2013—2017 年农村流动人口的收入相对贫困状况。根据前文，2013—2017 年农村流动人口收入相对贫困标

1　人均家庭收入为流动人口家庭在流入地平均每月总收入除以流动人口在流入地的家庭成员数，家庭每月总收入也包括农村流动人口在单位每月包吃包住折算的费用。

2　因为相对贫困标准远高于绝对贫困标准且绝对贫困发生率极低，所以我们并未特意剥离绝对贫困人口。

准分别为 13233 元、14422 元、15597 元、16808 元以及 18198 元。

（二）收入相对贫困特征

1. 相对贫困发生率整体较高且逐年上升

总体上看，2013—2017 年我国农村流动人口相对贫困发生率相对较高，且呈上升趋势。2013 年，全国有 14.46% 的农村流动人口处于相对贫困剥夺状态，到 2017 年，位于相对贫困标准以下的农村流动人口已经高达 30.37%（见图 8-1）。从增速上看，样本年份农村流动人口相对贫困增长率全部为正，其中 2015 年增幅最大，增幅达 9.84 个百分点，4 年时间农村流动人口相对贫困发生率增加了 15.91 个百分点，平均每年增加 3.98 个百分点。由此可见，经济增长并未有效缓解农村流动人口的相对贫困，经济发展需要更强包容性。

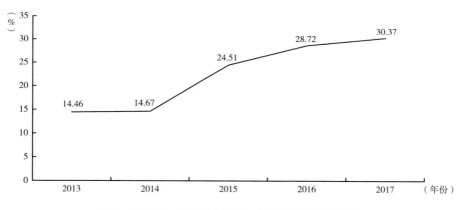

图 8-1　2013—2017 年农村流动人口的相对贫困发生率

资料来源：2014—2018 年 CMDS 数据。

2. 各行业农村流动人口相对贫困发生率呈现差异化且有上升趋势

分行业来看，2013—2017 年共有 78.25%—85.01% 的农村流动人口从事批发零售业，制造业，住宿餐饮业，居民服务、修理和其他服务业以及建筑业等行业。其中从事批发零售业的农村流动人口占比最高，为 21.50%—26.15%（见表 8-5）。2013—2017 年，从事以上 5 个行业的农村流动人口的相对贫困发生率都有明显增加，且不同行业存在一定差异。就 2017 年情况来看，从事批发零售业的农村流动人口相对贫困发生率最高，达到了 33.10%；从事制造业的农村流动人口相对贫困发生率最低，为 16.43%；从事其余 3 个行业的农村流动人口的相对贫困发生率为 26.69%—31.08%（见图 8-2）。

表 8-5　2013—2017 年各行业农村流动人口占比

单位：%

行业	2013 年	2014 年	2015 年	2016 年	2017 年
批发零售业	21.50	26.15	24.68	22.27	25.06
制造业	18.99	20.69	17.89	27.47	17.89
住宿餐饮业	15.47	14.45	15.34	13.00	15.23
居民服务、修理和其他服务业	16.80	15.97	15.95	11.43	12.53
建筑业	9.23	7.75	8.52	8.34	7.54
其他	18.01	14.99	17.62	17.49	21.75

资料来源：2014—2018 年 CMDS 数据。

　　从变化幅度来看，从事批发零售业的农村流动人口相对贫困发生率的增长幅度最大，增幅为 20.55 个百分点；从事制造业的农村流动人口的相对贫困发生率增幅最小，增幅为 11.74 个百分点；从事其余 3 个行业的农村流动人口的相对贫困发生率增幅为 14.67—17.52 个百分点（见图 8-2）。

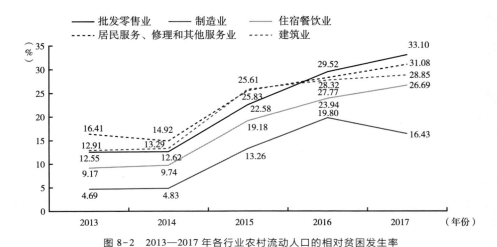

图 8-2　2013—2017 年各行业农村流动人口的相对贫困发生率

资料来源：2014—2018 年 CMDS 数据。

3. 代际相对贫困发生率差距整体扩大

2010 年出台的《关于加大统筹城乡发展力度进一步夯实农业农村发展基础的若干意见》首次提出"新生代农民工"，同年，全国总工会在《关于新生代农民工问题的研究报告》中将"新生代农民工"定义为"出生于 20 世纪 80 年代以后，年龄在 16 岁以上，在异地以非农就业为主的农业户籍人口"。此后，1980 年以后出生成为绝大多数实证研究中界定新生代流动人口的依据。因此本章以"1980 年以后出生"为标准划分新、老两代农村流动人口，并据此分析两代农村流动人口的相对贫困状况。

对比而言，2013—2017 年新、老两代农村流动人口的相对贫困发生率均呈总体上升趋势。2013 年新生代农村流动人口的相对贫困发生率为 11.55%，2017 年增长至 23.61%，增长了 12.06 个百分点；2013 年老一代农村流动人口的相对贫困发生率为 17.98%，2017 年增长至 40.65%（见图 8-3），增长了 22.67 个百分点。

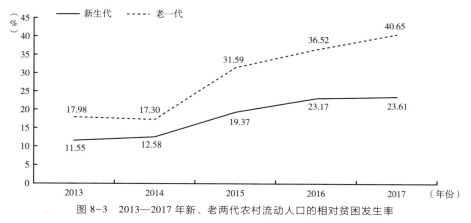

图 8-3　2013—2017 年新、老两代农村流动人口的相对贫困发生率

资料来源：2014—2018 年 CMDS 数据。

此外，老一代农村流动人口的相对贫困发生率始终高于新生代农村流动人口，并且二者差距还在扩大。从表 8-6 可以看出，2013 年老一代农村流动人口相对贫困发生率仅比新生代农村流动人口高出 6.43 个百分点，但是到2015 年两代差距迅速扩大至 12.22 个百分点，至 2017 年两代差距已经扩大至17.04 个百分点。

表 8-6　不同年龄段农村流动人口的相对贫困发生率

单位：%，个百分点

两代及差距	2013 年	2014 年	2015 年	2016 年	2017 年
新生代	11.55	12.58	19.37	23.17	23.61
老一代	17.98	17.30	31.59	36.52	40.65
两代差距	6.43	4.72	12.22	13.35	17.04

资料来源：2014—2018 年 CMDS 数据。

4. 地区相对贫困发生率有较大差距

经济社会发展状况不同的地区，农村流动人口的相对贫困发生率存在较大差异。从绝对值来讲，东部地区农村流动人口的相对贫困发生率最低，中部次之，东北和西部地区农村流动人口的相对贫困发生率最高。比如，2017 年东部地区农村流动人口的相对贫困发生率为 19.94%，中部地区为 31.87%，东北地区为 36.26%，西部地区为 42.85%。从增速来讲，东部地区农村流动人口的相对贫困发生率增长速度也最低，中部次之，东北和西部地区农村流动人口的相对贫困发生率增长速度最高。表 8-7 显示，与 2013 年相比，2017 年东部地区农村流动人口的相对贫困发生率提高了 12.50 个百分点，中部、西部和东北地区农村流动人口的相对贫困发生率分别提高了 15.03 个、22.21 个和 15.62 个百分点。

表 8-7　不同地区农村流动人口的相对贫困发生率

单位：%，个百分点

地区及增幅	2013 年	2014 年	2015 年	2016 年	2017 年
东部	7.44	7.51	14.74	18.14	19.94
增幅	——	0.07	7.23	3.4	1.8
中部	16.84	16.03	25.54	30.62	31.87
增幅	——	-0.81	9.51	5.08	1.25
西部	20.64	22.79	36.13	38.81	42.85
增幅	——	2.15	13.34	2.68	4.04
东北	20.64	19.54	21.96	29.39	36.26
增幅	——	-1.1	2.42	7.43	6.87

资料来源：2014—2018 年 CMDS 数据。

由此可见，仅从收入维度来看，无论是从整体上看还是从分类上看，我国都还有相当比例的农村流动人口遭受相对贫困剥夺，且农村流动人口相对贫困状况还较严重。这可能与我国较大的群体收入差距有直接联系。相关数据显示，2008—2019年我国平均基尼系数为0.47[1]，远高于0.4的国际警戒线。虽然从解决相对贫困而言，提高收入依然是脱贫的必要条件，但如果全国各行业、各地区、各人群之间收入差距持续扩大，则以农村流动人口为代表的一部分人难免会持续处于相对贫困状态。

二 支出相对贫困分析

（一）支出相对贫困标准

相比城市居民而言，以外出务工经商为主的农村流动人口在流入城镇地区的生活一般都较为拮据。因为大多数农村流动人口不仅要供养留守在农村老家的老人与儿童，每年可能还要支付数笔往返家乡和流入地的交通费用，这些开支会严重降低农村流动人口的实际可支配收入水平，显著影响他们在流入城镇地区的消费支出。考虑到上述情况，本部分主要从支出角度设计指标，衡量农村流动人口的相对贫困状况，即基于CMDS数据中农村流动人口每月生活消费支出，仿照收入相对贫困标准构建方式，将城镇居民人均每月生活消费支出的50%作为农村流动人口的支出相对贫困标准。如果农村流动人口人均家庭支出[2]低于此标准，则认为农村流动人口处于支出相对贫困状态。通过计算，2013—2017年农村流动人口的支出相对贫困标准分别为：770元、832元、891元、962元以及1019元。

（二）支出相对贫困特征

1. 相对贫困发生率在高位浮动

农村流动人口支出相对贫困发生率较高，且显著高于收入相对贫困发生

1　依据全国居民年人均可支配收入计算，详见《2020年中国住户调查年鉴》。

2　人均家庭支出为流动人口家庭在流入地平均每月总支出除以流动人口在流入地的家庭成员数，家庭每月总支出也包括农村流动人口在单位每月包吃包住折算的费用。

率。CDMS 数据显示，2013 年农村流动人口支出相对贫困发生率为 51.95%，高出同年收入相对贫困发生率 37.49 个百分点。2014 年支出相对贫困发生率为样本年份最低，但仍高达 38.71%，高出同年收入相对贫困发生率 24.04 个百分点。2015—2017 年农村流动人口支出相对贫困发生率维持在 40.03%—48.77%（见图 8-4）。这意味着，在流入地有 40% 以上的农村流动人口支出不及城镇居民的一半水平。

与收入相对贫困发生率逐年上升不同，农村流动人口的支出相对贫困发生率处于浮动变化状态。CDMS 数据显示，2014 年农村流动人口支出相对贫困发生率为 38.71%，较 2013 年下降 13.24 个百分点。2015 年农村流动人口的支出相对贫困发生率增加至 42.21%，较 2014 年增加了 3.5 个百分点。2016 年农村流动人口支出相对贫困发生率又降低至 40.03%，较 2015 年下降了 2.18 个百分点。2017 年农村流动人口支出相对贫困发生率再次增加至 48.77%（见图 8-4），较 2016 年增加 8.74 个百分点。

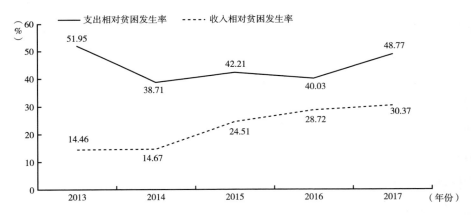

图 8-4　2013—2017 年农村流动人口的支出和收入相对贫困发生率

资料来源：2014—2018 年 CMDS 数据。

2. 相对贫困"马太效应"明显

比较不同贫困状态的农村流动人口的消费结构，研究发现农村流动人口的相对贫困"马太效应"明显。CMDS 数据显示，2013—2014 年处于支出相对贫困状态的农村流动人口的恩格尔系数为 49.98%—50.11%（见表 8-8），显著高于同期非支出相对贫困农村流动人口的恩格尔系数（42.08%—40.91%）。从不同农村流动人口的恩格尔系数变化趋势看，2014 年处于支出相对贫困状态的农村流动人口的恩格尔系数进一步增加至 50.11%，而同时期非支出相对贫困农村流动人口的恩格尔系数却下降至 40.91%。按照国际上通行的标准[1]，2014 年处于支出相对贫困状态的农村流动人口的生活从"小康"降级至"温饱"状态，而非支出相对贫困农村流动人口的生活则接近"相对富裕"状态。支出相对贫困农村流动人口消费结构不合理，并且有逐年恶化之势；非支出相对贫困农村流动人口则恰恰相反，这体现出支出相对贫困具有明显的"马太效应"。

表 8-8　农村流动人口的恩格尔系数

单位：%

指标	2013 年	2014 年
恩格尔系数	45.06	43.26
支出相对贫困农村流动人口的恩格尔系数	49.98	50.11
非支出相对贫困农村流动人口的恩格尔系数	42.08	40.91

资料来源：2014—2015 年 CMDS 数据。

三　主观相对贫困分析

（一）主观相对贫困标准

无论是收入相对贫困还是支出相对贫困，都是从客观角度衡量的相对贫困。该衡量方式具有思路清晰且易操作等特点，被学术界及其他各界广泛采用。但这种衡量方式本身也存在一些缺陷，比如，单一的收入标准未将地区物价水平差异以及不同个体（家庭）的实物收入纳入考量范围（左停、杨雨鑫，2013）。随着人们对贫困认识的不断深化，学者们发现仅仅从客观维度来

1　根据国际标准，恩格尔系数处于 20%以下为极其富裕，20%—30%为富足，30%—40%为相对富裕，40%—50%为小康，50%—60%为温饱，大于 60%为贫困。

衡量贫困是远远不够的，一个人是否贫困，不但依赖于其自身的收入和支出，往往还依赖于个体对自身的综合判断。主观相对贫困这一概念，便是在这一背景下产生的。

主观相对贫困同时考察贫困的主观性与多维性，其将相对贫困标准的话语权交还个体自身，不再是研究者的自顾自言。具体而言，主观性是指个体对于自身是否处于相对贫困的自我评估，因而主观相对贫困实质上是一种感受贫困。这种自我评估的贫困标准不仅会综合考量受访者自身的生活状况，通常还会同个体自身所设定的参照群体有关，因此在一定程度上是一种相对贫困标准（左停、杨雨鑫，2013）。多维性则是指个体对于相对贫困的理解同时包括经济、社会、心理以及政治等多个维度。简言之，如果个体感觉自身收入低下、受排斥、缺乏安全感、自卑或话语权被剥夺，那么其就处于主观相对贫困状态。

在实证研究中，一些学者对主观相对贫困的代理变量进行了探讨。比如周力和邵俊杰（2020）根据 CFPS 问卷，将受访者对个人收入地位的自评作为主观相对贫困的代理变量。但正如前文所言，主观相对贫困是一个多维概念，而周力和邵俊杰（2020）的方案仅考虑了相对贫困的经济维度，显然不够全面。相对于收入地位，生活水平是一个更加综合的概念。于是，邱峰等（2021）基于 CLDS 问卷，将受访者对个人生活水平的自评作为主观相对贫困的代理变量。考虑到主观相对贫困具有主观性与多维性，本章拟采取后一种方法研究农村流动人口的主观相对贫困状况。

本章主要利用 2014—2018 年 CLDS 数据展开分析。识别策略如下：CLDS 问卷要求受访者将个人生活水平与所在市辖区（县）其他居民相比较，选项分别为 1（低很多）、2（低一些）、3（差不多）、4（高一些）、5（高很多），本章将选项 1，即将主观认为个人生活水平比当地居民低很多的农村流动人口，视为处于主观相对贫困状态。

（二）主观相对贫困特征

1. 主观相对贫困发生率处于高位但逐年下降

当以生活水平衡量农村流动人口的相对贫困时，我国农村流动人口的主观相对贫困发生率处于高位。图 8-5 显示，2014—2018 年，我国农村流动人口主观相对贫困发生率最低值为 11.23%，即农村流动人口中占比为 11.23% 的人口处于主观相对贫困状态。此外，我国农村流动人口主观相对贫困发生率虽然较高，但是呈下降趋势。从图 8-5 可以看出，2014 年我国农村流动人口主观相对贫困发生率为 20.78%，到 2018 年降至 11.23%，降幅达到 45.96%。

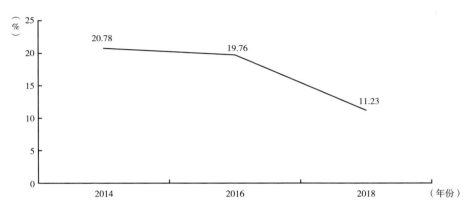

图 8-5　2014—2018 年农村流动人口的主观相对贫困发生率

资料来源：2014—2018 年 CLDS 数据。

2. 各行业农村流动人口相对贫困发生率差异化降低

分行业来看，在农村流动人口就业占比较高的批发零售业、建筑业和制造业等行业中，2014—2018 年从事制造业的农村流动人口的主观相对贫困发生率最高，为 31.91%—13.29%；从事批发零售业和建筑业的农村流动人口的主观相对贫困发生率相对较低，分别为 16.46%—13.28% 和 24.69%—9.09%（见表 8-9）。从各行业农村流动人口的主观相对贫困发生率降低速度来看，从事制造业和建筑业的农村流动人口的主观相对贫困发生率降低速度明显较高，从事批发零售业的农村流动人口的主观相对贫困发生率降低速度明显较低。

表 8-9 各行业农村流动人口的主观相对贫困发生率

单位：%，个百分点

行业及其变化	2014 年	2016 年	2018 年
制造业	31.91	23.20	13.29
变化	——	-8.71	-9.91
建筑业	24.69	22.08	9.09
变化	——	-2.61	-12.99
批发零售业	16.46	20.63	13.28
变化	——	4.17	-7.35

资料来源：2014—2018 年 CLDS 数据。

3. 新生代相对贫困发生率更低、降幅更大

分年龄段来看，与收入相对贫困状况类似，老一代农村流动人口的主观相对贫困发生率显著高于新生代农村流动人口。图 8-6 显示，2014—2018 年，新生代农村流动人口的主观相对贫困发生率分别为 19.28%，17.65% 和 9.93%，显著低于老一代农村流动人口的 22.20%、21.73% 和 12.65%。

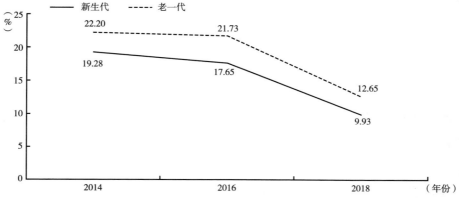

图 8-6 2014—2018 年不同年龄段农村流动人口的主观相对贫困发生率

资料来源：2014—2018 年 CLDS 数据。

与收入相对贫困状况不同的是，2014—2018 年，新生代和老一代农村流动人口的主观相对贫困发生率都在降低。表 8-10 显示，2014 年新生代农村流动人

口的主观相对贫困发生率为 19.28%，2018 年降低至 9.93%，降低了 48.50%；2014 年老一代农村流动人口的主观相对贫困发生率为 22.20%，2018 年降低至 12.65%，降低了 43.02%。

表 8-10　2014—2018 年不同年龄段农村流动人口的主观相对贫困发生率

单位：%，个百分点

两代及其变化	2014 年	2016 年	2018 年
新生代	19.28	17.65	9.93
变化	——	-1.63	-7.72
老一代	22.20	21.73	12.65
变化	——	-0.47	-9.08

资料来源：2014—2018 年 CLDS 数据。

以上结果表明，在我国农村流动人口中，尚有 20% 左右的人口认为自己的生活水平与当地居民有很大差距。这意味着除收入较低和支出较少以外，相当部分的农村流动人口在医疗、教育、保障、社会参与等诸多方面存在相对贫困剥夺。需要特别说明的是，本章在以生活水平自评为标准计算主观相对贫困发生率时，仅将回答为"低很多"的农村流动人口算作主观相对贫困人口，倘若考虑那些回答"低一些"的个体，那么农村流动人口的主观相对贫困发生率将会更高。

第三节　农村流动人口相对贫困影响因素分析

接下来本章将农村流动人口划分为不同类型，实证分析关键因素对不同类型农村流动人口相对贫困的影响。根据影响因素，从多个层面破解农村流动人口相对贫困问题，为构建农村流动人口相对贫困治理的政策选择机制与路径提供依据。

一　城市规模对农村流动人口主观相对贫困的影响

本章主要基于 2016 年 CLDS 数据，探讨城市规模对农村流动人口主观相对贫困的影响及其作用机制。本章之所以从主观角度衡量农村流动人口的相对贫困，主要是因为无论是收入相对贫困还是支出相对贫困，都是从客观角度衡量的相对贫困。该衡量方式虽然具有思路清晰且易操作等特点，但也存在未考虑地区物价水平差异以及实物形式的收入等缺陷（左停、杨雨鑫，2013）。随着人们对贫困认识的不断深化，学者们发现仅仅用客观维度来衡量贫困是远远不够的，一个人是否贫困，不但取决于其自身的收入和支出，而且取决于个体对自身的综合判断。主观相对贫困这一概念，便是在这一背景下形成的。主观相对贫困将贫困标准的话语权交给个体自身，不再是研究者的自顾自言，既强调主观性又强调多维性，往往更能够综合反映个体的相对贫困状况。

（一）文献回顾与基本假设

已有研究认为，个体因素、家庭因素以及流入地区因素会对流动人口相对贫困状况产生不同程度的影响（朱晓、秦敏，2020）。虽然鲜有文献直接分析城市规模与农村流动人口主观相对贫困之间的关系，但已经有许多文献对二者的关系展开了间接性分析。通过对已有文献的梳理，本章认为城市规模对农村流动人口主观相对贫困的影响主要通过以下 3 种方式体现出来。

1. 工资溢价的非必然性

不少学者就城市规模与工资收入之间的关系展开了研究。其中一些学者发现，城市规模扩大并非一定能够提高流动人口的工资收入。比如，宁光杰（2014）研究发现，控制劳动者学历、培训等可观测的变量之后，流动人口在大城市获得的工资并不高。倘若进一步控制不可观测变量，流动人口进入大城市工作反而会产生收入劣势。因此，流动人口进入大城市并不一定能带来收入的显著提高，在大城市较高的生活成本压力下，极有可能陷入主观相对贫困。

2. 工资溢价的"马太效应"

城市规模带来的工资溢价可能更加偏爱高技能劳动力，进而加剧劳动力收入不平衡。比如，踪家峰和周亮（2014）研究中国城市的工资溢价发现，大城市对低技能劳动力的偏好需要足够的时间才能体现，在短期内，城市规模更能为高技能劳动力带去工资溢价；彭俊超和文余源（2020）进一步研究发现，城市规模是技能劳动力与非技能劳动力之间工资差距扩大的重要因素。在"穷愈穷、富愈富"的马太效应作用下，一部分在人力资本、社会网络等方面处于劣势地位的流动人口可能因此陷入主观相对贫困。鉴于此，本章提出假设1：城市规模越大，农村流动人口越容易陷入主观相对贫困。

3. 城市规模的匹配效应

大城市中的求职者更容易找到与自身技能相匹配的岗位。比如，王小鲁（2010）对我国城市化与城市规模的研究表明，居民更能感受到城市规模扩大所带来的正外部效应，如较容易找到工作、较高的投资回报等。朱志胜（2016）研究指出，流动人口从城市规模效应中获得的利益并非仅限于就业概率和真实工资水平的提高，在大城市就业的流动人口还更有可能获得更加接近规范的有酬劳动时间。因此，流动人口凭借大城市相对稳定的就业状态、较为满意的工作收入，可能更不易陷入主观相对贫困。鉴于此，本章提出假设2：城市规模越大，农村流动人口越不容易陷入主观相对贫困。

简而言之，在"工资溢价的非必然性"、"工资溢价的'马太效应'"与"城市规模的匹配效应"作用下，城市规模极有可能影响农村流动人口的主观相对贫困。本章深受前人研究启发，聚焦城市规模对农村流动人口主观相对贫困的影响，以期为农村流动人口流向选择、改善农村流动人口生活状况以及推动城市发展提供更多经验证据。

（二）数据、变量与模型

1. 资料来源

本章使用数据主要来自中山大学社会科学调查中心开展的CLDS调查。CLDS调查聚焦中国劳动力现状与变迁方面的数据和资料，内容主要涵盖劳动力教育、工作、迁移、健康、社会参与、经济活动和基层组织等众多研究议题，是一项跨学科的大型追踪调查。CLDS 样本覆盖中国 34 个省级行政单位中的 29 个省级行政单位（港澳台、西藏、海南除外），调查对象为样本家庭中的全部劳动力。CLDS 采用多阶段、多层次、与劳动力规模成比例的概率抽样方法进行抽样，保障了抽样的科学性与合理性。

本章通过 2016 年 CLDS 调查个体问卷中的问题"您的户籍是什么？""您的户口在哪？"来识别农村流动人口，将回答为"农业户籍"且"本县区以外"的个体视为农村流动人口，并剔除年龄在 16 岁以下或者 65 岁以上的样本以及关键数据缺失的样本，最终保留有效样本 1185 个。核心变量"城市规模"及其他相关数据来自各市（地级市及以上）统计年鉴和人口普查数据。

2. 变量选取

本章的被解释变量是主观相对贫困。相对贫困是指与部分社会成员的生活水平相比，一部分人的生活水平低下（李强，1996；邢成举、李小云，2019）。其包含了较高层次的社会心理需求，强调社会层面的"相对剥夺感"（汪三贵、刘明月，2020；左停等，2019）。由此可见，从主观维度测度相对贫困应该从两方面入手：第一，从"主观"上讲，是当事人的自我感知，是人们对生活状况的自评而非他定（郭君平等，2016）；第二，从"相对"上讲，要将当事人的生活状况与参照系进行比较，社会平等程度在其中发挥重要作用。

事实上，已经有学者从主观维度测度相对贫困，比如，周力和邵俊杰（2020）在研究主观相对贫困时，将受访者对个人收入地位的自评作为主观相对贫困的代理变量。由前文分析可知，主观相对贫困不应局限于收入维度，应该包含多方面信息，以真实反映目标群体的生活状态。因此，受访者对其生活水平的自评是较为理想的主观相对贫困代理变量。综上所述，参考罗哈斯的相关研究（Rojas, M.，2008），本章根据 2016 年 CLDS 调查问卷中关于个人生活水平问题"您认为自己当前的生活水平与所在市（或县）辖区其他居民相比，是好些还是差些？"来衡量农村流动人口的主观相对贫困。问题选项为 1—5，本部分将选项 1（差很多）设置为主观相对贫困，其他选项设置为非主观相对贫困并且赋值为 0。

本章的核心解释变量是城市规模。参考梁婧等（2015）的研究，本章以 2015 年城市（包括地级市与直辖市）常住人口数量代表城市规模，并在回归方程中取自然对数值。除城市规模外，还有其他因素影响农村流动人口的主观相对贫困。因此，参考刘波等（2017）、田雅娟等（2019）的研究，本章在个体、家庭以及社会 3 个层面选取了控制变量。个体层面选取的控制变量主要包括：年龄、年龄平方、性别、健康状况、受教育年限和婚姻状况。家庭层面选取的控制变量主要包括：家庭规模、家庭人均年收入。社会层面选取的控制变量主要包括：居住社区类型、省级地区生产总值增长率。同时，本章还控制了地区因素。

本章选取的相关变量的定义及描述性统计如表 8-11 所示。

表 8-11 变量定义与描述性统计

变量	定义或赋值	均值	标准差
主观相对贫困	1:主观相对贫困;0:非主观相对贫困	0.231	0.422
城市规模	2015 年城市（包括地级市与直辖市）常住人口数量（万人）	381416.668	650911.152
年龄	岁	36.779	11.493
年龄平方	连续变量	1484.709	885.752
性别	1:男;0:女	0.498	0.500
健康状况	1:非常不健康—5:非常健康	3.824	0.840
受教育年限	取值范围:0—24（年）	9.357	3.472
婚姻状况	1:已婚;0:其他（未婚、离异、丧偶、同居）	0.792	0.406
家庭规模	取值范围:1—14（人）	4.280	1.934
家庭人均年收入	2015 年家庭总收入除以家庭同住人口（元）	22810.634	26659.306
居住社区类型	1:农村社区;0:城市社区	0.334	0.472
省级地区生产总值增长率	2015 年各省区市实际地区生产总值增长率（%）	7.979	0.994
地区（东、中、西）	虚拟变量	——	——

资料来源：课题组自制。

3. 基准模型设定

本章设定的基准回归模型如式（8-1）所示。

$$SP_i = \alpha_1 + \alpha_2 \ln City\_Scale_i + \alpha_3 X_i + \xi_i \tag{8-1}$$

其中 SP_i 是第 i 个农村流动人口的相对贫困状况，$\ln City\_Scale_i$ 是第 i 个农村流动人口所在的城市规模，X_i 是一系列控制变量，控制了个体、家庭、社会方面的变量；α_1 为常数项，α_2 与 α_3 是待估参数，其中 α_2 为本章的重点关注对象，若其显著为正，则假设 1 得到证实（假设 2 相应证伪），若其显著为负，则假设 2 得到证实（假设 1 相应证伪）；ξ_i 是误差项。

（三）实证分析

1. 基准回归分析

使用 STATA16.0 软件，基于 Probit 模型，本章对方程（8-1）进行回归，以分析城市规模对农村流动人口主观相对贫困的影响。同时，为与 Probit 模型相对照并验证其结果的稳健性，在基准回归中本章还展示了 Logit 模型回归结果。其中，Probit 模型回归结果列于表 8-12 第（1）列和第（2）列，Logit 回归结果列于表 8-12 第（3）列和第（4）列。

首先，由表 8-12 第（1）列与第（3）列的系数估计结果可知，城市规模在 1% 的显著性水平上与农村流动人口的主观相对贫困呈负向关系。换言之，城市规模越大，农村流动人口越不易陷入主观相对贫困，即本章的假设 2 得到证实，与此对应，假设 1 被证伪。因此，结合前文分析来看，匹配效应极有可能在城市规模影响农村流动人口的主观相对贫困中占据主导地位。对此，后文将进一步检验。此外，该结果也能在一定程度上解释前文中农村流动人口的流向选择倾向：农村流动人口能够从城市规模中获益，能够使农村流动人口切身感受到生活水平提高，因此农村流动人口倾向于流向大城市而非小城市。

从控制变量的回归结果来看，性别与农村流动人口主观相对贫困呈显著正向关系，该结果表明男性农村流动人口更容易陷入主观相对贫困，可能是男性面临更大的压力所致。此外，与西部地区相比，农村流动人口身处东部地区时更容易陷入主观相对贫困（中部地区不显著），侧面反映出我国经济发展的包容性有待提高。年龄和年龄平方对主观相对贫困分别产生正向和负向影响，表明年龄对农村流动人口主观相对贫困的影响具有"U 形"特征，极小值点约为 35 岁。健康状况、受教育年限和家庭人均年收入与农村流动人口的主观相对贫困呈显著负向关系，该结果表明，人力资本积累和家庭财富增加有利于缓解农村流动人口主观相对贫困。居住社区类型与农村流动人口主观相对贫困呈显著负向关系，这可能是由于城市社区所面临的物质压力和精神压力都会显著高于农村社区，农村社区居民反而更不容易陷入主观相对贫困。婚姻状况、家庭规模和省级地区生产总值增长率对农村流动人口主观相对贫困不具有显著影响。

其次，由于 Probit 模型与 Logit 模型的系数含义不直观，系数估计结果只能从显著性和符号方面给出有限信息，因此本章进一步计算出所有解释变量的平均边际效应列于表 8-12 第（2）列和第（4）列。由表 8-12 第（2）列结果可知，城市规模对农村流动人口的主观相对贫困的平均边际效应为 -0.074，表明城市规模每扩大 1%，农村流动人口陷入主观相对贫困的可能性将下降 7.4%。因此，可以得出结论，城市规模越大，农村流动人口越不易陷入主观相对贫困，因而越有利于缓解其相对贫困。

2. 内生性分析

考察城市规模对农村流动人口主观相对贫困影响的模型可能由于样本自选择偏误以及遗漏变量而产生内生性问题。为尽可能缓解模型存在的内生性问题，减少估计偏误以确保上述结论的稳健性，本章进一步使用包含工具变量的 IV-Probit 模型考察城市规模对农村流动人口主观相对贫困的影响。参考王建国、李实（2015）和陆铭等（2012）的研究，本章选取两个工具变量：第一个工具变量是 1990 年的城市规模。中国城市规模变化因累积性和持久性特征而近似遵循着平行增长的模式（陆铭等，2012），改革开放初期的城市规模对 2015 年城市规模有较强解释力；此外，1990 年距 2015 年有 25 年，彼时城市规模不会对此时农村流动人口的主观相对贫困状况产生影响。第二个工具变量是 1990—2002 年城市人口年均增长率。2002 年以前，我国政府一直坚持"控制大城市规模，合理发展中等城市，积极发展小城市"的思路，2002 年以后则主张推动"大中小城市和小城镇的协调发展"（王建国、李实，2015）。一方面，这种政策导向下的 1990—2002 年城市人口年均增长率会在一定程度上影响当前城市规模；另一方面，1990—2002 年的城市人口年均增长率更可能反映当时的城市规模政策导向，而这种政策导向与当前农村流动人口主观相对贫困不存在明显相关关系。工具变量回归结果列于表 8-12 第（5）列和第（6）列。

本章对上述工具变量的有效性进行检验。弱工具变量检验结果显示，第一阶段回归 F 值为 1257.880，远高于经验值水平 10，工具变量的 t 值分别为 48.54 和 10.25，证明本章使用的工具变量不存在弱工具变量问题。过度识别检验结果显示 $P = 0.632$，因此所有工具变量均满足外生性要求。综上而言，本章所使用的工具变量是有效的，能够缓解模型存在的内生性问题。

由表 8-12 第（5）列和第（6）列回归结果可知，在加入工具变量之后，核心解释变量城市规模对农村流动人口主观相对贫困的负向影响及其显著性水平均保持不变，证明前文回归结果是稳健的。并且，由平均边际效应可知，在缓解模型内生性问题之后，城市规模对农村流动人口主观相对贫困的负向影响更大了，此时城市规模每扩大 1%，将使农村流动人口陷入主观相对贫困的可能性下降 8.7%，说明模型存在的内生性问题使 Probit 回归低估了城市规模对农村流动人口主观相对贫困的影响。

表 8-12　基准回归及工具变量回归结果

变量	Probit		Logit		IV-Probit	
	（1）	（2）	（3）	（4）	（5）	（6）
	系数	平均边际效应	系数	平均边际效应	系数	平均边际效应
城市规模	-0.263***	-0.074***	-0.437***	-0.072***	-0.303***	-0.087***
	(0.070)	(0.020)	(0.118)	(0.019)	(0.081)	(0.023)
年龄	0.070**	0.020**	0.125**	0.021**	0.063*	0.018**
	(0.032)	(0.009)	(0.056)	(0.009)	(0.032)	(0.009)
年龄平方	-0.001**	-0.000**	-0.002**	-0.000**	-0.001**	-0.000**
	(0.000)	(0.000)	(0.001)	(0.000)	(0.000)	(0.000)
性别	0.350***	0.099***	0.614***	0.101***	0.319***	0.092***
	(0.104)	(0.029)	(0.181)	(0.029)	(0.106)	(0.030)
健康状况	-0.176***	-0.050***	-0.313***	-0.051***	-0.166***	-0.048***
	(0.061)	(0.017)	(0.108)	(0.017)	(0.063)	(0.018)

续表

变量	Probit		Logit		IV-Probit	
	（1）	（2）	（3）	（4）	（5）	（6）
	系数	平均边际效应	系数	平均边际效应	系数	平均边际效应
受教育年限	−0.039**	−0.011**	−0.066**	−0.011**	−0.041**	−0.012**
	（0.016）	（0.004）	（0.026）	（0.004）	（0.016）	（0.005）
婚姻状况	0.225	0.064	0.389	0.064	0.230	0.066
	（0.149）	（0.042）	（0.258）	（0.042）	（0.153）	（0.044）
家庭规模	−0.012	−0.003	−0.016	−0.003	−0.019	−0.005
	（0.027）	（0.008）	（0.046）	（0.008）	（0.027）	（0.008）
家庭人均 年收入	−0.069**	−0.020**	−0.115**	−0.019**	−0.067*	−0.019*
	（0.034）	（0.010）	（0.059）	（0.010）	（0.035）	（0.010）
居住社区类型	−0.341***	−0.096***	−0.567***	−0.093***	−0.363***	−0.104***
	（0.109）	（0.030）	（0.188）	（0.031）	（0.111）	（0.032）
省级地区生产 总值增长率	0.042	0.012	0.066	0.011	0.053	0.015
	（0.051）	（0.014）	（0.089）	（0.015）	（0.052）	（0.015）
中部地区（以西 部地区为参照）	0.192	0.040	0.299	0.033	0.327	0.068
	（0.242）	（0.051）	（0.450）	（0.051）	（0.271）	（0.055）
东部地区（以西 部地区为参照）	0.570***	0.141***	1.017***	0.142***	0.656***	0.158***
	（0.184）	（0.037）	（0.343）	（0.037）	（0.216）	（0.040）
常数项	0.477	——	0.661	——	0.676	——
	（0.911）		（1.585）		（0.958）	
N	869	869	869	869	869	869

注：*** 、** 、* 分别表示在1%、5%、10%的水平上显著，括号内为稳健标准误。
资料来源：课题组自制。

3. 稳健性检验

前文的分析已经证实城市规模有利于缓解农村流动人口的主观相对贫困，为保障结论的真实性和有效性，本章采取两种方式进行稳健性检验：第一，按照城市规模对上下5%的样本进行缩尾，减少样本极端值对估计结果的影响；第二，使用变量替代法更换核心解释变量的代理变量，以城市等级来代替城市规模。根据国务院印发的《关于调整城市规模划分标准的通知》，以2015年城市常住人口为基础，本章将各城市划分为小城市、中等城市、大城

市、特大城市以及超大城市 5 个等级，并由小到大依次赋值为 1—5。具体划
分情况如表 8-13 所示。

表 8-13　城市等级划分

单位：万人

常住人口及赋值	小城市	中等城市	大城市	特大城市	超大城市	均值	标准差
常住人口	<50	50—100	100—500	500—1000	>1000	561.764	363.182
赋值	1	2	3	4	5	3.557	0.635

资料来源：课题组自制。

表 8-14 呈现了稳健性检验的结果，其中第（1）列和第（3）列为系数回
归结果，第（2）列和第（4）列为平均边际效应。由表 8-14 结果可知，无论
是对样本进行缩尾还是更换相对贫困代理变量，城市规模（城市等级）对农
村流动人口的主观相对贫困均具有显著负向影响，即城市规模（城市等级）
越大（越高）越有利于缓解农村流动人口的主观相对贫困，由此证明前文的
研究结果是稳健的。

表 8-14　稳健性检验结果

变量	样本缩尾		更换代理变量	
	（1）	（2）	（3）	（4）
城市规模	-0.300***	-0.085***	——	——
	(0.094)	(0.026)	——	——
城市等级	——	——	-0.369***	-0.104***
	——	——	(0.084)	(0.023)
控制变量	YES		YES	
N	777		869	

注：*** 表示在 1% 的水平上显著，括号内为稳健标准误。
资料来源：课题组自制。

4. 异质性分析

前文的研究已经证实，农村流动人口流入大城市更不易陷入主观相对贫

困，城市规模对农村流动人口的主观相对贫困的影响是否会因群体不同而产生差异，本章将对此展开研究。

已有研究表明，新、老两代农村流动人口在职业地位、身份认同、社会融合以及幸福感等方面存在显著差异（杨菊华，2014；杨菊华等，2016；魏万青、陆淑珍，2012；黄嘉文，2015）。随着年龄的增长，农村流动人口的社会生存能力会发生变化，一方面是可以不断积累经验和技能，另一方面是身体综合素质发生变化。因此，城市规模可能对新、老两代农村流动人口的相对贫困状况具有异质性影响。自王春光（2001）首次提出新生代农村流动人口的概念之后，"1980 年以后出生"成为绝大多数实证研究中划分新、老两代农村流动人口的依据（魏万青、陆淑珍，2012；梁宏，2019）。遵循惯例，本章以 1980年以后出生（2016 年 CLDS 数据中为 35 岁以上）为标准，识别出新生代农村流动人口和老一代农村流动人口两个样本组，并开展异质性研究。

此外，人力资本理论认为，在经济增长中，教育投资是人力投资的主要部分。受教育水平的差异导致人力资本积累的差异，特别是教育的回报率存在"马太效应"，即高收入者教育回报率越高，低收入者教育回报率越低（张车伟，2006）。因此，城市规模可能对不同受教育水平的农村流动人口的主观相对贫困产生异质性影响。本章以是否完成高中教育为标准，将农村流动人口分为受教育水平较高的和受教育水平较低的两个样本组，并开展异质性研究。

分样本回归结果如表 8-15 所示，其中奇数列为系数回归结果，偶数列为平均边际效应；第（1）列和第（2）列为老一代农村流动人口样本组，第（3）列和第（4）列为新生代农村流动人口样本组，第（5）列和第（6）列为受教育水平较高的农村流动人口样本组，第（7）列和第（8）列为受教育水平较低的农村流动人口样本组。

由表 8-15 第（2）列和第（4）列回归结果可知，在控制了个体因素、家庭因素、社会因素之后，城市规模与新、老两代农村流动人口的主观相对贫困呈显著负向关系。具体而言，城市规模每扩大 1%，老生代农村流动人口陷入主观相对贫困的可能性下降 10.1%（$P<0.01$），新生代农村流动人口陷入主

观相对贫困的可能性下降 4.4%（P<0.1）。相比而言，城市规模对新生代农村流动人口主观相对贫困的影响更小。究其原因，可能是新生代农村流动人口大多处于奋斗和竞争时期，自身财富积累不足，在大城市的高压环境下，新生代农村流动人口更难明显感觉到生活的改善。

由表 8-15 第（6）列和第（8）列回归结果可知，在控制了个体因素、家庭因素、社会因素之后，城市规模与不同受教育水平的农村流动人口的主观相对贫困呈显著负向关系。具体而言，城市规模每扩大 1%，受教育水平较低的农村流动人口陷入主观相对贫困的可能性会降低 7.3%（P<0.05）。相比而言，城市规模对受教育水平较高的农村流动人口的主观相对贫困影响较小。究其原因，可能在于城镇劳动力市场中长期存在的"歧视"与"逆歧视"以及行业分割问题。具体而言，一部分受教育水平较低的农村流动人口，为适应市场需求和外部环境的现实，"主动"牺牲一部分眼前经济利益和社会权益，能够在某些条件较差的行业实现对本地居民的替代和排挤（杜书云、张广宇，2004），也即"逆歧视"。受教育水平较高的农村流动人口，本身希望向上游行业流动，但受户籍影响，要么流动无法实现，要么在高端行业中成为被"歧视"的对象。因此，受教育水平较高的农村流动人口反而未从城市规模经济中显著受益。这也从侧面体现出消除我国劳动力市场中的就业歧视、破除行业分割的必要性。

表 8-15　分样本回归结果

变量	分年龄				分受教育水平			
	（1）	（2）	（3）	（4）	（5）	（6）	（7）	（8）
城市规模	-0.355***	-0.101***	-0.165*	-0.044*	-0.277**	-0.068**	-0.245***	-0.073**
	(0.107)	(0.029)	(0.098)	(0.026)	(0.121)	(0.029)	(0.091)	(0.026)
控制变量	YES				YES			
			YES				YES	
N	455		414		255		591	

注：***、**、*分别表示在 1%、5%、10% 的水平上显著，括号内为稳健标准误。
资料来源：课题组自制。

5. 机制分析

由前文分析与实证结果可知，匹配效应极有可能在城市规模影响农村流动人口的主观相对贫困中占据主导地位，即农村流动人口可能凭借大城市相对稳定的就业状态、较为满意的工作收入，更不易陷入主观相对贫困。因此，从匹配效应角度出发，本章选取"失业可能性"以及"工作收入满意度"作为中介变量构建中介效应模型，进一步研究城市规模缓解农村流动人口的主观相对贫困的影响机制。根据温忠麟和叶宝娟（2014）建议的"新的中介效应检验流程"，本章构建的中介效应模型如下。

$$SP_i = \alpha \ln City\_Scale_i + \xi_1 \qquad (8-2)$$

$$M_i = \beta \ln City\_Scale_i + \xi_2 \qquad (8-3)$$

$$SP_i = \alpha' \ln City\_Scale_i + \eta M_i + \xi_3 \qquad (8-4)$$

表8-16展示了中介效应模型回归结果。表8-16第（1）列为式（8-2）的估计结果，与前文保持一致，城市规模在1%的显著性水平上降低了农村流动人口陷入主观相对贫困的可能性，系数$\alpha = -0.263$，可按中介效应立论。表8-16第（2）列和第（3）列为式（8-3）的估计结果，第（4）列和第（5）列为式（8-4）的估计结果。结果表明，城市规模对两个中介变量均有显著影响，系数$\beta_1 = -0.138$，$\beta_2 = 0.087$，并且，两个中介变量对农村流动人口的主观相对贫困状况也有显著影响，系数$\eta_1 = 0.168$，$\eta_2 = -0.258$，因此，间接效应显著。由表8-16第（4）列和第（5）列结果可知，在加入中介变量后，城市规模依然会显著降低农村流动人口陷入主观相对贫困的可能性，系数$\alpha'_1 = -0.186$，$\alpha'_2 = -0.168$，因此，直接效应也显著。由于$\beta_1 \times \eta_1$与α'_1同号，$\beta_2 \times \eta_2$与α'_2同号，因此，本章选择的两个中介变量均存在部分中介效应。最后，中介效应大小可由$\beta \times \eta / \alpha$计算得到，分别为$\beta_1 \times \eta_1 / \alpha = 0.088$与$\beta_2 \times \eta_2 / \alpha = 0.085$。至此可以得出结论，城市规模缓解农村流动人口主观相对贫困存在部分中介效应，其中，失业可能性降低占据8.8%的中介效应，工作收入满意度提高占据8.5%的中介效应。简言之，城市规模扩大，能够显著降

低农村流动人口失业可能性、提高农村流动人口工作收入满意度，进而降低农村流动人口陷入主观相对贫困的可能性。

表8-16　中介效应检验结果

变量	(1)	(2)	(3)	(4)	(5)
	主观相对贫困	失业可能性	工作收入满意度	主观相对贫困	主观相对贫困
城市规模	−0.263***	−0.138**	0.087**	−0.186***	−0.168***
	(0.070)	(0.062)	(0.053)	(0.062)	(0.045)
失业可能性	——	——	——	0.168***	——
				(0.045)	
工作收入满意度	——	——	——	——	−0.258***
					(0.053)
控制变量	YES	YES	YES	YES	YES
N	869	869	869	869	869

注：*** 、** 分别表示在1%、5%的水平上显著，括号内为稳健标准误。
资料来源：课题组自制。

二　父辈禀赋对农村流动人口相对贫困的影响

接下来本章将基于新生代农民工的实证分析，探讨父辈禀赋与农村流动人口相对贫困的互动关系。研究发现，父辈禀赋是农村流动人口的主力军——新生代农民工相对贫困的重要影响因素。

（一）数据、变量与模型

1. 资料来源

研究数据依然来自CLDS数据。本章将新生代农民工定义为1975年及以后出生、年满16周岁、户籍身份在农村、没有接受过高等教育、现已进入城市务工或经商达6个月及以上的流动人口。

2. 变量选择

被解释变量为新生代农民工的相对贫困状态，主要包括经济相对贫困和多维相对贫困。具体而言，在经济相对贫困方面，若新生代农民工收入水平低于 2015 年城镇居民人均可支配收入的 50% 则为经济相对贫困，反之则为非经济相对贫困；新生代农民工的多维相对贫困状况用可行能力多维相对贫困识别指标体系（见表 8-17）衡量，若其在 5 个及以上指标上遭受相对剥夺，则为多维相对贫困，否则为非多维相对贫困。

表 8-17　新生代农民工可行能力多维相对贫困识别指标体系

维度	指标	相对贫困判断标准
经济条件	收入水平	收入水平低于 2015 年城镇居民人均可支配收入的 50% 则为经济相对贫困
社会机会	教育水平	最高学历低于初中则为相对贫困
	健康水平	自我评价"比较不健康"或"非常不健康"则为相对贫困
	现代技能	用发送手机短信、使用网上银行、网上购买火车票、银行 ATM 取款综合衡量被访者的现代技能，四者之中有"不太会"或"完全不会"则为相对贫困
	专业技术	没有专业技术资格证书则为相对贫困
	技术培训	没有参加过技术培训则为相对贫困
	闲暇时间	每周工作时间大于 44 个小时则为相对贫困
	职业晋升	对职业晋升机会"不太满意"或"非常不满意"则为相对贫困
透明性保证	劳动合同	没有签订书面劳动合同则为相对贫困
防护性保障	工伤保险	没有购买工伤保险则为相对贫困
	失业保险	没有购买失业保险则为相对贫困
	工作防护	用工作安全性评价表征，对工作安全性"比较不满意"或"非常不满意"则为相对贫困
政治权益	工会加入	没有加入工会则为相对贫困

资料来源：课题组自制。

核心解释变量是异质性的父辈禀赋，主要包括父亲和母亲的人力资本、金融资本与社会资本禀赋。其中，人力资本以受教育年限衡量，金融资本以所从事的主业来衡量，社会资本以政治面貌来衡量。根据人力资本理论，接受学校教育是人力资本积累的重要途径，因而受教育水平通常是最能够反映人力资本水平的指标（Schultz, 1971；Schultz, 1993）。根据儿童养育的"质量-数量替代"理论，父母的受教育水平与生育子女数量呈反向关系，但与对子女的教育投资呈正向关系（Becker，G. S.，Tomes，N.，1976）。这表明，父母的受教育水平越高，子女受教育水平也会越高。接受更多教育所带来的人力资本积累是提升个体可行能力、预防陷入贫困和成功摆脱贫困陷阱的重要保障。

受数据所限，本章难以直接衡量父辈金融资本，所以以父辈所从事的主业来替代。通常而言，职业差异与收入高低显著相关，所以职业差异能够在一定程度上衡量金融资本差异。父辈金融资本存量极有可能影响子女接受教育的时间和质量，进而影响其人力资本积累，并最终影响其相对贫困状况。同时，不容忽视的是，子女还能直接继承或接受父辈的金融资本转移，从而有助于远离相对贫困。此外，在我国农村，政治面貌通常是身份和地位的象征。中共党员往往是生产生活中的先进个人（杨灿明，2010）。由此可见，政治面貌是一种隐性的社会资本。父辈社会资本也可传递给子女，影响子女的相对贫困发生率。

本章从人口统计学特征、人力资本和社会资本三方面选取控制变量。其中，人口统计学特征包括性别、年龄；人力资本包括健康、教育、是否懂外语、是否有专业技术资格证书；社会资本包括政治面貌、熟人数量（见表8-18）。

表8-18　变量描述性统计结果

变量	定义与赋值	均值	标准差
新生代农民工经济相对贫困	收入水平低于2015年城镇居民人均可支配收入的50%则为经济相对贫困，赋值为0；否则赋值为1	0.892	0.311
新生代农民工多维相对贫困	可行能力多维贫困识别指标体系中有5个及以上的指标被剥夺则为多维相对贫困，赋值为0；否则赋值为1	0.311	0.471
父亲教育	新生代农民工的父亲接受学校教育的年限（年）	6.943	2.643
父亲主业	新生代农民工的父亲的主要职业（虚拟变量，共有两类，务农和其他，以务农为对照组，即务农=0，其他=1）	0.443	0.479

续表

变量	定义与赋值	均值	标准差
父亲政治面貌	新生代农民工的父亲的政治面貌(虚拟变量,共有两类,中共党员和非中共党员,以非中共党员为对照组,即非中共党员=0,中共党员=1)	0.069	0.253
母亲教育	新生代农民工的母亲接受学校教育的年限(年)	4.947	3.036
母亲主业	新生代农民工的母亲的主要职业(虚拟变量,共有两类,务农和其他,以务农为对照组,即务农=0,其他=1)	0.368	0.482
母亲政治面貌	新生代农民工的母亲的政治面貌(虚拟变量,共有两类,中共党员和非中共党员,以非中共党员为对照组,即非中共党员=0,中共党员=1)	0.014	0.116
性别	新生代农民工的性别(虚拟变量,以女为对照组,即女=0,男=1)	0.423	0.494
年龄	新生代农民工的年龄(周岁)	29.542	7.228
健康	新生代农民工的身体健康情况(虚拟变量,共五类,即非常健康、健康、一般、比较不健康、非常不健康。由于比较不健康和非常不健康者占比很小,因此将这两类与一般者合并,并以"一般"命名。最终该变量共有三类进入模型,即非常健康、健康、一般,以"一般"为对照组,此处将"一般"赋值为0、"健康"赋值为1、"非常健康"赋值为2进行描述性统计,进入模型时将形成2个"0—1"类的哑变量)	1.020	0.724
教育	新生代农民工接受学校教育的年限(年)	9.351	2.401
是否懂外语	新生代农民工是否懂外语(虚拟变量,以否为对照组,即不懂外语=0,懂外语=1)	0.178	0.383
是否有专业技术资格证书	新生代农民工是否拥有专业技术资格证书(虚拟变量,以否为对照组,即没有专业技术资格证书=0,有专业技术资格证书=1)	0.133	0.340
政治面貌	新生代农民工的政治面貌(虚拟变量,共有两类,即中共党员和非中共党员,以非中共党员为对照组,即非中共党员=0,中共党员=1)	0.022	0.147
熟人数量	新生代农民工在工作地的熟人数量(人)	8.544	24.557

资料来源：课题组自制。

（二）实证分析

1. 父辈禀赋对新生代农民工经济相对贫困的影响

考虑到被解释变量为二分类变量，本章采用 Logit 模型展开回归分析，回归结果如表 8-19 所示。由表 8-19 可知，父辈禀赋对新生代农民工的经济相对贫困状况不具有显著影响，但新生代农民工自身的性别、是否有专业技术资格证书等控制变量能够显著影响新生代农民工的经济相对贫困状况。具体而言，新生代农民工的性别和是否有专业技术资格证书分别在 10% 和 5% 的显著性水平上影响其经济相对贫困状况。

从概率比来看，男性新生代农民工不陷入经济相对贫困的概率比比女性高出 59.0%，这表明性别是显著影响新生代农民工经济相对贫困状况的因素，女性处于劣势地位。这一结论与罗俊峰和童玉芬（2015）的研究基本一致。从样本数据来看，女性的年人均收入为 41053.03 元，男性则为 53942.08 元，女性的收入明显低于男性。由此可见，我国新生代农民工男女收入还存在较大差距，进一步消除性别歧视，实现男女收入平等，保护女性就业者的合法权益需要更有力的制度保障。拥有专业技术资格证书的新生代农民工不陷入经济相对贫困的概率比比没有专业技术资格证书的新生代农民工高 180.3%，可见专业技术在缓解经济相对贫困中的突出作用。

通过以上分析，本章得出两点结论：一是父辈禀赋并不是决定新生代农民工经济相对贫困状况的因素；二是新生代农民工的性别、是否有专业技术资格证书等人口统计学特征和人力资本变量对其经济相对贫困状况具有显著影响，其中，是否有专业技术资格证书的影响最大。

2. 父辈禀赋对新生代农民工多维相对贫困的影响

父辈禀赋及控制变量对新生代农民工多维相对贫困影响的 Logit 回归结果如表 8-19 所示。由表 8-19 可知，在父辈禀赋方面，仅有父亲的受教育水平和政治面貌对新生代农民工的多维相对贫困状况具有显著影响。其中，父亲教育在 1% 的显著性水平上产生正向影响，而父亲政治面貌则在 5% 的显著性水平上产生负向影响。

表 8-19　父辈禀赋对新生代农民工经济相对贫困和多维相对贫困的影响

变量		经济相对贫困		多维相对贫困	
		系数	概率比	系数	概率比
父亲教育		0.02	1.021	0.137***	1.147***
		(0.05)	(0.05)	(0.04)	(0.47)
父亲主业		0.116	1.123	-0.147	0.863
		(0.34)	(0.38)	(0.26)	(0.22)
父亲政治面貌		-0.648	0.523	-0.926**	0.396**
		(0.41)	(0.21)	(0.39)	(0.15)
母亲教育		0.019	1.019	-0.003	0.997
		(0.04)	(0.04)	(0.03)	(0.03)
母亲主业		0.069	1.072	0.12	1.127
		(0.35)	(0.37)	(0.26)	(0.30)
性别		0.464*	1.590*	0.096	1.101
		(0.25)	(0.40)	(0.17)	(0.19)
年龄		0.017	1.017	-0.012	0.988
		(0.02)	(0.02)	(0.01)	(0.01)
健康状况	健康	0.347	1.414	0.088	1.092
		(0.28)	(0.40)	(0.21)	(0.23)
	非常健康	0.062	1.064	-0.24	0.787
		(0.31)	(0.33)	(0.24)	(0.19)
教育		-0.037	0.964	0.292***	1.339***
		(0.05)	(0.05)	(0.05)	(0.07)
是否懂外语		0.603	1.827	0.456**	1.578**
		(0.39)	(0.71)	(0.23)	(0.36)
是否有专业技术资格证书		1.464**	4.322**	1.758***	2.803***
		(0.61)	(2.64)	(0.26)	(1.50)
政治面貌		0.207	1.231	0	1
		(1.07)	(1.32)	(0.55)	(0.55)
熟人数量		0.029	1.03	0	1
		(0.02)	(0.02)	(0.00)	(0.00)
截距项		0.966	2.628	-4.439***	0.012***
		(0.93)	(2.45)	(0.77)	(0.01)
观察值		813			
LRchi2		28.05		177.83	
Prob>Chi2		0.014		0	
PseudoR2		0.05		0.172	

注：***、**、*分别表示在1%、5%和10%的水平上显著，括号内为稳健标准误。受多重共线性影响，已将母亲政治面貌变量移除。

资料来源：课题组自制。

由概率比来看，父亲受教育年限每增加一年，新生代农民工不陷入多维相对贫困的概率比就会提高 14.7%。由此可见，父亲教育对子辈新生代农民工的多维相对贫困影响较大，教育投资能够使两代人获益。与非中共党员相比，如果父亲是中共党员，则新生代农民工不陷入多维相对贫困的概率比会下降 60.4%。这可能是由于当新生代农民工走出农村后，父辈的某些禀赋特征对其的影响发生了变化。并且，这也在一定程度上否定了在我国农村地区政治面貌带来政治寻租的假设。

就新生代农民工自身的特征来看，自身教育在 1% 的显著性水平上正向影响新生代农民工的多维相对贫困状况，是否懂外语在 5% 的显著性水平上正向影响新生代农民工的多维相对贫困状况，是否有专业技术资格证书在 1% 的显著性水平上正向影响新生代农民工的多维相对贫困状况。

由概率比来看，新生代农民工受教育年限每增加一年，其不陷入多维相对贫困的概率比就会提高 33.9%；懂外语的新生代农民工不陷入多维相对贫困的概率比比不懂外语的新生代农民工高 57.8%；拥有专业技术资格证书的新生代农民工不陷入多维相对贫困的概率比比没有专业技术资格证书的新生代农民工高 180.3%。由此可见，新生代农民工自身的人力资本是影响其多维相对贫困状况的重要因素。因此，直接对新生代农民工进行反贫困政策资源投资或将收到比投资其父母更好的减贫效果。

第四节　农村流动人口相对贫困治理的路径优化

一　设立农村流动人口相对贫困识别体系标准

第一，在识别指标选择上，农村流动人口相对贫困的识别指标不能限定在单一收入维度上，需要综合考虑收入、就业、健康、卫生、教育、住房、消费、心理等诸多方面，特别是要重视农村流动人口的主观心理状态，形成一套健全的能够反映农村流动人口生产生活情况的多维相对贫困指标体系。

第二，在参照对象上，考虑到农村流动人口多数时候在城镇工作生活的客观现实，应将主要参照对象确定为流入地的城镇居民，而非流出地的农村居民。第三，在衡量标准上，参考流入地生产生活条件，结合农村流动人口特点，考虑在个别经济区、经济带设立特殊的相对贫困标准，以此作为农村流动人口相对贫困标准。

二　构建农村流动人口相对贫困识别预警体系

农村流动人口相对贫困识别预警体系的构建，可以借鉴脱贫攻坚时期的相关做法，采取自愿申报和外部核查相结合的方式进行。在操作主体上，应该包含农村流动人口、企业（单位）、流入地和流出地社区以及政府。在具体操作上，流入地政府需要牵头针对农村流动人口建立农村流动人口相对贫困识别帮扶管理信息联网数据库；企业和社区应坚持分工协作，各自负责收集核查本企业或本社区内农村流动人口相关数据，并对收集的数据进行对照核实；农村流动人口也可根据自身现实情况主动向所在企业或社区进行贫困帮扶申报。在企业、社区全面核查的基础上，以设立的专门针对农村流动人口的相对贫困标准确定农村流动人口是否为相对贫困对象，层层汇总数据，上传至全国数据库，为帮扶和动态管理提供真实、及时的信息依据。根据数据库汇总信息，一旦发现农村流动人口在某些关键指标上有重大困难，企业和社区可派相关人员了解情况，并为其提供有针对性的帮扶措施。

三　提升经济增长的包容性，促进共享发展成果

在收入分配方面，以"做大蛋糕""切好蛋糕"为准则，处理好公平与效率的关系。在初次分配上，根据按劳分配原则，稳定提升劳动要素报酬比例，严格控制资本有机构成提高；在二次分配上，工厂、企业应充分尊重农村流动人口的权益，对农村流动人口与城镇本地劳动力一视同仁，保障农村流动人口人力资本回报率，严厉打击"同工不同酬"等就业歧视现象；在三次分配上，不断完善社会帮扶制度，引导先富带后富，激励高收入群体帮扶低收

入群体。鼓励社会公益组织创设为农村流动人口就业、培训、医疗、法律等提供帮助的基金，提升农村流动人口综合发展能力。在公共服务享受条件方面，扩大居住证制度试点范围，探索凭居住证享受公共服务的条件和标准，让农村流动人口与城市居民不因户籍而被区别对待，以保障农村流动人口能享受到无城乡差别、地域差异、歧视偏见的社会公共服务，共享经济社会发展成果。

四　提高农村流动人口相对贫困治理内生能力

第一，加强对农村流动人口的正规教育服务。可采取适当方式，将农村流动人口中的适龄青少年作为重点保障对象，纳入流入地正规教育服务体系；通过引进优秀人才、培育本地人才等举措，缩小城乡教育资源数量、质量和理念差距，进而阻止农村流动人口相对贫困的代际传递。第二，丰富农村流动人口培训内容。在对农村流动人口的培训上，既强调职业技能培训，又强调综合素质培训，使农村流动人口能够很好地应对新技术发展带来的挑战，提升其转移就业和城市融入的能力。要确保农村流动人口获得实质的职业技能培训机会。提高培训精准性和有效性，谨防培训内容空洞、流于形式、供需错位等问题发生，提高"干中学"的培训比例。第三，加强对农村流动人口的健康服务。规范用工单位员工医疗保险购买行为，提高医保购买覆盖率和购买档次；强化日常健康监测在提升农村流动人口健康水平中的作用，可采取单位强制性体检、社区免费体检等多种方式，提高农村流动人口的健康水平。

五　制订农村老一代农村流动人口特别支持计划

第一，给予老一代农村流动人口就业特别保障。首先，在标准上，应充分尊重老一代农村流动人口在城市中就业的合法权益，不宜以年龄为唯一评价标准，对老一代农村流动人口进行"一刀切"式清退。其次，对于年龄较大，经过医院身体健康评估后虽不再适合在建筑业、制造业等行业中继续就业，但仍有劳动能力的老一代农村流动人口，可考虑通过安排公益性岗位、物业岗位、保洁岗位等方式解决其就业问题。第二，建立关爱"老一代农村流动人口"慈善基金会。通过创建"老一代农村流动人口活动中心"、创办"老一代农村流动人口教室"、组建"知心辅导员"志愿者队伍、搭建"绿色通道"等爱心渠道，对有需要并符合条件的老一代农村流动人口提供全方位的直接关爱服务，让老一代农村流动人口休闲有去处、心灵有抚慰、困难有帮助，通过开展一系列有益于他们身心健康的活动，丰富他们的业余生活，增强他们的幸福感、获得感。

本章小结

　　农村流动人口因其常年流动在外，是城乡相对贫困治理的薄弱环节。本章在阐释农村流动人口概念的基础上，深入剖析了近年来农村流动人口呈现的特征；基于收入、支出和主观三个维度，对农村流动人口相对贫困状况进行了深入分析；在阐释相对贫困影响机理的基础上，实证分析了农村流动人口相对贫困的影响因素，并提出该类人群相对贫困治理的路径。主要结论如下。

　　第一，农村流动人口呈现一些新的群体特征。其主要表现为：流动规模持续扩大、人户分离现象突出；平均年龄持续上升，新生代逐渐成为流动主力；女性占比不断增加，性别结构趋于平衡；教育水平稳步提升，新生代教育状况更优；单人流动比例降低，家庭化流动趋势明显；省外流动依然是主流，流动趋势愈发明显；东部地区为主要流入地，中西部地区吸引力增强。

　　第二，农村流动人口在多个维度上遭受不同程度的相对贫困剥夺。在收入维度上，农村流动人口整体相对贫困发生率高且呈上升趋势。分行业来看，从事批发零售业的农村流动人口的收入相对贫困发生率最高。从代际来看，老一代农村流动人口的收入相对贫困发生率明显高于新生代农村流动人口。分地区来看，东部地区农村流动人口的相对贫困发生率最低，中部地区次之，东北和西部地区农村流动人口的相对贫困发生率最高。在支出维度上，与收入相对贫困发生率不同的是，农村流动人口的支出相对贫困发生率一直在高位浮动，且"马太效应"明显。在主观维度上，我国农村流动人口的主观相对贫困发生率虽然也处于高位，但是呈逐年降低趋势，特别是从事制造业和建筑业的农村流动人口以及新生代农村流动人口的主观相对贫困发生率下降幅度最大。

第三，城市规模、人口禀赋等宏微观因素对农村流动人口相对贫困具有显著影响。一方面，城市规模越大，农村流动人口失业可能性越低、工作收入满意度越高，由此缓解农村流动人口主观相对贫困；另一方面，父辈禀赋与新生代农民工自身的可行能力如教育水平、语言技能、专业技术等是决定其是否陷入或摆脱多维相对贫困的重要因素。

第四，建立针对性识别体系和预警体系、提升经济增长包容性、提高内生能力和制订特别支持计划是农村流动人口相对贫困治理的重要路径。针对农村流动人口特征，应联合户籍所在地和流入地政府，建立新的有针对性的相对贫困识别和监测预警体系，避免农村流动人口相对贫困识别和监测预警空白；通过合理调整初次、二次、三次收入分配结构和扩大居住证制度试点范围等方式，提升流入地经济增长的包容性；加强农村流动人口教育、培训和健康服务，提高农村流动人口相对贫困治理内生能力；依靠老一代农村流动人口就业特别保障、关爱"老一代农村流动人口"慈善基金会等，制订老一代农村流动人口特别支持计划。

第九章

农村老年人口相对贫困治理研究

随着我国工业化、城镇化的深入推进，大量农村青壮年劳动力"离土"又"离乡"，农村老年人口的经济支持、护理服务、医疗需求、精神慰藉等保障长期处于缺位或低水平状态。老龄阶段的生理特征与社会角色决定了农村老年人口生存与发展的脆弱性大大增加，更易受到贫困、疾病、孤独感的冲击与袭扰。在相对贫困治理框架下，农村老年人口作为边缘弱势群体，应给予重点关注。

第一节　农村老年人口的定义与特征

一　农村老年人口的定义

关于老年人口的定义，依据划分标准（主要是年龄段）的不同，现今主要有两种定义。欧美等西方发达国家大多以 65 岁为界，将年龄大于等于 65 岁的人群称为老年人口。世界卫生组织（WHO）将年满 60 岁的人群称为老年人口（严淼，2014；陈云，2019），我国的划分标准与世界卫生组织相同（王丽，2019）。综合考虑年龄与户籍因素，本章将农村老年人口定义为年龄在 60 岁及以上且拥有农业户籍的中国公民。

二　农村老年人口特征分析

（一）农村老年人口规模大，增长速度明显加快

我国农村老年人口规模大。2021 年《中国统计年鉴》显示，2020 年农

村 60 岁及以上老年人口规模约 1.75 亿人，农村 65 岁及以上老年人口规模约 1.29 万人，农村 70 岁及以上老年人口规模达到了 7946 万人，农村 75 岁及以上老年人口规模达到了 4537 万人，农村 80 岁及以上老年人口规模达到了 2374 万人（见图 9-1）。我国农村老年人口增长速度明显加快。2010—2020 年，全国农村 65 岁及以上老年人口占比提高了 4.6 个百分点，增长速度明显高于 2000—2010 年。

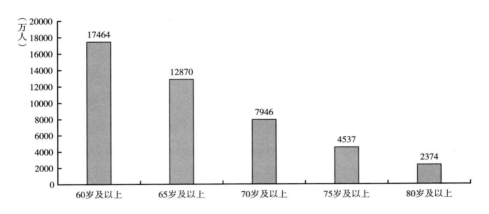

图 9-1 2020 年我国不同年龄段的农村老年人口规模

资料来源：2021 年《中国统计年鉴》。

（二）低龄老年人口占主体，高龄化现象更明显

农村老年人口以低龄老年人口为主。2021 年《中国统计年鉴》显示，我国农村 60—69 岁的低龄老年人口规模为 9518 万人，占到农村老年人口的 54.5%；农村 70—79 岁的中龄老年人口规模为 5572 万人，占到农村老年人口的 31.9%；农村 80 岁及以上的高龄老年人口规模为 2374 万人，占到农村老年人口的 13.6%。说明农村老年人口中低龄老年人口占比最大。与此同时，农村高龄化现象更为明显。农村 80 岁及以上老年人口占农村老年人口总数的 13.6%，城镇 80 岁及以上老年人口占城镇老年人口总数的 13.5%（见表 9-1），农村高龄老年人口占比比城镇高 0.1 个百分点。

表 9-1　2020 年我国城乡老年人口规模及结构

单位：万人，%

指标		低龄老年人口（60—69 岁）	中龄老年人口（70—79 岁）	高龄老年人口（80 岁及以上）
农村	规模	9518	5572	2374
	占比	54.5	31.9	13.6
城镇	规模	5520	2511	1206
	占比	58.4	28.1	13.5

资料来源：2021 年《中国统计年鉴》。

（三）空巢老年人口比例高，城乡差异较为明显

农村地区空巢老年人口（独居和与配偶居住的农村老年人口）比例高。中国健康与养老追踪调查（CHARLS）2018 年数据显示，在农村地区，有 11.20% 的老年人口独居，46.88% 的老年人口与配偶居住，41.92% 的老年人口与他人居住（见表 9-2），农村空巢老年人口占比接近全部农村老年人口的 60%。从城乡对比看，农村空巢化现象较城镇更为明显。2018 年 CHARLS 数据显示，农村空巢老年人口占比为 58.08%，城镇空巢老年人口占比为 51.52%，农村空巢老年人口占比较城镇空巢老年人口占比高 6.56 个百分点。

表 9-2　中国城乡老年人口居住方式

单位：%

地区	独居	与配偶居住	与他人居住	合计
农村	11.2	46.88	41.92	100
城镇	9.73	41.79	48.48	100

资料来源：2018 年 CHARLS 调查。

（四）参与劳动较为普遍，老而不休现象突出

农村老年人口参与劳动较为普遍。据复旦大学人口研究所调查，54.92% 的农村老年人口仍在参与经济活动，而城镇和城市老年人口参与经济活动的占比仅为 18.90% 和 12.25%，远低于参与经济活动的农村老年人口。这说明农村老年人口参与劳动较为普遍。这可能与城乡老年人口经济、社会保障状

况相差较大相关。仍有一定比例的农村高龄老年人口参与经济活动。在广大农村还有占比为20.83%的高龄老年人口参与经济活动；而在城市、城镇，中龄老年人口参与经济活动的比重已显著降低，为7.36%—10%；城市高龄老年人口继续参与经济活动的比重极低（仅占2.13%），见表9-3。这说明农村老年人口老而不休现象依然较为突出。

表9-3　城乡老年人口经济活动参与情况

单位：人，%

老年人口	农村		城镇		城市	
	参与人数	参与率	参与人数	参与率	参与人数	参与率
合计	307	54.92	55	18.90	105	12.25
低龄老年人口（60—69岁）	170	67.46	42	27.63	81	17.46
中龄老年人口（70—79岁）	122	51.91	11	10.00	22	7.36
高龄老年人口（80岁及以上）	15	20.83	2	6.90	2	2.13

资料来源：复旦大学人口研究所任远教授主持的上海市教委科研创新重大项目"新时代中国人口发展战略研究"。

第二节　农村老年人口相对贫困状况分析

一　农村老年人口相对贫困的内涵

厘清农村老年人口相对贫困的内涵，首先要对相对贫困概念有一个整体的清晰认知。相对贫困的最早表述可追溯到亚当·斯密，他在《国富论》中将相对贫困定义为生活必需品的缺乏，而生活必需品"不但指维持生存所必需之物，而且指由一个国家风俗决定的作为一个体面人，哪怕是最底层的人，不可缺少之物"。随后，英国学者汤森特对相对贫困概念进行了更为明确的定义，他认为如果社会的弱势阶层因为遭到了相对剥夺和相对排斥而无法享有公平的教育、医疗、社会权利等条件与机会，他们就处于相对贫困状态（Townsend，P.，1979）。在此基础上，阿玛蒂亚·森基于可行能力和基本权利剥夺，进一步将相对贫困定义为一种脆弱、无发言权、社会排斥的"相对剥夺感"（阿玛蒂亚·森，2002），拓展了相对贫困的边界。

上述三位学者对相对贫困概念的理性研究，实际上已基本囊括了农村老年人口相对贫困的内涵，即农村老年人口相对贫困是一种集客观状态和主观感受于一体的贫困状况。当作为一种客观状态存在时，农村老年人口相对贫困反映了整个经济社会对农村老年人口的相对剥夺和相对排斥程度，如收入不平衡和权利缺乏；当作为一种主观感受存在时，相对贫困则表现为农村老年人口的自我认同、社会结构的排斥及社会心态等问题（向德平、向凯，2020），如尊严和自主性等。可见，从广义上来看，农村老年人口相对贫困是由多种因素共同作用的综合结果，涵盖了物质条件、可行能力、发展机会、主观感受等多个方面。

二　农村老年人口相对贫困指标体系及标准分析

基于农村老年人口相对贫困的内涵，本章从物质条件、可行能力、发展机会、主观感受四个维度选取适宜指标，构建农村老年人口相对贫困指标体系及标准。但值得注意的是，因个体特征、资源禀赋、生存环境等差异，农村老年人口这一特殊群体在各维度的相对贫困特征与其他群体相比有一定差异。例如，就发展机会来说，职业发展、专业技术、政治参与机会等对中青年群体至关重要，但对大多数老年人口而言可能已无足轻重。相反，随着现代化的快速发展，社会参与、数字融入等对老年人口越发重要。因此，在构建农村老年人口相对贫困指标体系及标准过程中，各维度内的标准选取及设定应根据农村老年人口自身特征有所侧重。表9-4对各维度具体指标选取进行了说明。

表9-4　农村老年人口相对贫困维度、指标及标准

维度	指标	标准
物质条件	个人收入	个人收入低于当年农村居民人均可支配收入中位数的40%则为相对贫困,否则为非相对贫困
	资产数量	手机、电视机、电冰箱或冰柜、洗衣机、空调、电脑、组合音响、摄像机、照相机等18项资产拥有量少于3项则为相对贫困,否则为非相对贫困
	居住情况	房屋结构为非钢筋混凝土结构或砖木结构则为相对贫困,否则为非相对贫困

续表

维度	指标	标准
可行能力	日常活动能力（ADL）	任意一项日常活动能力项目无法完成则为相对贫困，否则为非相对贫困
	认知功能（CSI-D）	任意一项认知功能项目无法完成则为相对贫困，否则为非相对贫困
	慢性病	患有慢性病则为相对贫困，否则为非相对贫困
	自评健康	认为自己的健康状况很不好则为相对贫困，否则为非相对贫困
发展机会	社会参与	过去一个月内没有参与过以下任意一项社交活动则为相对贫困，否则为非相对贫困。①串门、跟朋友交往。②打麻将、下棋、打牌、去社区活动室。③向不住在一起的亲人、朋友或者邻居提供帮助。④跳舞、健身、练气功等。⑤参加社团组织活动。⑥参加志愿者活动或者慈善活动。⑦照顾不住在一起的病人或者残疾人。⑧上学或者参加培训课程。⑨炒股（基金及其他金融证券）
	数字融入	过去一个月内无上网行为则为相对贫困，否则为非相对贫困
主观感受	生活满意度	总体来看，对生活一点也不满意、不太满意则为相对贫困，否则为非相对贫困
	抑郁情绪	若抑郁自评量表（CES-D）得分大于 10 分则为相对贫困，否则为非相对贫困

资料来源：课题组自制。

（一）物质条件维度

简而言之，物质条件就是个体所拥有的物质资源的多寡。这些物质资源直接决定了老年人口参与消费、生产、交换的机会。是否拥有或者能否得到物质资源，对老年人口实际上获得的权益具有实质性影响。老年人口的个人收入和资产数量是反映其物质条件好坏最直接的指标之一，居住情况则是物质条件的外显表征。本章选择个人收入、资产数量和居住情况作为表征农村老年人口物质条件维度相对贫困与否的指标。具体而言，在个人收入上，农村老年人口若个人收入低于当年农村居民人均可支配收入中位数的40%，则处于相对贫困状态；在资产数量上，农村老年人口若手机、电视机、电冰箱或冰柜、洗衣机、空调、电脑、组合音响、摄像机、照相机等18项资产拥有量少于3项，则处于相对贫困状态；在居住情况上，农村老年人口若所住房屋结构为非钢筋混凝土结构或砖木结构，则处于相对贫困状态。

（二）可行能力维度

可行能力是指"一个人所拥有的、享受自己有理由珍视的那种生活的实质自由"（阿玛蒂亚·森，2002）。对农村老年人口而言，限制其可行能力（实质自由）的最大障碍来源于自身不良的生理健康状况和认知障碍。本章选择日常活动能力、认知功能、慢性病和自评健康四个指标作为衡量农村老年人口可行能力维度相对贫困与否的指标。具体而言，在日常活动能力上，农村老年人口若存在移动、上下楼梯、穿衣、洗澡、吃饭、转移、大小便、修饰、活动等9项日常生活行为中任一项无法完成的问题，则处于相对贫困状态。在认知功能上，农村老年人口若存在认知功能项目中任一项目无法完成的问题，则处于相对贫困状态。在慢性病上，农村老年人口若患有慢性病，则处于相对贫困状态。在自评健康上，农村老年人口若认为自己的健康状况很不好，则处于相对贫困状态。

（三）发展机会维度

对物质条件方面的生存需求已然获得满足的农村老年人口而言，他们的需求会上升到一个新的层次，即寻求进一步的自我发展。社交、尊重与自我实现成为新的目标定位（杨菊华，2019）。本章选择社会参与和数字融入作为衡量农村老年人口在发展机会维度相对贫困与否的指标。具体而言，在社会参与上，农村老年人口若过去一个月内没有参与过以下任意一项社交活动，则处于相对贫困状态。①串门、跟朋友交往。②打麻将、下棋、打牌、去社区活动室。③向不住在一起的亲人、朋友或者邻居提供帮助。④跳舞、健身、练气功等。⑤参加社团组织活动。⑥参加志愿者活动或者慈善活动。⑦照顾不住在一起的病人或残疾人。⑧上学或者参加培训课程。⑨炒股（基金及其他金融证券）。在数字融入上，农村老年人口若过去一个月内无上网行为，则处于相对贫困状态。

（四）主观感受维度

主观感受反映了农村老年人口的精神诉求。精神愉悦和心理慰藉作为重要的无形资产，是人最高层次的需求。当物质生活得到满足后，农村老年人口便会追求精神和心理满足。当农村老年人口的精神需求得不到满足时，其生活满意度将处于较低的状态，抑郁情绪也随之而来。本章选择生活满意度和抑郁情绪作为衡量农村老年人口在主观感受维度相对贫困与否的指标之一。具体而言，在生活满意度上，农村老年人口若对其生活不满意（包括"一点也不满意"和"不太满意"），则处于相对贫困状态。在抑郁情绪上，农村老年人口若抑郁自评量表得分大于 10 分，则处于相对贫困状态。

三　农村老年人口相对贫困特征

基于前文对农村老年人口相对贫困内涵、指标体系及标准的研究，本章利用 2018 年 CHARLS 数据对农村老年人口相对贫困特征展开分析。具体而言，农村老年人口相对贫困有如下特征。

（一）个人收入水平低，经济缺乏保障

个人收入是个体在市场交换中交换生存资源的基础。与其他群体相同，农村老年人口的各种基本生活消费需求，包括衣食住行等都需要以一定的收入为保障。收入水平的高低直接决定农村老年人口的衣食住行等基本生存需求能否得到满足。但从收入水平看，农村老年人口收入水平相比其他群体明显偏低。如表 9-5 所示，2017 年我国农村居民人均可支配收入为 13432 元，人均可支配收入中位数为 11969 元。而样本农村老年人口人均可支配收入为 4794 元，仅为同期农村居民人均可支配收入的 35.69%、农村居民人均可支配收入中位数的 40.05%。若将 2017 年农村居民人均可支配收入中位数的 40%（4787.6 元）设定为相对贫困标准，则样本中 48.16% 的农村老年人口将遭受收入相对剥夺。

表 9-5　2017 年农村居民与样本农村老年人口收入对比

单位：元

指标	农村居民	样本农村老年人口
2017 年人均可支配收入	13432	4794
2017 年人均可支配收入中位数	11969	5100

资料来源：2018 年 CHARLS 调查。

（二）慢性病患病比例高，健康状况不佳

慢性病是农村老年人口面临的主要健康风险。由于基础设施不健全、思想意识不重视等主客观原因，农村老年人口很难定期参与健康体检，难以及时诊断并治疗疾病。部分农村老年人口在确诊疾病后甚至不重视、不积极治疗，导致一些小疾常年得不到有效治疗并最终演变为慢性病。慢性病不仅会影响农村老年人口正常的社会交往活动，还会影响其家庭的生活质量，给农村老年人口家庭带来负担。样本数据显示（见表9-6），关节炎或风湿病、高血压、胃部疾病或消化系统疾病是目前农村老年人口面临的主要慢性疾病。其中，有46.66%的农村老年人口患关节炎或风湿病，有44.71%的农村老年人口患高血压，有32.94%的农村老年人口患胃部疾病或消化系统疾病。以农村老年人口是否患有慢性病界定其相对贫困状况，高达63.05%的农村老年人口在该指标下处于相对贫困状态。

表9-6　农村老年人口慢性病患病种类及比例

单位：个，%

患病种类	患病人数	未患病人数	患病比例
高血压	2549	2152	44.71
血脂异常	1220	3481	21.4
糖尿病或血糖升高	776	3925	13.61
恶性肿瘤	115	4586	2.02
慢性肺部疾病	1041	3660	18.26
肝脏疾病	391	4310	6.86
心脏病	1272	3429	22.31
中风	474	4227	8.31
肾脏疾病	653	4048	11.45
胃部疾病或消化系统疾病	1878	2823	32.94
有情感及精神问题	126	4575	2.21
阿尔茨海默病、脑萎缩、帕金森症	230	4471	4.03
关节炎或风湿病	2660	2041	46.66
哮喘	463	4238	8.12

资料来源：2018年CHARLS调查。

（三）认知功能存在障碍，活动能力下降

随着年龄增加，农村老年人口不仅要面临生理方面的障碍，还要面临认知功能上的障碍。认知功能障碍包括感知障碍、记忆障碍和思维障碍三个方面，其中感知障碍包括感觉过敏、感觉迟钝、幻觉等，记忆障碍主要表现为记忆力下降或记忆错误，思维障碍表现为妄想、思维逻辑障碍、联想过程障碍或抽象概括过程障碍。对农村老年人口而言，认知功能障碍会影响他们的日常生活和社会交往，影响他们的正常思考和判断，限制其晚年活动能力。若以任意一项认知功能项目无法完成作为相对贫困标准，则农村老年人口在认知功能上的相对贫困发生率为45.98%（见表9-8）。

（四）社交活动单一，社会参与不足

随着农村老年人口从劳动力市场退出，其社会活动参与机会进一步减少，过去的家族网络和邻里关系等也逐渐弱化。因此，农村老年人口通常面临不小的边缘化风险。CHARLS数据显示，农村老年人口进行社交活动的主要对象为朋友、邻里和家人。其中，29.01%的农村老年人口会在平日里串门、跟朋友交往，15.47%的农村老年人口会打麻将、下棋、打牌、去社区活动室，有10.47%的农村老年人口会向不住在一起的亲人、朋友或者邻居提供帮助。培训课程、志愿者活动或者慈善活动等社交活动的参与率很低，如志愿者活动或者慈善活动的参与率仅为0.82%（见表9-7）。若将从未参与过任意一项社交活动定义为相对贫困，则农村老年人口在社交参与方面的相对贫困发生率为43.03%（见表9-8）。

表9-7 农村老年人口社交活动参与项目及参与率

单位：人，%

参与项目	参与人数	未参与人数	参与率
串门、跟朋友交往	1654	4047	29.01
打麻将、下棋、打牌、去社区活动室	882	4819	15.47
向不住在一起的亲人、朋友或者邻居提供帮助	597	5104	10.47
跳舞、健身、练气功等	223	5478	3.91
参加社团组织活动	78	5623	1.37
参加志愿者活动或者慈善活动	47	5654	0.82

续表

参与项目	参与人数	未参与人数	参与率
照顾不住在一起的病人或残疾人	105	5596	1.84
上学或者参加培训课程	11	5690	0.19
炒股(基金及其他金融证券)	3	5698	0.05

资料来源：2018 年 CHARLS 调查。

（五）数字融入不足，遭受网络疏离

农村老年人口的社会参与困境既是制度性的，又是技术性的。信息技术的发展在为人民生活带来巨大便利的同时，也逐渐将一个规模愈发庞大的群体——农村老年人口——甩在了发展链的尾端。随着年龄增加，农村老年人口身体机能退化、理解能力与学习能力渐次衰退，多数农村老年人口对新兴事物接纳度不高甚至存在抵触情绪。在这种情况下，数字技术不再是联系农村老年人口与社会的桥梁，反而成为一种阻碍。简言之，数字鸿沟使农村老年人口与信息技术逐渐疏离，形成阻隔农村老年人口参与社会、融入社会、共建社会的一道隐性屏障。CHARLS 数据显示，过去一个月内仅有 2.58% 的农村老年人口有过上网行为，未有上网行为的农村老年人口比例高达 97.42%。若将上网行为作为数字融入的相对贫困标准，则农村老年人口数字融入的相对贫困发生率高达 97.42%（见表9-8）。

表 9-8　农村老年人口各指标相对贫困发生率

单位：%

维度	指标	相对贫困发生率
物质条件	个人收入	48.16
	资产数量	19.93
	居住情况	17.66
可行能力	日常活动能力	27.55
	认知功能	45.98
	慢性病	63.05
	自评健康	31.63

续表

维度	指标	相对贫困发生率
发展机会	社会参与	43.03
	数字融入	97.42
主观感受	生活满意度	10.78
	抑郁情绪	38.01

资料来源：2018 年 CHARLS 调查。

第三节　农村老年人口相对贫困影响因素分析

一　农村老年人口相对贫困测度

（一）资料来源

本章所用数据来自 2018 年 CHARLS。该项调查由北京大学中国社会科学调查中心主持，旨在收集一套 45 岁及以上、在全国具有代表性的微观数据。调查内容主要包含个人基本信息，家庭禀赋，健康状况和功能，医疗保健与保险，工作和退休，收入、支出与资产，房产和住房情况等七个部分在内的若干问题。该数据是分析我国人口老龄化问题、推动老龄化问题研究的代表性数据，具有抽样科学、样本容量大、信息丰富等优势。为了反映情况，本章使用 CHARLS 公开的 2018 年的调查数据进行农村老年人口相对贫困影响研究。在数据筛选上，本章将样本限定为拥有农业户籍、60 岁及以上的我国老年人口。

（二）测度方法

阿尔凯尔和福斯特提出一种贫困"双临界值"识别和测度方法，即 AF 方法（Alkire，S.，Foster，J.，2011）。它需要确定每个维度相应的临界值，当个体某项指标值低于临界值则认为该个体在该维度上处于贫困状态。AF 方法共包括维度取值、贫困识别、贫困加总、权重确定和贫困分解五个步骤。

1. 维度取值

$M^{n,d}$ 代表 $n \times d$ 的矩阵，且元素 $y \in M^{n,d}$，表示 n 个个体在 d 个维度上的取值。y 中的任意元素 y_{ij} 表示个体 i 在维度 j 上的取值，$i = 1$，2，…，n；$j = 1$，2，…，d，行向量代表每个个体在每个维度上的取值，列向量代表在一个维度上全部个体的取值情况。

2. 贫困识别

单维度的贫困识别。z_j 表示第 j 个维度上的剥夺临界值或贫困标准，对于给定的矩阵 y，可以获得相应的剥夺矩阵 $g^0 = [g_{ij}^0]$，当 $y_{ij} \leq z_j$ 时，$[g_{ij}^0] = 1$，当 $y_{ij} > z_j$ 时，$[g_{ij}^0] = 0$，即当个体 i 在 j 维度上的取值低于剥夺临界值，代表处于贫困状态，赋值为 1，若高于剥夺临界值，则赋值为 0。多维度的贫困识别。若个体在多个维度处于贫困状态，那么如何确定个体的贫困状态？若共有 10 个维度，当 $k = 3$ 时（k 为贫困临界值，即贫困维度数），个体是否同时在任意 3 个维度处于贫困状态？c_i 表示个体 i 处于贫困状态的维度数，p_k 表示考虑 k 个维度时贫困识别的函数，$k = 1$，2，…，d。当 $c_i \geq k$ 时，个体 i 被判定为处于贫困状态；当 $c_i < k$ 时，个体 i 并非处于贫困状态。

3. 贫困加总

贫困加总，即计算多维相对贫困指数 M_0，传统的 FGT 方法用贫困发生率指标来反映贫困程度，计算简便，但不能反映剥夺维度增加带来的贫困深度，基于此，AF 方法对 FGT 方法进行了修正，主要包括贫困发生率 H 和平均剥夺份额 A 两个指标，得到调整后的多维相对贫困指数 M_0，具体公式如下。

$$H(y,z) = \frac{q}{n} \tag{9-1}$$

$$A = \sum_{i=1}^{n} \frac{c_i(k)}{dq} \tag{9-2}$$

$$M_0 = \mu[g^0(k)] = H \times A = \sum_{i=1}^{n} \frac{c_i(k)}{nd} \tag{9-3}$$

上述公式中，q 代表处于 k 个贫困维度时的贫困个体数量，n 代表样本总量，$c_i(k)$ 表示贫困个体加权的贫困维度数。当然，还可以用平均贫困距 G 和贫困深度 S 对 M_0 分别进行调整得到 M_1 和 M_2，但本章只测算 M_0。

4. 权重确定

贫困加总时需考虑各个维度的权重情况，不同的权重设定会影响多维贫困测度的结果。目前学术界常用的权重计算方法包括等权法、熵值法、均方差法以及专家打分法等。

5. 贫困分解

多维相对贫困指数可根据地区、年龄、性别以及维度等进一步分解，从而计算得到各组元素对多维贫困指数的贡献率。以维度分解为例，d_1，d_2，$\cdots$，d_n 代表各个维度。

$$M_0 = M(d_1,d_2,\cdots,d_n;z) = \frac{n(d_1)}{n(d_1,d_2,\cdots,d_n)}M(d_1;z) + \frac{n(d_2)}{n(d_1,d_2,\cdots,d_n)} \tag{9-4}$$

$$M(d_2;z) + \cdots + \frac{n(d_n)}{n(d_1,d_2,\cdots,d_n)}M(d_n;z)$$

（三）维度、指标选取、临界值与权重设定

本章将从物质条件、可行能力、发展机会、主观感受四个维度，采用前文农村老年人口相对贫困指标和标准，构建农村老年人口相对贫困识别指标体系。对于权重的设定，目前多维贫困相关文献基本使用等权重法（Alkire，S.，Foster，J.，2011；王春超、叶琴，2014；张全红、周强，2015）。杨晶（2014）对等权重法的有效性进行了检验，其结论认为这一赋权方法是稳健的。因此，本章采用等权重法，为各维度以及每个维度下各指标赋予相等的权重。具体而言，各维度权重均为 1/4，物质条件维度内各指标权重分别赋值为 1/12，可行能力维度内各指标权重分别赋值为 1/16，发展机会和主观感受维度各指标权重分别赋值为 1/8。

各指标的具体设定及权重如表 9-9 所示。

表 9-9　农村老年人口相对贫困维度、指标、标准以及权重的设置

维度	指标	标准	权重
物质条件	个人收入	个人收入低于当年农村居民人均可支配收入中位数的 40%，赋值为 1，否则为 0	1/12
	资产数量	手机、电视机、电冰箱或冰柜、洗衣机、空调、电脑、组合音响、摄像机、照相机等 18 项资产拥有量少于 3 项，赋值为 1，否则为 0	1/12
	居住情况	房屋结构为非钢筋混凝土结构或砖木结构，赋值为 1，否则为 0	1/12
可行能力	日常活动能力	任意一项日常活动能力项目无法完成，赋值为 1，否则为 0	1/16
	认知功能	任意一项认知功能项目无法完成，赋值为 1，否则为 0	1/16
	慢性病	患有慢性病，赋值为 1，否则为 0	1/16
	自评健康	认为自己的健康状况很不好，赋值为 1，否则为 0	1/16
发展机会	社会参与	过去一个月内没有参与过以下任意一项社交活动，赋值为 1，否则为 0。①串门、跟朋友交往。②打麻将、下棋、打牌、去社区活动室。③向不住在一起的亲人、朋友或者邻居提供帮助。④跳舞、健身、练气功等。⑤参加社团组织活动。⑥参加志愿者活动或者慈善活动。⑦照顾不住在一起的病人或者残疾人。⑧上学或者参加培训课程。⑨炒股（基金及其他金融证券）	1/8
	数字融入	过去一个月内无上网行为，赋值为 1，否则为 0	1/8
主观感受	生活满意度	总体来看，对生活一点也不满意、不太满意，赋值为 1，否则为 0	1/8
	抑郁情绪	若抑郁自评量表得分大于 10 分，赋值为 1，否则为 0	1/8

资料来源：课题组自制。

（四）测度结果分析

1. 农村老年人口相对贫困指数分析

表 9-10 给出了基于 CHARLS 数据测算的我国农村老年人口多维相对贫困指数。由表 9-10 可知，第一，随着维度 k 增加，农村老年人口的相对贫困发生率 H 和多维相对贫困指数 M_0 呈下降趋势。由相对贫困发生率 H 来看，在一个维度上遭受剥夺（即 $k=1$）的农村老年人口比例为 88.67%，在两个维度上遭受剥夺（即 $k=2$）的农村老年人口比例为 30.59%；当 $k=4$ 时，农村老年人口的相对贫困发生率为 0.02%。以上结果表明农村老年人口的确存在一定程度的多维相对贫困现象，多数农村老年人口在一个维度上遭

受剥夺，近1/3的农村老年人口在两个维度上遭受剥夺，但几乎不存在全维度的剥夺现象。第二，随着维度 k 增加，平均剥夺份额 A 也在提高，这表明农村老年人口的相对贫困强度随维度增加而提高。

表9-10 农村老年人口多维相对贫困测度结果

单位：%

维度	相对贫困发生率 H	平均剥夺份额 A	多维相对贫困指数 M_0
$k=1$	88.67	11.09	9.83
$k=2$	30.59	15.10	4.62
$k=3$	2.40	20.30	0.48
$k=4$	0.02	25	0.00

资料来源：课题组自制。

2. 农村老年人口多维相对贫困指数分解

多维相对贫困指数分解将多维相对贫困指数分解为各指标剥夺的总和，据此得到各指标的剥夺对总体多维相对贫困的贡献率。在进行分解时，首先需要设定明确的多维相对贫困临界值。多数研究认为，研究对象在两个维度上存在贫困剥夺则为贫困个体，因此，本章将 $k=2$ 即在两个维度上存在相对贫困的农村老年人口定义为农村相对贫困老年人口。

表9-11为农村老年人口多维相对贫困指数按指标分解的结果。由表9-11可以看出，第一，数字融入对农村老年人口多维相对贫困指数的贡献率最大，为20.60%。第二，抑郁情绪和社会参与两个指标对农村老年人口多维相对贫困指数的贡献率较大，都超过了10%。其中，抑郁情绪对农村老年人口多维相对贫困指数的贡献率为16.97%，社会参与对农村老年人口多维相对贫困指数的贡献率为12.39%。第三，居住情况和资产数量两个指标在农村老年人口多维相对贫困指数中的贡献率相对较低，低于5%。其中，居住情况对农村老年人口多维相对贫困指数的贡献率为3.99%，资产数量对农村老年人口多维相对贫困指数的贡献率为4.61%。

表 9-11　各指标对农村老年人口多维相对贫困指数的贡献率（ $k=2$ ）

维度	指标	指标贡献率(%)
物质条件	个人收入	9.32
	资产数量	4.61
	居住情况	3.99
可行能力	日常活动能力	5.48
	认知功能	5.50
	慢性病	8.41
	自评健康	6.46
发展机会	社会参与	12.39
	数字融入	20.60
主观感受	生活满意度	6.26
	抑郁情绪	16.97

资料来源：课题组自制。

二　农村老年人口相对贫困影响因素的实证分析

（一）理论分析

农村老年人口的相对贫困问题错综复杂，受多种因素影响。但总体来看，其影响因素可以从个体特征、家庭禀赋以及社会福利三个方面来加以分析。

1. 个体特征

农村老年人口的个体特征如年龄、性别、教育、生活方式等是影响其相对贫困状况的直接因素。由贫困生命周期理论可知，个体在其生命周期内遭遇贫困的风险呈"W形"变动，其中，儿童期、初为父母期和老年期风险最高（Rowntree，B. S.，1901）。在整个生命历程中，由于晚年生理机能衰退，疾病等各种突发性、急性负面生活事件增多（Holman，R.，1978），老年阶段劣势累积的结果不断显现（Dannefer，D.，2003）。因此，高龄老年人口陷入贫困的概率通常要高于低龄老年人口（姚玉祥，2019）。瓦伦丁·M. 莫格哈登（2003）提出"贫困女性化"概念，认为女性的家庭角色限制了其外出就业，储蓄不足将导致女性陷入贫困。本杰明指出出现相对贫困现象最为长久的因素是人力资本的差异（Benjamin，D.，2017）。较多学者深入探究了教育这一重要的人力资本与相对贫困之间的关系，认为教育水平的提高可有效提高劳动者的生产效率、增加劳动者的收入，从而缓解相对贫困（Behrman，A. L.，1990），如刘修岩等（2007）对教育水平与农村相对贫困关系进行了实证分析，发现教育水平显著影响农村相对贫困，教育水平越高，农村的相对贫困程度越低。此外，吸烟、饮酒等个体生活习惯与特征也显著影响农村老年人口的健康水平，从而影响其多维相对贫困状况（王瑜、汪三贵，2014）。基于上述分析，本章提出如下研究假设。

假设1：农村高龄老年人口比农村低龄老年人口更易陷入相对贫困。

假设2：教育水平有助于缓解农村老年人口相对贫困。

假设3：女性农村老年人口比男性农村老年人口更易陷入相对贫困。

假设4：个体生活习惯显著影响农村老年人口的相对贫困状况。

2. 家庭禀赋

农村老年人口的家庭禀赋如代际关系、子女数量、居住方式等是影响其相对贫困状况的基础性因素。在我国农村地区，子女不仅肩负着整个家庭的生产责任，还肩负着家庭养老责任。中国养老保障城乡二元结构的长期存在以及农村商业保险市场发育不足使农民养老主要依赖子女，子女是农村老年人口生活来源和生活支持的主要供给主体。一般而言，子女数量越多的老年人口越不容易陷入相对贫困状态，这是因为较多的子女数量确保了农村老年人口较多的可利用的养老资源（Zimmer，Z.，Kwong，J.，2003）。但子女对农村老年人口养老资源的供给也取决于代际关系，代际关系越融洽，农村老年人口获得子女经济支持、情感支持的概率越大、力度越大（同钰莹，2000）。从这个意义上讲，代际关系才是决定农村老年人口相对贫困与否的关键。此外，农村空巢家庭的居住模式给就医和养老也带来了极大挑战，而与家人同住的农村老年人口能够得到更多的日常照料和经济支持，从而降低其致贫风险（朱晓、范文婷，2017）。基于上述分析，本章提出如下研究假设。

假设5：子女数量能够缓解农村老年人口相对贫困，但此影响不显著。

假设6：代际关系越融洽，农村老年人口越不易陷入相对贫困。

假设7：相较于非独居农村老年人口，独居农村老年人口更易陷入相对贫困。

3. 社会福利

农村老年人口在养老保险、医疗保障等社会福利上的获得与参与情况是影响其相对贫困状况的外部因素。养老保险制度是调节收入分配的重要工具之一，养老金则是农村老年人口的重要收入来源，养老保险的覆盖范围和待遇水平在一定程度上决定了农村老年人口的生活水平和经济状况。此外，医疗保险可以分担农村老年人口在生病就医方面的绝大部分费用。但学者们对于农村老年人口相对贫困与医疗保险的关系是否呈显著的线性变化仍未达成共识。比如，姚瑶等（2014）发现社会医疗保险有助于降低农村老年人口的因病致贫率；与之相反，程令国、张晔（2012）却发现，参加新农合并未显著降低农村老年人口的实际医疗支出，甚至还可能增加患者在报销前的医疗负担。基于上述分析，本章提出如下研究假设。

假设8：养老金数额越大，农村老年人口越不易陷入相对贫困。

假设9：医疗保险对缓解农村老年人口相对贫困的作用不明显。

（二）实证分析

本章将基于2018年CHARLS数据，利用Logit模型对前文的理论分析展开实证检验。

1. 模型构建

由于被解释变量农村老年人口多维相对贫困为二分变量，故本章选择Logit模型来分析农村老年人口相对贫困影响因素。建立函数 $\text{Logit}(Y) = \beta_0 + \sum_{i=1}^{k} \beta_i x_i + \varepsilon$，农村老年人口相对贫困影响因素分析模型如下。

$$P(Y_j = 1) = \frac{\exp\left(\widehat{\beta_0} + \sum_{i=1}^{k} \widehat{\beta_i} x_i\right)}{1 + \exp\left(\widehat{\beta_0} + \sum_{i=1}^{k} \widehat{\beta_i} x_i\right)} \tag{9-5}$$

其中，$P(Y_j = 1)$ 表示农村老年人口陷入相对贫困的概率，$\hat{\beta_i}$ 表示各自变量的回归系数，x_i 是自变量，$\hat{\beta_0}$ 为回归截距。

为了更好地契合本章，我们构建了观测农村老年人口相对贫困影响因素的如下回归模型。

$$Pov_i = \psi Z_i + \Phi F_i + \Pi S_i + \varepsilon \qquad (9-6)$$

式（9-6）中，Pov_i 是农村老年人口相对贫困状况，Z_i 为个体特征变量矩阵，ψ 为其回归系数；ΦF_i 为家庭禀赋变量矩阵，Φ 为其回归系数；ΠS_i 为社会福利变量矩阵，Π 为其回归系数，ε 为随机扰动项。

2. 变量选取

被解释变量：本章的被解释变量为相对贫困。基于前文的研究，设定农村老年人口相对贫困的维度临界值为2，即当农村老年人口在任意两个维度上受到相对贫困剥夺，则被认定为相对贫困个体，赋值为1，否则为非相对贫困个体，赋值为0。

解释变量：本章从个体特征、家庭禀赋以及社会福利三个方面探讨农村老年人口多维相对贫困的影响因素。其中，个体特征方面选取性别、年龄、教育水平、是否吸烟以及是否饮酒等5个具体指标，家庭禀赋方面选取居住方式、子女数、负担抚养以及子女关系等4个具体指标，社会福利方面选取医疗保险和养老金2个具体指标。此外，为降低经济变量波动幅度，参考已有研究的通常做法，对养老金这一经济变量做对数处理。以上所有变量定义及赋值如表9-12所示。

表9-12　样本数据的变量描述性统计

	变量名称	定义	最小值	最大值	平均值	标准差
个体特征	性别	男性 = 1；女性 = 0	0	1	0.50	0.50
	年龄	60—64 岁 = 1,65—69 岁 = 2,70—74 岁 = 3,75—79 岁 = 4,80 岁及以上 = 5	1	5	1.95	1.12
	教育水平	文盲 = 1,小学 = 2,初中 = 3,高中及以上 = 4	1	3	1.90	0.78
	是否吸烟	吸烟 = 1；不吸烟 = 0	0	1	0.68	0.46
	是否饮酒	饮酒 = 1；不饮酒 = 0	0	1	0.32	0.47

续表

变量名称		定义	最小值	最大值	平均值	标准差
家庭禀赋	居住方式	非独居 = 0;独居 = 1	0	1	0.13	0.33
	子女数	子女数(人)	0	13	3.39	1.62
	负担抚养	提供隔代照料 = 1;不提供隔代照料 = 0	0	1	0.37	0.48
	子女关系	对子女满意 = 0;不满意或无子女 = 1	0	1	0.05	0.23
社会福利	医疗保险	有医疗保险 = 1;无医疗保险 = 0	0	1	0.97	0.17
	养老金	退休金和养老金总数额(取对数)(元)	0	11.51	7.19	1.03

资料来源：课题组自制。

3. 实证结果分析

表9-13展示了农村老年人口多维相对贫困影响因素的 Logit 回归结果。从个体特征来看，农村老年人口的个体特征在一定程度上影响其相对贫困状况。具体而言，首先，农村老年人口的年龄与其相对贫困发生率呈显著正向关系。由表9-13可知，年龄每增加一岁，农村老年人陷入相对贫困的可能性就要增加1.3%，假设1得以验证。原因可能是农村低龄老年人口整体的生理功能、肢体行动和精神状况相对较好。其次，农村老年人口的教育水平与其相对贫困发生率呈显著负向关系。教育水平越高的农村老年人口陷入相对贫困的可能性越低，该结果与假设2基本相符。可能的原因是高教育水平有利于农村老年人口积累较高的初始人力资源禀赋、提升知识储备和培养健康生活理念，反映出教育水平对农村老年人口的相对贫困影响较大。再次，性别与农村老年人口相对贫困发生率呈显著负向关系，表明女性农村老年人口更加容易陷入相对贫困，假设3得以验证。这在一定程度上也与莫格哈登的"贫困女性化"假说相符。可能的原因在于中国"男主外、女主内"的传统家庭分工模式使大多数女性从事不付酬的家务劳动，无法外出就业，女性劳动力的市场参与率大大降低。此外，土地分配、招工就业等方面的性别歧视也可能是女性相对贫困发生率较高的另一个原因，这种歧视使农村女性面临土地保障不足和收入相对贫困的劣势局面，随着女性生命周期演进至老年阶段，女性农村老年人口的相对贫困发生率高于男

性农村老年人口。最后，在生活中有饮酒习惯的农村老年人口陷入相对贫困的可能性是没有饮酒习惯的农村老年人口的 0.660 倍，吸烟的农村老年人口陷入相对贫困的可能性是不吸烟的农村老年人口的 1.506 倍，假设 4 得以验证。其原因可能在于，饮酒（区别于酗酒）在一定程度上是有利于身体健康的，具有一定舒筋活血的保健作用，但吸烟行为则被广泛认为对身体有害。

从家庭禀赋来看，子女数对农村老年人口的相对贫困发生率并没有产生显著影响，而子女关系则在缓解农村老年人口相对贫困方面具有显著正向作用。该结果与假设 5 和假设 6 相符。这也间接说明在农村经济社会转型背景下，传统"多子多福"观念即使在农村也未必成立，子女质量和家庭代际关系才是影响农村老年人口生活水平的关键。居住方式会显著影响农村老年人口的相对贫困状况，其中独居农村老年人口陷入相对贫困的概率是非独居农村老年人口的 1.395 倍，假设 7 得以验证。

从社会福利来看，养老金数额对缓解农村老年人口相对贫困具有正向影响。具体而言，标准化的养老金数额每增加 1%，农村老年人口陷入相对贫困的可能性就下降 27.3%。该结果与假设 8 基本相符。这主要是因为养老金是农村老年人口的最重要的收入来源，养老保险的覆盖范围和待遇水平在一定程度上决定了农村老年人口的生活水平和经济状况，对农村老年人口的相对贫困状况具有重要影响。此外，医疗保险虽对缓解农村老年人口相对贫困具有正向影响，但结果并不显著。该结果与假设 9 基本相符。可能的原因在于，医疗保险虽然能够在一定程度上减少农村老年人口的医疗支出，但总体来说，农村老年人口患病比例高、患病种类多，其医疗费用负担仍然较重，因此，医疗保险对缓解农村老年人口相对贫困的影响并不显著。

表 9-13　农村老年人口相对贫困影响因素的 Logit 模型回归结果

指标		概率比	系数
个体特征	性别	0.489***	−0.716***
	年龄	1.013*	0.013*
	教育水平	0.848**	−0.165**

续表

指标		概率比	系数
个体特征	是否吸烟	1.506***	0.409***
	是否饮酒	0.660***	−0.416***
家庭禀赋	居住方式	1.395**	0.333**
	子女数	1.036	0.035
	负担抚养	0.922	−0.082
	子女关系	4.007***	1.388***
社会福利	医疗保险	0.898	−0.108
	养老金	0.761***	−0.273***
常量		2.015	0.701
LR		386.65	330.74
P		0.000	0.000
R²		0.070	0.070
obs		4535	

注：***、**、*分别表示在1%、5%、10%的水平上显著。
资料来源：课题组自制。

第四节　农村老年人口相对贫困治理的路径优化

一　探索以资源换保障，提高经济独立性

在市场经济中，老年人口参与市场交易的资源十分有限，收入水平更低、缺乏经济保障的农村老年人口更是如此。要保障农村老年人口脱贫的持久性，就有必要积极探索资产收益扶贫新方式，拓展农村老年人口用资源换保障的渠道，进一步强化农村老年人口的内部"造血"功能，进而提高其经济独立性。比如，可出台相关法规保障农村老年人口以土地、房屋等资产换经济资源的路径和权利，由基层政府成立专职部门负责农村老年人口的土地流转、房屋租售等事宜。设立农村老年人口专用账户，定期为农村老年人口发放相关收益。此外，还应改变农村老年人口帮扶资金直接发放或硬性要求农村老

年人口参与产业发展的方式，探索致富带头人带动产业发展、农村老年人口帮扶资金入股参与分红的路径和方式。

二　织密社会保障网络，提高保障能力

社会保障制度是农村老年人口社会福利供给的重要力量，在缓解农村老年人口相对贫困方面发挥着重要作用。在相对贫困治理过程中，应不断优化养老、医疗等各项社会保障措施，织密社会保障网络。一是适度提高基础养老金数额，充分发挥基础养老金的保障功能。应完善养老保险财政补贴机制，持续扩大中国农村地区养老保险的覆盖范围；提升养老保障水平，可逐步放宽农村老年人口领取养老金的资格条件，适当提升领取养老金的金额上限以及缩短最低参保年限。二是完善针对农村老年人口的医疗保障制度，以确保老有所医。参考脱贫攻坚时期的经验，在医保费用代缴、医疗救助和大病保险报销等方面实现对农村老年人口应纳尽纳，逐步实现对农村老年人口医疗服务的全覆盖；进一步实现医疗报销门槛和报销比例的"一降一升"，切实减轻农村老年人口的就医负担；提升村社医疗卫生机构服务能力，建立农村老年人口健康档案，定期对存在健康风险的农村老年人口提供体检服务，确保小病及时发现、及时治疗，有效阻断因病致贫、因贫致病的恶性循环。

三　弘扬尊老敬老风尚，强化家庭功能

第一，从学校教育尊老敬老抓起，依托思想政治课或选修课，重点培育青少年的感恩意识，增强青少年尊老敬老观念。此外，还可积极组织学生参加帮助农村老年人口的社区服务、敬老院服务等活动，在实践中强化青少年群体的尊老敬老认知。第二，积极挖掘各地优秀的尊老敬老传统文化资源，通过编唱成曲、编排成戏、绘制卡通故事等富有创意并且人民喜闻乐见的宣传形式，在公益广告、微信公众号、微博等平台上传播，积极营造尊老、敬老、爱老的浓厚氛围。第三，引导外出务工的农村老年人口子女返乡就业创

业，为农村老年人口居家养老创造条件，还可为承担照料责任的家庭成员（如子女）提供照料资金，以强化家庭养老功能。

四　构建参与支持体系，促进社会参与

一是在法律法规上，一方面要围绕《老年人权益保障法》及其配套法规制定地方性法规，让支持农村老年人口社会参与成为相关组织的法律责任；另一方面，用支持农村老年人口社会参与的理念全面审视、修改、完善包括劳动、教育、文旅、市场、卫健、建设、交通、信息等各个行政部门的规范性文件。二是设置农村老年人口社会参与财政资金。比如列支专项资金支持各类平台和基础设施建设，包括支持老年茶话会、文艺晚会等活动以及老年学校、运动场、图书室等场地建设与设备购买。三是为农村老年人口社会参与提供载体资源支持。比如学校、社区、图书馆等场地对农村老年人口限时开放。四是给予农村老年人口社会参与组织支持。村社鼓励支持农村老年人口组织成立协会，加强农村老年人口组织与社会各界的联系。引导农村老年人口组织规范化建设、常态化运作，让农村老年人口组织实现自我管理、自我服务、自我发展。五是给予农村老年人口项目策划支持。一方面鼓励农村老年人口参与各种公共项目，另一方面针对农村老年人口开发发挥其潜力与主观能动性的项目。比如鼓励农村老年人口参与"绿色社区"志愿服务、"爱心帮扶"公益活动、"老年之声"文化活动等。

五　强化"数字连接"，消除数字鸿沟

一是加快适老数字产品开发。针对农村老年人口的身体机能较弱的现实情况，为农村老年人口开发更人性化的适老产品；推动适老电子产品的应用程序向操作简单、步骤简化、页面清晰方向发展，并能够满足农村老年人口对大屏幕、大字体、大音量的需求。二是依托社会组织积极开展公益性数字服务。农村基层组织可与社会公益组织和志愿者进行友好协商对接，拓展农村老年人口接触、学习先进技术的渠道和窗口。组织公益性、多元化的社会

活动，如公益培训班、讲座等，指导农村老年人口利用智能设备进行视频聊天、网络购物、生活缴费等。此外，加强网络信息安全教育，提高农村老年人口防范网络诈骗的意识，让农村老年人口敢用、会用并且能够安全地使用互联网和电子产品。

本章小结

作为农村最为弱势的群体之一，农村老年人口是我国农村贫困治理的短板和难点。本章在阐释农村老年人口概念的基础上，深入剖析了近年来农村老年人口的特征；基于物质条件、可行能力、发展机会和主观感受四个维度，对农村老年人口相对贫困状况进行了深入分析。在剖析相对贫困影响机理的基础上，实证分析了农村老年人口相对贫困的影响因素，并提出相对贫困的治理路径。主要结论如下。

第一，我国农村老年人口呈现一些新的特征，主要体现为：农村老年人口规模大，增长速度明显加快；低龄老年人口占主体，高龄化现象更明显；空巢老年人口比例高，城乡差异较为明显；参与劳动较为普遍，老而不休现象突出。

第二，农村老年人口在个人收入、自评健康、认知功能、社会参与和数字融入方面遭受严重的相对贫困剥夺。一是农村老年人口人均可支配收入水平较低，仅为同期农村居民人均可支配收入的 35.69%、农村居民人均可支配收入中位数的 40.05%，缺乏经济保障；二是罹患关节炎或风湿病、高血压、胃部疾病或消化系统疾病等慢性病的农村老年人口占比较高，农村老年人口整体健康状况不佳；三是存在认知功能障碍的农村老年人口占比达到 45.98%，占比较高；四是农村老年人口大多只与朋友、邻里和家人开展社交活动，社交活动单一，社会参与明显不足；五是农村老年人口数字融入不足，数字排斥、数字鸿沟问题凸显。

第三，农村老年人口个体特征、家庭禀赋和社会福利对其相对贫困状况具有显著影响。研究发现，个体特征中的年龄、是否吸烟对农村老年人口相对贫困状况具有显著正向影响，性别、教育水平、是否饮酒对农村老年人口相对贫困状况具有显著负向影响；家庭禀赋中的居住方式、子女关系对农村老年人口相对贫困状况具有显著正向影响；社会福利中的养老金对农村老年人口相对贫困状况具有显著负向影响。

第四，筑牢支持和保障体系、强化社会参与和连接是农村老年人口相对贫困治理的重要路径。创新养老模式，探索以土地、房屋等资产换取养老资源的制度，筑牢养老支持体系；织密社会保障网络，除完善养老保险财政补贴机制、适当提升领取养老金的金额上限以及缩短最低参保年限外，还可参照脱贫攻坚时期经验，将农村老年人口纳入医保费用代缴、医疗救助和大病保险报销范围；通过弘扬尊老敬老风尚、吸引流动人口返乡就业创业等方式，强化家庭养老功能；依靠立法、财政支持、适老产品开发和数字公益服务等多种形式，构建农村老年人口社会参与和连接体系，促进农村老年人口社会参与，消除数字鸿沟。

第十章
农村留守儿童相对贫困治理研究

农村留守儿童是在我国城镇化进程中出现的特殊群体，是我国相对贫困治理过程中最需要关注的特殊群体之一。改革开放以来，随着经济社会快速发展和城镇化进程加快推进，城镇务工需求不断增加，大量农村劳动力离开家庭进城务工，导致农村留守儿童出现。不少留守儿童缺少父母照料，相继陷入相对贫困之中，所以农村留守儿童相对贫困治理成为新阶段需要重点解决的治理议题。

第一节　农村留守儿童的定义与特征

一　农村留守儿童的定义

学术界对农村留守儿童的关注由来已久。目前，关于农村留守儿童的定义，学术界有不同的观点。中央教科所调研组认为，农村留守儿童是指"由于父母双方或一方外出打工而被留在农村，并且需要其他亲人或委托人照顾的处于义务教育阶段的儿童（6—16岁）"（孙顺其，1995）。2016年国务院出台的《关于加强农村留守儿童关爱保护工作的意见》，将农村留守儿童定义为"父母双方外出务工或一方外出务工另一方无监护能力、不满十六周岁的未成年人"。可见，农村留守儿童的本质属性是"亲子分离"，即父母双方或其中一方长期与未成年子女处于两地分离状态，未成年子女严重缺乏父母的监护与关爱。

就父母外出时间长短而言，范方（2008）认为父母外出时间持续一年及以上的儿童属于留守儿童，但多数学者将父母外出时间持续半年及以上的儿童视为留守儿童（段成荣、周福林，2005；郝振、崔丽娟，2007）。这是因为父母一方或双方外出时间持续半年以上的儿童在自尊、心理支援、情绪控制等多个社会适应维度上都不如父母未外出儿童，因此半年是一个具有鉴别力的时间长度，能够作为划分留守儿童的标准（郝振、崔丽娟，2007）。在实践中，我国人口普查和各类大型调查项目也大多以半年来界定留守儿童。鉴于此，本章将农村留守儿童定义为：居住在户籍所在地的农村地区，父母一方或双方持续在外务工或经商时间大于等于6个月，不能与父母双方共同生活的16岁以下（不含16岁）的儿童。

依据监护人的不同，农村留守儿童主要有四种类型。第一，单亲监护留守儿童。该类型的农村留守儿童是指父母一方在外务工或经商，自身只能够获得在家的另一方父母的抚养和教育的儿童。第二，隔代抚养留守儿童。该类型的农村留守儿童是指父母进城务工或经商，自己由祖父母或外祖父母照料的儿童。第三，亲朋监护留守儿童。该类型的农村留守儿童是指父母进城务工或经商，自己由父母的亲朋监护的儿童。第四，同辈监护留守儿童。该类型的农村留守儿童是指父母进城务工或经商，自己由兄、姐监护的儿童。

二　农村留守儿童特征分析

（一）规模持续缩小

从规模上看，2013年全国义务教育阶段农村留守儿童（以下简称"农村留守儿童"）数量为2126.76万人，2020年农村留守儿童数量降低至1289.67万人。在2013年至2020年的七年时间里，农村留守儿童数量共计减少837.09万人，总降幅达39.36%。具体而言，农村留守儿童数量年均增长率为-6.90%，以2016年降幅最大。与2015年相比，2016年农村留守儿童数量骤降14.51%（见图10-1）。农村留守儿童数量持续减少与新生代农村流动人口育儿方式转变、农村流动人口向城镇户籍人口转变以及农村居民"就地城镇化"有直接联系。

图 10-1　2013—2020 年农村留守儿童情况

资料来源：《中国教育统计年鉴》《中国统计年鉴》。

（二）以小学为主，入学结构稳定

从农村留守儿童入学情况上看，2013—2020 年全国中学、小学阶段的农村留守儿童比例变化不大。其中，大多数农村留守儿童处于小学阶段，占比为 66.23%—68.94%，另有 31.06%—33.77% 的农村留守儿童处于中学阶段。在七年时间里，农村留守儿童教育结构变化不超过 2.71 个百分点。此外，以 2016 年为界，不同教育阶段的农村留守儿童占比持续上升和持续下降的趋势明显。具体而言，2013—2016 年，小学阶段农村留守儿童占比持续上升，中学阶段农村留守儿童占比持续下降；2016—2020 年，中学阶段农村留守儿童占比持续上升，小学阶段农村留守儿童占比持续下降（见图 10-2）。

（三）男童规模相对更大，性别结构稳定

从农村留守儿童性别结构来看，男童比例始终高于女童。具体而言，2017—2020 年女童占比为 46.48%—46.69%，男童占比为 53.31%—53.52%。在三年时间里，农村留守儿童性别结构变化约为 0.2 个百分点，性别结构稳定，变化趋势不明显（见图 10-3）。

（四）东部省市占比较小，中西部省区市占比大

农村留守儿童区域分布与人口区域流动特征高度相关。横向对比看，民

图 10-2 2013—2020 年农村留守儿童入学结构

资料来源:《中国教育统计年鉴》《中国统计年鉴》。

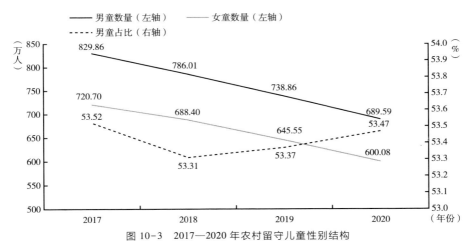

图 10-3 2017—2020 年农村留守儿童性别结构

资料来源:《中国教育统计年鉴》《中国统计年鉴》。

政部统计数据显示,2017 年我国东部省市农村留守儿童约为 87 万人,占农村留守儿童总数的 9.65%;中部省农村留守儿童约为 463 万人,占农村留守儿童总数的 51.33%;西部省区市农村留守儿童约为 352 万人,占农村留守儿童总数的 39.02%。此外,2018 年农村留守儿童数量前 7 位的省依次为四川、安徽、湖南、河南、江西、湖北、贵州，各省占农村留守儿童总数的8.1%—10.9%。7省农村留守儿童数量占农村留守儿童总数的69.6%（见图10-4）。纵向对比来看，农村留守儿童数量前7位的省与2016年相同，但位次有所变化。其中，江西省从2016年的第1位下降至第5位；四川省从第2位上升至第1位，成为农村留守儿童规模最大的省。

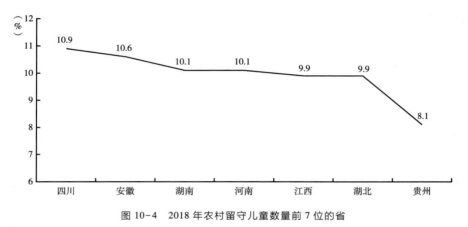

图10-4　2018年农村留守儿童数量前7位的省

资料来源：民政部统计数据。

（五）健康状况整体较好，但局部失衡

民政部统计数据显示，2018年我国农村留守儿童健康状况整体较好。具体而言，在调查中，健康的农村留守儿童的比例为99.40%，患病的农村留守儿童占比为0.50%，残疾的农村留守儿童占比为0.10%，另有0.02%的农村留守儿童既患病又残疾（见图10-5）。纵向对比来看，2018年农村留守儿童健康状况进一步改善，残疾和患病的农村留守儿童较2016年减少58.2%。值得注意的是，残疾和患病的农村留守儿童的区域分布有一定程度的失衡。具体而言，湖北、湖南、四川和江西4省农村留守儿童数量占农村留守儿童总数的40.8%，但4省残疾和患病的农村留守儿童数量占农村留守儿童总数的48.4%。由此可见，湖北、湖南、四川和江西4省农村留守儿童残疾和患病率较高，健康风险较大。

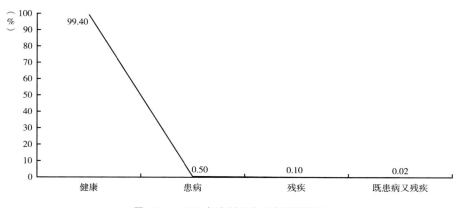

图 10-5　2018 年农村留守儿童健康状况

资料来源：民政部统计数据。

第二节　农村留守儿童相对贫困状况分析

一　农村留守儿童相对贫困的内涵

早期学者在研究相对贫困问题时，很少关注儿童群体。这一阶段的学者将家庭贫困等同于儿童贫困，其逻辑在于儿童所掌握的资源几乎全部来自家庭，因此家庭贫困状况可以反映儿童贫困状况。这种极其传统的贫困观念使家庭收入成为衡量儿童贫困状况的唯一标准。然而，简单将贫困儿童定义为所在家庭收入低于贫困标准的儿童的做法，实质上严重混淆了儿童贫困与成人贫困的概念与内涵（杨晨晨、刘云艳，2019）。随着贫困研究的深入，学者们意识到儿童并非一定能从家庭收入中得到应有益处，单纯以家庭经济状况去衡量儿童贫困的弊端日益凸显。在此背景下，儿童贫困的内涵经历了从单维到多维的演变，不同研究机构或学者根据各自的研究目的对儿童贫困赋予了一定的含义。

比如，联合国儿童基金会（UNICEF）和英国儿童贫困研究与政策中心（The Childhood Poverty Research and Policy Centre）均认为，儿童贫困是指儿童或青少年在成长过程中缺乏生存、发展、健康所需要的各种资源（生活资料、家庭养育等）。王小林（2017）结合国际经验、《儿童权利公约》与《中国儿童发展纲要（2011—2020 年）》要求，认为儿童贫困就是对儿童的生存权、健康权、受保护权、发展权和参与权的剥夺。虽然目前关于儿童贫困的多维定义尚未形成共识，但各种观点都重点关注儿童自身多维权利的实现与发展，力图还原儿童的主体地位与生活本真（Minujin et al.，2006）。

由此看来，儿童贫困内涵的多维化发展与相对贫困内涵不谋而合。相对贫困是在特定的社会生产方式和生活方式下，个人或家庭难以满足除食物保障以外的其他在当地条件下被认为是最基本生活需求的状态，从整个社会上讲就是相对于社会上其他人的生活水平，一部分人的生活水平低下（李强，1996；吴振磊、王莉，2020）。因此，综合相对贫困的比较性、相对性与儿童贫困的多维性，本章认为农村留守儿童相对贫困的内涵可解释为：在一定的社会生产、生活方式下，一定年龄之内的农村留守儿童难以平等和正常地享受除基本食物保障以外的其他健康成长所需的资源与权利时所表现出来的生活状态，包括生存、健康、教育、保护与文化等维度。

二　农村留守儿童相对贫困指标体系及标准分析

基于前文对农村留守儿童相对贫困内涵的分析、总结与归纳，并且结合农村留守儿童身心发展的现实特点，本章将构建包含"生存、健康、教育、保护、文化"5 个维度 12 项指标的农村留守儿童相对贫困指标体系。

（一）生存维度

生存维度是国际上普遍使用的测量儿童相对贫困的维度，是儿童生活与发展的基础保障，对儿童身心发育具有重要影响。本章从农村留守儿童所在家庭的角度选择清洁用水、居住环境和家庭能源 3 项指标来反映农村留守儿童生存状况。具体而言，在清洁用水上，若农村留守儿童家庭主要用水来源为江河湖水、雨水等非清洁水源，则处于相对贫困状态；在居住环境上，依据《经济适用住房管理办法》，若农村留守儿童家庭人均居住面积低于 15 平方米，则处于相对贫困状态；在家庭能源上，若农村留守儿童家庭主要能源为柴草、煤炭等非清洁能源，则处于相对贫困状态（见表10-1）。

（二）健康维度

健康同样是反映儿童福利的基本标准，只有健康得到保障，儿童才有持续发展的可能。本章针对健康维度选择的指标包括：身体发育、因病就医和因病住院。具体而言，在身体发育上，依据 BMI 的划分标准，若农村留守儿童 BMI 大于 24（超重）或小于 18.5（体重过轻），则处于相对贫困状态；在因病就医上，若农村留守儿童过去一年因病就医次数大于 5 次，则处于相对贫困状态；在因病住院上，若农村留守儿童过去一年曾因病住院，则处于相对贫困状态（见表10-1）。

（三）教育维度

学校正规教育是培养儿童认知能力、人际交往能力，以及帮助儿童完善自我人格、形成正确的世界观和价值观的最重要途径，学校正规教育直接决定了儿童在成长过程中的人力资本积累。由此可见，是否按期接受学校正规教育是衡量儿童相对贫困状况不可或缺的指标。本章以是否辍学来反映农村留守儿童教育情况。具体而言，在接受调查时，3—5 岁农村留守儿童未入幼儿园以及 6—15 岁农村留守儿童未就读中小学的情况都属于辍学。辍学的农村留守儿童被认定为处于相对贫困状态（见表10-1）。

（四）保护维度

一方面，医疗保障是儿童社会保障的关键，一旦家庭因儿童的医疗费用负担而陷入贫困，儿童其他方面的生活福利就必然受到损害，由此极有可能导致贫困恶性循环。另一方面，不少研究发现，父母陪伴对于儿童安全感、能力感和效能感的形成与发展不可或缺（杨晨晨、刘云艳，2019）。因此，针对保护维度，本章选择医疗保险、父母陪伴 2 项指标反映外部环境对农村留守儿童成长的保护。具体而言，在医疗保险上，若农村留守儿童没有医疗保险，则处于相对贫困状态；在父母陪伴上，若农村留守儿童过去一年与父亲和母亲同住时间均不超过 3 个月，则处于相对贫困状态（见表10-1）。

（五）文化维度

文化是影响贫困代际传递重要因素。贫困群体有一套与其他群体隔离的文化体制，有属于自己群体的行为方式、世界观和价值观，如贫民窟中独有的群体意识（归属感）和行为方式（自暴自弃、读书无用论等）（奥斯卡·刘易斯，2014）。这种贫困文化在一定程度上会传递给子女，使子女的世界观、价值观和行为方式容易效仿父母，进而难以脱离困境。对农村留守家庭而言，那些常年在外务工的家长通常缺少正确的教养知识，对未成年儿童缺乏足够的管教耐心，管教方式较为直接粗暴，甚至可能信奉"棍棒底下出孝子"等不正确的养育观。这些因素不仅会威胁农村留守儿童的健康成长，更会压缩其成长和发展的空间。因此，针对文化维度，本章选择亲子沟通、重视教育与教育方式3项指标来反映农村留守儿童是否处于"贫困亚文化"之中。具体而言，在亲子沟通上，若农村留守儿童的父母非常不主动或不主动与其沟通，则处于相对贫困状态；在重视教育上，若农村留守儿童的父母非常不重视或不重视其学习，则处于相对贫困状态；在教育方式上，若农村留守儿童的父母在教育时责骂、体罚或不采取任何措施，则处于相对贫困状态（见表10-1）。

表 10-1　农村留守儿童相对贫困维度、指标、标准

维度	指标	标准
生存	清洁用水	生活用水主要来自江河湖水、雨水等非清洁水源，赋值为1；来自自来水、纯净水、过滤水等清洁水源，赋值为0
	居住环境	家庭人均居住面积低于15平方米，赋值为1，否则赋值为0
	家庭能源	主要能源为柴草、煤炭等非清洁能源，赋值为1；为天然气、太阳能、电等清洁能源，赋值为0
健康	身体发育	BMI大于24（超重）或小于18.5（体重过轻），赋值为1；否则赋值为0
	因病就医	过去一年内因病就医次数大于5次则赋值为1，否则赋值为0
	因病住院	过去一年曾因病住院则赋值为1，否则赋值为0
教育	是否辍学	辍学则赋值为1，否则赋值为0
保护	医疗保险	无医保则赋值为1，否则赋值为0
	父母陪伴	过去一年与父亲和母亲同住时间均不超过3个月则赋值为1，否则赋值为0

维度	指标	标准
文化	亲子沟通	父母非常不主动或不主动与孩子沟通则赋值为 1；否则赋值为 0
	重视教育	父母非常不重视或不重视孩子学习则赋值为 1；否则赋值为 0
	教育方式	父母在教育时责骂、体罚孩子或不采取任何措施则赋值为 1；否则赋值为 0

资料来源：课题组自制。

三　农村留守儿童相对贫困特征

基于前文对农村留守儿童相对贫困内涵、指标体系及标准的研究，本章利用 2016—2018 年 CFPS 数据对农村留守儿童相对贫困特征展开分析。

（一）　生存维度相对贫困发生率较高但降幅较大

从清洁用水上看，2016 年有 59.74% 的农村留守儿童的主要生活用水为清洁水源，其中 59.43% 的农村留守儿童的主要生活用水为自来水，有 0.31% 的农村留守儿童的主要生活用水为桶装水、纯净水或过滤水。其余 40.26% 的农村留守儿童的主要生活用水为江河湖水、井水等非清洁水源。2018 年有 66.72% 的农村留守儿童的主要生活用水为清洁水源，其中 65.51% 的农村留守儿童的主要生活用水为自来水，有 1.21% 的农村留守儿童的主要生活用水为桶装水、纯净水或过滤水。其余 33.28% 的农村留守儿童的主要生活用水为江河湖水、井水等非清洁水源（见图 10-6）。整体而言，2016—2018 年农村留守儿童在清洁用水上的相对贫困发生率由 40.26% 下降至 33.28%，下降了 6.98 个百分点（见表 10-2）。

从家庭能源上看，2016 年有 49.05% 的农村留守儿童家庭的主要能源为清洁能源，其中 26.10% 的农村留守儿童家庭的主要能源为煤气、液化气或天然气，有 0.73% 的农村留守儿童家庭的主要能源为太阳能、沼气，有 22.22% 的农村留守儿童家庭的主要能源为电。其余 50.95% 的农村留守儿童家庭的主要能源为柴草或煤炭等非清洁能源（见图 10-7）。2018 年有 56.35% 的农村留守儿童家庭的主要能源为清洁能源，其中主要能源为煤气、液化气或天然气的

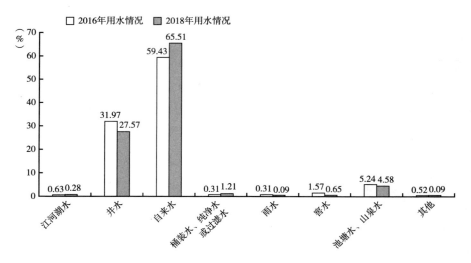

图 10-6 2016—2018 年农村留守儿童用水情况

资料来源：2016—2018 年 CFPS 数据。

农村留守儿童家庭占 30.00%，有 0.84% 的农村留守儿童家庭的主要能源为太阳能、沼气，有 25.51% 的农村留守儿童家庭的主要能源为电。其余 43.65% 的农村留守儿童家庭的主要能源为柴草或煤炭等非清洁能源（见图 10-7）。整体而言，2016—2018 年农村留守儿童在家庭能源上的相对贫困发生率由 50.95% 下降至 43.65%，下降了 7.30 个百分点（见表 10-2）。

此外，在居住环境方面，CFPS 数据显示 2016—2018 年农村留守儿童家庭人均居住面积进一步增加，由 30.76 平方米上升至 31.93 平方米。与此同时，相对贫困发生率由 19.06% 下降至 17.44%，下降了 1.62 个百分点（见表 10-2）。

（二）健康维度相对贫困发生率整体居高不下

从身体发育上看，2016 年有 59.64% 的农村留守儿童的 BMI 小于 18.5（体重过轻），有 9.96% 的农村留守儿童的 BMI 大于 24（超重），其余 30.40% 的农村留守儿童的 BMI 位于 18.5—24。2018 年有 59.63% 的农村留守儿童的 BMI 小于 18.5，有 9.72% 的农村留守儿童的 BMI 大于 24，其余 30.65% 的农村留守儿童的 BMI 位于 18.5—24（见图 10-8）。整体而言，2016—2018 年农村留守儿童在

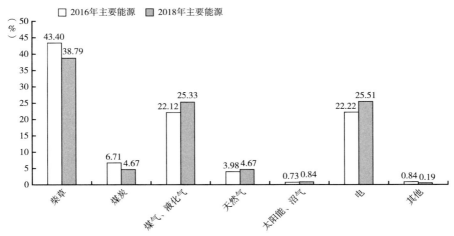

图 10-7　2016—2018 年农村留守儿童家庭主要能源情况

资料来源：2016—2018 年 CFPS 数据。

身体发育上的相对贫困发生率由 69.60% 下降至 69.35%，下降了 0.25 个百分点（见表 10-2）。

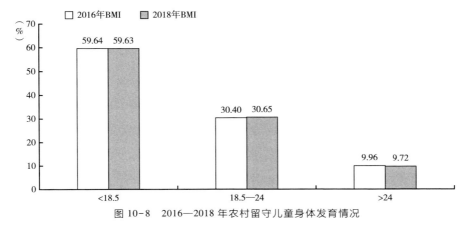

图 10-8　2016—2018 年农村留守儿童身体发育情况

资料来源：2016—2018 年 CFPS 数据。

在因病就医和因病住院上，CFPS 数据显示 2016 年有 49.58% 的农村留守儿童因病前往医院就医，人均就医次数为 1.87 次；另有 6.18% 的农村留守儿童因病住院。2018 年有 51.03% 的农村留守儿童因病前往医院就医，人均就医次数为 2.01 次；另有 7% 的农村留守儿童因病住院。整体而言，2016—2018 年农村留守儿童在因病就医和因病住院上的相对贫困发生率分别由 7.29% 和 6.18% 上升至 8.17% 和 7.00%，分别上升了 0.88 和 0.82 个百分点（见表 10-2）。

（三）教育维度上义务教育阶段控辍保学仍有差距

在教育方面，2016 年整体上有 8.81% 的农村留守儿童辍学，其中幼儿园辍学率为 21.20%，小学辍学率为 4.50%，初中辍学率为 6.14%。2018 年整体上有 8.50% 的农村留守儿童辍学，其中幼儿园辍学率为 14.47%，小学辍学率为 5.28%，初中辍学率为 9.14%（见图 10-9）。整体而言，2016—2018 年农村留守儿童在教育上的相对贫困发生率由 8.81% 下降至 8.50%，下降了 0.31 个百分点（见表 10-2），但义务教育阶段辍学率提升值得警惕。

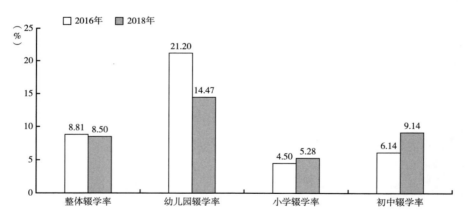

图 10-9　2016—2018 年农村留守儿童辍学情况

资料来源：2016—2018 年 CFPS 数据。

（四）保护维度上相对贫困发生率有升有降

一方面，在医疗保险上，CFPS 数据显示 2016 年有 9.47% 的农村留守儿童没有医疗保险，2018 年有 8.90% 的农村留守儿童没有医疗保险。2016—2018

年农村留守儿童在医疗保险上的相对贫困发生率下降了 0.57 个百分点，降幅为 6.02%（见表 10-2）。

另一方面，在父母陪伴上，CFPS 数据显示 2016 年有 15.3% 的农村留守儿童全年无父母陪伴，人均父母陪伴时间为 2.71 个月；2018 年有 16.73% 的农村留守儿童全年无父母陪伴，人均父母陪伴时间为 2.54 个月。整体而言，2016—2018 年农村留守儿童在父母陪伴上的相对贫困发生率由 63.85% 上升至 68.87%，上升了 5.02 个百分点，增幅为 7.86%（见表 10-2）。

（五）文化维度相对贫困发生率较低但增长明显

首先，从农村留守家庭亲子沟通情况来看，2016 年有 56.71% 的家长会主动与儿童进行沟通，其中 46.86% 为比较主动，9.85% 为非常主动。其余 43.29% 的家长缺乏主动与儿童沟通的意识。2018 年有 53.74% 的家长会主动与儿童进行沟通，其中 45.14% 为比较主动，8.60% 为非常主动。缺乏主动与儿童沟通的意识的家长占比上升至 46.26%（见图 10-10）。整体而言，2016—2018 年农村留守儿童在亲子沟通上的相对贫困发生率由 7.02% 上升至 8.70%，上升了 1.68 个百分点，增幅为 23.93%（见表 10-2）。

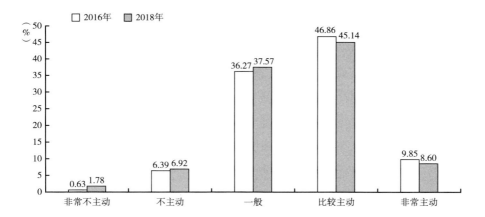

图 10-10　2016—2018 年农村留守家庭亲子沟通情况

资料来源：2016—2018 年 CFPS 数据。

其次，从农村留守儿童父母重视教育程度来看，2016 年有 49.38% 的家长重视儿童教育，其中 40.57% 为比较重视，8.81% 为非常重视。另有 8.91% 的家长不重视儿童教育。2018 年有 46.35% 的家长重视儿童教育，其中 39.53% 为比较重视，6.82% 为非常重视。另有 8.50% 的家长不重视儿童教育（见图 10-11）。整体而言，2016—2018 年农村留守儿童在父母重视教育上的相对贫困发生率由 9.96% 降至 9.81%，下降了 0.15 个百分点，降幅为 1.51%（见表 10-2）。

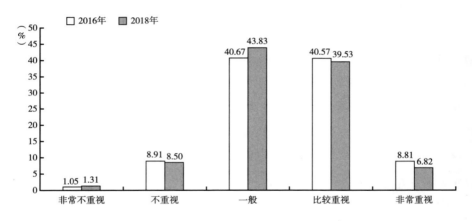

图 10-11　2016—2018 年农村留守儿童父母重视教育情况

资料来源：2016—2018 年 CFPS 数据。

最后，从农村留守儿童父母教育方式来看，2016 年有 14.37% 的家长采取不当教育方式，其中有 1.68% 和 7.76% 的家长会采取体罚和责骂的教育方式，有 4.93% 的家长不采取任何措施。2018 年有 14.31% 的家长采取不当教育方式，其中有 1.50% 和 9.07% 的家长会采取体罚和责骂的教育方式，有 3.74% 的家长不采取任何措施（见图 10-12）。整体而言，2016—2018 年农村留守儿童在父母教育方式上的相对贫困发生率由 14.37% 下降至 14.31%，下降了 0.06 个百分点，降幅为 0.42%（见表 10-2）。

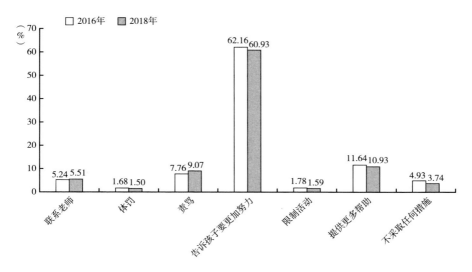

图 10-12　2016—2018 年农村留守儿童父母教育方式情况

资料来源：2016—2018 年 CFPS 数据。

表 10-2　农村留守儿童单维指标的相对贫困发生率

单位：%，个百分点

维度	指标	2016 年	2018 年	变化值	变化率
生存	清洁用水	40.26	33.28	-6.98	17.30
	居住环境	19.06	17.44	-1.62	8.50
	家庭能源	50.95	43.65	-7.30	14.33
健康	身体发育	69.60	69.35	-0.25	0.36
	因病就医	7.29	8.17	0.88	12.07
	因病住院	6.18	7.00	0.82	13.27
教育	是否辍学	8.81	8.50	-0.31	3.52
保护	医疗保险	9.47	8.90	-0.57	6.02
	父母陪伴	63.85	68.87	5.02	7.86
文化	亲子沟通	7.02	8.70	1.68	23.93
	重视教育	9.96	9.81	-0.15	1.51
	教育方式	14.37	14.31	-0.06	0.42

资料来源：2016—2018 年 CFPS 数据。

以上指标的相对贫困发生率的变化既受国家减贫政策和财政投入侧重点的影响，也与指标的性质有关。一方面，近年来，在脱贫攻坚战背景下，国家大力推进农村饮水、住房、用电等民生工程建设，紧抓农村适龄儿童入学，使农村留守儿童在生存和教育维度上的生活状况得到明显改善。另一方面，近年来，农村留守儿童在健康、保护、文化维度上的生活状况并未得到明显改善的原因可能在于，健康、保护和文化维度的指标多为长期性指标，"惯性"特征明显。

第三节　农村留守儿童相对贫困影响因素分析

一　农村留守儿童多维相对贫困测度

（一）资料来源

本章使用的数据来自 2016—2018 年 CFPS 数据库。CFPS 是一项全国性、综合性的社会调查项目，涵盖个体、家庭、社区三个层面的数据，其样本覆盖 25 个省区市，能够代表全国 95% 的人口，具有较强的全国代表性。CFPS 询问了受访者家庭户籍信息、儿童与父母同住的时间以及儿童的教育、健康等相关问题，为本章有效识别农村留守儿童并计算农村留守儿童的相对贫困发生率提供了重要数据支撑。经过筛选处理，2016 年和 2018 年分别得到样本 960 个和 1089 个。

（二）维度、指标选取和标准、权重设定

本章沿用农村留守儿童相对贫困特征分析中的指标体系及标准。参照已有研究的通常做法，采用等权重法对不同维度以及同一维度下不同指标给予均等的权重。具体而言，生存、健康、文化维度均有 3 项指标，各指标权重均为1/15；保护和教育维度分别有 2 项和 1 项指标，各指标权重分别为 1/10 和1/5（见表 10-3）。

表 10-3　农村留守儿童相对贫困维度、指标、标准以及权重的设置

维度	指标	标准	权重
生存	清洁用水	生活用水主要来自江河湖水、雨水等非清洁水源,赋值为 1;来自自来水、纯净水、过滤水等清洁水源,赋值为 0	1/15
	居住环境	家庭人均居住面积低于 15 平方米,赋值为 1,否则赋值为 0	1/15
	家庭能源	主要能源为柴草、煤炭等非清洁能源,赋值为 1;为天然气、太阳能、电等清洁能源,赋值为 0	1/15
健康	身体发育	BMI 大于 24(超重)或小于 18.5(体重过轻),赋值为 1;否则赋值为 0	1/15
	因病就医	过去一年内因病就医次数大于 5 次则赋值为 1,否则赋值为 0	1/15
	因病住院	过去一年曾因病住院则赋值为 1,否则赋值为 0	1/15
教育	是否辍学	辍学则赋值为 1,否则赋值为 0	1/5
保护	医疗保险	无医保则赋值为 1,否则赋值为 0	1/10
	父母陪伴	过去一年与父亲和母亲同住时间均不超过 3 个月则赋值为 1,否则赋值为 0	1/10
文化	亲子沟通	父母非常不主动或不主动与孩子沟通则赋值为 1;否则赋值为 0	1/15
	重视教育	父母非常不重视或不重视孩子学习则赋值为 1;否则赋值为 0	1/15
	教育方式	父母在教育时责骂、体罚孩子或不采取任何措施则赋值为 1;否则赋值为 0	1/15

资料来源：课题组自制。

（三）测度方法

AF 方法在多维相对贫困领域得到广泛应用，其重要贡献在于突破了传统收入相对贫困测量方法的单维局限性，通过双临界值的设置实现了多维相对贫困的识别、加总和分解。应用 AF 方法得到的相对贫困测量结果既能呈现相对贫困发生率，又能反映相对贫困者的贫困程度和致贫原因，从而有助于为反贫困政策提供相对全面和富有针对性的信息。该方法的具体步骤参见本书第九章第三节。

（四）测度结果分析

1. 农村留守儿童多维相对贫困指数分析

表 10-4 给出了基于 CFPS 数据计算的我国农村留守儿童多维相对贫困指数。

首先，从相对贫困发生率来看，2016 年我国农村留守儿童在一个维度上的相对贫困发生率是 64.38%，在 2018 年时降至 60.61%；2016 年我国农村留守儿童在两个维度上的相对贫困发生率是 12.40%，在 2018 年时降至 9.83%；2016 年我国农村留守儿童在三个维度上的相对贫困发生率是 0.10%，在 2018 年时升至 0.83%；2016 年和 2018 年均不存在四个及以上维度相对贫困的农村留守儿童。这在一定程度上证实了农村留守儿童相对贫困具有多维性，也说明本章采用多维相对贫困指数测度农村留守儿童相对贫困程度有合理性。其次，平均剥夺份额随贫困维度增加和相对贫困发生率下降而增加。此外，不同年份在相同维度上的平均剥夺份额基本一致，这在一定程度上表明计算结果的稳健性。

参考张全红和周强（2015）的研究，本章将在任意两个及以上维度存在相对贫困的农村留守儿童认定为相对贫困个体。由表 10-4 结果可知，2016 年农村留守儿童相对贫困发生率为 12.40%，平均剥夺份额为 9.10%，多维相对贫困指数为 1.10%；2018 年农村留守儿童相对贫困发生率为 9.83%，平均剥夺份额为 9.30%，多维相对贫困指数为 0.90%。由此可见，2016—2018 年我国农村留守儿童相对贫困发生率整体下降，但平均剥夺份额有所上升，我国农村留守儿童多维相对贫困指数呈下降趋势。以上结果说明，我国农村留守儿童生活状况总体向好，但仍需警惕。

表 10-4 农村留守儿童多维相对贫困指数

单位：%

维度	年份	相对贫困发生率 H	平均剥夺份额 A	多维相对贫困指数 M_0
$k=1$	2016	64.38	6.10	4.00
	2018	60.61	6.10	3.70
$k=2$	2016	12.40	9.10	1.10
	2018	9.83	9.30	0.90
$k=3$	2016	0.10	12.70	0.00
	2018	0.83	12.70	0.10
$k=4$	2016	—	—	—
	2018	—	—	—

资料来源：课题组自制。

2. 农村留守儿童多维相对贫困指数分解

AF 方法的一大优点在于能够对多维贫困进行分解，从而为减贫政策提供更加全面和有针对性的信息。本章对多维相对贫困指数按不同指标进行分解，分解后得出不同指标对多维相对贫困指数的贡献率，结果如表 10-5 所示。从整体上看，首先，是否辍学对农村留守儿童多维相对贫困指数的贡献率最高，是贡献率唯一超过 20%的指标。教育缺失会导致农村留守儿童人力资本积累不足、内生性发展能力不足，使其在长期的社会竞争中处于弱势地位。接受足够的学校正规教育是破解贫困代际传递的关键。因此，紧抓农村留守儿童教育，持续推进控辍保学仍是农村工作的重点。其次，父母陪伴、身体发育和家庭能源对农村留守儿童多维相对贫困指数的贡献率均超过 10%。剩余指标贡献率均低于 10%。因此对于农村留守儿童生活状况，不仅要关注事关其生存的物质条件，更要关注其长期的身心健康。

从变化趋势看，2016—2018 年清洁用水、家庭能源、身体发育、医疗保险、教育方式 5 个指标对农村留守儿童多维相对贫困指数的贡献率显著下降，因病就医贡献率有所下降但幅度不大；2016—2018 年居住环境、因病住院、亲子沟通、重视教育、父母陪伴 5 个指标对农村留守儿童多维相对贫困指数的贡献率显著上升，是否辍学的贡献率有所上升但幅度不大。这说明在我国农村留守儿童生活状况整体向好的背景下，仍需重点关注其生存、健康、保护以及文化等方面的改善。

表 10-5　指标贡献率

单位：%，个百分点

维度	指标	2016 年	2018 年	变化值	变化率
生存	清洁用水	8.58	7.63	-0.95	11.07
	居住环境	4.78	5.75	0.97	20.29
	家庭能源	11.40	10.70	-0.70	6.14
健康	身体发育	12.75	11.91	-0.84	6.59
	因病就医	2.58	2.54	-0.04	1.55
	因病住院	1.72	2.27	0.55	31.98

续表

维度	指标	2016 年	2018 年	变化值	变化率
教育	是否辍学	20.23	20.47	0.24	1.19
保护	医疗保险	7.54	6.02	-1.52	20.16
	父母陪伴	18.76	19.46	0.70	3.73
文化	亲子沟通	3.56	4.82	1.26	35.39
	重视教育	4.66	5.35	0.69	14.81
	教育方式	3.43	3.08	-0.35	10.20

资料来源：课题组自制。

二　农村留守儿童相对贫困影响因素的理论分析和实证检验

为明确农村留守儿童相对贫困影响因素与机理，进而为农村留守儿童相对贫困治理提出更加具有针对性的政策建议，本章将对农村留守儿童相对贫困的影响因素展开理论分析和实证检验。

（一）理论分析

1. 家庭因素对农村留守儿童相对贫困的影响

家庭为儿童生活成长提供了最重要、最初始的环境，因而家庭禀赋对儿童的健康成长和福利获得至关重要（谢宇等，2014），是影响农村留守儿童相对贫困的最重要因素。家庭禀赋具体可分为家庭人口禀赋和家庭资源禀赋。首先，家庭人口禀赋反映的是家庭人口特征，其直接决定了儿童成长过程中最常接触的人群的特征，这一人群的力量对儿童的成长与发展至关重要。具体而言，家庭人口禀赋包括户主年龄、性别、受教育年限、婚姻状况以及家庭规模 5 项指标。需要说明的是：第一，从生命周期的视角出发，户主年龄通常与家庭及儿童相对贫困之间呈"倒 U 形"关系（葛岩等，2018）。特别是随着户主年龄增长到一定阶段后，户主工作逐渐稳定，能够为儿童成长创造稳定的资源，缓解儿童相对贫困。第二，户主性别、受教育年限以及婚姻状况能对儿童相对贫困产生间接影响。已有研究表明，女性为户主、户主未婚或离异、户主受教育年限短等极易使家庭陷入贫困（杨国涛等，2010），进而恶化儿童的成长环境，加剧儿童相对贫困。此外，受传统观念的影响，我国农村家庭规模通常较城镇家庭规模更大。在家庭总资源有限的情况下，家庭规模扩大在一定程度上意味着每个儿童可获得的家庭资源将会减少，更容易引发儿童相对贫困问题。

其次，家庭资源禀赋主要是指家庭资产，家庭资产直接反映了家庭改变儿童生活及教育、健康等状况的能力，对儿童相对贫困有直接影响。通常而言，家庭资产越多，儿童陷入相对贫困的可能性越小。综上所述，本章提出如下研究假设。

假设1：户主年龄与农村留守儿童相对贫困呈"倒U形"关系。

假设2：户主为男性、户主已婚、户主受教育年限较长有助于缓解农村留守儿童相对贫困。

假设3：家庭规模越大，农村留守儿童越容易陷入相对贫困。

假设4：家庭资产越多，农村流动儿童越不易陷入相对贫困。

2. 社会资本对农村留守儿童相对贫困的影响

社会资本是影响相对贫困的重要因素之一，受到学界的广泛关注。在社会保障水平较低的广大农村地区，以人情关系为代表的社会资本毫无疑问是重要的社会资源，在一定程度上具有抵御突发困难、降低贫困风险的功能（李树、陈刚，2012）。具体而言，社会资本能够通过多种途径影响农村留守儿童相对贫困。比如，社会资本体现的是农村家庭在必要时可获得的外部支持力量。农村留守家庭通常面临主要劳动力长期在外务工的困境，其日常生活改善活动如房屋修缮、基础设施建设等在一定程度上需要同村居民帮助。因此社会资本越多，农村留守儿童的生活环境可能越好。此外，在一些情况下，关系较好的邻里甚至能够对农村留守儿童起到一定的监护作用，这在一定程度上有利于农村留守儿童身心健康。综上所述，本章提出如下研究假设。

假设5：社会资本有助于缓解农村留守儿童相对贫困。

（二）实证检验

本章将基于 2018 年 CFPS 数据，利用 Logit 模型对前文的理论分析展开实证检验。

1. 变量选取

被解释变量为农村留守儿童相对贫困状况。基于前文对农村留守儿童多维相对贫困状况的研究，本章将在任意两个及以上维度存在相对贫困的农村留守儿童认定为相对贫困农村留守儿童，赋值为 1；其他为非相对贫困农村留守儿童，赋值为 0。

本章从家庭人口禀赋、家庭资源禀赋和社会资本三方面选取主要解释变量。其中，家庭人口禀赋包括户主性别、年龄、受教育年限、婚姻状况以及家庭规模，为检验户主年龄与农村留守儿童相对贫困的"倒 U 形"关系，在家庭人口禀赋中加入户主年龄的平方；家庭资源禀赋以家庭资产衡量；社会资本以家庭人情支出衡量。为尽可能解决模型的遗漏变量问题，本章在回归模型中控制住农村留守儿童的年龄、性别以及地区固定效应。此外，为减小经济变量波动幅度，参考已有研究的通常做法，对家庭资产和家庭人情支出两项经济变量做对数处理。本章选取的变量的描述性统计结果如表 10-6 所示。

表 10-6　变量描述性统计结果

变量		定义与赋值	均值	标准差
农村留守儿童相对贫困状况		农村留守儿童在任意两个及以上维度存在相对贫困则赋值为 1，否则赋值为 0	0.100	0.300
儿童特征	儿童年龄	受访时实际年龄（岁）	10.03	3.514
	儿童性别	1 = 男，0 = 女	0.560	0.497
家庭人口禀赋	户主性别	1 = 男，0 = 女	0.549	0.498
	户主年龄	受访时实际年龄（岁）	52.07	12.25
	户主年龄平方	年龄平方	2861	1254
	户主受教育年限	户主接受学校正规教育年限（年）	6.128	4.304

续表

变量		定义与赋值	均值	标准差
家庭人口禀赋	户主婚姻状况	1＝已婚,0＝其他	0.904	0.295
	家庭规模	家庭实际人口数(人)	5.412	1.864
家庭资源禀赋	家庭资产	包括经营资产、金融资产、固定资产在内的家庭净资产(元)	360000	540000
社会资本	家庭人情支出	过去一年家庭人情支出,实物支出折算为现金(元)	3753	5371

资料来源：课题组自制。

2. 实证结果分析

表10-7展示了农村留守儿童多维相对贫困影响因素的Logit回归结果。由于Logit回归所得系数只能从显著性和符号上提供有限信息，而系数大小本身并无明确含义，为方便实证分析，本章进一步计算出所有解释变量的平均边际效应。

第一，从儿童特征来看，首先，儿童年龄系数显著为负，说明农村留守儿童的年龄与其相对贫困发生率呈显著负向关系。由平均边际效应可知，农村留守儿童年龄每增长1岁，其陷入相对贫困的概率将降低0.7%。究其原因，随着年龄增长，农村留守儿童一方面在健康上逐渐脱离"易病"阶段，另一方面在教育上进入义务教育阶段，辍学情况显著减少，使其相对贫困发生率降低。其次，儿童性别系数不显著，说明农村留守儿童陷入相对贫困的概率不因性别而异。这可能是因为，一方面，改革开放以来市场化思潮进入农民家庭，"重男轻女"思想淡化；另一方面，本章中农村留守儿童平均年龄为10.03岁，在此阶段儿童性别影响并不明显。

第二，从家庭人口禀赋和资源禀赋来看，户主年龄与户主年龄平方均不显著，这可能是因为受访的农村留守家庭户主大多不是农村留守儿童的亲生父母，更不是家庭的主要劳动力，户主年龄变化对农村留守儿童获取生存、生活资源的影响不大，进而对农村留守儿童相对贫困发生率的影响不显著。户主性别系数显著为正，说明当户主性别为男性时，农村留守儿童更容易陷入相对贫困。由平均边际效应可知，户主为男性时农村留守儿童陷入相对贫困的概率比户主为女性时高出 4.7%。该结果与假设 2 背道而驰。对其的解释可能是，在对儿童的日常生活照料方面，女性监护人往往比男性监护人承担更多的责任，因而女性户主对缺少照料的农村留守儿童而言较为重要，有助于缓解农村留守儿童相对贫困。户主受教育年限系数显著为负，即户主受教育年限越长，农村留守儿童越不易陷入相对贫困。由平均边际效应可知，户主受教育年限每提高一年，能够使农村留守儿童陷入相对贫困的概率降低 1%。该结果与假设 2 基本相符。户主婚姻状况系数不显著，其原因可能在于，研究样本中户主平均年龄较大（52.07 岁），此阶段婚姻状况不再是影响户主为农村留守儿童提供生存、生活资源的能力的主要因素。家庭规模系数显著为负，表明家庭规模越大，农村留守儿童越不易陷入相对贫困。由平均边际效应可知，家庭规模每增加 1 人，将使农村留守儿童陷入相对贫困的概率降低 1 个百分点。该结果与假设 3 相反。其原因可能在于，在计划生育政策影响下，农村留守儿童多为独生子女，较大的家庭规模意味着家庭中有更多的资源创造者而非纯粹的资源分享者，因而有利于缓解农村留守儿童相对贫困。家庭资产系数显著为负，表明家庭资产是缓解农村留守儿童相对贫困的重要因素。由平均边际效应可知，家庭资产每增加 1%，将使农村留守儿童陷入相对贫困的概率降低 0.6%。该结果与假设 4 基本相符。

　　第三，从社会资本来看，家庭人情支出的系数显著为负，说明家庭人情支出越高，农村留守儿童越不易陷入相对贫困。由平均边际效应可知，家庭人情支出每增加 1%，将使农村留守儿童陷入相对贫困的概率降低 0.9%。该结果与假设 5 基本相符，证实了社会资本对农村留守儿童相对贫困治理的重要性。由此可见，在广大农村地区，以留守儿童成长为核心构建邻里互助机制应是农村留守儿童相对贫困治理的合理政策取向。

表 10-7　农村留守儿童多维相对贫困影响因素回归结果

变量		系数	平均边际效应
儿童特征	儿童年龄	-0.088**	-0.007**
		(0.038)	(0.003)
	儿童性别	0.115	0.009
		(0.241)	(0.019)
家庭人口禀赋	户主年龄	-0.003	-0.000
		(0.010)	(0.001)
	户主年龄平方	-0.001	-0.000
		(0.001)	(0.000)
	户主性别	0.590**	0.047**
		(0.258)	(0.021)
	户主受教育年限	-0.129***	-0.010***
		(0.033)	(0.003)
	户主婚姻状况	0.053	0.004
		(0.412)	(0.033)
	家庭规模	-0.131*	-0.010*
		(0.073)	(0.006)
家庭资源禀赋	家庭资产	-0.076*	-0.006*
		(0.040)	(0.003)
社会资本	家庭人情支出	-0.108**	-0.009**
		(0.042)	(0.003)
	地区固定效应	YES	——
	常数项	0.903	——
		(1.038)	
	N	929	929

注：***、**、*分别表示在1%、5%、10%的水平上显著，括号内为稳健标准误。

资料来源：课题组自制。

第四节　农村留守儿童相对贫困治理的路径优化

一　构建农村留守儿童相对贫困精准筛查与帮扶机制

农村留守儿童相对贫困的多元性与复杂性，要求农村留守儿童减贫事业不能仅关注家庭收入，更应遵循多维相对贫困治理逻辑框架，基于农村留守儿童本位视角，更多关注农村留守儿童自身的权利与发展需求，构建精准的农村留守贫困儿童筛查与帮扶机制。

第一，省级地方政府应充分利用大数据处理平台，建立本地农村留守儿童相对贫困数据库；精细相对贫困识别标准，利用相对贫困指数分解技术，量化分析相对贫困儿童的贫困程度与致贫原因，并最终形成农村留守儿童相对贫困监测报告。第二，依托农村留守儿童相对贫困数据库，定期开展摸底排查工作，利用动态监测系统实时跟踪、更新相对贫困儿童信息，及时将符合条件的相对贫困儿童纳入帮扶监测体系，同时将不符合条件的儿童移除，提高社会帮扶资源配置效率。第三，建立完善的相对贫困农村留守儿童分类帮扶制度，有针对性地实施干预措施。例如，对于缺少学校正规教育的农村留守儿童，可实施有条件的现金转移支付项目，即为农村留守儿童家庭提供现金救助并且要求受助家庭必须完成对农村留守儿童的教育投资，包括接受学校正规教育、购买学习资源、参与亲子活动等，进而促进相对贫困农村留守儿童人力资本积累、阻断贫困代际传递。

二 改变农村留守儿童监护人"重养轻教"现象

监护人教育观念与行为偏差是贫困代际传递的重要影响因素。因此，就农村留守儿童相对贫困治理而言，培育、规范农村留守儿童监护人的教养行为极为重要。开展有益的家庭教育指导服务，提高农村留守儿童监护人的教育能力，促进其形成正确教养观念是一个可选路径。第一，通过培训班、家访、专家座谈会等方式加强对农村留守儿童监护人教养方式的培训和指导，传授科学的家庭教育观念、方式和方法，引导监护人在尊重儿童自我发展需求、不伤害儿童自尊的情况下对儿童开展行之有效的教养活动。第二，利用各地劳务输出渠道对农村留守儿童外出务工父母进行教育。要让外出务工父母充分认识到当前农村留守儿童面临的困难及其对儿童成长和发展造成的影响，加强父母与子女的联系，明确父母在家庭教育中不可替代的重要性，发挥父母对孩子独特的教育功能。第三，针对多维相对贫困程度较深的农村留守儿童，可为家长提供可视化家庭教育指导。利用视频与照片真实记录特定场景中亲子互动状况和家庭教育环境，通过长期的、集中的、有针对性的反馈讨论，引导家长自我审视和检查，深入理解儿童的多维发展特点与需求，培育家长的积极健康的养育行为。

三　多途径缓解农村留守儿童与父母长期分离问题

农村留守儿童问题的根源在于儿童与父母长期分离，解决好农村留守家庭亲子两地相隔的问题是缓解农村留守儿童相对贫困问题的关键。第一，在东南沿海地区产业升级背景下，应进一步推进劳动密集型产业向中西部相对落后但具备基础设施条件的地区转移，为广大中西部农村流动人口就近就业提供充足的岗位。第二，许多农民工通过在发达城市的长期务工实践，开阔了眼界，掌握了技术，拥有一定量的资金，并且受到现代城市中创业观念的熏陶，具有相对较高的创业激情。中西部地区应大力发展县域经济，并制定合理的税收、补贴、技术指导服务等帮扶政策，鼓励外出农民工回乡创业。第三，子女在城市入学困难是农民工与子女两地分离的重要原因。各大城市应持续放宽城市农民工子女的就学限制，为农村外出务工人员携子流动扫清障碍。比如，农村流动人口主要流入地的政府要进一步加大教育资源投入，降低公办学校的入学门槛，深入推进落实以"两为主，两纳入"为代表的进城农民工子女教育政策，降低农民工子女在流入地受教育的成本。再比如，形成"以公办学校为主，民办农民工子弟学校为辅"的多层次、多渠道、多样化入学模式，有效解决农民工子女在流入地上学难的问题。

四　构建针对农村留守儿童的邻里互助机制

围绕农村留守儿童健康成长，构建农村社区邻里互助机制，充分利用好、发挥好农村社会的人情网络作用，推动农村留守儿童相对贫困治理。第一，在制度层面，可尝试在农村社区建立邻里互助平台和互助评优公示制度，对在邻里互助中有优秀表现的个人和团队进行定期评优、公示并给予一定的奖励，以大力弘扬邻里互助精神。第二，在具体实践层面，可鼓励党员、团员发挥先锋模范作用，为农村留守家庭日常生活改善提供必要帮助；可尝试开展"爱心邻居"等活动，鼓励同村或同社区中有条件、有爱心的个人或团队在农村留守儿童日常生活中发挥"代理家长"作用，帮助农村留守家庭管护儿童，以实现对农村留守儿童的困难帮扶、课业辅导、情感陪伴等多种形式的互助关爱，进而丰富农村留守儿童的精神世界。

本章小结

本章在阐释农村留守儿童概念的基础上，深入剖析了农村留守儿童的特征；基于生存、健康、教育、保护和文化5个维度，对农村留守儿童相对贫困状况进行了深入分析。在剖析相对贫困影响机理的基础上，实证分析了农村留守儿童相对贫困影响因素，并提出该类人群的相对贫困治理的路径。主要结论如下。

第一，我国农村留守儿童呈现一些新的特点。主要体现为：规模持续缩小；以小学为主，入学结构稳定；男童规模相对更大，性别结构稳定；东部省市占比较小，中西部省区市占比大；健康状况整体较好，但局部失衡。

第二，农村留守儿童在生存、健康、教育、保护和文化方面遭受不同程度的相对贫困剥夺。一是农村留守儿童生存维度相对贫困发生率较高但降幅较大，清洁用水、家庭能源问题还较为突出；二是农村留守儿童健康维度相对贫困发生率整体居高不下，体现为发育不良儿童占比高，因病就医和因病住院频率较高；三是农村留守儿童在义务教育阶段上的相对贫困发生率虽然较低，但是义务教育阶段辍学率提升值得警惕；四是保护维度上医疗保险相对贫困发生率呈下降趋势，但是父母陪伴的相对贫困发生率有所上升；五是文化维度相对贫困发生率较低但增长明显。

第三，家庭人口禀赋、家庭资源禀赋和社会资本对农村留守儿童相对贫困具有显著影响。研究发现，农村留守儿童的年龄、户主受教育年限、家庭规模、家庭资产、家庭人情支出对农村留守儿童相对贫困具有显著负向影响；户主性别为男性时，农村留守儿童更容易陷入相对贫困。

　　第四，建立精准筛查与帮扶机制，改善教养方式，提升父母陪伴、邻里互助水平是农村留守儿童相对贫困治理的重要路径。将农村留守儿童作为单独群体纳入相对贫困治理范畴，利用大数据平台，构建农村留守儿童相对贫困精准筛查与帮扶机制；利用劳务输出渠道、多媒体数字媒介，引导监护人改善对农村留守儿童的教养方式；通过引导就近就业、家庭化迁移，解决农村留守儿童与父母长期分离问题；依靠搭建邻里互助平台、出台评优制度以及树立先锋模范等方式，为农村留守儿童提供日常帮助。

第十一章
农户数字素养与相对贫困治理研究

新时期我国农村地区的数字鸿沟问题，主要是由基础设施建设的差距转变的数字素养的差距。"触网"后农民的数字素养与其继续利用数字化资源的意愿和能力具有密切的关系。因此，探索提高数字素养能否为低收入农户培育内生发展能力，实现对低收入农户的长期有效帮扶并缓解相对贫困问题值得深入研究。

第一节　农户数字素养的内涵与特征

一　农户数字素养的内涵

Bawden 系统地总结了数字素养的起源，20 世纪 90 年代的一些学者提出了"数字素养"的概念，其原意是指能够阅读和理解多媒体和网络文字，也有人把它称为"多媒体文化"（Lanham，1995）。在当代环境中，数字素养一般是指在新技术背景下进行阅读、写作和信息处理的能力。埃谢特-阿尔卡莱认为，数字素养是一种能够恰当地利用电脑来储存数码资源与信息的思维能力（Eshet-Alkalai，Y.，2004）。肖俊洪（2006）提出，数字素养应包括数字技术的应用及相关的认知、情感及社交技能；程萌萌（2015）则指出，数字素养应以数字技术为核心，以批判、评价、交流各类信息为集合；许欢和尚闻一（2017）则主张，要想获得更多的信息，必须有跨领域的知识储备。苏岚岚和彭艳玲（2021）以国内城乡居民素养的巨大差异为背景，将目光聚焦于农村居民，认为数字素养是数字环境下农民所具有或已形成的数字知识、数字意识和数字能力的集合，具体表现为四个层面：通用、社交、创意和安全。吕普生（2021）识别了由缺乏数字素养导致的数字鸿沟问题，认为数字鸿沟可视为人们接触和使用信息资源的机会和能力的分化状态，从而为提高数字素养提供了理论支撑。

相比于数字素养的定义，数字素养的测度更为具体，埃谢特-阿尔卡莱将数字素养分为五个方面："图像—视觉""再加工""分类思维""信息素养""社会—情绪素养"（Eshet-Alkalai, Y., 2004）。后来，他将"实时思考"与数字技术的发展相结合，设置了一种能够同时处理海量信息的多线程序（Eshet-Alkalai, Y., 2012）。2018年，联合国教科文组织分析总结欧盟和世界各国现有的数字素养框架，最终形成了包括7个领域和26个具体指标的《数字素养全球框架》。一些学者还提出农村居民应具有信息、健康、金融、数字政务、数字安全、在线教育6项包容性的数字素养框架（Prema, P. N. et al., 2018）。总体来看，伴随着全球数字化技术的持续渗透，数字素养的内涵由浅入深，研究主题由整体转向特定，测度框架逐渐清晰，呈现动态性、综合性、开放性和应用性特点。

在学者为个体数字素养研究提供众多真知灼见的同时，现有研究仍有较大的拓展空间。一是目前有关数字素养的定义大多建立在国外的理论框架之上，无法适应中国二元结构下迫切需要提高农户数字素养的现实需求。二是以乡村为基本单元，对农村数字化生活的发展水平进行量化，难以有效地剥离其数字化生活的现实，从微观上对其进行系统描述的研究相对较少。三是在数字乡村与实现共同富裕双战略的新阶段，深入研究数字素养与农户收入之间的关系，不仅可以丰富有关数字素养的研究，还能构建全新的农村居民收入增长机制，从而建立起促进农户收入增长和积累的互动关系，为中国相对贫困缓解和共同富裕取得实质性进展提供有益的借鉴。

二　农户数字素养的特征分析

（一）农户数字参与率较低，但呈上升趋势

在描述分析时，本章最终获得 CFPS 2014 年有效的乡村人口样本 16174

人。在调查对象中，网民为 3420 人，约占 21%；未上网的住户共 12754 人，约占 79%。CFPS 数据显示，2015 年在农村地区，使用手机、平板等移动设备上网的居民占比为 32.25%，使用电脑上网的居民占比为 14.35%。2017 年在农村地区，使用手机、平板等移动设备上网的居民占比为 47.37%，使用电脑上网的居民占比为 16.02%（见表 11-1）。整体而言，虽然农户依托手机、互联网等媒介触及数字场景的比例随时间增加，但农户数字参与率较低的不争事实依然值得关注。

表 11-1 2015—2017 年农村居民数字参与情况

单位：%

年份	使用手机、平板等移动设备上网的居民占比	使用电脑上网的居民占比
2015	32.25	14.35
2017	47.37	16.02

资料来源：2016—2018 年 CFPS 数据。

（二）城乡数字素养差距大，相对差距缩小

在查验网络媒介在农村居民内部使用情况的基础上，立足于数字素养的实现场景——学习、工作、生活、创造 4 个维度，本章对城乡居民间的数字素养差距展开进一步检验。从表 11-2 的结果可知，将学习、工作、生活、创造场景细化为学习、工作、社交、娱乐和商业 5 种互联网应用场景，除社交场景外，2015 年学习、工作、娱乐和商业场景中，农村居民选择"从未接触"选项的比重明显高于城市居民。但从时间维度出发，发现农村居民数字场景的应用增长率显著高于城市居民的应用增长率。这意味着在数字乡村战略的推进过程中，农村居民数字素养存在较大的提升空间。中国社会科学院信息化研究中心发布的《乡村振兴战略背景下中国乡村数字素养调查分析报告》表明，我国农村地区存在着严重的数字素养差距，城乡居民的平均得分分别为 56.3 和 35.1，结合数据分析结果，本章认为在中国农村基础设施建设加速数字化、网络化的今天，农村数字鸿沟问题的主要矛盾将由基础设施

建设的差距转变为数字素养的差距，提升农村居民数字素养有利于加速弥合城乡数字鸿沟。

表 11-2 2015 年从未接触数字应用的人数和占比

单位：人，%

场景	农村		城镇	
	人数	占比	人数	占比
学习	2580	46.12	3288	37.33
工作	3815	68.20	4663	52.93
社交	552	9.87	948	10.76
娱乐	799	14.28	1032	11.72
商业	2878	51.45	3431	38.95

资料来源：2016 年 CFPS 数据。

（三）中低龄农户数字素养较高，代际鸿沟明显

CFPS 数据显示，2017 年 30 岁及以下农户的互联网参与率为 43.79%，31—40 岁农户的互联网参与率为 25.43%，41—50 岁农户的互联网参与率为 18.89%，51—60 岁农户的互联网参与率为 9.42%，61—70 岁农户的互联网参与率为 2.11%，71 岁及以上农户的互联网参与率为 0.36%（见表 11-3）。由此可见，农户数字素养的群体分化明显，50 岁及以下中低龄农户的互联网参与率高达 88.11%，而 51 岁及以上中高龄农户的互联网参与率仅为 11.89%。原因可能是中老年群体对网络功能的适应能力不足，自身数字素养潜力需要得到进一步挖掘，方能接触到数字红利。

表 11-3 2017 年各年龄段农户的互联网参与率

单位：%

年龄段	互联网参与率	年龄段	互联网参与率
30 岁及以下	43.79	51—60 岁	9.42
31—40 岁	25.43	61—70 岁	2.11
41—50 岁	18.89	71 岁及以上	0.36

资料来源：2018 年 CFPS 数据。

（四） 社交和娱乐场景较突出，倾向生活化场景

CFPS 数据显示，2017 年农户的互联网使用更倾向生活化场景而非正式化场景，表现为农户将互联网用于社交和娱乐的比例高于将互联网用于工作、学习以及商业的比例。具体来说，有 92.01% 的农户将互联网用于社交，有 89.97% 的农户将互联网用于娱乐，有 57.65% 的农户将互联网用于工作，有 52.53% 的农户将互联网用于学习，有 68.60% 的农户将互联网用于商业（见表 11-4）。可见，农户更青睐于"娱乐类应用"，"严肃类应用"的触及度相对较低。

表 11-4　2017 年农户互联网使用用途情况

单位：%

场景	比例	场景	比例
社交	92.01	工作	57.65
娱乐	89.87	学习	52.53
商业	68.60		

资料来源：2018 年 CFPS 数据。

（五） 东、中部地区农户数字素养较高，省域差异明显

东、中部地区农户数字素养相对较高。CFPS 数据显示，2017 年东部地区农户的互联网使用率为 55.38%，中部地区农户的互联网使用率为 53.14%，西部地区农户的互联网使用率为 48.64%。即东、中部地区农户的互联网使用率均超过 50%，且分别比西部地区高出 6.74、4.5 个百分点（见图 11-1）。

此外，各省区市农户数字素养差异明显。北京、天津、海南、西藏、青海以及新疆农户的数字素养整体较高，互联网使用率均超过 70%；辽宁、山东、江西、四川、贵州以及云南农户的数字素养整体较低，互联网使用率低于 50%；其余各省区市农户的数字素养整体处于中等水平，互联网使用率在 50%—70% 不等（见表 11-5）。

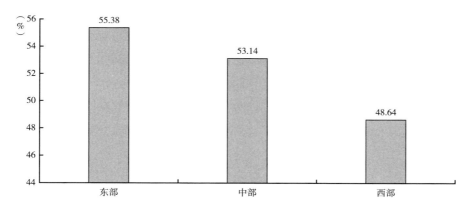

图 11-1　2017 年各区域农户互联网使用率

资料来源：2018 年 CFPS 数据。

表 11-5　2017 年各省区市农户互联网使用率

单位：%

序号	省区市	使用率	序号	省区市	使用率
1	内蒙古	50.00	17	浙　江	57.81
2	北　京	79.61	18	安　徽	54.44
3	天　津	70.48	19	福　建	57.33
4	河　北	52.37	20	江　西	47.11
5	山　西	55.18	21	山　东	47.20
6	辽　宁	49.67	22	河　南	51.34
7	吉　林	51.13	23	湖　北	61.42
8	黑龙江	52.91	24	湖　南	58.36
9	上　海	59.84	25	广　东	59.29
10	江　苏	56.23	26	贵　州	45.12
11	广　西	52.90	27	云　南	42.32
12	重　庆	50.00	28	陕　西	58.33
13	四　川	38.53	29	甘　肃	53.11
14	海　南	70.59	30	西　藏	70.00
15	青　海	90.00	31	宁　夏	66.67
16	新　疆	74.12			

资料来源：2018 年 CFPS 数据。

第二节 农户数字素养对相对贫困影响的实证分析

一 影响机理

在明确数字素养定义的基础上，本章的理论分析主要来源于人力资本的纳尔逊—菲尔普斯模型。该模型认为，人力资本最重要的作用并不是提高现有工作任务的生产能力，而是促进技术的采纳，即相比于贝克尔和明赛尔的人力资本可以推动生产率提升，这种观念更倾向于人力资本的主要作用能够为工人应对变化、破坏（特别是新技术）提供重要保障。本章认为数字素养之所以具有提升农户收入的潜力，是因为其实际上是一种数字时代的人力资本，是提高人口质量红利的重要途径。从经济学的角度来说，如果把家庭看作一个微观的经济组织，那么，在数字化的社会背景下，通过数字化的应用实现对家庭的有效利用，是在数字时代进行资源配置的一种能力。

首先，就正常的生活中参与的经济类活动而言，如果一个人掌握了最基本的数字化知识，即拥有进行数字贸易的脑力，那么他就可以在更广泛的市场上进行贸易。他不但能够在较大的范围内出售商品以获得较大的收益，而且在价格、供给多元化、交易费用上占据"议价优势"。不管是收入来源的增加，还是生活费用的减少，都会增加真实的经济收入。

其次，数字素养的提高加速了乡村产业的智能化、集约化和现代化，促进了农业生产效率提高，提升了农户的议价、营销、信息搜索等能力，从而在优化资源配置并获得更多市场收益的过程中，加速传统服务业数字化、网络化转型，有利于为渴望改善现状的农村群体提供更多的创业机会。

从本质上看，数字素养的重要内核是数字经济下的思考批判能力，它可以有效地降低内部消息的流动对称性，减少交易费用，大幅度提高成交效率，识别、控制甚至利用这些经营风险，从而提高家庭内部的资本回报率。拥有数字素养，就有了更多的关于市场贸易的选择机会，就能更好地面对数字化金融经济的风险。数字素养是数字社会中一种重要的经济资源，它可以通过数字就业和数字创业等实际手段，有效地降低农民的经济不稳定性，从而提高农民的生活质量。特别是那些以前很难接触到网络的人群，数字素养的提高或许可以提高他们的生活水平。

最后，数字经济作为一种立足于新生产要素，利用新兴技术创造出新商业模式的新经济形态，其发展很可能呈现动态变化特征。第一，数字乡村建设的持续推进，有利于农户提升数字素养，快速获取非农信息，强化农业生产，从而促进农户短期增收。第二，信息技术应用存在一定程度的滞后，农户想通过提升数字素养实现持续性增收目标，需要跨越信息利用的成本门槛和能力门槛。因此，在不同的数字化发展阶段，农户数字素养的提升将会随着数字技术进步与滞后影响产生显著变动。此前也有研究证实，在数字经济背景下，网络使用活动对经济增长、收入差距的影响存在复杂性。戚聿东和刘翠花（2020）的研究表明，互联网使用显著缩小了性别工资差距。随分位数提升，性别工资差距呈先下降后上升的"U形"变化趋势。陶云清和曹雨阳（2021）通过构建数理模型并进行理论与实证分析，得出数字金融与城乡收入差距呈"倒U形"关系。杨骁等（2020）发现，数字经济发展会调整和优化中国就业结构，具体表现为制造业就业以先降后升的"U形"趋势影响模式优化升级。鉴于此，本章在后续分析中引入数字素养的多次项，探讨数字素养与农村相对贫困的内在关系。

二 资料来源、变量选择

本章实证分析主要资料来源于2018年CFPS数据库。选择该数据库的主因在于：第一，CFPS数据库是由北京大学中国社会科学调查中心创建的，覆盖范围广，样本留存率较高，被认为是一项权威性的研究数据库，能够满足本章分析需求；第二，问卷中有关数字应用场景使用情况以及人均家庭收入等变量的问题充足，且能够全国性、大范围地展示数字素养与农户收入及差距的关系，减小了小范围样本度量误差。基于此，本章将合并后的农户家庭样本进行删减、重新赋值后，与相应时期的部分区域宏观数据进行匹配，得到后续研究分析所需数据。

被解释变量：农户收入。关于农户收入，本章利用CFPS中"人均家庭纯收入"这一变量作为衡量指标。为了规避异方差的影响，对此变量进行对数处理后展开进一步分析。

核心解释变量：数字素养。"十四五"是中国弥合城乡数字素养鸿沟的关键时期，也是数字经济转向普惠共享的新阶段。《提升全民数字素养与技能行动纲要》表示："着力拓展全民数字生活、数字学习、数字工作、数字创新四大场景，……整体提升全民数字学习、工作、生活和创新的素养与技能，……建立符合我国国情的全民数字素养与技能发展评价指标体系，……不断弥合城乡、区域和人群间的数字鸿沟。"[1] 使用个人电脑创造价值的能力不足是限制农村居民数字素养提升的主要短板。由此，本章将农户数字素养定义为：在数字生活、数字学习、数字工作、数字创新四大场景下，农户作为信息资源主体，通过主动参与互联网的具体应用，实现生产性与创造性价值的一种行动能力。

在此基础上，本章利用CFPS数据，从数字素养的实现场景入手，借助问卷中的"使用互联网学习的频率""使用互联网工作的频率""使用互联网娱乐的频率""使用互联网社交的频率""互联网商业活动的频率"5个问题对农户数字素养水平进行测度（频率取值为1—7）。其中，"使用互联网娱乐的频率"与"使用互联网社交的频率"可归因于数字生活化场景。考虑到各省区市的数字基础设施以及个人人力资本等先天条件存在差异，采用统一标准进行数字素养测度并不恰当，很可能会拉大农户间的数字鸿沟，因此，本章分三步计算农户数字素养：第一，先将各省区市的不同结构数字素养分别加总；第二，计算出各省区市农户在不同数字场景下的占比情况；第三，基于

1　《提升全民数字素养与技能行动纲要》，中华人民共和国国家互联网信息办公室网站，2021年11月5日，https://www.cac.gov.cn/2021−11/05/c_ 1637708867754305.htm。

前述的四大应用场景占比进行等额加权赋值，最终推算出农户的实际数字素养。需要注意的是，虽然此处仍然以"互联网使用"为基础构建数字素养指标，但关注重心已从互联网普及转向数字素养测评。

控制变量：本章从个体特征、家庭特征、省级特征三个维度出发，添加相应控制变量，尽量减少由遗漏变量导致的数字素养对农户收入的回归偏误。

三　基准回归

表 11-6 展示了基于 OLS 回归模型估计的数字素养对农户收入的影响，第（1）列仅分析核心解释变量与被解释变量的关系，第（2）列加入个体特征变量，第（3）列加入家庭特征变量，第（4）列加入省级特征变量，第（5）列在上述变量得到控制的情况下，使用聚类稳健标准误的方法进行分析。根据表 11-6 的回归结果可知，将个体特征、家庭特征、省级特征等控制变量逐步囊括在内，数字素养对农户收入的统计系数依然显著为正。此外，数字中国指数在 1% 的统计水平上显著为正，这在一定程度上验证了，随着中国工业型经济向数字型经济转变，数字基础设施正在成为拉动社会经济增长的基础和新生动力。党的十八大以后，数字化信息技术已经在我国的各大领域、广大农民的生活中悄悄地渗入，为新时期的农村建设和发展带来了新机遇、新动能（温涛、陈一明，2020），城乡之间的数字鸿沟显著缩小，从而为农户提升数字素养、强化使用效能创造了良好的基础条件。

表 11-6　基准回归

变量	（1）	（2）	（3）	（4）	（5）
数字素养	1.568***	0.837***	0.620***	0.442**	0.442**
	(8.33)	(4.31)	(3.33)	(2.38)	(2.03)
年龄		0.014	0.017*	0.013	0.013
		(1.36)	(1.66)	(1.29)	(1.27)
年龄平方		−0.000	−0.000	−0.000	−0.000
		(−0.58)	(−1.43)	(−1.09)	(−1.06)

续表

变量	（1）	（2）	（3）	（4）	（5）
受教育年限		0.053***	0.051***	0.045***	0.045***
		（13.50）	（13.54）	（11.75）	（12.13）
身体健康度		0.024*	0.024*	0.024**	0.024**
		（1.89）	（1.96）	（2.02）	（2.02）
性别		−0.033	−0.013	−0.006	−0.006
		（−1.15）	（−0.46）	（−0.23）	（−0.24）
婚姻状况		−0.065	0.139***	0.139***	0.139***
		（−1.50）	（3.26）	（3.31）	（3.18）
工作情况		0.106***	0.095***	0.094***	0.094***
		（5.43）	（5.03）	（5.03）	（4.99）
风险测评		0.087***	0.071***	0.072***	0.072***
		（3.10）	（2.62）	（2.71）	（2.65）
家庭规模			−0.130***	−0.130***	−0.130***
			（−18.56）	（−18.77）	（−18.52）
家庭社会资本			0.134***	0.125***	0.125***
			（6.30）	（5.96）	（5.52）
经济发展水平				−0.047**	−0.047**
				（−2.08）	（−2.16）
数字中国指数				0.130***	0.130***
				（7.59）	（7.59）
东部地区				0.087**	0.087**
				（2.22）	（2.18）
观测值	4595	4257	4257	4257	4257

注：***、**、*分别表示在1%、5%、10%的水平上显著，括号内为稳健标准误。
资料来源：课题组自制。

与此同时，还应该重视的是，对网络的安全意识还不够高、手机媒体的使用率很低、数字收入增长的严重滞后等是目前我国农村居民在数字化教育中存在的三个薄弱环节。许多"空心村""老人村"的农村居民即便能够享用与城市"同网同速"等网络使用便利，也大概率因自身资源禀赋因素，未能有效甄别、筛选数字信息，不能主动参与到数字乡村建设的信息化浪潮中。因此，还需进一步检验数字素养对农户收入的影响。

四 收入差距检验

基于上述分析，此处采用有条件分位数回归（Qreg）和无条件分位数回归（RIF）两种方法对数字素养与农户收入的关系展开进一步检验。根据表 11-7 和表 11-8 的回归结果，在 10%—90% 的分位数区间，数字素养对农户收入的积极作用在高收入农户中更为显著。而数字中国指数对于不同分位数区间的农户收入的正向作用并未出现明显差异。这说明，数字经济的逐步渗透，带动了产业结构升级，从而使整体农户受益。但同时，在数字经济持续推进之时，各区间的农户会因"同群效应"的扰动，产生对数字经济的"娱乐类应用"与"严肃类应用"的不同选择，从而在原有资本禀赋的差距上，存在扩大农户内部收入差距的风险。因此，各级政府在以发展乡村数字经济为根本时，要赋能振兴农村工业，推进数字农业和智能耕作，加强数字科技与农村的实际产业基础的融合，加速数字技术在农村中的实际应用，如物联网以及区块链等。同时，应强化低收入农户的数字化发展思维认知，建立健全数字人才培育机制，以此缩小高、低收入农户之间的数字素养差距。

表 11-7　有条件分位数回归（Qreg）

变量	（1） （Q_10）	（2） （Q_25）	（3） （Q_50）	（4） （Q_75）	（5）） （Q_90）
数字素养	0.363 (1.09)	0.526** (2.38)	0.685*** (3.70)	0.765*** (3.57)	1.072*** (3.78)
数字中国指数	0.127*** (4.14)	0.133*** (6.54)	0.138*** (8.10)	0.144*** (7.30)	0.147*** (5.61)
控制变量	是	是	是	是	是
观测值	4257	4257	4257	4257	4257

注：***、** 分别表示在 1%、5% 的水平上显著，括号内为稳健标准误。
资料来源：课题组自制。

表 11-8　无条件分位数回归（RIF）

变量	（1）	（2）	（3）	（4）	（5））
	RIF(0.10)	RIF(0.25)	RIF(0.50)	RIF(0.75)	RIF(0.90)
数字素养	−0.233	0.101	0.307	0.608***	1.790***
	(−0.75)	(0.43)	(1.50)	(2.63)	(5.75)
数字中国指数	0.136***	0.136***	0.145***	0.122***	0.134***
	(4.76)	(6.30)	(7.70)	(5.76)	(4.67)
控制变量	是	是	是	是	是
观测值	4257	4257	4257	4257	4257

注：*** 表示在 1% 的水平上显著，括号内为稳健标准误。
资料来源：课题组自制。

上述实证分析虽已经证实了数字素养对农户收入的积极作用，且这种作用对中高分位数的农户的效果更为明显，但并未基于整体数据，明晰数字素养对农户内部收入差距的影响效果以及数字素养对农户内部收入差距的贡献率。因此，本章对数字素养与农户内部收入差距的关系展开拓展分析。参照单德朋和张永奇（2021）的方法，使用"收入距"指标来充当农户内部收入差距的相应变量。根据表 11-9 的回归结果，模型 1 和模型 2 的数字素养回归系数均在 5% 的统计水平上显著为正，表明数字素养对农户内部收入差距起到了扩大作用。此外，数字中国指数也显著为正，表示数字乡村建设存在梯度差异，不同区域的基础设施建设、产业结构调整速度并不一致。模型 3 是在 OLS 回归分析方法的基础上，使用 Fields 分解法，对数字素养以及数字中国指数对农户内部收入差距的贡献率进行分析。根据模型 3 的回归结果可知，数字素养对农户内部收入差距的贡献率相比数字中国指数的贡献率更高。随着数字乡村战略深入实施，数字经济逐步拓展乡村发展新空间，为更多农户增收致富提供了新模式，但这种新模式并未保持均衡状态。整体来看，上述研究结论也与技术进步常常伴随着收入分配和财富差距的扩大的经验证据相吻合。

表 11-9　数字素养对农户内部收入差距

变量	1	2	3
	农户内部收入差距	农户内部收入差距	农户内部收入差距（Fields 分解）
数字素养	0.046**	0.047**	0.004
	(2.03)	(2.38)	
数字中国指数	0.013***	0.014***	0.001
	(7.59)	(7.59)	
控制变量	是	是	是
观测值	4257	4257	4257

注：*** 、** 分别表示在 1%、5% 的水平上显著，括号内为稳健标准误。

资料来源：课题组自制。

五　拓展分析

为了进一步考察数字经济逐步渗透之际，数字素养对农户收入是否具有非线性效应，本章在基准模型之上引入数字素养二次项、数字素养三次项，对两者关系展开深度拓展分析。根据表 11-10 的回归结果，第（1）列为仅引入数字素养、数字素养二次项的回归结果，第（2）列为加入其余控制变量得到的回归结果，第（3）列为在第（2）列基础上引入数字素养三次项的回归结果。结果显示，数字素养系数显著为正，数字素养二次项系数显著为负，数字素养三次项系数显著为正。这说明，数字素养与农户收入呈"N形"曲线关系。这一现象的成因是：近年来在我国各地大力推行的新型农业专业人才培养、网络商业训练项目已逐渐扩大农户对数字技术和数码技术应用的重要途径，有助于提高"新农户"在实际生产和生活中自觉接受数字技术和数码技术的认识水平（苏岚岚、彭艳玲，2021），为农户短期增收提供了可行路径。但同时，数字素养提升受到信息化的滞后效应影响，需要农户跨越信息利用的成本门槛和能力门槛，在数字监管环境仍需改善的现实条件下，原始农户未能及时有效地将数字素养转化至数字农业或者数字创业中，降低了生产力与收入水平。上述风险将随着施策主体的精准施策，持续渗透农户数字素养提升过程，有效突破农户长期增收瓶颈，使农户增收具有长期性和累积性。

此外，数字生活各领域的参与均对农户家庭经济基础具有一定的依赖性，为了拓展检验数字素养对农户收入的长期作用是否因农户自身的收入状况而发生改变，本章参照陈宗胜等（2013）的界定方法，以样本收入中位数的40%为划定标准，将低于该收入标准的农户界定为低收入农户，其中涵盖贫困边缘群体和相对贫困群体，也是中国巩固拓展脱贫攻坚成果、推进乡村振兴的重点所在，使研究具有更强的现实意义。根据第（4）列与第（5）列的回归结果，数字素养对农户增收的影响呈显著的"N形"曲线关系，这一关系在低收入农户中尤为明显，而在高收入农户中并不明显。这主要反映了数字素养对低收入农户的边际回报较高以及高收入农户的增长瓶颈。其背后可能的原因如下。第一，边际收益差异。低收入农户由于资源匮乏，对数字素养提升的敏感性更强，数字素养的提升能够迅速弥补其在信息获取与技术应用方面的不足，从而显著提高收入水平；高收入农户因其资源和技术相对充裕，边际回报递减，数字素养对其的增收效应减弱。第二，天花板效应。高收入农户的增收瓶颈更多来源于土地、资本等传统生产要素的限制而非数字素养。数字素养对高收入农户生产结构的作用逐渐饱和，难以显著提升其收入。第三，应用场景差异。低收入农户的生产活动更集中于基础农业生产及市场对接，数字素养在这些场景中的作用尤为明显；高收入农户更多从事规模化生产或高端经营活动，对数字素养的依赖程度较低，或者需要更高层次的数字技术应用（如精准农业技术、品牌建设和供应链管理技术）。第四，政策与行为影响。数字经济相关政策往往更倾向于支持低收入农户，通过教育培训、资金支持等措施，助力其脱贫增收；高收入农户由于对数字化变革的接受程度和风险偏好相对较低，因此在数字技术应用上的积极性不足，这进一步限制了数字素养的增收效果。

表 11-10　非线性效应检验

变量	(1)	(2)	(3)	(4)	(5)
	农户收入	农户收入	农户收入	农户收入（低收入）	农户收入（高收入）
数字素养	4.443***	1.253***	2.624***	5.711***	1.440*
	(10.35)	(2.84)	(3.42)	(3.73)	(1.75)
数字素养二次项	-4.051***	-1.094**	-7.272**	-21.70***	-2.133
	(-7.44)	(-2.03)	(-2.53)	(-3.40)	(-0.72)
数字素养三次项			4.990**	15.93***	1.016
			(2.18)	(2.97)	(0.44)
控制变量	否	是	是	是	是
观测值	4595	4257	4257	1938	2319

注：***、**、* 分别表示在 1%、5%、10% 的水平上显著，括号内为稳健标准误。
资料来源：课题组自制。

六　机制检验

对于影响机制的分析，本章参考已有研究的中介效应模型（Baron, R. M., Kenny, D. A., 1986），在此基础上对数字素养与农户收入的中间路径进一步检验。选择此模型的主因是本章的被解释变量农户收入为连续变量，既能满足此模型的检验要求，又能减少估计偏误。

为检验数字素养能否通过促进农户就业降低其收入不确定性，本章通过问卷中农业就业、非农就业两个指标来衡量农户的就业情况。具体而言，就是从农户"2018 年是否从事农业工作"与"2018 年是否从事非农工作"来获取数据，回答"是"则赋值为 1，回答"否"则赋值为 0。关于农户创业这一问题，本章参考单德朋和余港（2020）的研究，使用 CFPS 数据中的"自主创业""创业绩效"两个指标来衡量。

此外，本章为让研究链条更为紧密，引入 2016 年 CFPS 相同样本的农户收入数据，参照王明康、刘彦平（2021）的研究做法，利用临时收益的平方来表征收入不确定性（临时收益为残差回归模型，对农户的收益产生一定的影响）。为更好地测量偏差，本章对此项数据进行了深入分析，即如果临时收益是正值，那么它的平方值则取正号，如果临时收益是负值，那么它的平方值则取负号。

根据表11-11的回归结果，农户就业的系数显著为正，且收入不确定性的系数显著为负，说明数字素养可以通过促进农户就业、降低收入不确定性，间接实现提高农户收入的目的。根据表11-12的回归结果，农户创业以及创业绩效的间接效应也显著，且均能显著降低收入不确定性。因此，这代表数字素养可以经由农户就业、农户创业两种路径显著降低收入不确定性，从而助力农户增收。

表 11-11　影响机制（农户就业）

变量	（1）	（2）	（3）	（4）
	农户收入	收入不确定性	农户就业	农户收入
数字素养	0.442**	-0.021**	0.003**	0.367**
	(2.03)	(2.02)	(2.15)	(2.22)
农户就业		-0.252**		0.123**
		(2.19)		(2.02)
收入不确定性				-0.003***
				(2.98)
控制变量	是	是	是	是
观测值	7913	7913	7913	7913

注：***、** 分别表示在1%、5%的水平上显著，括号内为稳健标准误。
资料来源：课题组自制。

表 11-12　影响机制（农户创业）

变量	（1）	（2）	（3）	（4）	（5）	（6）
	收入不确定性	农户创业	农户收入	收入不确定性	创业绩效	农户收入
数字素养	-0.003**	1.013***	0.254**	-0.003**	0.896**	0.303**
	(1.98)	(3.46)	(2.02)	(1.99)	(2.02)	(2.36)
农户创业	-0.022**		0.246***			
	(2.02)		(3.03)			

续表

变量	（1）	（2）	（3）	（4）	（5）	（6）
	收入不确定性	农户创业	农户收入	收入不确定性	创业绩效	农户收入
收入不确定性			−0.002***			−0.001***
			（2.23）			（3.46）
创业绩效				−0.005***		0.021**
				（4.59）		（2.13）
控制变量	是	是	是	是	是	是
观测值	7913	7913	7913	7913	7758	7758

注：***、**分别表示在1%、5%的水平上显著，括号内为稳健标准误。
资料来源：课题组自制。

进一步分析表11-11和表11-12的回归结果，可以发现，相比于农户就业的间接效应，农户创业的间接效应更为明显。由此可见，在农村地区，数字素养对农户增收的效果主要聚焦于直播电商、网红带货、社区团购等新业态、新领域，机械种植、智慧农业、数字农业等模式亟须强化，数字农业农村领域科技领军人才、工程师和高水平管理团队仍然匮乏。此外，本章进一步引入互联网使用指标，以期深度探讨数字素养对农户就业、创业模式的影响。

根据表11-13的回归结果，虽然就第（1）列与第（2）列的回归结果而言，互联网使用对农户就业、创业的回归系数比数字素养的回归系数高，但是将就业模式、创业类型进行区分发现，数字素养对农户就业（三产）、农户创业（自雇）的促进作用更强。这也表明，在新时期、新阶段、新格局下，除了继续缩小宽带光缆、网络终端设备等硬件形成的差距，提升农村居民的网络使用率，更需关注不同地区的农户在获取、利用和创造数字资源等方面的能力差异，顺应数字时代要求，实时对接数字化引领驱动农业农村现代化的发展目标，最终为全面推进乡村振兴、实现共同富裕提供强力支撑。

表 11-13 对比分析

变量	（1）	（2）	（3）	（4）
	农户就业	农户创业	农户就业（三产）	农户创业（自雇）
数字素养	0.003**	1.013***	0.013***	0.224**
	(2.15)	(3.46)	(3.03)	(2.15)
互联网使用	0.021***	1.225***	0.010***	0.101**
	(3.45)	(3.05)	(2.60)	(1.99)
控制变量	是	是	是	是
观测值	7913	7913	7913	7913

注：***、** 分别表示在 1%、5% 的水平上显著，括号内为稳健标准误。互联网使用指标按照农户是否使用互联网进行划分（回答"是"的农户占比为 97.6%），三产划分是根据《国民经济行业分类》（GB/T4754—2011）进行划分，农户创业类型是按照农户创业意愿进行区分（雇主与自雇）。

资料来源：课题组自制。

第三节 农户数字素养提升策略

一 通过环境建设强化边缘群体的数字意识

提升数字素养，特别要重视数字文化的培养，尤其要重视环境构建，因为它不是内在的，而是更多地依赖于个体与社会的联系，这与有关贫困的试验性的结果相吻合：个体或家人在处理日常事务时的能量和意志都是有限度的。与此对应，需要较贫困人群投入更多的时间、更多的人力和物力提升其数字素养，其成效亦会受到限制，因此，应以体制为基础，建构全民教育框架，针对弱势人群如老年人口、贫困低收入人群的特点与需要，进而制定有关数字文化的相关发展策略，从而让全民数字素养得到提升。具体方式可以是：相关部门通过广泛宣传、示范教育等形式开展诈骗案例教育，加强培训，形成较好辨别和预防网络诈骗的外部软环境，提升老年人口抵制各种网络诈骗活动的数字意识与辨识能力。

二　重视数字通信基础设施和通用场景建设

为了更好地发挥数字素养对促进农户增收、共同富裕的赋能作用，政策层面要盯住数字可及性、可负担性、有效性、会用性等多维目标，系统推进，防止重建、轻管、不用。针对可及性，要继续推进西部农村地区的通信基础设施建设和通用数字应用平台建设。针对可负担性，建议与农资、农机一样，把数字工具和服务作为新农具纳入现代农业补贴范围，在降低使用成本的同时，引导用户使用，更好地发挥数字平台优势。针对有效性，要坚持问题导向，深化4G、5G与农业农村现代化深度契合的创新应用。针对会用性，要基于不同区域的实际差异，通过构建数字素养与技能发展培育体系，拓展农业农村大数据应用场景，加强农户数字素养与技能的培训，提升农户数字素养，切实解决农户面对新技术场景的不敢、不能、不愿问题。

三　聚焦重点主体和主要维度精准施策

在促进共同富裕和缓解相对贫困的过程中，中低收入农户是相关政策需要盯住的重点群体。这一群体本身数字素养不高，数字素养提升对其影响也更为显著，具有较大的施策空间和挖潜空间。在施策主体上，既要发挥基层组织的属地作用，也要积极引导涉农企业和公益组织依托各自优势，参与农户数字素养提升过程。在具体内容上，要优化完善全国农业科教云平台，推广数字化投资增收等实际案例。在具体方式上，要积极发挥短视频、电商等既有市场媒介和平台的作用，鼓励数字素养高的农户优先开展就业创业活动，并将此类群体的新理念、新思维分享给周边农户，对数字资源、资金的顺畅流通起到积极作用，充分利用数字文化的空间外溢效应。引导支持更多的"数字移民"能够充分利用5G、人工智能、虚拟现实、大数据、区块链等数字技术实现就业创业，为2025年全民数字素养与技能达到发达国家水平、建立健全巩固拓展脱贫攻坚成果长效机制与共同富裕目标取得实质性进展奠定坚实基础。

本章小结

本章以数字时代为背景探讨了农户数字素养的内涵及发展脉络，通过提升农户数字素养、推动农户对数字资源的开发和利用，从而提升农户家庭收入以及缩小农村收入差距，抑制农村相对贫困。具体而言，在巩固拓展脱贫攻坚成果和乡村振兴有效衔接的时代背景下，本章使用 CFPS 数据对数字素养与农户收入展开了系统阐述，并通过描述性统计、基准回归、分位数回归以及机制检验剖析了数字素养对农户收入的影响。基本结论如下。

第一，农户数字素养在时间维度上呈现明显差异，在空间以及结构维度上也存在显著分化特征。这主要体现为：农户数字参与率较低，但呈上升趋势；城乡居民数字素养差距大，相对差距缩小；中低龄农户数字素养较高，代际鸿沟明显；社交和娱乐场景较突出，倾向生活化场景；东、中部地区农户数字素养较高，省域差异明显。

第二，数字素养具有明显的增收效应。研究发现，农户数字素养每提高 1%，农户收入便会显著提高 0.442%，表明数字素养能够显著促进农户增收。此外，回归结果显示，数字素养在农户增收过程中有显著的异质性特征，具体表现为：数字素养对低收入农户的边际回报高，而高收入农户则面临增长瓶颈。这反映了数字素养在不同收入水平农户中的增收潜力和作用机制的显著差异。低收入农户更加倾向于选择"娱乐类应用"，高收入农户则可跨越"数字应用门槛"，选择"严肃类应用"。"娱乐类应用"的经济效应仅停留在有效知识和信息的获取上，"严肃类应用"则可强化风险偏好，促进财富积累。

第三，数字素养能够显著提高农户收入，主要是通过促进农户非农就业、创业以及降低收入不确定性等机制实现的。机制检验表明，数字素养对农户就业的回归系数显著为正，农户收入不确定性存在显著的负值，这表明数字素养能够提高农民的就业率和稳定性，降低收入不确定性，从而间接实现提高农户收入的目的。进一步分析发现，相比数字素养对农户就业的间接效应，数字素养对农户创业的间接效应更为明显。由此可见，数字素养能够显著提高农户收入，主要是促进农户非农就业、创业以及降低收入不确定性等机制在发挥作用。

第四，通过环境建设强化边缘群体的数字意识、重视数字通信基础设施和通用场景建设、聚焦重点主体和主要维度精准施策是提升农户数字素养的重要策略。基于数字素养的发展现状及其对农户增收的作用，本章认为应重点围绕环境建设、场景打造、主体聚焦三个层面，对照农村地区数字建设薄弱的现实情况合理施策。一是通过外部环境建设，营造数字氛围，强化老年人口等边缘群体的数字意识；二是盯住数字可及性、可负担性、有效性、会用性等多维目标，系统推进数字通信基础设施、通用场景的建设；三是聚焦重点主体和主要维度，在施策主体、具体内容和具体方式上精准施策。

第十二章
农村社会保障与相对贫困治理研究

我国的社会保障制度得到了显著的发展，在一定程度上解决了贫困人口和特殊群体的医疗卫生问题，解决了看病难、看病贵的问题。虽然"养儿防老"、家庭保障、土地保障等传统观念和保障方式逐步与现代社会保障制度相结合，但仍然存在覆盖面狭窄、保障水平低、城乡差距大、社保基金来源有限等现实问题。所以，在新的历史条件下，探索解决农民相对贫困问题的途径，减轻农民的相对贫困感，具有现实的指导作用。

第一节　农村社会保障的类型与特征

一　农村社会保障的类型

社会保障是指国家或政府根据法律对公民临时或永久丧失劳动能力和由种种原因造成的生活困难提供物质援助，从而保障他们的基本生活。目前而言，针对低收入群体的主要社会保障分为最低生活保障、城乡居民基本养老保险、城乡居民基本医疗保险三部分。

（一）最低生活保障承担生活兜底责任

在计划经济时期，我国的社会救助体系以"五保制度"、集体经济和社会救济体系为依托。实行了家庭联产承包责任制以后，"五保制度"是在集体经济瓦解后瓦解的。《农村五保供养工作条例》的颁布，使我国的五保供养体系走上了法律的正轨，但对广大的农村贫困群众来说，单一的体制机制还不足以保证其最终的稳定。《城市居民最低生活保障条例》是在国家深化市场化进程中逐渐形成的，国家成功推行后，于2006年发布了《关于在全国建立农村最低生活保障制度的通知》。农民的基本医疗保障通常指的是国家为农民提供的、旨在减轻其因疾病所带来的经济负担的一种社会保障制度。这种制度通常包括医疗保险、医疗救助等多种形式，旨在确保农民在生病时能够获得及时、有效的医疗服务，并避免因医疗费用过高而陷入贫困。

数据显示，2007年我国有农村低保人口3566.30万人，2013年有5388万人，2019年有3455.40万人。目前，中国有6%—8%的农民申领了低保（见表12-1）。在我国的实际工作中，基本生活保障是保护民众的生活权益、保护人民的生命财产，对遏制贫困人口的迅猛增长至关重要。

表 12-1　2007—2019 年我国农村最低生活保障覆盖范围

单位：万人，%

年份	农村低保人口	农村总人口	覆盖率
2007	3566.30	71496.00	4.99
2008	4305.50	70399.00	6.12
2009	4760.00	68938.00	6.90
2010	5214.00	67113.00	7.77
2011	5305.70	65656.00	8.08
2012	5344.50	64222.00	8.32
2013	5388.00	62961.00	8.56
2014	5207.20	61866.00	8.42
2015	4903.60	60346.00	8.13
2016	4586.50	58973.00	7.78
2017	4045.20	57661.00	7.02
2018	3519.08	56401.00	6.24
2019	3455.40	55162.00	6.26

资料来源：2019年《中国民政统计年鉴》、2020年《中国统计年鉴》。

（二）城乡居民基本养老保险减轻养老负担

除了以低保为代表的社会救济体系之外，我国还建立了完善的整体社会保障体系，以解决农民的养老、医疗等问题。中国"养儿防老"的观念早已深入人心，家庭养老在我国的作用也不容忽视。然而，在国家实行计划生育的同时，高龄化的老年人口数量也在迅速增长，传统的家庭养老方式已无法适应新形势下的老年人口需求。

1992年，民政部发布《县级农村社会养老保险基本方案》，明确指出：第一，要从保障农民的基本生存条件入手；第二，实行以个人负担为主、团体补贴为辅、国家给予政策支持的原则；第三，以自我保护为主，以互相帮助为辅；第四，要把社会与家族相结合；第五，要把农村的农民、务工和经商人员都纳入社会养老保险制度中；第六，由点到面，逐步进行。

到1998年底，全国2123个县、65%的乡镇实行了农村社会养老保险制度，参保人数为8025万人次，每年领取保险基金314亿元，支出5.4亿元，累计募集保险资金166.2亿元。此后，新的农村社会保障制度得以确立，在农村基本养老制度的建立上有了长足的发展。2014年2月，《关于建立统一的城乡居民基本养老保险制度的意见》指出，原来新农保、城居保对每年缴费标准分别设置了5个档次和10个档次，后续将统一归并为100元至2000元12个档次，缴费计入个人账户，符合国家规定的，每月可享受基本和个人账户的退休金。

自建立全国统一的城乡居民基本养老保险制度以来，基本养老保险覆盖范围从2014年的50107.50万人增至2019年的53266.00万人，覆盖范围从73.35%增至81.85%（见表12-2）。与此同时，我国城镇居民的养老金水平不断提高，为农村养老提供了一定的制度保障。

表12-2　2014—2019年我国城乡居民基本养老保险覆盖范围

单位：万人，%

年份	参保人数	全国应参保人数	参保率
2014	50107.50	68311.83	73.35
2015	50472.20	67650.86	74.61
2016	50847.10	67071.39	75.81
2017	51255.00	66310.74	77.30
2018	52391.70	65622.17	79.84
2019	53266.00	65078.43	81.85

资料来源：2010—2020年《中国统计年鉴》。

（三）城乡居民基本医疗保险有效降低因病致贫率

在农村地区，"因病致贫""因病返贫"现象时有发生，成为影响农村居民生活质量和经济状况的重要因素之一。据统计，2015年因病致贫、因病返贫贫困户占建档立卡贫困户总数的44.1%。自2003年我国开启新型农村合作医疗制度试点后，农户通过参加新型农村合作医疗，在疾病发生时报销部分现金自付医疗费用，有效减轻了家庭经济负担，实现了家庭发展能力的持续提升。随着我国基本医疗保险制度的不断完善与普及，这一社会保障制度在帮助农户降低因病致贫风险方面发挥了至关重要的作用。首先，随着参保人数的不断增加和参保率的提升，越来越多的农户被纳入基本医疗保险的保障范围。这从根本上提高了农户应对疾病风险的能力，减少了"因病致贫""因病返贫"现象。其次，基本医疗保险制度在控制医疗费用增长方面发挥了重要作用。通过合理的费用分担机制和医疗服务监管机制，基本医疗保险有效遏制了医疗费用的过快增长势头。这不仅减轻了农户的个人支付压力，还促进了医疗资源的合理配置和高效利用。最后，随着个人支付比例的逐年降低和医疗服务可及性的不断提高，农户在面对疾病时，能够更加从容应对、及时就医治疗。这不仅保障了农户的身体健康和生命安全，还促进了农村经济的持续发展和社会的和谐稳定。2014—2019年我国城乡居民基本医疗保险的覆盖范围见表12-3。

表12-3　2014—2019年我国城乡居民基本医疗保险的覆盖范围

单位：万人，%

年份	参保人数	全国应参保人数	参保率
2014	31450.90	90869.83	34.61
2015	37688.50	90365.86	41.71
2016	44860.00	90079.39	49.80
2017	87358.70	89658.74	97.43
2018	102777.80	89145.17	115.29
2019	102482.70	88570.43	115.71

资料来源：2010—2020年《中国统计年鉴》。

二　农村社会保障的特征分析

（一）整体覆盖率较高，近年来稳步提升

加大再分配力度、强化互助共济功能、将更多人纳入社会保障体系，是保障和改善民生、维护社会公平、增进人民福祉的重要路径。近年来，我国农村社会保障体系建设工程稳步推进，农村社会保障覆盖率稳步提高。以医疗保险和养老保险为例，一方面，第五次、第六次国家卫生服务调查分析报告数据显示，自 2008 年起，我国农村居民基本医疗保险已实现 90% 以上的覆盖率，至 2018 年，农村居民基本医疗保险覆盖率已达 97.6%，基本实现农村居民全覆盖（见图 12-1）；另一方面，《中国统计年鉴》数据显示，2014 年我国城乡居民基本养老保险参保率为 73.35%，至 2019 年，已有超过八成的居民参加城乡居民基本养老保险（见图 12-2）。

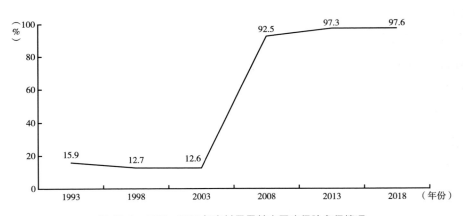

图 12-1　1993—2018 年农村居民基本医疗保险参保情况

资料来源：《第五次国家卫生服务调查分析报告》《第六次国家卫生服务调查分析报告》。

（二）城乡社会保障差距大，且有逐年拉大之势

虽然我国农村社会保障取得了长足成效，但是与城镇相比，还有较大差距，且差距有进一步拉大的趋势。比如 2015 年，城镇职工养老保险与城乡居民基本养老保险人均养老金的比值为 19.7，2018 年提高到 20.7。之后，随着

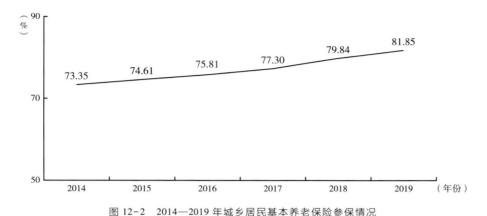

图 12-2　2014—2019 年城乡居民基本养老保险参保情况

资料来源：2015—2020 年《中国统计年鉴》。

城乡居民基本养老保险待遇确定和基础养老金正常调整机制的建立，城乡居民基本养老保险人均养老金增长较快，2020 年的比值下降到 19.3，仍处于高位。越是欠发达地区，二者的比值越高。更重要的是，近年来城镇职工养老保险与城乡居民基本养老保险的人均养老金的绝对差距急剧扩大，由 2015 年的 2234 元扩大到 2018 年的 3001 元，2020 年又扩大到 3176 元，五年内扩大了约 42.2%。

（三）农村居民参保项目较单一，近年来有所改善

除医疗保险、养老保险以外，工伤保险、生育保险以及失业保险对农村居民多维福利改善也极为重要。但整体而言，受农民在劳动力市场上谈判地位低、参保意识弱等内外部、主客观因素影响，农村居民在工伤保险、生育保险以及失业保险上的参与率较低。CFPS 数据显示，2017—2019 年，我国农村居民工伤保险、生育保险以及失业保险的参与率基本上维持在 30% 以下。其中，生育保险参与率最低，仅有 14.84%—21.84%（见图 12-3）。值得注意的是，近年来农村居民在工伤保险、生育保险以及失业保险上的参与率有明显提高，2017—2019 年，工伤保险、生育保险和失业保险的参与率分别提高8.47、7.00 和 7.77 个百分点。

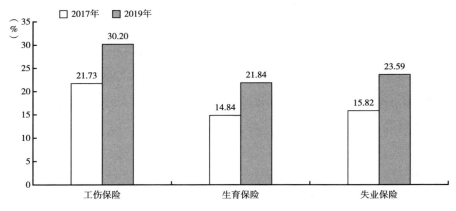

图 12-3　2017—2019 年农村居民参保情况

资料来源：2018—2020 年 CFPS 数据。

（四）以社会保险为主，商业保险参与率低

从社会保险与商业保险来看，农村居民在两种保险的选择上存在显著差异。整体而言，绝大多数农村居民会参加社会医疗保险和社会养老保险，但仅有极少数的农村居民会购买商业医疗保险和商业养老保险。中国综合社会调查[1]（CGSS）数据显示，2016—2017 年，农村居民商业保险参与率有所提高但始终未超过 10%。具体而言，商业医疗保险参与率为 6.20%—7.14%，商业养老保险的参与率为 3.99%—4.36%（见图 12-4）。

（五）区域参保差距小，未呈现明显差异

首先，从农村居民基本医疗保险参与率来看，《第五次国家卫生服务调查分析报告》数据显示，2013 年我国东部、中部、西部地区农村居民基本医疗保险参与率分别为 97.0%、97.1%、97.7%，东部、中部、西部地区农村居民基本医疗保险参与率呈上升态势。2017 年该态势并未发生明显改变。[2] 其次，从农村居民基本养老保险参与率来看，2017 年我国东部、中部、西部地区农

1　CGSS 为抽样数据，社会保险参与率有误差，但不影响本章分析。

2　CGSS 数据与国家卫生服务调查分析报告数据抽样规则、覆盖人群不一致，两组数据不能纵向比较，但均具有全国代表性，不影响本章分析。

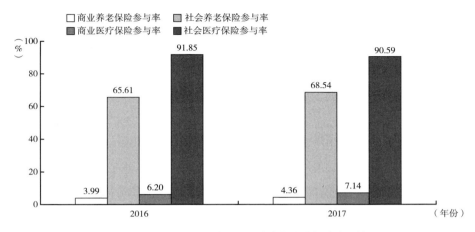

图 12-4　2016—2017 年农村居民社会与商业保险参保情况

资料来源：2017—2018 年 CGSS 数据。

村居民基本养老保险参与率分别为 72.30%、67.85%、71.47%（见图 12-5），呈"中部凹陷"之势。整体而言，中西部地区农村在社会保障覆盖上并未明显落后于东部地区农村，甚至在农村居民基本医疗保险覆盖上优于东部地区农村，这与"十三五"期间国家全面推进的脱贫攻坚战有着直接联系。

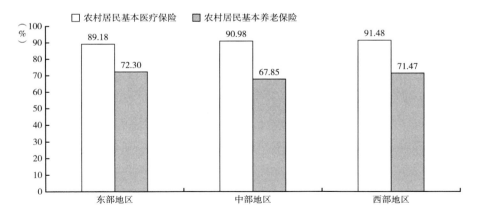

图 12-5　2017 年东部、中部、西部地区农村居民基本医疗保险和养老保险参保情况

资料来源：2018 年 CGSS 数据。

第二节　社会保障对农村相对贫困影响的实证分析

一　影响机理

社会保障调节机制主要通过社保基金的收入和支出实现。具体而言，社保基金来源于具有收入的全体社会成员，而支出则主要针对困难群体或低收入群体。社会保障普遍征收和特殊支付的属性，使其具备了调节收入再分配、缩小贫富差距、缓解相对贫困的作用。其中，社会救助的作用尤其突出。社会救助的一个突出特点是，它不需要权利和义务的对等，即受助者无须承担缴费义务，只要陷入贫困或困境便可获得，这极大地增强了其收入调节效应。此外，随着全国各省区市农村社会保障制度覆盖面的逐步扩大，社会救助与福利领域能够进一步完善目标瞄准机制，加强监督与管理，以保证低收入群体等重点保障对象能够降低相应医疗、养老等生存成本，得到应有保障。

值得关注的是，在基本解决了绝对贫困问题后，解决的重点从政府的调动转向了体制的规范化以及建立健全的社会保障体系，以预防贫困的再次发生。有效调节社会阶层之间及社会阶层内部的收入差距，消除农村相对贫困产生的重要诱因，成为未来农村社会发展的重要问题。为此，应当结合更为细微的观察数据，提供更为精准的政策建议，在统筹城乡社会保障体系、大力保障乡村卫生等难题上做出更大的贡献。社会保障对相对贫困的作用路径见图12-6。

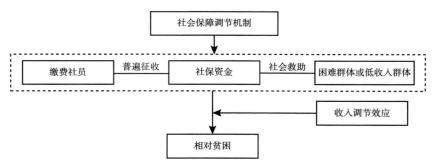

图 12-6　社会保障对相对贫困的作用路径

二　资料来源

由于现有统计数据中并没有精确反映农村居民社会保障性收入的内容，因此，借鉴前人研究的做法，本章用全国农村居民获得的转移性收入来近似地表示社会保障性收入。数据来源于 2019 年、2020 年《中国统计年鉴》，反映的是全国农村居民 2019—2020 年的收入基本情况。此外，《中国统计年鉴》中仅提供了低收入组至高收入组的五组农户整体收入数据，并未与省级统计年鉴一并提供低收入组至高收入组的五组农户转移性收入，因此在测度基尼系数等相关指数时存在困难。因此，此处使用 2020 年 CFPS 调查数据库进行佐证。基于此，本章将合并后的农户家庭样本进行删减、重新赋值后，得到后续研究分析所需数据。

三　实证分析

（一）社会保障性收入在农村居民可支配收入中所占份额

社会保障性收入占农村居民可支配收入的比重越大，意味着其对收入再分配的潜在调节能力越强，也意味着社会保障缓解相对贫困的潜在能力越强。表 12-4 列出了 2019—2020 年全国农村人均社会保障性收入占农村居民人均可支配收入的比重。从表 12-4 可知，2019—2020 年全国农村人均社会保障性收入占农村居民人均可支配收入的比重超过了 20%，2019 年为 20.58%，2020 年上升为 21.37%，表明人均社会保障性收入在农村居民人均可支配收入中占据重要地位。此外，也有研究证实，社会保障性收入在低收入组农户中的占比逐年增加，逐渐缩小了低收入组农户与高收入组农户的收入差距，发挥了较强的调节收入再分配、缓解相对贫困的潜在能力。但是，社会保障性收入占比仅是社会保障调节收入再分配、缓解相对贫困的先决条件。若要进一步考察其具体的调节效果，还需关注社会保障性收入纳入农村居民可支配收入前后，农村居民家庭收入差距的变化情况。

表 12-4 2019—2020 年全国农村居民人均转移性收入占农村居民人均可支配收入的比重

单位：元，%

年份	农村居民人均可支配收入	农村居民人均转移性收入	占比
2019	16020.7	3297.8	20.58
2020	17131.5	3661.3	21.37

注：本章以人均转移性收入表示人均社会保障性收入。
资料来源：2019 年、2020 年《中国统计年鉴》。

（二）社会保障性收入对农村居民增收减贫的作用

为了深度检验社会保障性收入对农户收入的减贫作用，本章在使用宏观数据的同时，借助微观数据展开拓展分析。在宏观检验部分，使用变异系数和收入不良指数来衡量农村居民的收入差距，分析社会保障性收入调节收入再分配、缓解相对贫困的作用。在微观检验部分，基于 CFPS 调查数据库，结合相应的农户样本，使用基尼指数、泰尔指数、剥夺指数三个指标来进行检验。这些系数是衡量收入差距的常用指标，现有研究一般采用其中一个。为了使各指标之间相互验证，从而确保研究结论更加科学，本章将分别采用以上指标进行测算。

1. 变异系数法

变异系数是原始数据标准差与原始数据平均数之比，其值越大，表明收入差距越大；反之，收入差距越小。计算公式如下。

$$CV = \frac{SD}{MN} \times 100\% \qquad (12-1)$$

式（12-1）中，CV 表示变异系数，SD 表示原始数据标准差，在本章中表示不同收入组农户人均可支配收入的标准差；MN 表示原始数据平均数，在本章中表示不同收入组农户人均可支配收入的平均数。

社会保障性收入对收入再分配的调节作用可以通过比较加入社会保障性收入前后居民收入变异系数的变化来判断。如果加入社会保障性收入后，变异系数变小，就说明社会保障性收入能够有效地缩小居民的收入差距，提高居民的生活水平；反之，表明社会保障性收入扩大了贫富差距。

设 CV 前表示加入社会保障性收入前的居民收入变异系数，CV 后表示加入社会保障性收入后的居民收入变异系数；$\Delta CV = CV$ 后 $- CV$ 前，表示加入社会保障性收入后，当 ΔCV 为负数时，说明社会保障性收入将会缩小农村居民收入差距，当 ΔCV 为正数时，社会保障性收入会使农村居民收入差距进一步拉大；变化率 $R_1 = \Delta CV / CV$ 前 $\times 100\%$，反映了我国农村居民在参加社保后的收入差距，R_1 为负值，说明收入差距在逐渐缩小，相反，说明收入差距在不断拉大。从表 12-5 可以看出，与加入社会保障性收入之前相比，农村居民 2019 年和 2020 年的收入变异系数在加入社会保障性收入后均呈下降趋势，表明社会保障性收入降低了变异系数，缩小了收入差距，起到了对收入再分配的正向调节作用，缓解了相对贫困。但 ΔCV 和 R_1 的值同样较小，表明社会保障性收入调节收入再分配的作用还较小，有待进一步提升。

表 12-5　2019—2020 年不同收入组农户人均可支配收入的变异系数

单位：%

年份	CV 前	CV 后	ΔCV	R_1
2019	0.45	0.41	-0.04	-0.089
2020	0.48	0.46	-0.02	-0.042

资料来源：课题组自制。

2. 收入不良指数法

变异系数考察的是社会保障性收入对全体农户的收入再分配调节效应。此处将借鉴欧希玛指数（Oshima Index）原理，利用收入不良指数分别考察社会保障性收入对不同收入组农户与低收入组农户之间的收入再分配调节效应。收入不良指数是指不同收入组农户与低收入组农户的收入之比（谢勇才、杨斌，2015）。比值越大，说明二者间的收入差距越大，低收入组农户的相对贫困感越强；反之，比值越小，说明二者间的收入差距越小，低收入组农户的相对贫困感越弱。

设 Before_Index、After_Index 分别表示加入社会保障性收入前后的收入不良指数；Effect_Index＝After_Index－Before_Index，为调节效果指数。当 Effect_Index<0 时，表明社会保障性收入缩小了农村居民的收入差距，起到了对收入再分配的正向调节作用，缓解了低收入组农户的相对贫困；当Effect_Index＝0 时，表明社会保障性收入的收入再分配调节效应并未发生作用，即社会保障性收入既没有正向调节收入差距，也没有负向调节收入差距；当 Effect_Index>0 时，表明社会保障性收入拉大了农村居民收入差距，即出现了逆向调节，加重了低收入农户的相对贫困，也表明社会保障性收入更多地向高收入农户倾斜了，很显然，这并不是一种正常状态。

从表 12-6 可以看出，2019 年和 2020 年不同收入组农户与低收入组农户之间的调节效果指数均为负值，表明社会保障性收入缩小了不同收入组农户与低收入组农户之间的收入差距，起到了对不同收入组农户与低收入组农户收入再分配的正向调节作用，缓解了低收入组农户的相对贫困，支持了前述指标测算得出的结论。

从 2020 年调节效果指数的大小来看，绝对值最大的是高收入组农户与低收入组农户之间的调节效果指数，绝对值最小的是中低收入组农户与低收入组农户之间的调节效果指数。这意味着社会保障性收入对收入再分配的调节在高收入组农户与低收入组农户之间发挥的作用最大，在中低收入组农户与低收入组农户之间发挥的作用最小。根据社会比较理论（Theory of Social Comparison），个体确认自身属性主要借助社会比较来实现，而主要的参照物是和自己有着相似生活情境的个体（群体）；同时，根据相对剥夺感理论，相对剥夺感一般会在如下情景，即劣势情景产生，也就是当个体发现自己和参照物相比处于劣势地位时的情景（熊猛、叶一舵，2016）。因此，较其他组别而言，中低收入组农户与低收入组农户之间的调节效果指数更能让低收入组农户产生相对贫困感，其绝对值最小，意味着低收入组农户的相对贫困感很容易随中低收入组农户收入的增加而产生，而中低收入组农户和低收入组农户因为生计属性的相似性，很容易在传统社会救助识别瞄准中被同等对待，从而客观上拉大二者间的收入差距，使低收入组农户产生的相对贫困感，因此，这对社会救助识别瞄准提出了新的要求。

表 12-6 2019—2020 年不同收入组农户与低收入组农户之间的收入不良指数

年份	指数	中低收入组农户-低收入组农户	中等收入组农户-低收入组农户	中高收入组农户-低收入组农户	高收入组农户-低收入组农户
2019	Before_Index	10.20	13.25	15.70	32.50
	After_Index	5.50	7.65	11.25	20.45
	Effect_Index	-4.70	-5.60	-4.45	-12.05
2020	Before_Index	6.53	9.42	14.33	25.43
	After_Index	4.12	5.64	8.29	14.80
	Effect_Index	-2.41	-3.78	-6.04	-10.63

注：计算中对 2020 年数据进行了非负化处理。
资料来源：课题组自制。

3. 基尼系数法、泰尔指数法、剥夺指数法

基尼系数作为收入分配的公平性指标，其数值范围为 0—1，越是接近 0，说明收入分配越均衡；相反，接近 1 代表收入分配不均衡。泰尔指数由泰尔（Theil）利用信息理论中的"总熵"概念对收入不均衡进行测算而得名。该指数越大，表示收入差距越大；反之，表示收入差距越小。相对剥夺这个概念自1979 年（Yitzhaki, S., 1979）提出后，在经济文献中已经出现了很长一段时间了，在经济领域，使用这一指标衡量收入不均衡更为常见。个人的收入剥夺状况可以从两个维度来剖析：一是个体层面的剥夺，二是总体收入水平下的剥夺效应。在采用 Kakwani 指数（Kakwani，1984）作为分析工具时，个人的收入剥夺状况可以等同于通过基尼系数所反映的社会整体收入分配的不均衡程度。

与控制组比较，有社保的农户的收入差距较小，表明农户参保后，其社会保障性收入比未参保农户要高。由此可以看出，社保体系对居民收入分配具有显著调节作用。另外，在引入调控因素后，社保体系依然在某种程度上缩小城乡居民的收入差距。此外，此处采用泰尔指数和剥夺指数进行稳健性检验，以进一步验证稳健性。根据表 12-7 的结果，参与社会保障明显缩小了农村居民的

收入差距。该结果表明，以基本养老保险和基本医疗保险为中心的社会保障体系，对农村居民的收入再分配具有良好的调节功能。

表 12-7　社会保障与农户收入差距的基准回归

变量	（1）	（2）	（3）	（4）	（5）	（6）
	基尼指数	泰尔指数	剥夺指数	基尼指数	泰尔指数	剥夺指数
社会保障	-0.013^{**}	-0.016^{***}	-0.073^{***}	-0.001^{**}	-0.104^{***}	-0.056^{***}
	（-2.00）	（-12.15）	（-10.43）	（-2.23）	（-4.52）	（-7.50）
控制变量	N	N	N	Y	Y	Y

注：根据 2020 年 CFPS 数据，此处选择了"基本医疗保险"与"基本养老保险"两个综合评价指标。在两项指标中，回答"是"的赋值为 1，否则赋值为 0。最终，结合回答情况，将参保类型为一项或两项的赋值为 1，否则赋值为 0。

资料来源：课题组自制。

此外，本章亦参考了杨晶（2019）的实证研究，还利用分位系数差的方法分析了社会保障是否能够缩小穷人与富人的差距，进而检验社会保障是否可以发挥缩小收入差距作用。以 2016 年的不变价格为基准，本章对抽样家庭进行了调查，得出了贫困农户与非贫困农户的比例分别为 15.98% 和 84.02%。表 12-8 的结果显示，我国的社保制度的确具有一定的缩小收入差距的作用，同时，分位系数差检验结果为负，说明社保制度能够有效地提高贫困农户的生活水平，使其与非贫困农户的收入差距得到缩小。该项研究结论可以看作对我国社保体系的"益贫效应"展开的实证分析。因此，各级政府不仅需要继续发挥基本养老保险和基本医疗保险的整体经济作用，还应进一步发挥其在防止贫富分化、缩小收入差距方面的积极作用。

表 12-8　社会保障与农户收入差距的分位数回归

变量	贫困农户	非贫困农户	分位系数差
社会保障	0.58^{***}	0.33^{***}	-0.50^{**}
	（2.98）	（3.05）	（-3.46）
控制变量	Y	Y	Y

注：鉴于剥夺指数更能表示个体间收入差距变化，因此收入差距指标使用剥夺指数进行测度。

资料来源：课题组自制。

第三节 农户社会保障提升策略

一 发挥政府的社会保障顶层设计作用，提高社会保障整体水平

当前，我国农村社会保障水平还远不及城市，不同省区市农村的社会保障水平也存在较大差异。所以，要把政府从以地方创新为主导，尽快推进到在全国范围内综合考量，明确所有利益相关者的权利和义务，要使国家在社保制度的完善上起到最大的推动作用，推动社会保障资源的分配，保持系统的一致性。统筹城乡基本社会保险制度，并对中央和地方之间的资金配置进行适当的调节。面对区域发展不均衡，可以通过社保体系的高度整合，促进更公平的分配。与此同时，我国还必须出台政策支持经济落后的区域，并逐渐缩小城乡之间的差距。另外，要加强对中西部农村的支持，尤其是生态环境脆弱、战略地位重要的民族地区农村的转移支付，让这些地区的农村居民可以提高生活水平，共享社会发展成果。

二 聚焦社会救助、基本养老和合作医疗，提高农村社会保障瞄准精度

一是要提高社会救助的瞄准精度。应坚持多维相对贫困识别标准，不但从收入维度识别相对贫困群体，而且要从消费、健康、住房、教育、就业等维度识别相对贫困群体，力争实现应保尽保、应退尽退，让社会救助切实发挥扶贫济困、缩小收入差距、缓解相对贫困的功能和作用。二是要提高农村居民基本养老保险养老金水平。借鉴德国等西方国家成熟经验，建立健全基本养老保险农户、集体经济组织和政府共担机制，破解农民养老经费主体供给难题。多方开发村社资源，利用土地流转和宅基地复垦的"地票"交易费用，构建农民多层次退休保障体系。三是要提高城乡统筹合作医疗保障水平。将低收入组农户纳入基本医疗保险代缴费统筹人员之中，统筹基本医疗保险门诊和住院费用，提高报销比例，扩大药品适用范围。

三　积极鼓励企业、慈善公益组织等市场主体参与社会保障工作

一是鼓励发展有优势的企业，实施企业养老金和附加健康保险制度，促进区域经济发展，建设多层次的社会保障体系。二是引导慈善公益组织参与社会保障工作。慈善公益事业是现代社会保障制度的重要补充。政府要通过教育宣传、示范引导，培养公民的慈善公益意识，大力鼓励公民，尤其是中高收入公民积极参与慈善公益事业，承担起扶贫济困的社会公益责任。

本章小结

本章以农村社会保障为研究视角，深入剖析其对缓解农村相对贫困、缩小农村居民收入差距的作用，利用《中国统计年鉴》数据与 CFPS 数据，对农村社会保障发展水平及其对农村居民收入差距的缩小作用，从宏微观双重视角进行研究分析。具体而言，使用描述性统计、变异系数法以及收入不良指数法从宏观视角探讨社会保障性收入对缩小农户收入差距的积极作用；通过构建基尼系数、泰尔指数和剥夺指数来衡量微观农户之间的收入差距，使用基准回归的方法分析社会保障对收入差距的缩小作用。基本结论如下。

第一，近年来我国农村社会保障水平提升明显，但是城乡间、不同主体间的差距仍然明显。这主要体现为：农村社会保障整体覆盖率较高，近年来稳步提升；城乡社会保障差距大，且有逐年拉大之势；农村居民参保项目较单一，近年来有所改善；以社会保险为主，商业保险参与率低；区域参保差距小，未呈现明显差异。

第二，社会保障制度的完善对缩小农村居民的收入差距起到了积极作用。首先，社会保障性收入降低了变异系数，缩小了收入差距，起到了对收入再分配的正向调节作用，缓解了相对贫困；其次，社会保障性收入缩小了不同收入组农户与低收入组农户之间的收入差距，起到了对不同收入组农户与低收入组农户收入再分配的正向调节作用，缓解了低收入组农户的相对贫困；

最后，进一步利用基尼系数、泰尔指数和剥夺指数计算后发现，社会保障对基尼系数、泰尔指数和剥夺指数具有显著的抑制作用，社会保障确实存在缩小收入差距的作用且分位系数差检验结果显著为负，通过实证分析，证明社会保障制度可以提高贫困农户的生活水平，从而有效地缩小贫困农户与非贫困农户的收入差距。

第三，发挥政府的顶层设计作用，聚焦三项社会救助、基本养老和合作医疗，鼓励其他市场主体参与社会保障工作，是提升农村社会保障水平的重要策略。具体而言，首先要发挥政府的社会保障顶层设计作用，解决社会保障区域、人群不均衡等问题，以提高社会保障整体水平；其次要聚焦社会救助、基本养老和合作医疗，提高农村社会保障瞄准精度，扩大覆盖范围；最后还要积极鼓励企业、慈善公益组织等加入农村社会保障工作行列，弥补政府和市场在农村社会保障中的不足。

第十三章

教育经历、社会资本与相对贫困治理研究

在相对贫困治理中，人力资本的核心部分为教育经历，其始终占据举足轻重的地位，是农民摆脱相对贫困的一个主要因素。然而，人力资本是否能够完全有效地得到利用，也与其社会背景有关。新阶段的农村相对贫困治理，应该关注教育经历与社会资本的交叉功能，方能提高农村相对贫困地区和人口的可持续发展能力，实现巩固拓展脱贫攻坚成果同乡村振兴有效衔接，确保中国扎实推动共同富裕取得实质性进展。

第一节　农村居民教育经历与社会资本特征

本章主要结合 2018 年 CFPS 数据及《中国农村统计年鉴 2021》数据，对农村居民的教育经历与社会资本的特征和基本规律进行描述分析。

一　教育经历特征

（一）以小学和初中为主，整体水平较低

我国农村居民教育经历以小学和初中为主。CFPS 数据显示，2017 年有 24.34% 的农村居民的教育经历为小学，有 30.02% 的农村居民的教育经历为初中。农村居民的教育水平整体偏低。93.48% 的农村居民未接受过高等教育。其中，从未上过学的农村居民占比为 7.82%，小学及初中学历的农村居民占比为 54.36%，高中/中专/技校/职高学历的农村居民占比为 10.63%。接受过

高等教育的农村居民不到 10%。其中，大专学历的农村居民占比为 4.27%，大学本科学历的农村居民占比为 2.16%，硕士研究生学历的农村居民占比为 0.09%（见表 13-1）。

表 13-1 2017 年农村居民教育经历

单位：%

教育经历	占比	教育经历	占比
从未上过学	7.82	大专	4.27
文盲/半文盲	20.65	大学本科	2.16
小学	24.34	硕士研究生	0.09
初中	30.02	博士研究生	0.00
高中/中专/技校/职高	10.63		

资料来源：2018 年 CFPS 数据。

（二）中青年受教育水平明显较高，代际差异明显

2018 年 CFPS 数据显示，农村中青年的受教育水平明显高于老年居民的受教育水平。具体表现为，随着年龄的增加，低学历的农村居民比重越来越大，而高学历的农村居民比重越来越小。以高等教育（高中以上）为例，在 30 岁及以下的农村居民中，有 25.13% 的农村居民受教育水平为高中以上；在 31—40 岁的农村居民中，有 9.15% 的农村居民受教育水平为高中以上；在 41—50 岁的农村居民中，有 1.24% 的农村居民受教育水平为高中以上；在 51—60 岁的农村居民中，有 0.48% 的农村居民受教育水平为高中以上；在 61—70 岁的农村居民中，有 0.17% 的农村居民受教育水平为高中以上；在 71—80 岁的农村居民中，有 0.22% 的农村居民受教育水平为高中以上；没有 80 岁及以上的农村居民的受教育水平在高中以上（见表 13-2）。这意味着，我国农村居民的教育经历具有十分明显的代际差异。

表 13-2　2017 年各年龄段农村居民受教育水平

单位：%

年龄段	受教育水平					
	未上学/文盲/半文盲	小学	初中	高中	高中以上	总计
30 岁及以下	4.34	12.16	36.78	21.59	25.13	100
31—40 岁	10.69	20.14	45.48	14.54	9.15	100
41—50 岁	27.78	40	31.48	5.50	1.24	100
51—60 岁	31.35	27.73	30.11	10.33	0.48	100
61—70 岁	55.12	23.66	15.39	5.66	0.17	100
71—80 岁	57.46	31.28	9.68	1.36	0.22	100
81 岁及以上	75.11	19.46	4.07	1.36	0.00	100

资料来源：2018 年 CFPS 数据。

（三）城镇、农村居民差异大，西部地区水平较低

城镇与农村居民的受教育水平差异较大，表现为城镇居民的受教育水平整体高于农村居民。2018 年 CFPS 数据显示，在农村地区，高达 28.48% 的居民的受教育水平为未上学/文盲/半文盲，受教育水平为小学的居民也占到全体农村居民的 24.34%，仅有 6.53% 的农村居民的受教育水平为高中以上。在城镇地区，仅有 9.59% 的居民的受教育水平为未上学/文盲/半文盲，受教育水平为高中的居民占到了全体城镇居民的 23.65%，受教育水平为高中以上的居民占全体城镇居民的比例也高达 28.72%（见表 13-3）。此外，与东部地区、中部地区以及东北地区相比，西部地区农村居民的受教育水平相对较低。具体来说，在西部地区，接近 40% 的农村居民的受教育水平为未上学/文盲/半文盲，仅有不到 5% 的农村居民的受教育水平为高中以上；在东部地区，有 22.56% 的农村居民的受教育水平为未上学/文盲/半文盲，有 8.93% 的农村居民的受教育水平为高中以上；在中部地区，有 25.21% 的农村居民的受教育水平为未上学/文盲/半文盲，有 6.33% 的农村居民的受教育水平为高中以上；在东北地区，有 20.73% 的农村居民的受教育水平为未上学/文盲/半文盲，有 6.37% 的农村居民的受教育水平为高中以上（见表 13-4）。

表 13-3　2017 年城镇和农村居民受教育水平

单位：%

地区	受教育水平					
	未上学/文盲/半文盲	小学	初中	高中	高中以上	总计
农村	28.48	24.34	30.02	10.63	6.53	100
城镇	9.59	12.28	25.76	23.65	28.72	100

资料来源：2018 年 CFPS 数据。

表 13-4　2017 年各地区农村居民受教育水平

单位：%

地区	受教育水平					
	未上学/文盲/半文盲	小学	初中	高中	高中以上	总计
东部地区	22.56	22.90	32.51	13.10	8.93	100
中部地区	25.21	24.91	31.84	11.71	6.33	100
西部地区	38.61	23.29	24.64	8.95	4.51	100
东北地区	20.73	30.57	35.84	6.50	6.37	100

资料来源：2018 年 CFPS 数据。

（四）以学历教育为主，非学历教育少

我国农村劳动力的教育经历主要以学历教育为主，非学历教育较少。2016 年 CLDS 数据显示，在农村，高达 84.98% 的劳动力接受过小学及以上的学历教育，而非学历教育如专业技能教育的接受率不足 15%，其中，拥有相关专业技术证书的劳动力占比为 7.05%，在近期接受过专业技术培训的劳动力占比为 5.57%（见表 13-5）。

表 13-5　2017 年农村劳动力教育经历类型

单位：%

类型	接受率	类型	接受率
学历教育	84.98	专业技术培训	5.57
专业技术证书	7.05		

资料来源：2016 年 CLDS 数据。

二　社会资本特征

（一）社会资本结构转型，脱域型社会资本成主流

社会资本被定义为通过社会关系获取的资源。社会资本包含其他个体行动者的资源（如财富、权力、声望和社会网络），个体行动者可以通过直接或间接的社会关系获取这些资源（Lin，N.，2001）。这是一个非正规的体制，在个人和区域的发展中扮演着关键角色。自社会资本概念被引入后，人们越来越多地注意到它在缓解贫困和缩小收入差距中所起的作用（李晓嘉、蒋承，2018）。事实上，中国农村是一个典型的"关系型"社会。由于受到经济、制度等因素的制约，农村居民越来越多地利用社会资本来进行信息共享和资源分配。特别是在相对封闭、流动性较弱的贫困地区，如何运用社会资本有效地分配各类资源以提高其福利水平，意义重大（谢家智、王文涛，2016）。随着工业化、信息化、城镇化、农业现代化的不断深入，中国农村社会由以农为本、以地为生、扎根于土地的"乡土中国"逐渐走向"城乡中国"。在由"乡土中国"走向"城乡中国"的结构变迁中，农村社会关系网络呈现一种新老分裂状态，传统和新型社会资本并存，传统社会资本逐渐萎缩，新型社会资本逐步扩大并占据主导地位，脱域型社会资本正在逐步替代地域型社会资本，成为农村地区的主要社会资本。

（二）社会资本质量偏低，近年来整体有所改善

根据表13-6的统计分析结果，在"乡土中国"向"城乡中国"转换的过程中，基于相对贫困测度标准计算的相对贫困户的地域型社会资本与脱域型社会资本均有显著增加，但是分维度比较，相对贫困户地域型社会资本的投入变化低于非相对贫困户地域型社会资本投入。此外，从脱域型社会资本来看，2013—2017年，相对贫困户的社会资本质量大幅提升（以变动比率衡量），明显高于非相对贫困户的社会资本质量。由此，结合表13-6的统计结果可知，处于低收入群体的相对贫困户对脱域型社会资本更为青睐，更倾向于削减人情支出，提升社会信任，依靠"弱关系"提升社

会资本质量，进而降低工作搜寻成本，实现收入增加。同时，研究发现，农村居民的社会资本质量虽随时间延长而持续上升，但相比于城镇居民的社会资本质量，仍然偏低，依然具有较大的差距。

表 13-6　2013—2017 年社会资本与相对贫困描述统计

社会资本	相对贫困户	非相对贫困户
地域型社会资本（2013 年人情支出）	3505.79	4589.42
地域型社会资本（2017 年人情支出）	4311.20	5594.90
2013—2017 年差距	805.41	1005.48
脱域型社会资本（2013 年社会信任）	0.13	0.22
脱域型社会资本（2017 年社会信任）	0.21	0.34
2013 年与 2017 年的弹性系数（社会资本质量）	0.06	0.04

资料来源：2014—2018 年 CFPS 数据。

（三）不同区域差距明显，近年来不断缩小

地域之间存在差异，导致中国农村东部、中部、西部地区拥有不同的可获得性资源，在不同成长环境下，中国农村居民平均社会资本质量的积累并不一致。根据调查数据，相比于中西部地区，东部地区的农村居民平均社会资本质量明显高于总体样本的平均情况。这也意味着，东部地区农村居民利用社会资本质量调整自己的经济行为，优化资源配置，实现福利提升的可能性更高。不过，从相对差距而言，社会资本质量的传导效率、效果存在空间溢出效应，东部地区农村居民与其他地区农村居民的社会资本质量差距不断缩小。

第二节　农户教育经历、社会资本对农村相对贫困影响的实证分析

一　影响机理

可行性能力理论将贫困归咎于较低的教育水平和社会资本的匮乏，人们没有能力或没有机会来创造收入（Sen，1999）。教育经历和社会资本对农

村居民特别是农村劳动力的发展和收入具有举足轻重的影响。丰富农村居民的教育经历和提升社会资本质量，是农村居民可持续发展的有效途径，也是提高国民素质的一个重要方式。人力资本在教育方面的投资和对社会的信任程度，可以直接转化为受教育水平、联结关系等劳动力禀赋，而对这些要素的投入，也会因工作机会的增加和收入水平的提高而增加，进而容易加剧相对贫困。从过去的经验来看，教育经历、社会资本等不但对农村居民的收入水平有正面的影响，而且对收入差距也有一定的影响。相对贫困是基于收入差距而产生的一种贫困，其与基尼系数、泰尔指数等均存在较大的相似之处。人力资本、社会信任对相对贫困的作用路径见图13-1。

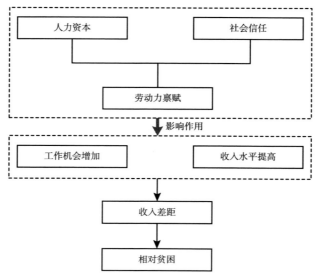

图 13-1　人力资本、社会信任对相对贫困的作用路径

资料来源：课题组自制。

二　研究方法

在上述理论分析的基础上，本章进一步构建了教育经历、社会资本与农村收入差距的研究模型。

教育经历对农村收入差距的影响已经得到广泛研究，但是学者们的研究结论并不一致。改革开放以来，中国社会经济不断发展，同时，不同地区之间的经济收入呈现不平衡趋势。在中国教育资源分配不均的现状下，中国农村地区教育经历是否会对农村收入差距产生影响？本章使用 2018 年 CFPS 数据，首先考察了教育经历与农村收入差距的关系，估计模型如下。

$$Inequality = a + \beta_1 Edu + \lambda X + \varepsilon \qquad (13-1)$$

其中，$Inequality$ 为个体的收入差距，代表与收入线的差距，Edu 为个体的教育经历，X 为其他控制变量，ε 为残差项。

针对社会资本与农村收入差距的研究已有许多，而研究社会资本质量与农村收入差距的相关文献仍然匮乏。为了丰富农村收入差距与社会资本的相关文献，本章通过对与式（13-1）相似的模型进行预估，进一步研究农村收入差距受社会资本质量的影响。

$$Inequality = a + \gamma_1 Sc + \lambda X + \varepsilon \qquad (13-2)$$

其中，Sc 代表受访者的社会资本质量，其他各变量定义与方程（13-1）相同。此处主要关注的系数是 γ_1，依据不同的符号，来分析农村收入差距受社会资本质量的影响。如果 γ_1 为正，代表社会资本质量的提高扩大了农村收入差距；如果 γ_1 为负，代表社会资本质量的提高缩小了农村收入差距；如果 γ_1 不明显，则说明农村收入差距与社会资本质量这一因素并不相关。

三 资料来源与变量设置

本章选取了 2018 年多个家庭跟踪调查的专项研究样本，由于 2018 年 CFPS 数据只收集了个体的社会资本存量信息，故借鉴阳义南和连玉君（2015）的做法，合并 2014 年的数据和 2018 年的数据，基于此，将两年调查都有的数据进行保留而组成新的样本，进而建立社会资本质量指标。本章选用 CFPS 数据库的优点在于：一是 CFPS 数据库覆盖范围广；二是 CFPS 数据库的数据相对较新，可以呈现国内农村收入差距的最新情况。本章将样本合并后，为了使测算更加准确，对数据进行了如下处理：删去收入缺失、收入小于 0 的样本；保留劳动力样本，其中男性年龄为 18—60 岁，女性年龄为 18—55 岁；剔除核心变量的缺失值。经过上述三个步骤，最终得到有效样本 2755 个。

被解释变量：针对收入差距的测度，国内外学者普遍选择基尼系数这一指标展开分析。然而，这种方法在计算的时候会出现以下问题：从动态上，基尼系数不能刻画收入差距的扩大路径；从静态上，基尼系数在衡量收入差距方面无法对收入差距特征进行解释，只能对总体收入差距进行描述。所以，本章借鉴 FGT 指数，在此基础上构建了收入差距指标，通过这种方式将估计误差控制在较低水平，具体计算公式如下。

$$P_0 = \sum_{i=1}^{n} \frac{Z_i - \overline{Z}}{\overline{Z}} \qquad (13 - 3)$$

其中 $\overline{Z}$ 为平均收入，Z_i 为个体收入。P_0 反映了收入差距程度，其越大，表示收入差距越大。随着中国全面脱贫攻坚任务的完成，贫困治理的重心已经从绝对贫困转为相对贫困。而在农村地区，收入差距也将成为引发相对贫困的主要诱导因素（Foster, J. et al., 2010）。鉴于此，本章除了使用整体样本的平均收入确定收入差距指标，同时借鉴了单德朋（2019）做法，即将主要收入线设定为样本人均收入的 70%，还借鉴了孙久文和夏添（2019）使用的方法，以样本人均收入中位数的 40% 为次要收入线，然后完成相应的稳健性检验。

核心解释变量：关于对教育经历的度量，过往文献大多使用个体受教育水平作为教育指标（杨晓军，2013），本章也遵循这一传统做法，使用这一指标代表教育经历。另外，本章为了进一步检验不同教育层次的个体教育经历对农村收入差距的影响，将受教育水平分为小学、初中、高中、大学、硕士 5 个阶段展开进一步分析。

社会资本对收入差距影响的研究起步较晚，从而导致社会资本的定义仍未明确。不同的学者为了研究需要将社会资本分为不同类型。本章考虑到中国农村正在由"差序格局"转换为"团体格局",农村居民的整体信任水平在一定程度上可以代替农户个体的社会资本(谢家智、姚领,2021)。基于此,本章利用"父母对个体信任的影响""邻居对个体信任的影响""美国人对个体信任的影响""陌生人对个体信任的影响""干部对个人信任的影响""医生对个人信任的影响"6个问题,根据受访者对上述问题的回答评分,采用因子分析法,构建了2个整体信任指标,将其作为社会资本的代理变量。第一个社会资本指标是把上述问题的最高评分10分定义为1,其余评分定义为0,建立二元变量;第二个社会资本指标是按照最初问卷评分0—10分构建。为了进一步测度社会资本质量,本章同时使用2014年CFPS数据中受访者的整体信任指标,参考邹薇和马占利(2019)的做法,通过使用弹性测度方法,建立社会资本质量指标,测算社会资本质量对农村收入差距的影响程度,具体测算公式如下。

$$Sc_{18} = a + \beta Sc_{14} + \mu \qquad (13-4)$$

其中,Sc_{14}、Sc_{18}分别代表个体2014年的社会资本、个体2018年的社会资本,β是社会资本质量即前文探讨的Sc。β值越高,意味着个体社会资本质量越高。根据表13-7的描述性统计,可以发现多数农村居民的受教育水平已经达到了九年义务教育的规定标准,但是多数农村居民并未完成大学及以上教育,由此可以认为很多农户仍未跨越行业门槛。此外,可以看出,随着时间的推移,许多农户的社会信任水平逐渐提高,更为注重社会资本质量的提升。

控制变量:遵循传统文献的做法,本章在实证分析中控制了其他可能影响农村收入差距的因素,包括个人层面(年龄、年龄平方、性别、记忆力、婚姻状况、政治资本、就业情况、身体健康水平)、地区层面(东部地区为1,其他地区为0)。表13-7给出了所有变量的描述性统计。

表 13-7　描述性统计

变量	观测值	均值	标准差	最小值	最大值
收入差距指标					
个人收入（对数）	2755	10.430	0.848	5.298	13.120
收入差距	2755	-0.01	0.86	-0.99	9.96
收入差距 1	2755	2.16	2.74	-0.99	33.72
收入差距 2	2755	0.42	1.23	-0.99	14.62
教育经历指标					
受教育水平	2755	11.01	4.26	0	19
社会资本指标					
整体信任 1（2018 年）	2755	-0.00	1	-2.82	5.79
整体信任 1（2014 年）	2755	-0.54	0.34	-0.92	1.69
整体信任 2（2018 年）	2755	-0.01	1.01	-6.03	2.36
整体信任 2（2014 年）	2755	0	1	-2.94	2.54
个人层面控制变量					
年龄	2755	39.54	10.16	20	60
年龄平方	2755	1667	811.10	400	3600
性别（男 = 1）	2755	0.57	0.50	0	1
记忆力（只能记住一点 = 1；完全能记住 = 5）	2755	3.40	1.23	0	5
婚姻状况（已婚 = 1）	2755	0.82	0.39	0	1
政治资本（党员 = 1）	2755	0.13	0.34	0	1
就业情况（就业 = 1）	2755	0.99	0.11	0	1
身体健康水平（不健康 = 1；非常健康 = 5）	2755	3.19	1.03	1	5
地区层面控制变量					
东部地区（是 = 1）	2755	0.42	0.49	0	1

资料来源：课题组自制。

四　实证检验

本章的研究思路首先是简要探讨教育经历、社会资本质量对农村收入差距的影响，然后考察社会资本质量能否缓解或者加剧教育经历对农村收入差距的冲击，最后本章还考虑了三者之间的关系是否会因空间限制而出现显著改变。

表 13-8 展示了教育经历对农村收入差距的影响。在第（1）列中，研究发现教育经历在 1% 的统计水平上显著为正，表明教育经历对农村收入差距具有正向影响。这说明，农村收入差距会因教育资源分配不均而显著扩大。

在第（2）列和第（3）列中，以所选样本最初收入线 45740.3 元为分界线，对于选取的研究对象，本章将其分为两个群体，一类为高收入群体，另一类为低收入群体。分类之后进一步对农村收入差距受教育经历的影响程度进行研究。在农村收入差距中，教育经历对低收入群体的影响如第（2）列所示，对高收入群体的影响如第（3）列所示。

第（2）列和第（3）列的回归结果表明，教育经历对高收入群体收入差距具有更大的影响。可能的原因是，随着国家义务教育政策的推进，低收入群体受教育水平大幅提高，但同时工作单位的用人标准也随之提高，这就导致完成高等教育的低收入群体并未因更丰富的教育经历而改变自己的低收入群体的事实。高收入群体则因家庭整体经济实力或者家庭背景的支持，能够通过受教育水平的提升进一步获取更多的资源和机会，从而更容易实现收入阶层变动。

第（4）列是使用教育层次指标对农村收入差距进行稳健性检验的结果。通过对回归模型进行分析，可以得出，农村收入差距受教育经历的影响极大。第（5）列是以小学教育背景的受访者为参照，进一步检验教育经历与农村收入差距的关系。结果表明，拥有初中、高中、大学、硕士教育背景的受访者均显著扩大了收入差距，并且呈现递增趋势，从而支撑了教育经历与农村收入差距的研究结论。

为了进一步检验教育经历对农村收入差距的影响，本章使用不同的收入差距指标进行稳健性检验。表 13-9 的回归结果表明，不论是按照主要收入线确定的收入差距指标，还是按照次要收入线确定的收入差距指标，教育经历的回归系数仍然显著为正。相比表 13-8 的回归结果，教育经历对农村收入差距的影响系数有所增加。这表明如果只使用样本人均收入作为分割线，就会导致教育经历对农村收入差距的影响的回归系数变小，从而进一步佐证了教育资源分配不均将会拉大农村收入差距的研究结论。

表 13-8　教育经历对农村收入差距影响的基准分析

变量	（1）	（2）	（3）	（4）	（5）
教育经历	0.061*** (14.77)	0.012*** (7.18)	0.061*** (6.46)		
年龄	0.078*** (5.72)	0.019*** (3.60)	0.089*** (3.02)	0.081*** (5.96)	0.077*** (5.70)
年龄平方	-0.001*** (-6.01)	-0.000*** (-4.01)	-0.001*** (-3.11)	-0.001*** (-6.13)	-0.001*** (-5.89)
性别	0.346*** (11.27)	0.097*** (7.92)	0.240*** (3.49)	0.361*** (11.91)	0.369*** (12.20)
记忆力	0.028** (2.28)	0.006 (1.26)	0.025 (0.93)	0.024* (1.92)	0.026** (2.15)
婚姻状况	0.005 (0.10)	0.061*** (3.23)	-0.062 (-0.65)	0.019 (0.42)	0.030 (0.66)
政治资本	0.162*** (3.48)	-0.002 (-0.09)	0.096 (1.15)	0.102** (2.19)	0.082* (1.77)
就业情况	0.202 (1.47)	0.186*** (3.68)	0.013 (0.04)	0.173 (1.28)	0.174 (1.29)
身体健康水平	0.006 (0.39)	0.013** (2.39)	0.001 (0.03)	0.008 (0.54)	0.006 (0.43)
东部地区	0.352*** (11.79)	0.053*** (4.37)	0.346*** (5.57)	0.348*** (11.79)	0.341*** (11.62)
教育层次				0.223*** (16.95)	
教育程度（初中）					0.144*** (3.19)
教育程度（高中）					0.223*** (4.45)

续表

变量	（1）	（2）	（3）	（4）	（5）
教育程度（大学）					0.541*** （9.75）
教育程度（硕士）					0.918*** （15.86）
观测值	2755	1725	1030	2755	2755

注：***、**、*分别表示在1%、5%、10%的水平上显著，括号内为稳健标准误。
资料来源：课题组自制。

表 13-9　教育经历对农村收入差距的稳健性检验

变量	（1） 收入差距 1	（2） 收入差距 2	（3） 收入差距 1	（4） 收入差距 2
教育经历	0.193*** （14.77）	0.087*** （14.77）		
教育层次			0.709*** （16.95）	0.319*** （16.95）
控制变量	是	是	是	是
观测值	2755	2755	2755	2755

注：***表示在1%的水平上显著，括号内为稳健标准误。
资料来源：课题组自制。

　　前文已经论证了教育经历使农村收入差距扩大的研究结论，然而农村收入差距与教育经历很可能存在双向因果关系，即除了教育经历影响农村收入差距，农村收入差距也会通过影响教育机会从而影响教育获得，进而导致教育经历对农村收入差距的测量出现误差。为了减小这种由潜在的内生性问题导致的估计误差，本章使用两阶段最小二乘法（2SLS）进一步检验了教育经历与农村收入差距的关系。

　　本章借鉴宋全云等（2017）的内生性处理办法，以同地区其他个体的平均受教育水平作为工具变量。其合理性在于，同地区其他个体的平均受教育水平与个体的受教育水平相联系，但同地区其他个体的平均受教育水平不影响个体的收入差距，即不影响农村收入差距。根据表 13-10 的回归结果，能够发现教育经历对农村收入差距的正向影响依然显著，且通过 Wald 内生性检验。检验发现，针对农村收入差距，教育经历对其具有显著影响，要想使农民收入尽可能地平衡，则需要政府针对教育资源分配不均现象实施深度改革。

表 13-10 内生性处理（2SLS）

变量	教育与农村收入差距	
	阶段一	阶段二
	教育经历	农村收入差距
教育经历		0.451*** (4.85)
同地区其他个体的 平均受教育水平	0.553*** (7.94)	
观察值		2754
内生性检验 P 值		0

注：*** 表示在 1% 的水平上显著，括号内为稳健标准误。
资料来源：课题组自制。

表 13-11 展示了对前述方程的回归结果。其中第（1）列是利用个体 2018 年社会资本指标 1 与个体 2014 年社会资本指标 1 得出的社会资本质量 1 对农村收入差距的影响。根据对数据分析结果的深入研究，可以发现，农村居民能够通过提高社会资本质量，缩小收入差距。

在第（2）列和第（3）列中，此处以所选样本人均收入 45740.3 元为界，将样本分为低收入群体和高收入群体，进一步检验社会资本质量对农村收入差距的影响程度。第（2）列呈现了低收入群体的社会资本质量与农村收入差距的回归结果，第（3）列呈现了高收入群体的社会资本质量与农村收入差距的回归结果。第（2）列和第（3）列的回归结果表明，社会资本质量对于低收入群体内部收入差距具有更大的影响。这种影响在农村低收入群体中更大的原因在于近几年国家不断完善扶贫机制，既依靠"输血"＋"造血"模式，也对"活血"渠道更为重视，为低收入群体健全农村社会网络，帮助其扩充社会资本质量提升渠道，进而缩小了低收入群体的收入差距，从而缩小了整体收入差距。而对于高收入群体而言，社会资本质量的影响并不显著。原因在于：一是高收入群体在收入达到一定程度后，将会更加注重精神利益，容易忽略物质利益对其的效用；二是中国经济最近几年保持增长态势，社会整体发展水平不断提升，高收入群体经济实力持续提升，更容易依靠自身减小农村人际关系"差序格局"对其产生的不利影响。第（2）列和第（3）列的回归结果也支持了部分学者的研究结论：社会资本作为"穷人的资本"，能够帮助低收入群体拓宽收入渠道，降低收入风险，从而起到缩小收入差距的重要作用（黄乾，2010）。第（4）列是使用个体 2018 年社会资本指标 2 与个体 2014 年社会资本指标 2，得出的社会资本质量 2，探讨其对农村收入差距的影响。回归结果仍然显著为负，表明社会资本质量能够有效缩小农村收入差距的研究结论比较稳健。

表 13-11　社会资本质量对农村收入差距影响的基准分析

变量	（1）	（2）	（3）	（4）
	收入差距	收入差距	收入差距	收入差距
社会资本质量 1	−0.131* （−1.82）	−0.066*** （−2.59）	−0.039 （−0.22）	
社会资本质量 2				−0.140*** （−2.71）
控制变量	是	是	是	是
观测值	2755	1725	1030	2755

注：***、* 分别表示在 1%、10% 的水平上显著，括号内为稳健标准误。
资料来源：课题组自制。

　　本章选取替代性收入差异指数作为实证分析工具，以更好地验证社会资本质量对我国农村收入差距的影响，选择社会资本质量 1 与社会资本质量 2 分别与新的收入差距指标进行回归，最终得到表 13-12 的回归结果。替换指标后，结果表明，社会资本质量的提升能够有效缩小农村收入差距。

前文已经讨论了教育经历、社会资本质量如何影响农村收入差距：教育经历丰富会拉大农村收入差距，而社会资本质量提升显著缩小了农村收入差距。随之而来的问题是二者的影响是相互独立的还是具有交互作用。根据表 13-12 的第（5）列至第（7）列的回归结果，交互项的系数均在 5% 的统计水平上显著为负，可见社会资本质量能够有效减轻教育经历对农村收入差距的不利影响。可能的原因是社会资本质量提升能够帮助低收入群体接触更具竞争力的教育资源，从而有利于缩小因教育资源分配不均而引发的农村收入差距。

表 13-12　稳健性检验与交互项分析

变量	（1）	（2）	（3）	（4）	（5）	（6）	（7）
	收入差距 1	收入差距 2	收入差距 1	收入差距 2	收入差距	收入差距 1	收入差距 2
社会资本质量 1	−0.417* (−1.82)	−0.187* (−1.82)			−0.064 (−0.91)	−0.203 (−0.91)	−0.091 (−0.92)
社会资本质量 2			−0.446*** (−2.71)	−0.200*** (−2.71)			
教育经历					0.061*** (14.73)	0.193*** (14.73)	0.087*** (14.73)
交互项					−0.003** (−2.05)	−0.009** (−2.05)	−0.004** (−2.05)
控制变量	是	是	是	是	是	是	是
观测值	2755	2755	2755	2755	2755	2755	2755

注：***、**、* 分别表示在 1%、5%、10% 的水平上显著，括号内为稳健标准误。
资料来源：课题组自制。

地区之间存在差异，导致中国东部、中部、西部地区农村拥有不同的可获得性资源，在不同成长环境下，中国农村居民平均受教育水平、平均社会资本质量并不一致。一般而言，经济发展水平较高的地区将会更加注重效率而忽略公平。本章将所选样本分为东部、中部、西部三个地区。东部地区样本为 1165 个，中部地区样本为 1141 个，西部地区样本为 449 个。在此基础上测度了农村收入差距，以及教育经历和社会资本对农村收入差距的影响。在农村收入差距测度方面，本章综合各方面因素，没有采用基尼系数，但是为确保可比性，引入了基尼系数的多种测度指标，并通过基尼系数对其进行描述：总体样本的收入基尼系数为 0.387（见表 13-13），与国家统计局的结果 0.378 相似，表明研究结果具有一定可信度。东部地区农村收入差距大于中部地区农村、西部地区农村。这表明东部地区经济发展水平整体较高，发展速度也保持在较高水平，农村收入差距扩大趋势未发生显著改变。

表 13-13　农村收入差距测度

差距指标	总体样本	东部地区	中部地区	西部地区
基尼系数	0.387	0.390	0.359	0.374
相对平均离差	0.272	0.274	0.251	0.267
变异系数	0.867	0.881	0.745	0.811
对数标准差	0.848	0.858	0.815	0.816
Mehran 指数	0.520	0.521	0.494	0.509
Piesch 指数	0.320	0.324	0.292	0.306
Kakwani 指数	0.132	0.135	0.116	0.124
Theil 熵指数	0.270	0.277	0.226	0.248
平均对数离差	0.298	0.303	0.265	0.275

资料来源：课题组自制。

表 13-14 的回归结果表明，东部地区农村居民的教育经历对收入差距的正面影响更显著。教育经历的参数估计值为 0.088，而基准回归结果中的教育经历的参数估计值为 0.066。这表明东部地区的教育资源分配对农村收入差距具有更大的影响，也与前文计算的基尼系数结果相一致。这也从侧面反映了政府应该积极干预东部地区农村教育资源的供给以缓解由地区差异导致的教育不公，从而缩小农村收入差距。中部地区和西部地区相比，基准回归结果有所下降，但是也要注意到西部地区的农村居民的教育经历对收入差距的影响较大。可能的原因是虽然国家不断加大对西部地区的教育投资，但是因为各地区人口存在差异，在西部地区经济增长之时，西部

各地方得到的政策支持并不相同，从而导致教育经历对农村收入差距的缩小作用并不明显。

表 13-14　地区异质性分析（教育经历对农村收入差距的影响）

变量	（1）	（2）	（3）
	收入差距	收入差距	收入差距
教育经历	0.088*** (10.82)	0.039*** (7.91)	0.051*** (6.95)
控制变量	是	是	是
观测值	1165	1141	449

注：*** 表示在 1% 的水平上显著，括号内为稳健标准误。
资料来源：课题组自制。

社会资本质量高的地区有利于实现产业集群的网络化，集群内厂商通过资源共享、优势互补，能够进一步促进经济发展。一般而言，社会资本质量越高的地区，经济发展水平越高，而经济发展水平越高的地区，越容易构建陌生关系网，从而更加理解、认同"团体格局"。事实上，传统地缘和亲缘社会资本缺失后，处于社会资本质量高的地区的农村居民能够通过"团体格局"选择性进入个体劳动者协会或工会等社会组织，从而通过新的合作方式实现增收，从而缩小收入差距。根据表 13-15 的回归结果，可以发现东部地区的农村居民社会资本质量对收入差距的影响更为显著，即第（1）列、第（4）列、第（7）列，该结论与理论相吻合，并在一定程度上证明了该结果的可靠性。

表 13-15　地区异质性分析（社会资本质量对农村收入差距的影响）

变量	（1）	（2）	（3）	（4）	（5）	（6）	（7）	（8）	（9）
	收入差距	收入差距	收入差距	收入差距1	收入差距1	收入差距1	收入差距2	收入差距2	收入差距2
社会资本质量	-0.234* (-1.85)	-0.059 (-0.85)	-0.034 (-0.31)	-0.743* (-1.85)	-0.188 (-0.85)	-0.107 (-0.31)	-0.334* (-1.85)	-0.085 (-0.85)	-0.048 (-0.31)
控制变量	是	是	是	是	是	是	是	是	是
观测值	1165	1141	449	1165	1141	449	1165	1141	449

注：* 表示在 10% 的水平上显著，括号内为稳健标准误。
资料来源：课题组自制。

第三节　农户教育经历、社会资本质量提升策略

一　促进教育平等化，不断积累社会资本

相比城市教育资源的丰富情况，农村的教育资源相对匮乏，同时，我国的教育质量方面也显露出一些问题，如：教学质量良莠不齐、模式不规范、制度不明确等。因此，国家应该制定相关的政策来纠正这种偏误，促进农村地区教育资源共享，逐渐实现教育平等化趋势。此外，在农村教育资源相对匮乏的现实条件下，政府除了关注线下教学模式，也应借力多种网络途径，帮助未能享受优质教育资源的农村居民接收更多的前沿信息，从而提升此类群体的教育机会可得性和公平感。目前我国社会资本质量呈现一种同质化的趋势，因此，政府应该通过网络等新媒体途径为农村居民提供更多的社会性参与机会，为农村居民的社会资本长期积累提供更多来源，最终使低收入群体能够借助社会资本质量提升这一渠道进一步缩小与高收入群体之间的收入差距。

二　聚焦低收入群体，持续打破行业壁垒

教育对中低收入群体实现阶层流动的重要性不言而喻。但是根据现有研究，教育不均衡的现状不容乐观（吕炜等，2020）。故而，针对贫困地区，政府必须以"教育扶贫"这样的高质量工程为基础，根据不同的家庭特点和不同的教育资源，进行分级帮扶。政府在注重教育资源分配差异的同时，也应该积极关注低收入群体的社会资本质量。在城乡融合的大趋势下，低收入群体本身就处于资源匮乏状态，因此将导致低收入群体并未取得足够的优势确保社会资本具有连续性。因此，政府需要考虑为低收入群体提供更多的就业机会与劳动途径，破除阻碍劳动力自由、高质量流动的行业壁垒，进而为其维护长期的社会资本提供必要的经济与社会支持。

三 促进教育资源国际化，完善脱域关系网络

从教育经历的角度出发，针对东部、西部地区的农村居民，实施"多元"的教学改造项目，使东部地区能够充分发挥其开放的巨大优势，提高地区办学资源的国际化程度；西部较不发达的地区，则应该有选择地借鉴东部、中部地区的教育实践，制定差异性教育政策，从而助力实现教育机会公平这一重要目标。从社会资本的角度出发，东部地区需要着眼于社会资本质量的提升，充分利用东部地区的社会资源，积极扩展其脱域关系网络，提升东部地区农村居民的社会资本质量，从而缩小东部地区农村的收入差距，进而达到缩小整体农村收入差距的目的，为强化相对贫困治理的内在动能提供更为适宜的可行路径。

本章小结

解决相对贫困问题将成为 2020 年后中国贫困治理的重中之重。要坚定不移地巩固扶贫工作的成效，加强扶贫成效与实现乡村建设的有机结合，如何帮助农户摆脱或远离相对贫困已成亟须解决的重要问题。教育经历作为人力资本的核心因素，与非正式制度社会资本一直处于融合状态，二者均被学界和政界视为反贫困的重要手段。但是随着中国城乡融合以及乡村振兴的进一步推进，农村的整体结构已从"乡土中国"向"城乡中国"转换。在新时期、新阶段，教育经历、社会资本是否依然能够通过增收路径缓解相对贫困有待商榷。由此，本章从教育经历和社会资本视角切入，探讨二者对农户相对贫困的影响。利用 CFPS 的微观数据以及《中国农村统计年鉴 2021》的宏观数据，对农村居民教育经历与社会资本进行了描述性统计，同时采用多元线性回归、稳健性检验、异质分析以及工具变量法分析了教育经历和社会资本对农村收入差距的影响。基本结论如下。

第一，农村居民教育经历和社会资本体现出明显的时代特征。这主要体

现为：农村居民教育经历以小学和初中为主，整体水平较低；中青年受教育水平明显较高，代际差异明显；城镇、农村居民差异大，西部地区水平较低；以学历教育为主，非学历教育少；社会资本结构转型，脱域型社会资本成主流；社会资本质量偏低，近年来整体有所改善；不同区域差距明显，近年来不断缩小。

第二，教育经历和社会资本对农村收入差距具有极大影响。结果表明：一是受过良好的教育对农村收入差距缩小具有负面影响，且这种影响在高收入群体中更大；二是农村居民能够通过提高社会资本质量，缩小收入差距，且这种作用在低收入群体中更显著；三是社会资本质量可以有效地减小教育经历对农村收入差距的负面作用；四是东部地区农村居民的教育经历对缩小收入差距的影响更显著，社会资本质量对农村收入差距缩小影响更大。

第三，促进教育平等化，不断积累社会资本；聚焦低收入群体，持续打破行业壁垒；促进教育资源国际化，完善脱域关系网络。这是农村居民教育水平和社会资本质量提升的重要策略。

第十四章

家庭生命周期对农户多维相对贫困的
影响研究

自 2020 年中国实现全面脱贫的伟大目标后，中国农村贫困将进入以转型性次生贫困和相对贫困为特征的新阶段。在巩固拓展脱贫攻坚成果同乡村振兴有效衔接以及"积极老龄化"的双战略下，如何降低主体遭受的风险以及提升风险应对能力将成为新的研究热点与实践难题。考虑到家庭结构直接关系到农户多维生活状态，不同生命周期的家庭的相对贫困表现、致贫原因差异较大，因此本章基于家庭生命周期的视角，深度分析不同阶段农户家庭多维相对贫困成因，据此提出有效政策建议，具有一定的理论价值与现实意义。

第一节 农户多维相对贫困状况分析

一 家庭生命周期阶段划分

本章结合我国农村实际并借鉴国内外学者的划分方法，综合考虑家庭负担和代际结构，将家庭生命周期划分为起步期、成长期、成熟期和衰退期 4 个阶段（见表 14-1）。其中，成长期家庭在 2014—2018 年占样本家庭总数的比重均超过 30%，成熟期家庭在此时期的占比超过了 40%，衰退期家庭占比超过了 10%。起步期家庭数量较少，因此将其作为参照组。

表 14-1　农村家庭生命周期阶段及其家庭人口特征

单位：户，%

家庭生命周期阶段	家庭人口特征	2014 年		2016 年		2018 年	
		频率	百分比	频率	百分比	频率	百分比
起步期	夫妻二人，家中未生育或抚养小孩	226	10.03	195	8.66	41	1.82
成长期	夫妻二人，家中小孩都在 1—18 岁	678	30.09	768	34.09	702	31.16
成熟期	夫妻二人，家中有大于等于 18 岁的孩子	947	42.04	1017	45.13	935	41.50
衰退期	夫妻与孩子分家	402	17.84	273	12.12	575	25.52
合计	——	2253	100	2253	100	2253	100

资料来源：课题组自制。

其中，起步期家庭为刚从原始家庭中划分出来，与父母析产分家的家庭，家中只有夫妻二人，且尚未生育或抚养小孩。成长期家庭是指夫妻二人，与父母析产分家，育有子女，且所有子女都在 18 岁以下。成熟期家庭可能包括四种类型：一是指夫妻二人，育有子女，子女中有的已满 18 岁，有的未满 18 岁；二是指夫妻二人，子女均成年，但尚未工作或婚配；三是指夫妻二人，子女均成年，已婚配但尚未孕育第三代；四是指夫妻二人，子女均成年，且孕育第三代。衰退期家庭可能包括以下两种类型：一是夫妻二人健在，育有子女，且所有子女已成年，与子女析产分家，经济上不属于一家人；二是夫妻一方死亡，只剩另一方，并且与子女析产分家。

二　农户多维相对贫困测度分析

（一）资料来源与测度方法

本章数据主要来源于 CFPS，使用 2014—2018 年的三轮追踪调查数据，将个人自答、家庭经济、家庭成员以及村居数据进行互相匹配后，最终得到农村家庭样本共 6759 户。本章采用目前测度多维相对贫困的主流方法——AF 方法（汪三贵、孙俊娜，2021），来分析样本农户的多维相对贫困情况。

（二）贫困维度与指标选取

目前多维相对贫困维度和指标的选取尚没有统一的标准，所以本章相对贫困维度和指标的选择主要基于以下三点考虑：一是采用国际上通用的多维相对贫困指数（*MPI*），二是借鉴已有研究对多维相对贫困指标的设定（王小林、冯贺霞，2020），三是基于选用数据的可得性。

基于本书第四章的指标体系，本章在健康状况、文化水平、生活水平、就业情况等基础上，增加了信息获得、社会融入两类指标，删去了主观福利指标。增加信息获得、社会融入两类指标，是为了分析随家庭生命周期的变化的家庭获取外部资源能力的改变。删去主观福利指标，是因为本章的相对贫困是客观相对贫困。由此，本章从经济和发展两个方面，形成了共7个维度13个指标。

同时，本章采用主观赋权法，将每个维度权重都设为1/7，使其具有同等重要性。若维度中只含一个指标，则令指标权重等于维度权重，若一个维度有多个指标，则用维度权重除以指标数，从而使各指标得到相同权重。本章相对贫困维度、指标及权重设定如表14-2所示，其中赋值为1表明农户在该指标上存在相对贫困，0表示不存在相对贫困。

另外，需说明的是，本章是从长期变化视角分析家庭生命周期与相对贫困，因此将农村人均纯收入中位数的50%作为收入维度相对贫困标准。

表14-2 相对贫困维度、指标、临界值及权重

相对贫困维度	指标	临界值	权重
收入	家庭人均纯收入	家庭人均纯收入低于农村人均纯收入中位数的50%，则赋值为1，否则为0	1/14
	家庭人均非转移性收入	家庭人均非转移性收入低于农村相应收入中位数的50%，则赋值为1，否则为0	1/14
就业情况	家庭失业率	家庭失业率超过农村家庭平均失业率，则赋值为1，否则为0	1/14
	就业保障	工作获就业福利保障的数量低于三种，则赋值为1，否则为0	1/14
生活水平	发展型、享乐型消费支出	发展型、享乐型消费支出低于农村发展型、享乐型消费支出中位数的50%，则赋值为1，否则为0	1/7

续表

相对贫困维度	指标	临界值	权重
文化水平	成人平均受教育程度指数	成人平均受教育程度指数低于农户平均受教育程度指数，则赋值为1，否则为0	1/14
	户主最高受教育程度	户主最高受教育程度为高中及以下，则赋值为1，否则为0	1/14
健康状况	农户自评健康状况	农户自评健康状况为"不健康"，则赋值为1，否则为0	1/14
	医疗支出	医疗支出占家庭支出比重高于农户平均医疗支出占家庭支出比重的50%，则赋值为1，否则为0	1/14
信息获得	互联网的重要性	农户对互联网作为信息渠道的认可程度小于3，则赋值为1，否则为0	1/7
社会融入	社会信任度	农户自评对他人的信任为"越小心越好"，则赋值为1，否则为0	1/21
	社会关系融洽程度	农户自评人缘关系分数低于农户平均人缘关系分数，则赋值为1，否则为0	1/21
	社会地位	农户自评社会地位分数低于农户平均社会地位分数，则赋值为1，否则为0	1/21

资料来源：课题组自制。

（三）农户总体及不同生命周期阶段单维相对贫困估计结果

1. 绝对贫困已有效解决，相对贫困问题突出

表14-3为2014—2018年农户总体及不同生命周期阶段的单维相对贫困测算结果。可以发现，从纵向来看，农户相对贫困问题均集中于就业情况、文化水平以及收入等维度，其中，2014年，"户主最高受教育程度"与"就业保障"的相对贫困发生率最高，同为93%；其次为"家庭人均纯收入"，相对贫困发生率为87%。2016年和2018年相对贫困发生率最高的为"户主最高受教育程度"，分别为88%和86%；2016年相对贫困发生率排第2位的为"就业保障"，达到了80%，排第3位的为"家庭人均纯收入"，相对贫困发生率达到了79%；2018年"就业保障"和"家庭人均纯收入"的相对贫困发生率均为77%。因此可以判定，虽然绝对贫困问题得到解决，但农户仍存在相对贫困问题，这表明，即使有国家帮扶和政策兜底，如果自身发展能力不足，无

法实现"志智减贫"，那么与其他农户相比，仍会处于相对贫困状态。同时，相对贫困问题的核心还体现在就业情况和文化水平两个方面。目前对农户而言，就业保障尚不健全，仍有大部分农户的工作保障不足，处于就业相对贫困状态；在文化水平方面，户主最高受教育程度相对贫困发生率较高，可能的原因是户主年龄多为 40—70 岁，鉴于当时背景下，农村家庭子女多、负担重，孩子更多的作用是充当劳动力以提高家庭生产率。

从横向来看，2014—2018 年，农户在收入、就业情况、健康状况、信息获得以及社会融入维度上的相对贫困发生率总体呈逐年下降趋势。2018 年收入维度的相对贫困发生率为 49%，与 2014 年相比，下降了 17 个百分点；就业情况维度相对贫困发生率为 56%，比 2014 年下降了 21 个百分点；健康状况维度相对贫困发生率为 19%，比 2014 年下降了 13 个百分点，信息获得维度相对贫困发生率为 53%，下降了 24 个百分点；社会融入维度贫困发生率为 37%，下降了 8 个百分点。可以发现，在以上几个维度中，相对贫困发生率下降最快的为信息获得维度，这也反映了数字化、信息化在低收入群体中已得到较好发展。另外，虽然就业情况和信息获得维度的相对贫困发生率下降，但相对贫困发生率仍处于较高位置，说明就业问题以及互联网普及问题仍有待解决。此外，文化水平维度的相对贫困发生率并未下降且有一定程度上升，可能的原因为户主最高受教育程度无法改变，家庭平均教育水平无法提升。同时，生活水平维度的相对贫困发生率呈先上升再下降的趋势，可能是因为随着家庭经济结构的变化，家庭发展型、享乐型消费支出也会不断改变。

表 14-3　农户总体及不同生命周期阶段单维相对贫困发生率

相对贫困维度	指标	2014 年	2016 年	2018 年	均值	位次
收入	家庭人均纯收入	0.87	0.79	0.77	0.81	3
	家庭人均非转移性收入	0.46	0.37	0.22	0.35	8
	合计	0.66	0.58	0.49	0.58	—
就业情况	家庭失业率	0.62	0.56	0.36	0.51	6
	就业保障	0.93	0.80	0.77	0.83	2
	合计	0.77	0.68	0.56	0.67	—

续表

相对贫困维度	指标	2014 年	2016 年	2018 年	均值	位次
生活水平	发展型、享乐型消费支出	0.31	0.38	0.22	0.30	10
文化水平	成人平均受教育程度指数	0.49	0.57	0.60	0.55	5
	户主最高受教育程度	0.93	0.88	0.86	0.89	1
	合计	0.71	0.72	0.73	0.72	—
健康状况	农户自评健康状况	0.18	0.18	0.21	0.19	11
	医疗支出	0.47	0.34	0.17	0.33	9
	合计	0.32	0.26	0.19	0.26	—
信息获得	互联网的重要性	0.77	0.66	0.53	0.65	4
社会融入	社会信任度	0.47	0.43	0.38	0.42	7
	社会关系融洽程度	0.46	0.36	0.43	0.42	7
	社会地位	0.43	0.33	0.30	0.35	8
	合计	0.45	0.37	0.37	0.40	—

资料来源：课题组自制。

2. 各阶段相对贫困维度一致，老年人口相对贫困亟待解决

从纵向来看，起步期家庭在 2014 年和 2016 年单维相对贫困发生率排名前三的指标与该年总体单维相对贫困发生率一致，而在 2018 年，起步期家庭的"社会关系融洽程度"以及"成人平均受教育程度指数"的相对贫困发生率进入前三名，这说明随着时间变化，起步期家庭在社会融入与文化水平维度的相对贫困问题更加突出。从相对贫困发生率变化趋势看，2014—2018 年，"家庭人均纯收入"呈现先下降后上升的趋势，而"就业保障"和"户主最高受教育程度"均呈显著下降趋势，"成人平均受教育程度指数"和"社会关系融洽程度"却不降反增（见表 14-4）。因而对起步期家庭而言，既要解决好收入、就业等既有问题，也要注意缓解该阶段家庭在社会融入方面的一系列问题。

2014—2018 年，成长期家庭的单维相对贫困发生率与总体单维相对贫困发生率相差不大。从相对贫困发生率变化趋势看，2014—2018 年，农户"家庭人均纯收入"和"户主最高受教育程度"的相对贫困发生率均呈逐步下降趋势；其中，与 2014 年相比，2018 年"家庭人均纯收入"下降了 9 个百分点，"户主最高受教育程度"下降了 10 个百分点。"就业保障"在 2014—2018年，呈先下降再上升的趋势，这说明，对成长期家庭的"就业保障"问题仍需加大关注力度。

表 14-4　不同阶段农户单维相对贫困发生率

相对贫困维度	指标	起步期			成长期		
		2014 年	2016 年	2018 年	2014 年	2016 年	2018 年
收入	家庭人均纯收入	0.90	0.79	0.83	0.86	0.81	0.77
	家庭人均非转移性收入	0.59	0.45	0.56	0.43	0.37	0.11
就业情况	家庭失业率	0.58	0.48	0.46	0.68	0.55	0.38
	就业保障	0.91	0.82	0.59	0.91	0.78	0.79
生活水平	发展型、享乐型消费支出	0.51	0.49	0.44	0.22	0.34	0.11
文化水平	成人平均受教育程度指数	0.34	0.40	0.63	0.59	0.65	0.65
	户主最高受教育程度	0.93	0.90	0.66	0.91	0.84	0.81
健康状况	农户自评健康状况	0.26	0.29	0.20	0.07	0.09	0.11
	医疗支出占比	0.58	0.50	0.10	0.41	0.25	0.14
信息获得	互联网的重要性	0.89	0.61	0.42	0.59	0.46	0.32
社会融入	社会信任度	0.49	0.37	0.54	0.47	0.43	0.39
	社会关系融洽程度	0.37	0.49	0.63	0.52	0.35	0.49
	社会地位	0.35	0.34	0.46	0.50	0.36	0.35

资料来源：课题组自制。

成熟期家庭在 2014—2018 年的单维相对贫困发生率排名前三的指标与总体单维相对贫困发生率一致，同为收入、文化水平和就业情况维度。从相对贫困发生率变化趋势看，2014—2018 年，成熟期家庭的"家庭人均纯收入"的相对贫困发生率呈下降趋势（见表 14-5），与 2014 年相比，2018 年"家庭人均纯收入"下降了 8 个百分点。"就业保障"和"户主最高受教育程度"在2014—2018 年呈先下降再上升的趋势，这说明，应加大对成熟期家庭的就业和教育问题的关注力度。

衰退期家庭的"互联网的重要性"在 2014 年、2016 年的相对贫困发生率均为最高，其次为"户主最高受教育程度"和"就业保障"，这说明对衰退期家庭而言，互联网的推广与普及还有待加强，就业保障方面还有待完善。2018年，衰退期家庭主要在文化水平、收入以及信息获得维度处于相对贫困状态。从相对贫困发生率变化趋势看，与2014年相比，2018年"家庭人均纯收入"的相对贫困发生率下降了13个百分点，"就业保障"的相对贫困发生率下降了18个百分点，"户主最高受教育程度"的相对贫困发生率下降了3个百分点，"互联网的重要性"的相对贫困发生率下降了15个百分点。可以发现，衰退期家庭在"就业保障"上的相对贫困发生率下降幅度最大，这也反映了我国在就业保障方面已经取得了一定成效。

表14-5　不同阶段农户单维相对贫困发生率

相对贫困维度	指标	成熟期			衰退期		
		2014年	2016年	2018年	2014年	2016年	2018年
收入	家庭人均纯收入	0.86	0.80	0.78	0.88	0.75	0.75
	家庭人均非转移性收入	0.40	0.33	0.13	0.59	0.41	0.47
就业情况	家庭失业率	0.61	0.62	0.40	0.56	0.55	0.26
	就业保障	0.95	0.77	0.79	0.91	0.86	0.73
生活水平	发展型、享乐型消费支出	0.22	0.35	0.14	0.56	0.49	0.44
文化水平	成人平均受教育程度指数	0.50	0.52	0.55	0.39	0.39	0.60
	户主最高受教育程度	0.94	0.87	0.89	0.92	0.92	0.89
健康状况	农户自评健康状况	0.16	0.15	0.20	0.34	0.29	0.36
	医疗支出占比	0.40	0.28	0.12	0.66	0.55	0.31
信息获得	互联网的重要性	0.80	0.68	0.52	0.95	0.93	0.80
社会融入	社会信任度	0.46	0.44	0.40	0.47	0.44	0.31
	社会关系融洽程度	0.45	0.34	0.43	0.42	0.38	0.36
	社会地位	0.45	0.31	0.30	0.35	0.26	0.25

资料来源：课题组自制。

基于以上分析可知，从纵向来看，各阶段单维相对贫困发生率排名前三的指标与总体单维相对贫困发生率基本一致，主要是收入、就业情况和文化水平维度。

从横向来看，2014年，起步期家庭在收入维度上的相对贫困发生率最高；

这也说明，对起步期家庭而言，作为刚成立的家庭，各方面都较薄弱，尤其是在物质基础方面，可能没有多少储蓄，因而主要存在收入维度的相对贫困。成长期家庭在就业情况、文化水平以及社会融入维度上的相对贫困发生率较高；对成长期家庭而言，家庭规模逐步变大，家庭成员就业情况以及受教育情况对未来发展影响较大，更好地融入社会、拥有一定的社会地位日趋重要。相比其他阶段，可能因为处于发展阶段，各方面都在逐步建立与发展，成长期家庭也更容易在这三个维度上发生相对贫困，因而应着重关注成长期家庭的可持续发展问题。衰退期家庭在生活水平、健康状况和信息获得三个维度上的相对贫困发生率最高。可以发现，对衰退期家庭而言，与其他阶段相比，其主要在后期发展维度存在相对贫困，由于身体机能退化以及自身发展受限等，衰退期家庭主要存在健康状况、生活水平维度的相对贫困。此外，由于接受新事物的能力水平有限，还存在信息获得维度的相对贫困。因而应该着重关注衰退期家庭后期发展的问题，并采取相应措施缓解该阶段家庭相对贫困。2014 年各阶段农户不同维度相对贫困发生率比较见图 14-1。

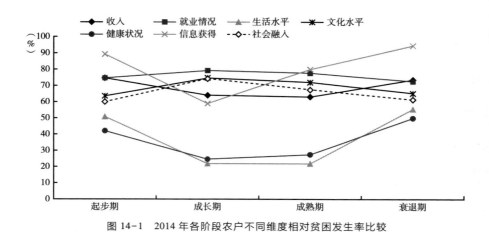

图 14-1　2014 年各阶段农户不同维度相对贫困发生率比较

资料来源：课题组自制。

2016 年，起步期家庭在收入维度上的相对贫困发生率也是最高，同时，起步期家庭在生活水平和社会融入维度上的相对贫困发生率达到了最高，这说明随着社会发展，起步期家庭不仅存在收入方面的相对贫困，在发展方面的相对贫困也逐渐凸显。成长期家庭仅在文化水平维度上的相对贫困发生率最高；衰退期家庭在就业情况、生活水平、健康状况和信息获得四个维度上的相对贫困发生率最高。2016 年各阶段农户不同维度相对贫困发生率比较见图 14-2。

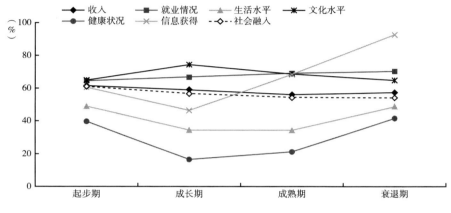

图 14-2　2016 年各阶段农户不同维度相对贫困发生率比较

资料来源：课题组自制。

2018 年，起步期家庭在收入和社会融入维度上的相对贫困发生率都达到了最高。成熟期家庭仅在就业状况维度上的相对贫困发生率最高。衰退期家庭在生活水平、文化水平、健康状况、信息获得四个维度上的相对贫困发生率都最高（见图 14-3）。基于以上分析可以发现，在 2014—2018 年各阶段农户不同维度相对贫困发生率的比较中，衰退期家庭在至少 3 个维度上的相对贫困发生率是最高的，虽然随着时间变化，衰退期家庭在各维度上的相对贫困发生率有所下降，但相对贫困发生率在各阶段中仍保持高位，说明衰退期家庭的相对贫困即老年人口相对贫困问题应作为后续相对贫困缓解工作的重点之一。

（四）农户总体及不同阶段多维相对贫困估计结果

1. 相对贫困显著存在，严重相对贫困较少

图 14-4 为 2014—2018 年农户总体多维相对贫困估计结果。随着 k 的增

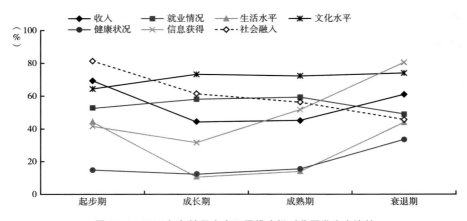

图 14-3 　2018 年各阶段农户不同维度相对贫困发生率比较

资料来源：课题组自制。

加，农户多维相对贫困指数（MPI）和相对贫困发生率（H）明显下降，而平均贫困份额（A）逐渐增加。

总体上看，当 $k=2$ 时，农户相对贫困发生率最高，2014 年和 2016 年都超过了 90%，2018 年也达到了 79%；当 $k=3$ 时，2014 年和 2016 年有超过 50% 的农户在 3 个维度上处于相对贫困状态；当 $k=4$ 时，到 2018 年仍有 46.49% 的农户处于相对贫困状态。

当 $k=6$ 时，多维相对贫困指数和相对贫困发生率均大幅下降，此时农户相对贫困发生率依次为 2.31%、0.44% 和 0.62%，表明这些农户处于严重的相对贫困状态，存在 6 个维度的相对贫困。从图 14-4 中可以发现，农户主要存在 3 个及以下维度的相对贫困，处于严重相对贫困状态的农户数量并不多，因此，本章将 $k=3$ 设为临界值，即将在 3 个及以上维度上处于相对贫困状态的农户视为处于严重相对贫困状态。

2. k 值越大，相对贫困发生率越低

从起步期家庭看，当 $k \leqslant 5$ 时，2014—2018 年，起步期家庭的相对贫困发生率和多维相对贫困指数均呈逐年下降趋势；当 $k=6$ 时，起步期家庭在 2016 年的相对贫困发生率低于 2018 年，但多维相对贫困指数高于 2018 年。从成长

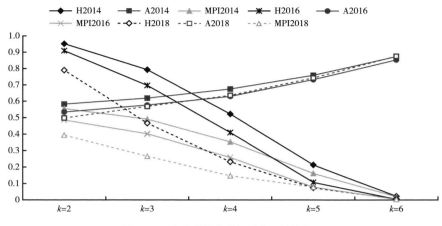

图 14-4　农户总体多维相对贫困估计结果

资料来源：课题组自制。

期家庭看，无论 k 为何值，相对贫困发生率和多维相对贫困指数在 2014—2018 年均呈下降趋势（见表 14-6）。

表 14-6　不同阶段农户多维相对贫困估计结果

维度		起步期			成长期		
		2014 年	2016 年	2018 年	2014 年	2016 年	2018 年
$k = 2$	H	0.9912	0.9385	0.8537	0.9292	0.8683	0.7023
	A	0.5955	0.5515	0.5363	0.5717	0.5150	0.4862
	MPI	0.5902	0.5176	0.4578	0.5312	0.4471	0.3414
$k = 3$	H	0.8938	0.7744	0.5854	0.7065	0.5898	0.3319
	A	0.6173	0.5807	0.5962	0.6216	0.5660	0.5669
	MPI	0.5517	0.4497	0.3490	0.4392	0.3338	0.1881
$k = 4$	H	0.6150	0.4615	0.3659	0.4233	0.2934	0.1396
	A	0.6702	0.6342	0.6564	0.6851	0.6252	0.6374
	MPI	0.4122	0.2927	0.2402	0.2900	0.1834	0.0890
$k = 5$	H	0.3009	0.1487	0.1220	0.1755	0.0614	0.0299
	A	0.7523	0.7321	0.7385	0.7628	0.7298	0.7399
	MPI	0.2263	0.1089	0.0901	0.1339	0.0448	0.0221

续表

维度		起步期			成长期		
		2014 年	2016 年	2018 年	2014 年	2016 年	2018 年
$k=6$	H	0.0442	0.0051	0.0244	0.0074	0.0000	0.0000
	A	0.8692	0.8539	0.8462	0.9077	1.0000	1.0000
	MPI	0.0385	0.0438	0.0206	0.0067	0.0000	0.0000

资料来源：课题组自制。

从成熟期家庭和衰退期家庭看，与起步期家庭一致，当 $k \leqslant 5$ 时，2014—2018 年，两个阶段家庭的相对贫困发生率和多维相对贫困指数也呈逐年下降趋势；当 $k=6$ 时，两个阶段家庭在 2016 年的相对贫困发生率和多维相对贫困指数均小于 2018 年（见表 14-7）。

表 14-7　不同阶段农户多维相对贫困估计结果

维度		成熟期			衰退期		
		2014 年	2016 年	2018 年	2014 年	2016 年	2018 年
$k=2$	H	0.9451	0.8956	0.7754	0.9876	0.9817	0.9183
	A	0.5706	0.5217	0.4839	0.6195	0.5597	0.5261
	MPI	0.5393	0.4672	0.3752	0.6117	0.5495	0.4831
$k=3$	H	0.7751	0.6723	0.4267	0.9279	0.8388	0.6887
	A	0.6096	0.5676	0.5583	0.6352	0.5919	0.5785
	MPI	0.4725	0.3816	0.2383	0.5894	0.4965	0.3984
$k=4$	H	0.4889	0.3771	0.1668	0.7189	0.5788	0.4417
	A	0.6705	0.6211	0.6450	0.6774	0.6373	0.6296
	MPI	0.3278	0.2342	0.1076	0.4870	0.3688	0.2781
$k=5$	H	0.1605	0.0752	0.0471	0.3532	0.2051	0.1704
	A	0.7672	0.7256	0.7220	0.7530	0.7376	0.7276
	MPI	0.1231	0.0546	0.0340	0.2660	0.1513	0.1240
$k=6$	H	0.0201	0.0011	0.0021	0.0448	0.0147	0.0191
	A	0.8745	0.8462	0.8462	0.8675	0.8654	0.8601
	MPI	0.0175	0.0009	0.0018	0.0388	0.0127	0.0165

资料来源：课题组自制。

（五）总体及不同阶段农户多维相对贫困的分解

1. 维度贡献差距较小，信息获得维度贡献突出

临界值不同使各维度对多维相对贫困指数的贡献率不同，图 14-5 展示了 $k=3$ 时，各维度对多维相对贫困指数的贡献率。总体来看，2014—2018 年，对多维相对贫困指数贡献最大的维度均为信息获得维度，贡献率都超过了 20%。2014 年，就业情况维度的贡献率为 18%，排在了第二位，第三位为教育水平维度，贡献率为 16.9%。2016 年和 2018 年多维相对贫困指数贡献率第二位和第三位的维度相同，分别为文化水平和就业情况。可以发现，信息获得、就业情况、文化水平三个维度在 2014—2018 年对多维相对贫困指数的贡献率都在前三位。

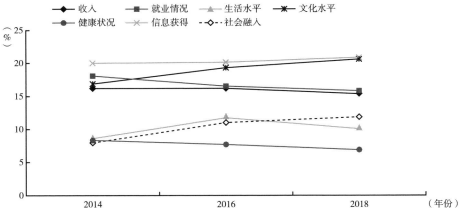

图 14-5　农户总体多维相对贫困指数的维度分解（ $k=3$ ）

分阶段看，在起步期家庭中，信息获得维度在 2014 年和 2016 年的贡献率都最高，其中，收入和就业情况维度在 2014 年的贡献率依次为第二位和第三位，2016 年多维相对贫困指数贡献率排位较高的为收入和文化水平维度；文化水平维度在 2018 年贡献率最高，其次为信息获得和就业情况维度。在成长期家庭中，2014 年就业情况维度和文化水平维度贡献率最高，其次为文化水平和信息获得；文化水平维度在 2016 年和 2018 年贡献率最高（见表 14-8）。

表 14-8 不同阶段农户多维相对贫困指数的维度分解

指标	起步期			成长期		
	2014 年	2016 年	2018 年	2014 年	2016 年	2018 年
收入	0.18	0.17	0.15	0.16	0.18	0.15
就业情况	0.17	0.15	0.16	0.19	0.17	0.18
生活水平	0.13	0.15	0.13	0.07	0.12	0.07
文化水平	0.15	0.17	0.23	0.19	0.21	0.22
健康状况	0.10	0.11	0.04	0.07	0.05	0.04
信息获得	0.21	0.17	0.17	0.17	0.17	0.19
社会融入	0.06	0.11	0.14	0.09	0.12	0.14

资料来源：课题组自制。

成熟期家庭与起步期家庭一致，信息获得维度在 2014 年和 2016 年的贡献率都排第一位。在衰退期家庭中，信息获得维度在 2014—2018 年对多维相对贫困指数的贡献率都为第一位；另外，2014—2018 年收入、就业情况和文化水平维度的贡献率也较高（见表 14-9）。

表 14-9 不同阶段农户多维相对贫困指数的维度分解

指标	成熟期			衰退期		
	2014 年	2016 年	2018 年	2014 年	2016 年	2018 年
收入	0.16	0.16	0.14	0.17	0.15	0.17
就业情况	0.19	0.17	0.18	0.17	0.17	0.13
生活水平	0.06	0.11	0.07	0.13	0.13	0.12
文化水平	0.18	0.19	0.21	0.15	0.16	0.19
健康状况	0.07	0.07	0.06	0.12	0.11	0.10
信息获得	0.21	0.21	0.21	0.21	0.23	0.22
社会融入	0.08	0.11	0.13	0.06	0.10	0.09

资料来源：课题组自制。

2. 西部地区贡献率居高不下，区域发展并不充分

表 14-10 为农户多维相对贫困指数分解后，各地区对多维相对贫困指数

的贡献率。与前文一致，此处以 $k=3$ 为例，分析 2014—2018 年总体及各阶段在不同地区对多维相对贫困指数的贡献率。总体来看，2014—2018 年，对农户多维相对贫困指数贡献率最大的地区均为西部地区，贡献率都超过了 35%。其次为东部地区，贡献率均超过 25%。再次为中部地区，贡献率均超过 20%。东北地区在 2014—2018 年对多维相对贫困指数的贡献率都是最低的，并且在2018 年下降明显。

表 14-10　农户总体多维相对贫困指数的地区分解

年份	东部地区	中部地区	西部地区	东北地区
2014	0.2721	0.2035	0.3895	0.1401
2016	0.2748	0.2131	0.3801	0.1575
2018	0.2715	0.2340	0.3865	0.1253

资料来源：课题组自制。

　　分阶段看，在起步期家庭中，2014 年对多维相对贫困指数贡献率最高的是东部地区，达到了 38%；其次为西部地区和中部地区，均超过了 20%；最后为东北地区。2016 年贡献率最高的依旧是东部地区，达到了 39%；其次为东北地区和西部地区，两个地区贡献率都超过了 20%；最后是中部地区。2018 年，贡献率最高的是中部地区，其次是西部地区、东北地区以及东部地区。在成长期家庭中，2014—2018 年，对多维相对贫困指数贡献率最高的均为西部地区，均超过了 45%（见表 14-11）。此外，2014—2016年，其余地区对多维相对贫困指数的贡献率依次为东部地区、中部地区和东北地区。2018 年贡献率居第二位的为中部地区，之后为东部地区和东北地区。可以发现，无论是起步期家庭还是成长期家庭，与 2014 年相比，东部地区在 2018 年对多维相对贫困指数的贡献率均呈显著下降趋势，可能的原因为东部地区在 2018 年较前几年经济发展更为迅速，起步期家庭和成长期家庭也因此迅速发展，摆脱了贫困状态。而中部、西部地区对多维相对贫困指数的贡献率在 2018 年显著增加，可能的原因为中部、西部地区虽得益于精准扶贫政策，绝对贫困问题得到了解决，但由于区域性发展不平衡问题，相对贫困问题愈发突出。

表 14-11　不同阶段农户多维相对贫困指数的地区分解

区域	起步期			成长期		
	2014 年	2016 年	2018 年	2014 年	2016 年	2018 年
东部地区	0.38	0.39	0.11	0.23	0.23	0.19
中部地区	0.23	0.19	0.36	0.19	0.21	0.22
西部地区	0.23	0.22	0.27	0.49	0.48	0.51
东北地区	0.20	0.22	0.26	0.07	0.09	0.06

资料来源：课题组自制。

在成熟期家庭中，2014—2018 年各地区对多维相对贫困指数的贡献率排名依次为西部地区、东部地区、中部地区和东北地区。在衰退期家庭中，2014—2018 年，对多维相对贫困指数贡献率最大的均为东部地区，均超过了 30%。其中，2014 年贡献率居第二位的为西部地区，之后为东北地区，最后为中部地区；2016 年贡献率居第二位的为中部地区和东北地区，之后为西部地区；2018 年，其余三个地区对多维相对贫困指数的贡献率依次为中部地区、西部地区和东北地区（见表 14-12）。

表 14-12　不同阶段农户多维相对贫困指数的地区分解

区域	成熟期			衰退期		
	2014 年	2016 年	2018 年	2014 年	2016 年	2018 年
东部地区	0.22	0.23	0.20	0.37	0.34	0.40
中部地区	0.20	0.19	0.20	0.21	0.25	0.27
西部地区	0.45	0.45	0.49	0.24	0.22	0.22
东北地区	0.12	0.15	0.12	0.23	0.25	0.17

资料来源：课题组自制。

根据以上分析可以发现，2014—2018 年，西部地区的成长期家庭和成熟期家庭均存在较严重的多维相对贫困，可能的原因为相较于其他地区，西部地区发展仍受限，而处于成长期和成熟期的家庭，因为家庭规模较大，家庭负担重，所以更易陷入多维相对贫困。而相较于其他阶段，东部地区的衰退期家庭在 2014—2018 年更易陷入多维相对贫困的原因可能是东部地区经济发展水平高，发展潜力大，而衰退期家庭受各方面因素限制，自身发展能力已无法与其他阶段家庭相比，因而陷入相对贫困的概率更高一些。

第二节　实证研究

一　作用机制分析

作为家庭人力资源的综合体现，不同阶段的家庭因为人口数量和结构的差异，其劳动分工和供养负担等家庭特征会有所区别，所以家庭陷入多维相对贫困的概率有所不同，影响家庭相对贫困的因素也不同，最终影响家庭的生存和发展。

一方面，处于不同生命周期阶段的家庭的规模和结构存在差异。新婚夫妻与父母析产分家形成新的家庭，此时处于起步期，家庭规模较小，家庭负担较轻，但家庭资源禀赋不足导致其容易陷入多维相对贫困；随着子女的出生，家庭规模扩大，此时处于成长期，成长期家庭抚养子女等因素导致家庭负担增加，但夫妻二人在起步期阶段已经积累了一定的积蓄，因而会降低陷入多维相对贫困的概率。随着子女的成年，家庭步入成熟期，此时可能存在的情况有：子女均成年但尚未工作，仍在接受教育，此时家庭负担较重；子女已参加工作但尚未婚配，夫妻二人需要为子女尤其是儿子的婚姻大事考虑，家庭负担也较重；子女已婚配，且孕育了第三代，夫妻二人尚未与子女析产分家，可能会承担养育第三代的责任。以上情况的存在可能会使成熟期家庭负担加重，但成熟期家庭在前期积累了足够的积蓄，因此即使存在家庭规模扩大、家庭负担加重等情况，也可以支撑家庭发展，不易陷入多维相对贫困状态。随着家庭步入衰退期，与子女析产分家，此时的家庭只有夫妻二人或者只剩夫妻一方，此时家庭规模缩小、负担减轻，虽然工作能力逐步下降、身体状况变差等因素使其各方面已无法与其他阶段相比，但衰退期家庭此前还留有一定的积蓄，因此陷入多维相对贫困的概率也会降低。

另一方面，由于处于不同生命周期阶段，家庭规模与负担的差异使家庭会做出不同的生计策略选择，并最终影响家庭相对贫困状况。对农户而言，生计方式越多样，且非农收入占比越高，农户陷入多维相对贫困的概率就越低。与起步期家庭相比，成长期家庭可能由于子女在家上学，而不得不留其中一人在家，家庭生计方式可能更加多样化，并且因为前期有一定的储蓄，所以会降低陷入多维相对贫困的概率。成熟期家庭虽然家庭负担更重，但子女均成年，有更多的机会选择非农兼业型或者非农型就业方式，因而依旧会降低陷入多维相对贫困的概率。对衰退期家庭而言，其受年龄及身体状况的限制，可能会选择较为单一的生计方式。虽然与子女析产分家，但我国尊崇孝道，子女依旧会承担赡养老人的义务，因而衰退期家庭也会降低陷入多维相对贫困的概率。家庭生命周期对相对贫困的作用机制见图14-6。

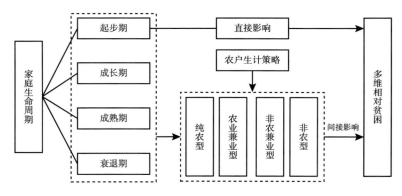

图 14-6　家庭生命周期对相对贫困的作用机制

资料来源：课题组自制。

二　变量选取与模型构建

（一）变量选取

被解释变量：本章选取农户贫困状态（*poor*）作为因变量。以 $k=3$ 作为临界值，即陷入三个维度相对贫困的农户则为处于多维相对贫困状态，处于多维相对贫困状态则赋值为 1，否则为 0。

核心解释变量：家庭生命周期（*flc*）。其主要分为四个阶段：起步期家庭（*flc1*）、成长期家庭（*flc2*）、成熟期家庭（*flc3*）、衰退期家庭（*flc4*）。其中起步期家庭数量较少因而作为参照组。

中介变量：本章选取农户生计策略作为中介变量。其主要包括 4 种方式：纯农型 = 1，农业兼业型 = 2，非农兼业型 = 3，非农型 = 4。借鉴相关研究，本章以家庭农业收入占家庭总收入的比重作为划分依据：家庭农业收入占比在 95% 以上的为纯农型，家庭农业收入占比在 50%—95% 的为农业兼业型，家庭农业收入占比在 5%—50% 的为非农兼业型，家庭农业收入占比在 5% 以下的为非农型。

控制变量：其他影响农户多维相对贫困的因素被列为控制变量。本章将控制变量分为个人特征、家庭特征以及村庄特征三类。个人特征包括：性别、政治面貌、认知能力、婚姻满意度、未来发展信心、工作整体满意度。家庭特征包括：给予亲戚帮助、非房贷金融负债、房贷支出、家庭总房产、土地流转。村庄特征包括：村庄经济状况、村庄基础设施、自然灾害（见表 14-13）。

表 14-13　变量定义、赋值及描述性统计分析

变量	变量定义及赋值	平均值	标准差
被解释变量			
农户贫困状态	农户是否处于多维相对贫困状态，是 = 1，否 = 0	0.65	0.48

续表

变量		变量定义及赋值	平均值	标准差
核心解释变量				
家庭生命周期		$flc1$：起步期 = 1，其他 = 0	0.07	0.25
		$flc2$：成长期 = 1，其他 = 0	0.30	0.46
		$flc3$：成熟期 = 1，其他 = 0	0.41	0.49
		$flc4$：衰退期 = 1，其他 = 0	0.18	0.39
中介变量				
农户生计策略		纯农型 = 1，农业兼业型 = 2，非农兼业型 = 3，非农型 = 4	3.46	0.78
控制变量				
个人特征	性别	男性 = 1，女性 = 0	0.54	0.50
	政治面貌	党员 = 1，非党员 = 0	0.07	0.26
	认知能力	户主认知能力（分）	20.60	11.53
	婚姻满意度	户主对婚姻的满意程度（1—5）	4.09	1.06
	未来发展信心	户主对未来发展的信心（1—5）	4.02	1.03
	工作整体满意度	户主对工作的整体满意程度（1—5）	3.45	0.91
家庭特征	给予亲戚帮助	给予亲戚帮助取对数（元）	2.76	3.49
	非房贷金融负债	家庭非房贷金融负债取对数（元）	1.49	3.63
	房贷支出	住房房贷支出取对数（元）	0.43	1.97
	家庭总房产	家庭总房产取对数	11.21	2.63
	土地流转	是否进行土地流转，是 = 1，否 = 0	0.18	0.38
村庄特征	村庄经济状况	村庄经济状况（1—7）	4.39	1.35
	村庄基础设施	医院/卫生院/诊所数量（个）	1.58	1.24
	自然灾害	村庄遭受自然灾害 = 1，否 = 0	0.71	0.45

资料来源：课题组自制。

（二）模型构建

由于本章研究内容为家庭生命周期对农户多维相对贫困的影响及不同生命周期阶段的多维相对贫困影响因素分析，而农户是否处于多维相对贫困状态是一个二元分类变量，并且本章选用的是 2014—2018 年的数据，因此，本章选择面板 Logit 回归模型来分析。本章构建回归模型如下。

$$poor_{it} = a_0 + a_1 flc_{2it} + a_2 flc_{3it} + a_3 flc_{4it} + \theta CV_{it} + \varepsilon_{it} \qquad (14-1)$$

$$poor_{it} = \beta_0 + \beta_1 CV_{it} + \varepsilon_{it} \qquad (14-2)$$

式中，t 和 i 分别表示年份和农户，$poor$ 是农户贫困状态；flc_2、flc_3、flc_4 为家庭生命周期中成长期、成熟期、衰退期的虚拟变量；CV 为控制变量；a_0、β_0 为常数项，a_1、a_2、a_3 为不同生命周期阶段对多维相对贫困的影响系数；β_1 为控制变量对农户多维相对贫困的影响系数；θ 为控制变量系数，ε 为随机扰动项。

三　实证结果与分析

（一）家庭生命周期对农户多维相对贫困的影响

表 14-14 展示了不同家庭生命周期阶段对农户多维相对贫困影响的回归结果。模型 I 以起步期家庭为参照，回归结果表明，成长期家庭、成熟期家庭与衰退期家庭对农户多维相对贫困均产生显著负向影响。其中，与起步期家庭相比，成长期家庭陷入多维相对贫困的概率下降最多，为 31.3%；之后为成熟期家庭，降低 24.2%；最后为衰退期家庭，降低 6.6%。这说明随着家庭生计策略以及家庭结构的变化，农户陷入多维相对贫困的概率会降低。成熟期家庭由于负担较重、衰退期家庭由于与子女析产分家，自身发展能力处于衰退阶段，因而这两个阶段家庭降低的概率低于成长期家庭。

模型 II 为加入控制变量后的回归结果。同样以起步期家庭为参照，成长期家庭、成熟期家庭以及衰退期家庭的回归结果与未加控制变量时相差不大，各阶段结果呈显著负相关。

从个人特征变量来看，除性别和工作整体满意度外，其余控制变量与农户多维相对贫困都显著相关。其中，政治面貌与多维相对贫困显著负相关，即户主为党员的家庭比非党员的家庭陷入多维相对贫困的概率低 12.3%，可能的原因为户主是党员，其思想更加成熟，会更加努力地为了家庭而奋斗，因而不易陷入多维相对贫困。认知能力在 1% 的水平下对多维相对贫困有显著负向影响，说明认知能力越强的农户越不容易陷入多维相对贫困，认知能力每增加一个单位，陷入多维相对贫困的概率会降低 0.6%。婚姻满意度与多维相对贫困具有显著负相关关系，即户主对自己婚姻状态越满意越不会陷入多维相对贫困。未来发展信心与家庭多维相对贫困呈显著负相关关系，即户主认为未来发展有前途、有希望，可能会更加努力工作，主观发展意愿更强，所以家庭越不容易陷入多维相对贫困。

从家庭特征变量看，除非房贷金融负债对多维相对贫困具有显著正向影响，其余变量均为显著负向影响。其中，给予亲戚帮助每增加一个单位，家庭陷入多维相对贫困的概率就减少 2.2%，可能的原因是在经济上给予亲戚帮助越多的家庭，其经济状况越好，因而不易陷入多维相对贫困。房贷支出每增加一个单位，农户陷入多维相对贫困的概率会减少 0.7%，可能房贷越多的家庭，本身收入也更多，能够承担房贷支出，因而不易陷入多维相对贫困。家庭总房产与多维相对贫困呈显著负相关关系。土地流转与多维相对贫困呈显著负相关关系，即进行土地流转的家庭比不进行土地流转的家庭陷入多维相对贫困的概率会降低 5%。

表 14-14　家庭生命周期对农户多维相对贫困影响的估计结果

变量名称		模型 I		模型 II	
		回归系数	边际效应	回归系数	边际效应
核心解释变量	成长期	-1.792***	-0.313***	-1.383***	-0.235***
	成熟期	-1.384***	-0.242***	-1.027***	-0.175***
	衰退期	-0.378***	-0.066***	-0.270*	-0.046*
个人特征	性别			0.092	0.016
	政治面貌			-0.723***	-0.123***
	认知能力			-0.036***	-0.006***
	婚姻满意度			-0.076**	-0.013**
	未来发展信心			-0.126***	-0.021***
	工作整体满意度			-0.047	-0.008
家庭特征	给予亲戚帮助			-0.130***	-0.022***
	非房贷金融负债			0.024**	0.004**
	房贷支出			-0.041***	-0.007***

续表

变量名称		模型 I		模型 II	
		回归系数	边际效应	回归系数	边际效应
家庭特征	家庭总房产			−0.091***	−0.015***
	土地流转			−0.293***	−0.050***
村庄特征	村庄经济状况			−0.129***	−0.022***
	村庄基础设施			0.015	0.003
	自然灾害			0.430***	0.073***
	常数项	2.017***		5.119***	
	观测值	6759	6759	6759	6759

注：***、**、*分别表示在1%、5%、10%的水平上显著。
资料来源：课题组自制。

从村庄特征看，村庄基础设施对多维相对贫困无显著影响，可能由于本章选取医院/卫生院/诊所数量作为基础设施衡量变量，而医院/卫生院/诊所数量对多维相对贫困影响并不明显。村庄经济状况与多维相对贫困呈显著负相关关系，即村庄经济状况越好，农户越不容易陷入多维相对贫困。自然灾害与多维相对贫困呈显著正相关关系，即村庄遭受了自然灾害，可能会导致以农业收入为主的家庭收入减少，各方面发展受限，从而容易陷入多维相对贫困。

（二）不同家庭生命周期阶段农户多维相对贫困影响因素分析

前文探讨了家庭生命周期对农户多维相对贫困的影响，下文进一步分析不同家庭生命周期阶段影响农户多维相对贫困的主要因素。此处以农户多维相对贫困为因变量，前文控制变量为自变量，逐一进行回归，具体回归结果见表14-15。

从表14-15中可以发现，家庭生命周期各阶段影响农户多维相对贫困的因素有所不同。从个人特征变量看，性别仅对成熟期家庭的多维相对贫困有显著正向影响。政治面貌对三个阶段家庭均具有显著负向影响，且对成熟期家庭的影响最大，可能因为成熟期家庭对党员的认识更深刻，自身发展能力也相应较强，因而会降低陷入多维相对贫困的概率。认知能力对三个阶段家庭都具有显著负向影响，且对成长期家庭的影响大于成熟期家庭和衰退期家庭，可能的原因是对农户而言，成长期属于发展初期，具有良好的认知能力不易陷入多维相对贫困。婚姻满意度对成熟期家庭和衰退期家庭具有显著负向影响，且对衰退期家庭的影响大于成熟期家庭。未来发展信心仅对成熟期家庭具有显著负向影响。

从家庭特征变量看，给予亲戚帮助对各阶段农户多维相对贫困均有显著负向影响，且对成长期家庭影响最大，其次为成熟期家庭，最后是衰退期家庭。非房贷金融负债对衰退期家庭具有显著正向影响，即非房贷金融负债越多，家庭越会陷入多维相对贫困。房贷支出仅对成熟期家庭具有显著负向影响。家庭总房产与各阶段农户多维相对贫困也呈显著负相关关系，影响大小依次为成熟期家庭、衰退期家庭和成长期家庭。土地流转仅对成熟期家庭具有显著负向影响。

从村庄特征变量看，村庄经济状况仅对成长期家庭和衰退期家庭的多维相对贫困具有显著负向影响，且对成长期家庭的影响大于衰退期家庭。自然灾害对三个阶段家庭的多维相对贫困均有显著正向影响，影响大小依次为成长期家庭、成熟期家庭和衰退期家庭。村庄基础设施对三个阶段家庭均无显著影响。

分阶段看，对成长期家庭而言，自然灾害和政治面貌对其多维相对贫困影响较大。对成熟期家庭来说，政治面貌和土地流转对其多维相对贫困影响较大。政治面貌和婚姻满意度对衰退期家庭影响较大。可以发现，政治面貌在各家庭生命周期阶段中均是影响多维相对贫困的主要因素。因而应着重关注家庭成员尤其是户主的思想认识，提升农户主观发展意愿。

表 14-15 不同家庭生命周期阶段农户多维相对贫困影响因素分析

变量		模型 III（成长期家庭）		模型 IV（成熟期家庭）		模型 V（衰退期家庭）	
		回归系数	边际效应	回归系数	边际效应	回归系数	边际效应
个人特征	性别	0.045	0.009	0.235**	0.042**	-0.131	-0.016
	政治面貌	-0.380*	-0.073*	-0.969***	-0.172***	-0.740***	-0.093***
	认知能力	-0.039***	-0.008***	-0.037***	-0.007***	-0.036***	-0.004***
	婚姻满意度	-0.013	-0.003	-0.106**	-0.019**	-0.355***	-0.045***
	未来发展信心	-0.052	-0.010	-0.145**	-0.026**	-0.123	-0.016
	工作整体满意度	-0.076	-0.015	-0.057	-0.010	0.078	0.010

续表

变量		模型Ⅲ（成长期家庭）		模型Ⅳ（成熟期家庭）		模型Ⅴ（衰退期家庭）	
		回归系数	边际效应	回归系数	边际效应	回归系数	边际效应
家庭特征	给予亲戚帮助	−0.147***	−0.028***	−0.129***	−0.023***	−0.139***	−0.018***
	非房贷金融负债	0.021	0.004	0.020	0.004	0.115**	0.015**
	房贷支出	−0.026	−0.005	−0.053**	−0.009**	−0.023	−0.002
	家庭总房产	−0.074***	−0.014***	−0.179***	−0.032***	−0.150***	−0.019***
	土地流转	−0.218	−0.042	−0.565***	−0.100***	0.277	0.035
村庄特征	村庄经济状况	−0.182***	−0.035***	−0.050	−0.009	−0.184***	−0.023***
	村庄基础设施	0.071	0.014	−0.023	−0.004	−0.028	−0.004
	自然灾害	0.511***	0.099***	0.378***	0.067***	0.339*	0.043*
常数项		3.275***		5.178***		6.594***	
观测值		2048	2048	2773	2773	1245	1245

注：***、**、* 分别表示在 1%、5%、10% 的水平上显著。
资料来源：课题组自制。

（三）区域特征异质性分析

前文实证分析了不同家庭生命周期阶段对多维相对贫困的影响，但仅能反映样本农户的整体情况，未能体现农户之间的群组差异。因此，为丰富研究内容，本章对农户多维相对贫困的影响因素进行了区域特征异质性分析。

1. 地区异质性分析

从地区异质性来看，成长期家庭和成熟期家庭对东部地区、中部地区、西部地区和东北地区农户多维相对贫困均有显著负向影响。其中，成长期家庭对东部地区的影响最大，其次则是中部地区与东北地区，影响最小的为西部地区。成熟期家庭对东部地区的影响最大，其次则是东北地区和中部地区，影响最小的是西部地区。衰退期家庭对东北地区的多维相对贫困有显著负向影响，对东部地区、中部地区和西部地区的多维相对贫困没有显著影响，即与起步期家庭相比，东北地区的衰退期家庭陷入多维相对贫困的概率会减少 11%（见表 14-16）。

表 14-16　农户多维相对贫困影响因素的地区异质性估计结果

变量名称	东部地区		中部地区		西部地区		东北地区	
	回归系数	边际效应	回归系数	边际效应	回归系数	边际效应	回归系数	边际效应
成长期家庭	-1.742***	-0.297***	-1.329***	-0.235***	-1.262***	-0.197***	-1.329***	-0.220***
成熟期家庭	-1.238***	-0.211***	-0.966***	-0.171***	-0.997***	-0.155***	-1.185***	-0.196***
衰退期家庭	-0.300	-0.051	0.084	0.015	-0.133	-0.021	-0.668**	-0.110**
控制变量	控制	控制	控制	控制	控制	控制	控制	控制
常数项	5.196***		4.191***		6.23***		6.988***	
观测值	2055	2055	1517	1517	2282	2282	905	905

注：***、** 分别表示在 1%、5% 的水平上显著。
资料来源：课题组自制。

2. 地形异质性分析

从地形异质性来看，成长期家庭、成熟期家庭对高原高山地区、丘陵地区和平原地区所有农户均有显著负向影响。其中，成长期家庭、成熟期家庭对农户多维相对贫困影响大小的顺序一致，即成长期家庭、成熟期家庭对农户多维相对贫困的负向影响由大到小依次为：平原地区、高原高山地区和丘陵地区。衰退期家庭仅对高原高山地区农户的多维相对贫困有显著负向影响，即与起步期家庭相比，高原高山地区的衰退期家庭陷入多维相对贫困的概率会减少 13.4%（见表 14-17）。

表 14-17　农户多维相对贫困影响因素的地形异质性估计结果

变量名称	高原高山地区		丘陵地区		平原地区	
	回归系数	边际效应	回归系数	边际效应	回归系数	边际效应
成长期家庭	-1.749***	-0.259***	-1.412***	-0.241***	-1.498***	-0.267***
成熟期家庭	-1.377***	-0.204***	-0.952***	-0.162***	-1.165***	-0.208***
衰退期家庭	-0.903*	-0.134*	-0.178	-0.030	-0.257	-0.046
控制变量	控制	控制	控制	控制	控制	控制
常数项	7.691***		4.573***		4.959***	
观测值	1371	1371	2826	2826	2562	2562

注：***、* 分别表示在 1%、10% 的水平上显著。
资料来源：课题组自制。

3. 村庄便利程度异质性分析

从村庄便利程度异质性来看，成长期家庭和成熟期家庭对所有农户均有显著负向影响。其中，成长期家庭对距县城较远的农户的多维相对贫困影响最大，其次为距县城适中的农户，最后为距县城较近的农户。成熟期家庭对距县城适中的农户的多维相对贫困影响最大，其次为距县城较远的农户，最后为距县城较近的农户。衰退期家庭仅对距县城较远的农户具有显著负向影响，即与起步期家庭相比，衰退期家庭陷入多维相对贫困的概率会降低 6.5%（见表 14-18）。

表 14-18　农户多维相对贫困影响因素的村庄便利程度异质性估计结果

变量名称	距县城较近		距县城适中		距县城较远	
	回归系数	边际效应	回归系数	边际效应	回归系数	边际效应
成长期家庭	−1.141***	−0.198***	−1.275***	−0.221***	−1.522***	−0.250***
成熟期家庭	−0.769**	−0.134**	−1.083***	−0.188***	−1.026***	−0.168***
衰退期家庭	0.023	0.004	−0.230	−0.040	−0.396*	−0.065*
控制变量	控制	控制	控制	控制	控制	控制
常数项	5.239***		5.222***		4.890***	
观测值	1032	1032	2367	2367	3360	3360

注：***、**、* 分别表示在 1%、5%、10%的水平上显著。
资料来源：课题组自制。

（四）中介效应检验

前文研究结果表明，家庭生命周期对农户多维相对贫困有显著负向影响，此处进一步探讨家庭生命周期影响农户多维相对贫困的机制。基于可持续生计理论，农户生计策略是提高农户生活质量、促进农民持续发展的关键所在。基于此，我们选取农户生计策略作为中介变量，研究不同家庭生命周期阶段对农户多维相对贫困的作用路径，探究农户生计策略在影响路径中发挥的作用。

农户生计策略是农户持续发展的基础和前提，处于不同家庭生命周期阶段的农户，其生计策略有所不同。基于此，我们选取农户生计策略作为中介变量，探究农户生计策略在农户多维相对贫困影响路径中发挥的作用，其中，农户生计策略作为中介变量的中介效应检验系数影响路径如图 14-7 所示。

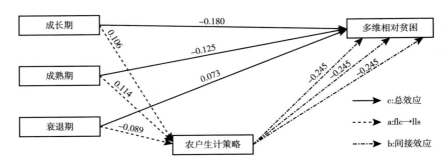

图 14-7 农户生计策略的中介效应检验系数影响路径

资料来源：课题组自制。

从中介效应检验结果（见表 14-19）看，三个阶段对农户多维相对贫困均有显著影响，即总效应 c 显著；成长期、成熟期、衰退期家庭对农户生计策略均具有显著影响，即 a_1、a_2、a_3 显著；各家庭生命周期阶段和农户生计策略对农户多维相对贫困的影响均显著，即 c'_1、c'_2、c'_3 和 b 均显著。基于此，可以得出，在成长期、成熟期和衰退期家庭对农户多维相对贫困的影响中，农户生计策略均产生了中介效应，效应大小分别为 -0.026、-0.028、0.022，占总效应的比重分别为 14.4%、22.4%、30.1%。基于此，可以得出，农户生计策略会间接影响农户多维相对贫困，并且衰退期家庭的中介效应最大，其次为成长期和成熟期家庭。

表 14-19 不同阶段农户生计策略的中介效应检验结果

中介效应检验	成长期	成熟期	衰退期
a_1、a_2、a_3	0.106 *** 0.015	0.114 *** 0.002	-0.089 *** (0.02)
b_1、b_2、b_3	-0.245 *** (0.006)	-0.245 *** (0.006)	-0.245 *** (0.006)

续表

中介效应检验	成长期	成熟期	衰退期
总效应(c_1、c_2、c_3)	-0.180*** (0.023)	-0.125*** (0.023)	0.073*** (0.024)
直接效应(c'_1、c'_2、c'_3)	-0.154*** (0.021)	-0.097*** (0.021)	0.051** (0.022)
中介效应(ab)	-0.026***	-0.028***	0.022**
中介效应比重	14.4%	22.4%	30.1%

注：***、**分别表示在1%、5%的统计水平上显著，括号内为稳健标准误。此外，a_1、a_2、a_3分别对应成长期、成熟期、衰退期的测算结果，b_1、b_2、b_3和c_1、c_2、c_3以及c'_1、c'_2、c'_3类似，不再赘述。

资料来源：课题组自制。

第三节　基于家庭生命周期的农村多维相对贫困治理路径

一　促进经济发展，建立持续增收机制

从多维相对贫困的测度结果中可知，收入维度中家庭人均纯收入的相对贫困发生率排在前三，说明依旧需要提高农户经济收入，经济基础决定上层建筑，只有拥有足够的经济收入才能实现消费自由，避免陷入多维相对贫困。因而要加快农户的收入增长速度，拓宽农户增收渠道，实现工资性收入和转移性收入稳步增长。具体而言，瞄准乡村产业振兴的目标要求，充分利用农村地区天然的环境、资源等产业发展基础，以市场为导向，着力推进乡村扶贫产业转型升级，加大力度发展特色产业。譬如，深挖农村地区的乡土文化，推动自然生态和人文生态的有机结合，开发农业多方面功能，延伸农业产业链，引导农耕文化向产业化发展，从而推进一、二、三产业融合发展。此外，引导农村相对贫困群体加入产业链条，参与生产要素组合进程，从而共享产业发展带来的收益。还要构建亦工亦农的多元化产业发展格局，探索出适合当地发展的产业扶贫的长效路径，使之成为农民持续增收的"动力之源"，加强产业的减贫效应。

二 注重权益保障，完善就业保障体系

研究发现，就业保障的相对贫困发生率在各指标中排在前列，并且户主工作类型对农户多维相对贫困具有显著影响，因而应着力解决作为民生之本的就业问题。完善的就业保障体系有利于农户增强风险应对能力，避免陷入多维相对贫困状态。根据就业形势，及时调整宏观政策取向，建立适应灵活就业和新就业形态的劳动者权益保障制度，并且引导新就业形态的就业人员参加社会保险，从而提高整体社会保障水平，明确平台企业劳动保护责任。

三 夯实教育基础，激发农户内生动力

增强相对贫困群体内生动力，变"输血"为"造血"，教育是关键。针对目前农村户主受教育水平普遍偏低的情况，教育部门应当继续加大力度支持农村教育的发展，鼓励农村居民进一步提高受教育水平，夯实可持续发展根基。在资源分配和基础设施建设方面，提高教育财政资金在农村地区的分配水平，加大对农村各地各阶段的教育资源投入，确保投影仪、计算机等数字教学设备在乡村学校应有尽有，缩小城乡在教学环境、教学设施等方面的差距。在教学质量方面，农村学校要勇于进行教学改革，因材施教，制定完备的综合素质培养方案，并采用全面的评价体系，力争培养德智体美劳全面发展的全能型学生。在政策扶持方面，相关部门应制定相关政策，扩大高中教育覆盖面，使无法承担高中费用的学生在政府支持下有条件接受高中教育，从而有机会接受更高水平的教育。

四 强化代际支持，构建家庭助老体系

随着社会不断发展，老年人口相对贫困问题已成为当前社会亟待解决的问题。前文研究也表明，衰退期家庭在除社会融入维度外的其他维度上的相对贫困发生率都是最高的。政府部门应健全子女代际支持政策体系，不断完

善相关法律条款，尽快出台政策执行文件，增强子女对父母的养老责任感。同时，对不履行养老义务或者虐待老人等行为严惩不贷。广泛宣传中国传统孝文化，营造家庭养老氛围，发扬尊老爱老的优良传统，提升子女在养老过程中的积极性及主动性。

五　实行动态监测，引导多元主体治理

构建以政府为主，社会、市场为辅的三大扶贫主体体系，各治理主体分工明确、协同治理。相对贫困问题动态性更强、治理更困难，因而在解决相对贫困问题上，政府应借助市场机制，联合社会各类主体，构建动态监测机制，为相对贫困指标的构建提供有效支撑。另外，相关部门应利用物联网、5G 等技术，实现对相对贫困人口的动态管理，及时更新调整，并优化对扶贫资源的分配及利用，提高相对贫困治理效率。此外，应着重关注相对贫困"边缘户"，对该类群体中的完全无劳动能力的特殊人群，"撬动"家庭成员进行扶持，对具有劳动能力却陷入相对贫困的农户，可充分利用社会组织的专业力量，培养其生产、发展的信心及能力，增强其风险抵抗力。

本章小结

本章通过 CFPS 数据，利用 AF 双重临界值法对农户多维相对贫困进行了测度与分解，并使用 Logit 模型研究了家庭生命周期对农户多维相对贫困的影响，并且分析了农户生计策略的中介效应。核心结论如下。

第一，不同家庭生命周期阶段农户多维相对贫困维度差异较大。一是起步期家庭社会融入以及文化水平维度的相对贫困发生率排到前三名，对起步期家庭而言，既要解决好收入、就业等既有问题，也应注意解决该阶段家庭在社会融入方面的一系列问题；二是成长期家庭收入和文化水平维度的相对贫困发生率呈下降趋势，就业保障的相对贫困发生率呈现先下降再上升的趋势。成熟期家庭人均纯收入的相对贫困发生率呈逐步下降趋势，就业保障和

户主最高受教育程度的相对贫困发生率呈现先下降再上升趋势。衰退期家庭信息获得维度的相对贫困发生率最高，其次为就业保障和户主最高受教育程度。该结论表明，在相对贫困治理阶段，仍应坚持继承和发扬绝对贫困时期的"精准"传统，且有必要继续细化、精准化，比如根据家庭规模、家庭生命周期，进行动态的调整，避免资源投放简单以户为单位，而忽视了户的异质性。

第二，本章实证得出农村多维相对贫困的临界值为3。实证表明，随着 k 的增加，农户多维相对贫困指数和相对贫困发生率明显下降。总体上看，当 $k=2$ 时，农户相对贫困发生率最高，当 $k=3$ 时，有超过50%的农户在3个维度处于相对贫困状态，当 $k=6$ 时，多维相对贫困指数和相对贫困发生率均大幅下降，农户处于严重多维相对贫困状态，存在6个维度的相对贫困。总体而言，农户主要在3个及以下维度处于相对贫困状态，陷入严重多维相对贫困的农户数量并不多，因此，本章得出，$k=3$ 为临界值，即陷入3个及以上维度相对贫困的农户则可判定为处于多维相对贫困状态。

第三，成长期家庭、成熟期家庭与衰退期家庭能显著抵御多维相对贫困风险，且成长期家庭抵御能力最强。研究发现，与起步期家庭相比，成长期家庭陷入多维相对贫困的概率下降最多，为31.3%；其次为成熟期家庭，降低24.2%；最后为衰退期家庭，降低6.6%。成熟期家庭由于负担较重、衰退期家庭由于与子女析产分家，自身发展能力处于衰退阶段，因而这两个阶段家庭降低的概率低于成长期家庭。随着家庭生计策略以及家庭结构的变化，农户陷入多维相对贫困的概率会降低。

阻断各家庭生命周期阶段农户多维相对贫困的重要路径是改变其生计策略。本章选取农户生计策略作为中介变量，研究不同家庭生命周期阶段对农户多维相对贫困的作用路径。实证发现成长期、成熟期和衰退期家庭，农户生计策略中介效应明显，即 a_1、a_2、a_3 显著；各家庭生命周期阶段和农户生计策略对农户多维相对贫困的影响均显著，即 c'_1、c'_2、c'_3 和 b 均显著。基于此，本章认为，在成长期、成熟期和衰退期家庭对农户多维相对贫困的影响中，农户生计策略均产生了明显的中介效应，效应大小分别为 -0.026、-0.028、0.022，占总效应的比重分别为 14.4%、22.4%、30.1%。该结果也表明，阻断各家庭生命周期阶段农户多维相对贫困的重要路径是有效引导农户改变其生计策略，提高其未来适应外部变化的能力。

第十五章
巩固拓展脱贫攻坚成果的相对贫困治理实践

——来自凉山州的案例

全面脱贫后把防止发生规模性返贫作为底线和首要任务，把新阶段满足人民对美好生活的向往作为重要的拓展方向，建立健全相对贫困治理的长效机制，是脱贫攻坚战的"升级版"，是脱贫地区、脱贫人口从全面小康走向共同富裕的必经之路。"全国脱贫看四川，四川脱贫看凉山"，本章将凉山州作为样本展开研究，具有典型性。具体而言，本部分将从凉山州巩固拓展脱贫攻坚成果的现实基础、重点难点及治理途径、经验启示等方面，系统阐述凉山州巩固拓展脱贫攻坚成果的治理实践，亦能对我国其他原深度贫困地区脱贫后的接续发展提供有益参考。

第一节 凉山州巩固拓展脱贫攻坚成果的现实基础

当前，凉山州脱贫攻坚取得全面胜利，"三农"工作重心从集中资源支持脱贫攻坚转向巩固拓展脱贫攻坚成果，接续乡村振兴。因此，全面分析凉山州巩固拓展脱贫攻坚成果的现实基础，是凉山州未来一段时间解决相对贫困问题、加快推进农业农村现代化的必要前提。

一 贫穷落后的农村面貌得到极大改变

（一）区域性整体贫困问题得到全面解决

改革开放以来，特别是党的十八大以来，凉山州经济社会发展取得了长足进步。2013 年凉山州地区生产总值为 1214.4 亿元，人均地区生产总值为 26556 元（见图 15-1），其中，第一产业增加值为 233.9 亿元，第二产业增加值为 642.2 亿元，第三产业增加值为 338.3 亿元。[1] 2020 年凉山州地区生产总值达到 1733.15 亿元。其中，第一产业增加值达到 406.74 亿元，第二产业增加值达到 559.55 亿元，第三产业增加值达到 766.86 亿元。8 年间，凉山州地区生产总值增长了 42.72%，三次产业比重也由 2013 年的 19.3∶52.9∶27.8 调整为 2020 年的 23.5∶32.3∶44.2，城乡居民人均可支配收入分别由 2013 年的 21699 元、7359 元增长至 2020 年的 34636 元、15232 元（分别见图 15-2、图 15-3）。

图 15-1　2013—2020 年凉山州地区生产总值

资料来源：2014—2021 年《凉山彝族自治州统计年鉴》。

2019 年凉山州成功实现了雷波、甘洛、盐源、木里 4 个贫困县退出贫困县序列。[2] 2020 年 11 月，凉山州全部贫困县正式摘帽，至此，凉山州区域性整体贫困问题得到了全面解决。[3]

1　凉山州脱贫攻坚领导小组：《2013 年凉山州国民经济和社会发展统计公报》，2020 年 11 月，第 1 页。

2　《凉山州木里县、盐源县、甘洛县、雷波县退出贫困县序列》，2020 年 2 月 17 日，凉山新闻网，http：//www.lsz.gov.cn/ztzl/ rdzt /tpgjzt/tpyw/202002/t20200217_ 1470788.html。

3　《四川批准凉山 7 县摘帽脱贫　全省 88 个贫困县全部清零》，2020 年 11 月 17 日，中国新闻网，http：//news.youth.cn/gn /202011/t20201118_ 12581210.htm。

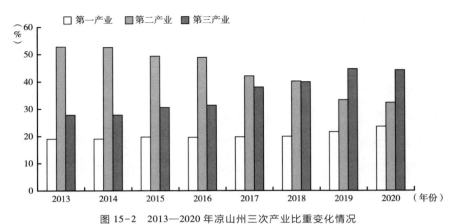

图 15-2　2013—2020 年凉山州三次产业比重变化情况

资料来源：2014—2021 年《凉山彝族自治州统计年鉴》。

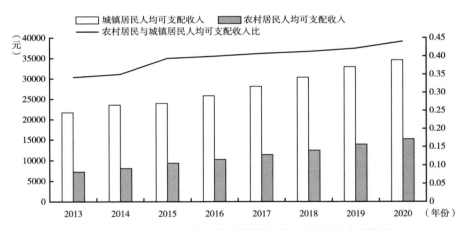

图 15-3　2013—2020 年凉山州城乡居民人均可支配收入变化情况

资料来源：2014—2021 年《凉山彝族自治州统计年鉴》。

（二）多维因素制约的贫困人口全部脱贫

精准脱贫以来，凉山州聚焦贫困人口脱贫"一达标""两不愁三保障"，着力补短板、强弱项、提质量。2014—2020 年，凉山州建档立卡贫困户家庭人均可支配收入由 2078 元增至 8884 元，增加了 6806 元，年均增长 27.40%。[1]

1　资料来源于凉山州统计局。

成功实现全州 105.4 万建档立卡贫困人口达到脱贫目标。

2014 年以来，凉山州聚焦贫困人口脱贫"三保障"问题，在教育板块，通过完善教育基础设施、控辍保学、免除学杂费、提供补助等措施，全州建档立卡贫困家庭子女义务教育保障率达 100%；[1] 在医疗板块，通过采取为困难家庭代缴医疗保险费用、贫困人口先看病再付费以及医疗控费等举措，全州 105.4 万建档立卡贫困人口基本医疗有了保障；[2] 在住房板块，通过新建易地扶贫搬迁安全住房 7.44 万套，建成彝家新寨安全住房 6.66 万套（不包含木里县），全面解决了全州贫困人口的住房安全问题。[3]

截至 2020 年 11 月，全州累计 24.8 万贫困户 105.4 万贫困人口全部达到"一达标""两不愁三保障"标准，根据国家贫困退出标准和程序，经省、州、县验收评估，全州贫困人口全部脱贫（见表 15-1）。

表 15-1　2014—2020 年凉山州建档立卡贫困人口脱贫情况

单位：万户，万人，%

年份	脱贫户数	脱贫人口	贫困发生率
2014	2.5	10	17.6
2015	2.8	11.6	15.1
2016	3.5	13.3	12.6
2017	3.6	14.8	11
2018	5.2	21.9	7.1
2019	3.4	15.2	4
2020	3.7	18.6	0
总计	24.8	105.4	—

资料来源：凉山州扶贫开发局。

（三）基础设施提档升级

脱贫攻坚时期，通过不断加大对农村道路建设的投入，凉山州成功实现

---

[1]　资料来源于凉山州统计局。

[2]　资料来源于凉山州统计局。

[3]　《凉山州"十三五"脱贫攻坚总结》，凉山州脱贫攻坚典型案例总结对接会资料，2020 年 11 月，第 3 页。

了 192 个不通油路的乡（镇）（在全州占比为 31.4%）、2490 个不通硬化路的建制村（在全州占比为 66.5%）通油路、硬化路，乡（镇）、建制村通油路、硬化路比例达到 100%。[1] 通过实施农网改造升级、"三区三州"电网建设等民生工程，凉山州成功实现 8.3 万户农村家庭从"无电可用"到"有电可用"转变、38 万农村人口从"用上电"向"用好电"转变。[2] 通过持续开展光纤宽带完善行动，全州 3747 个行政村实现了村村通光纤和 4G 网络覆盖，主要道路沿线 4G 网络覆盖率得到大幅提升。[3] 通过实施农村饮水安全巩固提升工程，凉山州建成和改造集中供水工程达 5599 处，有效解决了 44 万建档立卡贫困人口的饮水安全问题，[4] 全州农村安全饮水问题得到全面解决。

（四）人口劳动力结构持续优化

凉山州的社会治理能力显著提升还体现在人口劳动力结构持续优化上。一是人口总量保持稳定增长。据 2020 年凉山州公安人口统计，全州年末户籍人口 533.12 万人，增长 0.4%；第七次全国人口普查数据显示，凉山州常住人口 4858359 人，与第六次全国人口普查相比，增加 325550 人，增长 7.18%。[5]二是人口质量不断提升。得益于西部大开发、脱贫攻坚等国家重大利好政策，凉山州教育支出占财政支出比重不断提高，人口素质不断提升。根据第七次全国人口普查数据，在凉山州常住人口中拥有大学文化程度的人口为 329179人，与第六次全国人口普查相比，每 10 万人中拥有大学文化程度的人由 3566人增加到 6776 人，提高了 90.02%。[6] 三是劳动力产业结构在逐步优化。根据凉山州 2018 年统计数据，全州第一产业从业人员数量占比由 2016 年的 58.08%降低至 57.62%，第二产业从业人员数量占比由 11.94%增加至 12.19%，第三产业从业人员数量占比由 29.98%增加至 30.19%。虽然全州从事第一产业的人员比

1　《凉山州"十三五"脱贫攻坚总结》，凉山州脱贫攻坚典型案例总结对接会资料，2020 年 11 月，第 1 页。

2　《凉山州"十三五"脱贫攻坚总结》，凉山州脱贫攻坚典型案例总结对接会资料，2020 年 11 月，第 3 页。

3　《凉山州"十三五"脱贫攻坚总结》，凉山州脱贫攻坚典型案例总结对接会资料，2020 年 11 月，第 3 页。

4　《凉山州"十三五"脱贫攻坚总结》，凉山州脱贫攻坚典型案例总结对接会资料，2020 年 11 月，第 1 页。

5　资料来源于凉山州统计局。

6　资料来源于凉山州统计局。

重较大，但第一产业从业人员比重呈下降趋势，第二、第三产业从业人员比重呈现上升趋势，产业结构在逐步优化。[1] 四是人口向经济发达区域和区域中心城市进一步集聚。

（五）公共服务体系日渐完善

凉山州新建成卫生院 89 个、改扩建卫生院 69 个，新建贫困村卫生室 1218 个、改扩建贫困村卫生室 76 个，[2] 全面实现了 11 个贫困县 378 个建制乡（镇）"一乡一所达标卫生院"、2072 个贫困村"一村一所达标卫生室"。此外，通过深入实施"一村一幼""一乡一园"等工程，全州实现了 3747 个行政村村村有幼儿园；建设农村教师周转宿舍 4824 套，配套建设寄宿制学校 671 所，全面消除 D 级危房，中小学办学条件显著改善。[3] 农村基本公共服务主要领域指标接近或达到全省平均水平。困扰贫困群众多年的上学难、就医难、行路难、吃水难、用电难等问题基本得到解决，脱贫地区群众生产生活条件得到大幅改善。

二　农村产业发展基础进一步夯实

（一）产业结构进一步优化升级

通过产业结构调整，2020 年，凉山州第一产业增加值 406.74 亿元，增长 4.8%，对经济增长的贡献率为 23.9%；第二产业增加值 559.55 亿元，增长 4.6%，对经济增长的贡献率为 40.9%；第三产业增加值 766.86 亿元，增长 3.1%，对经济增长的贡献率为 35.2%。三次产业比重调整为 23.5∶32.3∶44.2。[4] 其中，第一产业增加值是近 15 年最高的，增幅高于全国 1.8 个百分点，农村居民人均可支配收入达到 15232 元，增速为 9.5%。凉山州粮食总产量达 49.39 亿斤，实现 18 连增，生猪出栏 416.18 万头、存栏 301.09 万头，均居四川

1　资料来源于凉山州统计局。

2　《凉山州脱贫攻坚总结》，凉山州脱贫攻坚典型案例总结对接会资料，2020 年 11 月，第 5 页。

3　《凉山州脱贫攻坚总结》，凉山州脱贫攻坚典型案例总结对接会资料，2020 年 11 月，第 6 页。

4　凉山州统计局：《凉山州 2020 年国民经济和社会发展统计公报》，2021 年 5 月 6 日，第 1 页。

省前列。[1] 农村产业发展基础进一步得到夯实，实现了"农业多贡献"。

（二）农业特色产业发展持续向好

凉山州着眼于大力发展特色优势产业，并取得了良好的成效。为提升蚕桑产业综合效益，持续推进优质蚕桑基地和桑蚕良繁体系建设，蚕桑茧丝综合产值突破 50 亿元；为全面巩固全国战略性优质烟叶基地地位，着力提升凉山山地清甜香特色优质烟叶品牌知名度，加快推进烟叶生产现代化转型升级，探索建立基本烟田保护制度，争创现代农业（烟草）园区，烟农收入达到 30 亿元；打造优势旅游业，成功建设农业产业强镇、"一村一品"示范村镇，积极创建美丽休闲乡村、农业主题公园、休闲农庄等，全州休闲农业和乡村旅游综合经营性收入达到 6.62 亿元；争创特色农产品优势区和"果薯蔬草药"绿色标准化生产基地，完善蔬菜产业产地初加工相关配套设施，推进水果产业生态高效果园建设，促进中药材产业品质提升，积极创建优势特色产业集群；与此同时，凉山州还大力发展农产品产地初加工，初加工率达到 56%，通过系列举措推进脱贫地区特色产业可持续发展。[2]

三 社会治理能力有效提升

（一）农村基层治理能力得到显著提升

脱贫攻坚使党和政府在凉山州农村的治理能力得到了显著提升。首先表现在基层治理队伍的培养和发展得到巩固。2014 年以来，凉山州回引培养优秀农民工村干部 6700 余名，为每村至少储备 2 名农民工干部后备力量，[3] 充实了凉山基层的治理队伍。开展村党组织书记、第一书记培训数万余次，凉山州基层干部综合素质得到显著提升，对党的政策方针理解更加透彻，执行能力得到显著提升。其次表现在基层治理队伍的教育和整顿得到了加强。围

1　凉山州农业农村局：《凉山州农业农村局 2021 年工作要点》，2021 年 4 月 26 日，第 1 页。

2　凉山州农业农村局：《凉山州农业农村局 2021 年工作要点》，2021 年 4 月 26 日，第 6 页。

3　资料来源于凉山州委组织部。

绕"贫困识别、贫困帮扶、项目资金安排、干部队伍培育和考核"等内容出台了一系列政策措施，规范了扶贫干部日常行为，助力全州圆满完成了脱贫攻坚任务，有效推动了凉山州农村治理政策框架走向成熟、基层治理体系走向完善。最后体现在基层治理队伍的组成和结构得到了优化。通过一系列调整，全州村党委书记和村委会主任"一肩挑"占比达到 66.8%，[1] 村干部进一步年轻化。凉山通过整顿软弱涣散村党组织 1324 个，[2] 进一步夯实党的执政基础。

（二）社会保障日臻完善

凉山州始终坚持以人民为中心的发展思想，加快完善凉山州社会保障体系建设，不断增强凉山州人民的幸福感和获得感。一是稳定就业形势。数据统计显示，凉山州在 2020 年投入 5143 万元面向企业发放普惠性稳岗资金，共有 7.8 万名企业职工受益，为 2000 人自主创业提供 426 万元创业补贴。加快凉山州地区农民工返岗，输出 135.9 万名农村剩余劳动力，实现了 266.6 亿元的劳务收入。[3] 二是不断加大社会保障力度。凉山州在 2020 年已经完成了 234.6 万人的基本养老保险参保工作、475.6 万人的基本医疗保险参保工作，同时将 64.3 万困难人口纳入城乡低保，为 9525 名无人抚养儿童和孤儿提供救助，拨款 9675 万元为残疾居民提供生活护理补贴。积极推动凉山州危旧房棚户区改造，为 8430 户居民发放住房租赁补贴。[4] 三是加快推进各项公共事业建设。2020 年，凉山州完成了 466 所学校（36.8 万平方米）的改扩建工作。建成并投入使用盐源医疗中心和 8 个重大疾病公共卫生医疗救治中心，同时正在推进西昌市人民医院、州中西医结合医院新区建设，切实为凉山州人民提供质量更高的教育、医疗等公共服务。

1　资料来源于凉山州委组织部。

2　资料来源于凉山州委组织部。

3　《在凉山州第十一届人民代表大会第六次会议上的政府工作报告》，2021 年 4 月 9 日，凉山彝族自治州人民政府网站，http：//www.lsz.gov.cn/xxgk/zfgzbg/202104/t20210401_ 1868626.html。

4　《在凉山州第十一届人民代表大会第六次会议上的政府工作报告》，2021 年 4 月 9 日，凉山彝族自治州人民政府网站，http：//www.lsz.gov.cn/xxgk/zfgzbg/202104/t20210401_ 1868626.html。

第二节 凉山州巩固拓展脱贫攻坚成果面临的挑战

一 特殊困难群体返贫风险较大

贫困是社会经济发展过程中面临的客观现实问题，而衡量贫困标准的贫困线则属于动态概念，要结合社会发展实际和贫困情况进行动态调整。贫困线的调整会直接改变贫困人口数量（郑长德，2018）。当前，凉山州虽然已经完成了现有贫困标准下的脱贫，但仍然面临着一定的返贫风险。2020年，凉山州共有3.6万户纳入防止返贫监测对象范围内，利用脱贫攻坚大数据平台对超过13.9万人的贫困情况进行动态跟踪监测。[1] 在消除绝对贫困阶段，凉山州委、州政府结合实际采取了差异化的精准扶贫政策，通过地区产业发展和贫困农户就业扶持等方式完成了脱贫任务，并利用社保为老幼病残等特殊群体兜底。虽然凉山州通过不断加大社会保障力度来逐步提高特殊群体的生活质量，但这些群体仍然属于凉山州的低收入群体。老幼病残等特殊群体不仅在生理上受限，也容易受到社会宏观环境、自然灾害等方面的影响而再次陷入贫困状态。

二 产业结构亟待优化升级

全面脱贫后，凉山州开始着力推动贫困地区发展现代农业，利用第一产业的转型升级来为农民创造更多收入。目前凉山州已经建立了花卉、水产品、果蔬、烟叶、粮食等十个农产品加工产业集群，投资建立了农产品精深加工园区，带动凉山州畜禽、果蔬等产品延长产业链，提高附加值，同时凉山州还充分利用高等院校等来加强马铃薯主食化研发。积极注册"大凉山"特色

---

1 《脱贫攻坚最后交卷时间即将到来 冲刺时刻凉山7县亮出作战图》，2020年6月12日，新华网，http：//www.sc.xinhuanet.com/content/2020-06/12/c_1126106066.htm。

农产品标识（商标），逐步提高凉山州各类农产品在市场的知名度。截至 2019 年底，凉山州有 1 个品牌成为中国品牌，有 7 个品牌成为中国驰名商标，另外还有 20 个四川省名牌产品、42 个国家地理标志保护产品和 16 个国家地理标志证明商标。凉山州还充分利用地域特色来发展旅游业，积极打造地域特色突出的新村新寨来吸引国内游客，通过发展旅游业为凉山州农户创造收入。截至 2019 年底，凉山州已经建立了 5 个 A 级旅游景区村，实现了州旅游业的良好发展。但是，凉山州第一产业的占比仍然偏高，第三产业发展还明显不足，这就意味着凉山州必须采取措施不断优化产业结构。

三　易地扶贫搬迁集中安置点治理难度较大

"十三五"期间，四川省在推动贫困治理中先后完成了 136 万建档立卡贫困人口易地扶贫搬迁，投资建设超过 6000 个安置点。凉山州也利用易地扶贫搬迁来推动贫困人口脱贫，搬迁涉及 17 个州县，凉山州贫困人口的 36% 在易地扶贫搬迁中得到了妥善安置，而凉山州的易地扶贫搬迁规模占到整个四川省的 1/4 左右。凉山州在"十三五"期间建设了超过 1490 个安置点，其中美姑县和昭觉县的安置点可为 1 万人提供安置，另外还有 24 个安置点能够容纳 800 人以上。凉山州选择的扶贫安置点基本在各个县城周边，这就让安置点同时具备了城市和乡村的部分属性，安置点的居民大都来自凉山州的偏远山区，生活理念保守，缺乏必要的职业技能，在搬迁后面临生活环境、社会关系和文化氛围等多重挑战，这也使凉山州安置点管理面临多重矛盾障碍。

四　区域内部差距仍然突出

安宁河谷是四川省第二大平原，覆盖凉山州的 5 县 1 市，这也为凉山州经济发展创造了极为有利的地理区位优势。根据报道，凉山州地区生产总值在 2017 年达到了 1480.91 亿元，同比增长 5.3%。而安宁河谷覆盖的 5 县 1 市在 2017 年的地区生产总值占到了整个凉山州的 73.4%，达到了 1086.59 亿元，同比增长 5.7%。这就说明凉山州经济社会发展的中心就是安宁河谷覆盖的 5

县 1 市地区。2020 年，安宁河谷 5 县 1 市的地区生产总值占到了凉山州的
66.7%，达到了 1155.18 亿元，同比增长 4%。5 县 1 市已经成为凉山州的经济
发展较好地区，并逐步拉开了与其他县区的差距。凉山州 11 个贫困县的地区
生产总值在脱贫攻坚中虽然不断提高，并且缩小了与 5 县 1 市的差距，但是凉
山州地区经济社会发展的差距仍然较为显著。

第三节　凉山州巩固拓展脱贫攻坚成果的主要举措

一　构筑严密政策体系，采用防止返贫动态监测工作法

（一）稳住"指挥部"

2021 年 6 月 6 日，凉山州扶贫开发局重组成为乡村振兴局，正式挂牌成
立。为确保在"十四五"期间，凉山州平稳实现脱贫攻坚成果同乡村振兴的
有效衔接、"三农"工作重心顺利完成历史性转移，乡村振兴局人员队伍与扶
贫开发局相比，整体上较为稳定，实现"没少一个工作人员，没减一个基层
机构"。

（二）"1+N"政策体系

凉山州政府制定出台了《实施巩固拓展脱贫攻坚成果同乡村振兴有效衔
接的实施方案》[1]，统筹规划好帮扶力量、衔接资金、财政金融、特色产业发
展、教育医疗、社会救助等各方面，并细化制定《贯彻落实〈支持凉山州做
好巩固拓展脱贫攻坚成果同乡村振兴有效衔接若干措施〉实施方案》[2] 等 30
余个政策文件，将具体责任压实明确到主体单位，形成了"1+N"政策体系，
严格落实"四个不摘"要求，确保五年"过渡期"为乡村振兴开好局、起
好步。

1　政府内部文件，未公开。

2　政府内部文件，未公开。

（三）"清单制"工作法

制定出台《凉山州巩固拓展脱贫攻坚成果同乡村振兴有效衔接暨"树新风促振兴 1+4"工作清单》[1]，从"任务、责任、督查"三方面分别建立完善相应清单，细化落实 228 项具体工作任务，将复杂的问题分步骤处理，将烦琐的流程条理化规范，全力保障凉山州乡村振兴工作平稳过渡、有效衔接、顺利开展。

（四）推行"345+N"防止返贫动态监测帮扶工作法

根据全州 443 万农村人口的实际情况，凉山州创新推行"345+N"防止返贫动态监测帮扶工作法。其中，"3"代表"3 类重点人群"，即要将工作重心放在脱贫不稳定户、边缘易致贫户、突发严重困难户上；"4"代表"4 支队伍"，即构建起"州级管理—县级审核—乡级初审—村级监测"协作体系，共计包含成员 2.7 万余名；"5"代表"5 种渠道"，从集中排查、农户申报、日常摸排、部门预警、关联监测 5 种渠道下功夫，畅通线索发现途径；"N"代表"N 种帮扶措施"，即根据不同个体的情况差异，在综合服务、产业补贴、就业帮扶、创业基金等方面落实相关政策保障。根据"345+N"工作法，坚持做到监测对象"应排尽排，应纳尽纳，应扶尽扶"，确保实现贫困人口动态清零，动态锁定新增监测对象 4339 户 17318 人。

二 持续推进脱贫地区产业发展

（一）将产业发展作为主攻方向

凉山州通过不断巩固产业基础，加快推进农业现代化，持续提升脱贫地区的发展能力，四川省提前下达中央财政农业生产资金 68.3 亿元，重点支持脱贫地区培育产业。在此背景下，凉山州因地制宜发展出"果薯蔬草药"特色种植业、"1+X"生态林业、畜禽养殖业和特色农产品加工流通业，开展旅游扶贫示范区建设，持续发展壮大区域特色产业。未来 5 年，凉山州还将推进

---

1 政府内部文件，未公开。

区域协调发展和新型城镇化，深度融入川渝发展新格局。支持西昌打造攀西地区现代化国际性中心城市，促进五大区域协调联动发展，加快安宁河谷综合开发，将其建成凉山州最具活力的经济高地，建设一批百亿元级、千亿元级的产业集群，打造全国重要的钒钛产业、稀土研发制造产业、有色产业、先进材料基地。同时，还将大力发展装备制造、食品医药、建材化工、建筑产业、数字经济等产业集群。

（二）开发清洁能源，实现产业结构调整

凉山州拥有丰富的风、光资源，属于Ⅱ级新能源资源开发区域。截至2022年7月30日，凉山州已完成核准风电项目23个，备案光伏项目4个，总装机容量263.77万千瓦，预计投资178.07亿元，同时已启动2022年6个新能源项目、3个水风光项目相关工作。根据《凉山州风电基地"十四五"实施方案》，凉山"十四五"期间将投入约455亿元，建设实际可开发风电场址84个，规模达772.6万千瓦，预计年上网电量117.1亿千瓦时，与传统的燃煤火电相比，每年可节约标煤359.5万吨，这意味着将降低二氧化碳排放941.8万吨、二氧化硫排放3.1万吨、烟尘排放1.9万吨、一氧化碳排放927.4吨，有效优化地区能源结构，助力实现碳达峰、碳中和目标。

（三）建设国际阳光度假休闲康养旅游目的地

凉山州旅游资源丰富，借助此优势，凉山州将融入全省"一核五带"文旅发展总布局，聚焦建设国际阳光度假休闲康养旅游目的地、大凉山彝族风情旅游目的地、大香格里拉生态旅游目的地，加快文旅首位产业建设步伐。全面提升景区景点品质，建设五大知名文旅精品。计划到2025年，全州建成AAAAA级景区2个、AAAA级景区20个、AAA级景区42个，省级旅游度假区6个，省级生态旅游示范区6个，预计到2035年，美丽凉山目标基本实现。

（四）大力发展红色旅游产业

随着近年来国内红色旅游产业的兴起，凉山州在红色旅游融合发展示范区建设方面也取得了突出成效。4家革命文物主题纪念馆年均接待游客71万人次，推出"长征丰碑·团结之旅"红色旅游品牌，积极响应国家及四川省相关政策号召，建设以长征为主题的国家文化公园四川凉山示范段。与此同时，着眼于红色革命文物的保护与开发，促进革命文物资源在地方经济发展、乡村振兴中发挥优势作用，力争于 2023 年再创 2 个以红色文化为主题的国家 AAAA 级旅游景区，打造国内知名、民族地区最具影响力的红色旅游与民族团结教育旅游目的地。

三　提高脱贫地区综合发展水平

（一）加大易地扶贫搬迁区域后续扶持

针对易地扶贫搬迁区域的后续扶持工作，凉山州一是加强党的领导，通过构建"双联四包"工作机制，由上级领导和部门同大型安置社区双双结对，开展联合帮扶，形成党总支包社区、党支部包楼栋、党小组包单元、党员干部包住户的全覆盖工作体系。二是提升治理效能，构建"一核四治"社区治理体系，即以党组织为核心，自治、法治、德治、智治相结合，在易地扶贫搬迁社区新设居委会 24 个、居民小组 232 个，建立警务室、志愿服务工作站、党群服务中心、妇女儿童之家、新时代文明实践站、智慧社区等多元服务平台，积极主办"牢记嘱托、感恩奋进"主题教育，常态化开展如"文科卫三下乡""五净四有一规范"等文化宣传活动，选树文明家庭、洁美家庭等模范先进，促进居民形成健康文明的新风尚。三是促进就业增收，凉山州出台《促进凉山州易地扶贫搬迁集中安置点就业增收十条措施》，进一步加大对凉山州易地扶贫搬迁区域后续扶持力度，确保搬迁群众稳得住、有就业、逐步能致富。

（二）智慧赋能乡村振兴

一方面，"十四五"期间，凉山州将逐步解决基础教育存在的突出问题，改善"一村一幼""一乡一园"办学条件，继续深入推进"学前学普"行动，预计到 2025 年学前三年毛入学率达到 87%，全州义务教育教学质量得到明显提升；另一方面，凉山州大力推进"凉山州师生智慧赋能乡村振兴项目"，通过开展"凉山州中小学教师网络素养提升""互联网+智慧课堂资源共享"等项目，致力于全面提升凉山州师生网络素养与信息化能力，弥补数字鸿沟，释放数字红利，为凉山州乡村振兴与经济社会发展奠定坚实的教育基础与人才支撑。

（三）推进医保经办管理服务体系建设

"十四五"期间，凉山州出台《关于推进医疗保障基金监管制度体系改革的实施意见》，其中重点涉及深推行业自律管理、推进医保网格化监管、统筹推进相关医疗保障制度改革等十三项措施。预计于 2025 年，凉山州将基本形成以法治为保障，以信用管理为基础，以多形式检查、大数据监管为依托，以党委领导、政府监管、社会监督、行业自律、个人守信为合力的全方位监管格局，建成医保基金监管制度体系和执法体系，确保医保基金监管法治化、专业化、规范化、常态化，推进医保治理体系和治理能力现代化，构建良好的医保环境。

（四）持续改善水环境质量

"十四五"期间，凉山州将全力统筹推进"三水共治"。一是"保好水"，即接续做好邛海、泸沽湖等关键湖泊、河流的综合治理；二是"治差水"，组织开展以磷矿、磷化工、磷石膏库"三磷"企业为重点的"三磷"排查整治专项行动，深入开展"排查、监测、溯源、整治"工作；三是"护饮水"，进一步加强以县级集中式饮用水水源地为重点的水源地水质预警监测系统建设，持续巩固以乡镇集中式饮用水水源地为重点的水源地保护区"划、立、治"工作成果，切实保障群众饮水安全。

（五）接力实施新一轮三年禁毒攻坚行动

"减存量、控增量、防变量"，凉山州一手抓综合整治，另一手抓重点攻坚，将重拳打击与教育挽救相结合，将专业缉毒与全民防毒相配合，在深化铁腕禁毒方面取得新成效。一是重预防，通过开展"千校万生""千村万户""千所万店"等毒品预防教育活动，把毒品预防教育纳入各级干部培训和群众普及内容，深化禁毒宣传教育，切实增强全民拒毒、防毒的底线意识。二是夯基础，动态掌握曾经涉毒的脱贫人口现状及其家庭成员情况，按照不同等级、不同类别分别落实脱毒、教育、戒治、帮扶措施，以发展和建成绿色家园产业为阶段目标，进一步巩固禁毒扶贫成果。三是控风险，健全毒品相关风险监测预警体系，尤其是要加强对易制毒化学品、精麻药品以及重点化学品和设备的风险隐患筛查。四是严管控，全面落实分级分类管控措施，扎实开展"三清一收"专项行动，完善"1+15+N"戒毒康复体系，持续推进禁吸戒治工作；完善"州县一体"缉毒执法工作体系，深化"川01""净边""清源断流"专项行动，严打违法犯罪活动。

第四节　凉山州巩固拓展脱贫攻坚成果经验启示

一　主要经验

（一）以党的坚强领导汇聚合力是核心

脱贫攻坚以来，深度贫困地区在中国共产党领导下，以"中华民族共同体"凝聚力量，发动广大干群、社会力量，在人力、财力、物力等方面形成巨大的帮扶合力，从而极大缓解了扶贫的资源供需压力，大大缩短了脱贫进程。凉山州脱贫攻坚任务的顺利完成，离不开中国共产党的强有力领导和全社会的整合动员。现阶段，党中央再次强调，要确保"四个不摘"，联合多方力量，实现巩固拓展脱贫攻坚成果同乡村振兴的有效衔接。凉山州的实践表明，在中国共产党的领导下，以政府为主导，充分发挥广大干部群众的积极性撬动全社会资源是巩固拓展脱贫攻坚成果的前提。由于地理限制、历史遗留等问题的禁锢，凉山州的发展振兴也需要坚持自身发力与向外借力相结合，凝聚社会合力，凸显新时代"三农"工作的智慧和力量。

（二）以"绣花"功夫让帮扶更精准是关键前提

"绣花"功夫的核心就是结合当地的实际情况，把握好当地的综合态势，找到当地脱贫致富的关键"命脉"，遵循客观规律，将帮扶资金、资源用在该使力的关键点上，用在真正能带来增收的产业、实业上；就是对症下药、精耕细作，找准问题的根子，解开症结的绳子，不断提高帮扶工作的精细化程度，不断提高脱贫地区、脱贫人口的满意度。因地制宜、分类施策、精细化开展工作是脱贫攻坚胜利的关键，也是下一阶段巩固拓展脱贫攻坚成果同乡村振兴有效衔接的核心。在实践中，凉山州采取先易后难的精准策略，依据贫困程度和客观条件，精准研判 11 个贫困县党政班子运行情况，精挑细选帮扶干部，围绕多元渠道选拔一批、基层培养历练一批、靶向储备一批、交叉培养一批、挂职锻炼一批，将干部充实到基层一线。比如，凉山州不断提升帮扶资源的投放精准度，根据不同脱贫地区和脱贫人口的实际情况，有针对性地开展帮扶，缺少就业岗位的就大力拓展公益岗、缺乏技能技术的就引进先进技术与专业人才，这些都体现了凉山州政府的真心、细心和用心。这些精细化措施得到了脱贫人口和广大群众的高度认可，为不断巩固脱贫攻坚成效提供了可参考的样本。

（三）移风易俗树新风以激发内生动力是治本之策

深度贫困地区短期虽然已经实现了物质脱贫，但长期的精神脱贫更难。在脱贫攻坚的过程中，各项优惠政策不断落地，然而部分脱贫人口脱贫致富的主动性降低了，其根本在于未解决精神贫困问题。解决好精神贫困的问题，就会真正激发内生动力。凉山州的实践也表明，保证物质与精神上的双脱贫才是巩固拓展脱贫攻坚成果的治本之策。在帮扶过程中，凉山州锁定移风易俗，聚焦精神引领，结合乡风文明建设十大行动，在全州开展"移风易俗倡树文明新风"主题教育，引导群众摒弃陈规陋习和"等、靠、要"思想，持续推进移风易俗，通过抓机制、定标准、促转变、兴文化，在广大城乡地区打出一套"组合拳"，让崇德向善、勤俭节约的文明新风"吹散"陈规陋习，推动全州城乡群众精神面貌发生显著变化，树立起文明、健康、向上的乡风民风，有效激发脱贫地区、脱贫人口的主观能动性。

（四）发挥教育功能阻断贫困代际传递是长久之计

扶贫要扶智，凉山州主要通过"学前学普"与"控辍保学"行动夯实教育基础，为进一步深造提供先决条件。"学前学普"行动重点瞄准儿童，从学前教育抓起，通过幼儿园日常生活的语言环境再造及教育，实现了儿童听懂、会说、敢说、会用普通话的目标，为帮助儿童在学龄前解决语言问题，打好学习、生活语言基础，阻断贫困代际传递提供了重要支持。不仅如此，凉山州还通过开展"小手拉大手""农民夜校"等活动，将对儿童的普通话教育推广到其家庭，提升了成年人与外界的基本沟通能力。"控辍保学"行动保障了适龄儿童正常接受义务教育的权利，凉山州委、州政府联合制发了《凉山州深化控辍保学学籍户籍信息化比对清理核查专项整治工作方案》，通过摸底排查、联控联保、行政督促、动态监测等举措，全面封堵失学辍学漏洞，保障每一个儿童接受公平教育。凉山州的实践表明：凉山州脱贫任务艰巨的一个重要原因就是当地群众语言不通且受教育水平低。一个地区想破除壁垒，实现长久的发展，必须提高当地人才素质。这就要求必须充分发挥教育功能，普及通用语言，养成学习习惯，打下教育基础。这些措施和成效也为部分非洲、南亚等地区的国家突破语言障碍、提升教育质量、保障脱贫地区可持续发展提供了参考。

二　实践启示

（一）重塑治理伦理

贫困治理伦理与一定社会历史阶段的治理特征相重合，具有显著的发展性色彩、阶段性刻画和动态性呈现等特质。脱贫地区在摆脱绝对贫困后，接续推进相对贫困治理，先要实现治理伦理的转变。一是从"生存正义"向"均衡正义"转变。所谓"生存正义"主要立足于保障贫困人口的生存合理性，更加侧重于传授基本生存技能、开发基本生产资源、保障基本生活资料。在解决了满足基本物质需求的绝对贫困后，相对贫困的凸显反映了人民日益增长的美好生活需要和不平衡不充分的发展之间的矛盾（向德平、向凯，2020）。为此，相对贫困治理的伦理取向应致力于通过社会均衡发展、社会公共服务均等化来实现区域、城乡及群体之间的"均衡正义"。二是从"单维取向"向"多维取向"转变。长期以来，经济状况是贫困测度标准和贫困划线标准的最重要指标，客观上导致了贫困人口多维发展受限。缓解相对贫困绝非单一的经济治理问题，是生态环境、健康、医疗、教育、参与能力等因素共同作用的结果。要摒弃单纯以经济状况为指标的贫困测度和瞄准靶向，实现治理伦理的多维度转变，确保相对贫困治理的可持续性和整体增益性。总而言之，治理相对贫困的伦理取向要从实现贫困人口基本"生存正义"调整为实现群体、区域和代际的"均衡正义"，从单维度的经济标准转向以促进人的全面发展和社会全面进步为目标的"多维取向"。

（二）重塑治理目标

从绝对贫困到相对贫困，除治理伦理发生变化外，我国贫困治理的总体目标也在转变，即与"治贫"相比，更侧重于"防贫"，与"脱贫"相比，更侧重于"发展"。具体而言，一方面，实现由"消除贫困"向"巩固成果"转变。实践证明，扶贫工作容易陷入"扶贫—脱贫—返贫"的恶性循环（黄承伟，2019），有数据显示，"2020年已脱贫人口中有近200万人存在返贫风险，边缘人口中有近300万人存在致贫风险"（刘新吾等，2020）。因此，防范和化解欠发达地区、特殊困难群体、边缘户再次陷入绝对贫困的风险，以及杜绝新生绝对贫困规模性蔓延仍是全面脱贫后的重要治理目标之一。另一方面，实现由满足"生存需要"向满足"发展需要"转变。伴随脱贫人口（地区）立体化发展需求代替生存性需求，治理相对贫困不仅要关注经济收入的增长，更要全面关注民生发展的多维需求，要逐步将权利、能力、文化等要素纳入相对贫困识别和治理的体系当中，以发展的公平性和充分性来回应人们日益丰富且复杂的发展预期。其中，要将治理的重点聚焦到缩小收入差距和基本公共服务差距上来，在经济社会发展的一系列政策中确保相对贫困人口社会保障体系的建立与完善，为逐步迈向更加包容的共同富裕的社会奠定坚实基础。

（三）重塑治理空间

长期以来，解决农村绝对贫困是我国扶贫工作的首要目标，贫困标准的确定、扶贫政策的制定、脱贫成效的考核都是以解决农村绝对贫困为靶向，脱贫攻坚的治理范畴并未将城镇低收入群体纳入其中。随着中国迈入相对贫困治理新阶段，相对贫困人口的空间分布不再局限于农村，而是点状式分布在农村、城市以及城乡接合地带。与此同时，随着城乡融合发展进程加快，城乡界限愈发模糊，城乡二元结构的绝对分野被逐步打破，原有贫困治理的属地特性将会因为贫困的分散性和流动性而逐渐丧失效用。[1] 可见，贫困空间格局的重塑，要求在城乡融合的空间理念下统筹推进相对贫困治理（白永秀、刘盼，2019）。具体而言，一方面需要将城乡贫困治理问题同等对待，尤其是社会保障权益的平等问题，社会保障制度的完善应该是城乡同步推进；另一方面是促进生产要素在城乡之间的合理流动和优化组合，促进城乡经济协调发展。总之，无限拉近的城乡地理空间距离和制度距离，要求突破原有贫困治理的属地特性，更加重视城乡贫困协同治理。

（四）重塑治理模式

精准扶贫时代，国家采取超常规的思路和举措，以前所未有的力度推进脱贫攻坚，创造了人类减贫史上的奇迹（顾仲阳，2019）。同时，历史经验也证明，当超常规治理任务完成时，迫切需要推动超常规治理与常规治理有序转换，即实现治理模式的系统性调适。全面脱贫后，中国进入推进共同富裕、缓解相对贫困的新阶段，相对贫困作为一种社会发展分化的产物，也是一种长期社会现象。为此，要更加注重和突出常规治理在转换和调适中的主导作用，有必要将相对贫困治理融入乡村振兴战略中，形成教育、就业、健康、生态等多部门协同参与的、常态化的综合治理体系。与此同时，由于相对贫困的复杂性，政府不可能完全采取"大包大揽"的治理方式，而要鼓励并引导更多市场力量、社会力量协同发力，激发相对贫困人口的主体力量和内生动力，形成共建共治共享的相对贫困治理格局。总之，进入相对贫困治理新阶段，超常规治理模式有必要转型，转型的方向不是以往的常规治理的简单复制，而是符合我国相对贫困治理现代化要求的新型常规治理模式。

---

[1] 有学者估算，2019 年，我国外出务工农民有 29077 万人，以城镇居民人均可支配收入中位数 50% 测算，我国 2019 年的城镇居民相对贫困发生率为 11.8%，但农民工的相对贫困发生率高达 26.3%。

本章小结

全面脱贫后，如何巩固拓展脱贫攻坚成果和进一步解决相对贫困问题，仍是"十四五"时期乃至更长时间内脱贫地区面临的重要任务。"全国脱贫看四川，四川脱贫看凉山"。为此，本章选取凉山州为样本，深入剖析凉山州巩固拓展脱贫攻坚成果、缓解相对贫困的治理实践，以期对我国其他原深度贫困地区脱贫后的接续发展提供有益参考。

第一，2020年凉山如期取得了全面消除绝对贫困、实现了"两不愁三保障"的全面胜利，其减贫成就主要体现在：贫穷落后的农村面貌得到极大改变、农村产业发展基础进一步夯实、社会治理能力得到有效提升。凉山州的减贫成就产生了较大的国际国内影响力，集中体现了社会主义制度的优越性。

第二，虽然凉山州如期全面消除了绝对贫困，经济社会发生了翻天覆地的变化，但是凉山州在全国经济社会发展中的"底部"基本态势没有根本改变，巩固拓展脱贫攻坚成果仍然面临特殊困难群体返贫风险较大、产业结构亟待优化升级、易地扶贫搬迁集中安置点治理难度较大以及区域内部差距依然突出的挑战。为此，凉山州多措并举，以构筑严密政策体系，采用防止返贫动态监测工作法，以及持续推进脱贫地区产业发展、提高脱贫地区综合发展水平为抓手，全力巩固拓展脱贫攻坚成果，提高脱贫质量。

第三，凉山州在打赢脱贫攻坚战的同时，探索出一条能够巩固拓展脱贫攻坚成果，有效衔接乡村振兴，逐步实现共同富裕的有效路径。其经验主要包括：以党的坚强领导汇聚合力是核心、以"绣花"功夫让帮扶更精准是关键前提、移风易俗树新风以激发内生动力是治本之策、发挥教育功能阻断贫困代际传递是长久之计。与此同时，凉山州巩固拓展脱贫攻坚成果实践也为我国其他脱贫地区提供了有益启示，即在贫困治理转型过程中，要实现伦理、目标、空间以及模式的系统性重塑，从而推动贫困治理体系和治理能力的现代化。

第十六章
基于城乡统筹的相对贫困治理实践
——来自成都市的案例

统筹城乡发展，推进经济社会发展向包容性社会转型，是缩小城乡发展差距、缓解农村相对贫困、破解空间贫困陷阱的重要途径。成都市是我国西部重要的国家中心城市，并在 2008 年确立为"国家统筹城乡综合配套改革试验区"，其探索不但在促进城乡一体化的诸多尝试方面颇具特色，而且具有一定的普遍意义和推广价值。本章以成都市城乡融合发展为研究案例，系统梳理成都探索实践，总结成都探索经验，以期为其他地区深化城乡改革、缓解农村相对贫困、推动共同富裕提供有益借鉴。

第一节　城乡统筹发展的基本内涵

一　城乡统筹发展的科学内涵

目前，对城乡统筹发展内涵的认识仍存争议。有的研究认为城乡统筹发展实际上就是思维方式的一种变革，不再局限于城市发展工业、农村发展农业的思路，而是将城市和农村的发展综合起来考虑，逐步建立工农一体化的发展理念，统一协调解决城市和农村发展面临的问题。也有研究指出，城乡统筹发展就是利用城镇化逐步破解城乡二元经济结构，在国内建立统一的现代化社会经济结构，协调融合城市和农村的文化理念、空间布局、资源等，从而能够实现城乡共同繁荣发展。还有研究提出了"统筹城乡发展"的概念，认为应当将城市和农村发展统一纳入国民经济社会规划中，统筹解决城市和农村发展难题并协调好城乡发展关系。

从上面几种观点可以看出，众多学者对城乡统筹的理解大同小异，只是表述的语言不同而已。当然，"城乡统筹发展"和"统筹城乡发展"还是有一定的区别的，"城乡统筹发展"是名词短语，表述的是一种状态或者目标，而"统筹城乡发展"是一个动词短语，表述的是一种方法或者战略。但是，二者的区别并不大，有时可以混用，本章以"城乡统筹发展"为主。显然，城乡统筹发展是相对于传统体制下城乡分治、工农分割的二元结构而言的。

城乡统筹发展实际上就是打破二元经济社会结构，让城市和农村居民能够在国家享有同等的地位、身份和机会，利用政策制度协调资源要素在城市和农村地区的双向流动和科学配置，形成城市和农村关系发展的良性循环。在发展中，既要充分利用城市优势带动农村地区发展，让工业带动农业的现代化转型升级，又要发挥好农村对城市建设的支撑作用，实现城乡的互动发展，更要逐步改变城乡二元结构，在现代社会建立更为和谐的城乡关系，将城市和乡村的发展统一起来。

二　几个相关概念的不同理解

（一）城乡统筹与城乡一体化

城乡一体化是城乡统筹的来源，两个概念都是在科学发展的背景下提出的，同时两者都倡导在国民经济社会发展中将城市与农村发展视为整体，而不能割裂城市和农村的发展。

但城乡统筹和城乡一体化也存在一定差别：从目的论角度看，城乡一体化主要强调长期的目标，是推动城乡融合发展的结果，而城乡统筹更强调发展的过程，是在推动城市和农村发展中的一种思维理念和工作方法，用统筹的原则来具体指导城乡发展实践。

从方法论的角度看，城乡一体化是通过不同政策手段不断缩小城乡差距，最终实现两者的同步发展和共同富裕，而城乡统筹是在保持城市和农村各自的资源特色和发展优势前提下推动二者的协同发展。从实践论的角度看，城乡一体化往往是在城市化发展水平较高时所明确的发展方向和选择，而城乡统筹能够对当期的城市和农村发展提供更具可操作性的指导思路。

（二）城乡统筹与城乡差别

城乡统筹要求在发展中逐步缩小城乡差距，但并不会完全消除城乡差别，不是将所有的区域全部发展为彻底的均质空间，而是在发展中仍然保留城市和乡村在空间布局、文化传统、生活方式、产业结构等方面的差别。城市和乡村属于两种不同类型的聚落空间，两者本身承担的功能分工就具有一定差别，不可能完全消除。

城市与乡村在发展中都有自身的特色，乡村地区人口密度低，自然景观分布合理，生态环境更加接近大自然，这是城市所不具备的。城市和乡村的差别也反映了，区域发展的多样性彰显了各自的特色。城乡统筹就是要协调好城市与乡村的多样性，而不是在实践中发展建设毫无特色的城市。

（三）城乡统筹与城乡融合

城乡融合更加强调淡化甚至消除城市与乡村的差别。这一理论突出了城市和乡村在各自发展中的互动交流。城乡融合与城乡一体化和城乡统筹的内涵具有一致性，都是强调要赋予城市和乡村平等的发展机会，要让乡村经济社会发展获得更多的支持，同时推动城市和乡村发展的相互促进与互动。

城乡融合与城乡一体化这两个概念具有相似的内涵，都是吸收借鉴部分国家城乡发展经验教训后提出的理想型发展目标，是在社会发展进入一定阶段、城市化建设取得一定成效的前提下提出的理论，是城市和乡村发展基本实现现代化、城乡社会福利保障等逐步统一化并建立了城乡基本的交流体系和制度后的结果。城乡融合实际上也是推动城市和乡村建设发展中的理想目标，而城乡统筹则是在实现融合过程中所采取的必要手段。

进一步说，城乡融合能够为城乡统筹设定目标，提供思路原则方面的指导，但是绝不能替代城乡统筹，相反，只有通过城乡统筹才能实现城乡融合的理想目标。因而城乡统筹在国家经济社会发展中具有可操作性和实在性。

（四）城乡统筹与城乡联系、城乡协调

城乡联系在推动城市和乡村发展中涉及多个领域的综合问题，这也是推动实现城乡一体化、城乡统筹等的基本前提。城乡联系能够较好评估城市和乡村在发展建设中的相互作用，城乡一体化、融合和统筹都应当纳入城乡联系中。城乡协调主要是针对城乡关系中出现的失衡和矛盾而提出的，这种失衡可能仅仅出现在某一领域的城乡关系。

城市和乡村只有实现协调发展，才能够推动各类生产要素在城市和乡村实现自由流动和优化配置，进而能够逐步缩小甚至消除城乡差距，城乡一体化、融合和统筹实际上都是城乡协调的一种具体类型。

三　城乡统筹发展的主要内容

（一）统筹城乡经济发展

统筹城乡经济发展是基础和前提，如果不能实现经济统筹，那么其他领域的工作和发展就成了空谈。"统筹城乡发展"是在实现城市和乡村经济协调发展的背景下来推动政治、文化、社会、生态等多个领域的共同健康发展。具体来说，统筹城乡经济发展包括进一步健全国民收入分配体系，加快推动城市和乡村经济产业结构调整。

（二）统筹城乡文化发展

统筹城乡文化发展有利于帮助农村地区获得更为优质的文化资源，从而加快实现农村社会的现代化。在实践中，统筹城乡文化发展必须抓住关键环节，加强对城乡文化发展顶层设计、配套设施、人才队伍、市场建设等的统筹规划，在城乡合理配置文化资源，特别是向农村地区输送更多优质文化资

源，从而让农村居民获得更好的休闲、教育、学习的机会，提高农村居民的文化素质，进而利用文化带动引领现代乡村建设，并推动乡村和城市的文化交流。

（三）统筹城乡政治发展

统筹城乡发展还必须注重政治发展，要切实加强城乡地区的社会民主政治建设，通过宣传教育等途径，不断增强城乡居民的法治观念和意识，让城乡居民能够在政治生活中享有平等的权利。统筹城乡发展要确保农村居民能够获得与城市居民同等的国民待遇，要更好满足农村居民的政治参与意愿，逐步消除城乡居民在国家政治生活中的权利差别，从而建设更加民主的城市和乡村。

（四）统筹城乡社会事业发展

在现代社会发展中，社会事业发展对改善社会成员关系、促进城乡发展具有关键作用。统筹城乡社会事业发展能够更好改善城乡关系，实现城乡地区的全面发展。在实践中，必须解决好当前农村地区社会事业发展落后的问题，加大对农村地区社会事业的投资和扶持力度。具体来说，要统一规划设计城乡地区基础设施，加快构建一体化的城乡居民社会保障政策和制度体系，合理安置城乡剩余劳动力，同时加快推动城乡地区生态文明、公益慈善等事业的发展。

第二节　成都市城乡统筹发展的演进历程

一　改革开放以来发展期（1978—2006 年）

党的十一届三中全会后，我国经济社会呈现欣欣向荣的发展态势，工业化进程持续加快，城市化进程高速推进。在此背景下，成都市也顺应改革的东风，全面加大城市化推进力度，一方面调整原有的发展规划路径，从以中心城区为核心向外扩散式发展转变为"向东向南"组团式发展，这优化了城乡二元结构，也加快了城市建设的步伐；另一方面则建立健全基础配套设施体系，不断完善城市功能。1993 年，成都市因城市规模的扩大和经济的高速发展，被确立为西南地区的"三中心两枢纽"。

为了更好顺应时代发展，成都市也采取了一系列有力措施加快推进旧城改造工程，同时也加大资源投入，全力推进东部、南部新区建设。1980—2005 年，成都市中心城区面积大幅增加，年均增长率在 7.8% 以上，这也从侧面反映出成都市城乡发展迅速，城乡建设取得了阶段性成果。此外，从人口来看，在贯彻落实城镇化政策过程中，成都市通过健全户籍管理制度、优化调整产业结构、盘活农村地区商品经济等有力手段，使非农业人口数量激增，截至 2006 年，非农业人口所占比重已经突破 50%，这也说明成都市城镇化建设初见成效。从行政规划来看，1988—1994 年，成都市政府先后将灌县、彭县等县升格为"市"，在 2002 年，将新都等县改制为市辖区，形成了成都市 9 区、4 市、6 县的行政区划格局。上述举措一方面提高了城镇化率，促使农村劳动力向城镇流动；另一方面优化了城市的发展格局，极大促进了城乡一体化发展。

二　统筹城乡综合配套改革试验区建设期（2007—2015 年）

2007 年，国家基于"五个统筹"，以成都市和重庆市为突破口，加快建立了全国统筹城乡综合配套改革试验区，明确表示成都市等试点区域要积极响应国家重大战略部署，贯彻落实城乡统筹政策，建立健全区域基础设施配套体系。而这也加快了成都市城乡改革进程，有力促进了城镇化率的提高。相较于其他地区而言，成都市有着得天独厚的地理优势和丰富的资源，拥有大面积且无遮挡的成都平原，为区域城乡改革发展创造了有利的条件。另外，成都市作为交通枢纽，凭借便利发达的交通，与其他城市和地区保持密切的交流，实现了信息、资金等资源的集聚，实现了劳动力的灵活流动。从具体规划来看，成都市的城乡改革发展主要是从产业结构调整、基础设施建设、城市综合治理等方面着手，以期改变城乡面貌，推动城乡一体化协调发展。

随着统筹城乡综合配套改革试验区的建立，成都市放松了户籍管理，允许符合条件的人口直接入户成都，同时逐步消除农村和城市户口的界限，既保证了农村人口的流动性，扩大了城市人口规模，又打破了城乡居民权利不对等的桎梏，2008 年，成都市着手开展农村土地和房屋产权制度的创新完善工作，以立法的形式明确了农村再用土地的根本属性及内涵，这有力保障了农民的根本权利，又有效避免了城市商业的侵蚀，维持了农村用地和城市商业用地的平衡。另外，为了解决区域"三农"问题，成都市完善农村金融体系，鼓励与引导金融机构加大对农村地区的金融支持力度，并搭建基于市场机制的投融资平台，保证了金融资源的均衡配置，还贯彻落实金融创新制度，设立了邛崃国民村镇银行，充分发挥了市场机制在城乡统筹发展中的资源配置和调节作用，实现了生产要素在城乡地区的合理流动，为城乡一体化建设奠定了扎实的基础。

三　调整优化期（2016 年至今）

面对城镇化建设和城市现代化发展的现实需要，成都市启动了新一轮城市总体规划（2016—2035 年），进一步调整了行政区划，形成了东、西、南、北、中五大主体功能区，同时将邛崃市等区域也一并纳入城乡统筹规划中来，并在此基础上严格遵循因地制宜的基本原则，结合城乡统筹改革现状，贯彻落实"东进""南拓"等战略，这也为当地的城乡一体化建设注入了新的活力。

一是在管理体制方面，成都市立足整体性思维，坚持全域一体、多规合一，从产业建设、空间布局、公共管理等多方面统筹规划，推动了农村地区高质量发展，缩小了城乡间的发展差距。2017 年，成都市颁布施行《关于实施乡村振兴战略建立健全城乡融合发展体制机制加快推进农业农村现代化的意见》，着重强调要以建设美丽新乡村为根本目标，将城市与乡村、工业与农业看作有机整体，通过城乡资源的优势互补、工农互促，打破城乡的二元结构，建立相互促进、和谐友好的新型城乡关系。二是在产业布局方面，成都市结合农村地区的资源情况，在恪守永久基本农田保护红线的基础上，重新优化了农村地区的产业结构，加快推进农业农村现代化发展，促进了农村产业融合。三是在制度建设方面，成都市建立新型城乡保护机制，优化完善乡村振兴组织架构，实行多元共治城乡治理机制，这既改变了城乡发展面貌，有效提升了人民的幸福感和获得感，又加快了城乡发展进程，使成都市迈向城乡融合的新阶段。

第三节　成都市城乡统筹缓解相对贫困的主要举措

一　探索构建城乡一体的社会救助体系

近年来，成都市着眼地区实际创新发展社会救助体系，已经在成都地区建立了以政府救助为主，以社会关爱救助为辅的救助体系，从而利用社会救助来提高相对贫困治理质量，为实现共同富裕提供兜底性安排。

（一）构建"纵向到底、横向到边"的城乡一体化社会救助体制

"纵向到底、横向到边"的城乡一体化社会救助体制见图16-1。

1. 建立两级管理平台

首先，成都市在社会救助工作中建立了从市到各区县的联席会议制度，由各级政府分管领导和有关部门负责人共同参与，利用联席会议制度及时协调解决有关社会救助矛盾问题，实现了社会救助的平台化管理。其次，在乡镇、街道和社区建立末端管理平台，由乡镇司法所、医疗机构和学校参与社会救助的申请受理、审查、钱物发放、监督等具体工作。成都市在社会救助中通过建立两级管理平台，构建了高效率、全覆盖的社会救助体系，能够统筹整合成都市各类社会救助资源，提高了社会救助事项的办理效率，让更多群体能够从社会救助中获益。

2. 完善救助管理制度

成都市联席会议制定了严格的会议规则，召开例会，研究部署成都市城

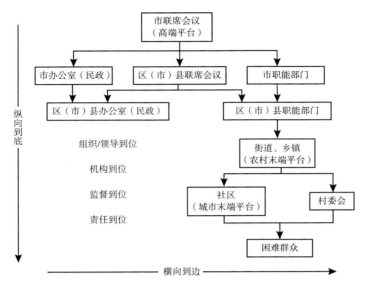

图 16-1　"纵向到底、横向到边"的城乡一体化社会救助体制

资料来源：课题组自制。

乡一体化社会救助工作，通报有关社会救助情况，加强对前期社会救助目标的考核和评估。联席会议还明确了成都市各部门在社会救助中的具体职责，制定了清晰明确的工作流程。市委、市政府负责监督考核社会救助目标任务的实际完成情况，并与成都市各单位的绩效考核挂钩，通过有效的制度安排，保障救助体系运转。

3. 建立社会救助信息平台

2005 年以来，成都市政府投入大量资金来建立覆盖全市的社会救助信息平台。这一平台包含 43 项救助内容，涉及房管、残联、教育、卫生、民政等8 个职能部门，能够随时调用有关信息并在各个部门进行信息共享。社会救助信息平台有效整合了不同救助资源，提高了社会救助的管理审批效率，同时也为群众获取救助提供了更为便捷的途径。

4. 完善救助监督机制

成都市在开展社会救助的过程中还建立了严格的监督机制，监督主体既包括政府审计、监察等部门，又动员社会群体、普通群众参与监督，及时对全市社会救助工作开展监督评议，向社区群众发放救助指南，借助广告栏、网站等加强对社会救助政策制度、办理流程等的宣传，确保社会救助全过程透明。

（二）采用"基础工作+特色项目"的新型救助方式

成都市在社会救助中通过设定一定的救助标准，由不同职能部门来为满足救助条件的家庭提供教育、医疗、住房、低保、就业等救助服务。成都市提供的这些普惠性救助服务虽然能够满足被救助对象的基本生活需求，但是无法为部分特殊群体的个性化发展提供有效帮助。对此，成都市开始建立社会关爱救助体系，逐步引入专业化的社会力量来为特殊困难群体提供更具针对性的救助，成功探索出"基础工作+特色项目"的救助模式，救助前先对被救助对象开展调查并评估这些对象的具体救助需求，而后将社会专业资源与被救助对象进行对接，这样就能够利用政府救助资源和社会救助资源来更好满足被救助对象的个性化需求，让被救助对象能够切实获得所需要的救助资源，这一模式也大大提高了成都市社会救助的精准性和实效性。

例如，近三年，成都市郫都区就针对被救助对象开展了3996次需求评估，并结合被救助对象的实际，制订了2358份精准化援助方案，救助内容涉及房屋改造、残疾人护理、儿童教育、老人养老、医疗救助等20余项内容（见表16-1）。

表16-1　成都市郫都区特殊困难群体特色救助项目

特殊困难群体类型	主要需求及特点	项目名称	项目主要内容
困难儿童和困难学生	学习用品匮乏、亲子关系较差	助学展翅计划	以教育联盟为基础，提供教育培训课程，提升学习能力
		让红领巾自由飞翔计划	以开学季为契机，为困难儿童和学生募集学习用品等
		360爱心包援助计划	以大米、油、鸡蛋、牛奶等健康食物为主的价值360元的爱心营养包

续表

特殊困难群体类型	主要需求及特点	项目名称	项目主要内容
困难儿童和困难学生	学习用品匮乏、亲子关系较差	乐助学习空间改善计划	改善学习环境、提供书籍等,营造良好学习氛围
		公益大讲堂援助计划	针对儿童心理健康成长开展相关公益讲座
		"童心—同行"援助计划	以儿童成长小组、暑期假日活动、图书漂流活动的方式开展相应活动
		"亲亲一家人"援助计划	以爱心结对的方式,对接爱心人士,一对一帮扶困难家庭学生
困难妇女	渴望获得就业相关技能、渴望补充相关健康知识	"一个女人一个家"计划	以举办女性健康知识讲座的方式,提高困难妇女自我保护意识和疾病预防意识
		"赋能计划"培训班	围绕家政服务、种植养殖等技能开展培训
困难老人	行动不便、年事已高、子女常年不在身边陪伴	"乐助家·居家环境改善"	打造具有局部功能性或实用性的防护设施,改善居住环境和提高居住安全性
		"公益大讲堂"项目	开展以卫生、健康、救护、防病减灾、救助、心理辅导为主要内容的讲座
		"暖冬爱心包"项目	提供棉被、棉衣等御寒物资
		"让爱回家"项目	入户陪伴、微心愿实现、组织集体活动
		多彩活动暖夕阳项目	开展朋辈关系搭建互助支持网络援助活动
		"乐享速递"温情援助项目	提供送餐、餐费补贴、居家环境改善和爱心陪伴等服务
困难残疾人	改善经济状况,提升医疗康复水平	公益市集	搭建残疾人手工艺品义卖平台,引入社会企业参与
		梦想改造家	开展适老化改善项目
		爱是同心圆生计发展项目	开展培育盆景、多肉植物和制作手工艺品的培训活动
		爱·相伴残疾人工坊	开展手工技能培训工坊
		"益暖人心—相伴你我"医疗援助项目	社区体验营活动、团体心理辅导活动
		居家照料培训项目	开展日间照料培训以及成立心理减压小组
因病致贫困难群众	减轻经济负担、减少疾病的困扰	"医疗援助,康复到家"计划	检查身体、免费诊断病情、派社工和志愿者定期入户陪伴、提供药品及医疗器械等物资支持
		医疗联盟援助计划	动员全区各医院、药房结成联盟,提供医疗救助及药品救助

资料来源:根据成都市郫都区相关政策文件整理。

（三）　实施"政府主导+多元参与"的新型救助体系

2014年《社会救助暂行办法》就提出要在社会救助中引入更多社会力量，而成都市对社会力量的引入还明显不够，比如政府部门与社会力量的救助衔接不够顺畅、社会力量参与救助缺少明确的法律政策依据、对社会力量救助的监督管理不完善等。对此，成都市加快建立了关爱援助体系，在社会救助中引入了更多专业的社会力量，从而将过去由政府完全主导的救助体系转化为"政府主导+多元参与"的新型救助体系。这样的救助模式能够更好地统筹配置政府和社会的各类救助资源，实现不同主体在社会救助体系中的有效衔接，利用社会主体来弥补政府救助存在的不足。

从成都市目前构建的新型救助体系运转来看，成都市政府是主导者，负责制定社会救助政策和规划方案，为社会救助提供财政资金支持，不断优化完善救助制度和监管体系等，这些都是成都市政府在救助体系中承担的责任。在实践工作中，成都市政府坚持在社会救助中采取"一门受理，部门协同"的工作机制，梳理汇总民政、教育、医疗、住房等不同领域的救助政策，利用多样化手段来加强社会救助宣传。成都市现有的关爱援助体系将企事业单位、高校、社区和社会组织等都纳入其中，这样就能为被救助对象提供多样化救助资源。

（四）　打造"智慧平台+社会救助"的新型救助模式

当前社会救助的重点已经转向了相对贫困，这就要求对被救助对象进行更为精准的动态跟踪监测，及时识别被救助对象的信息需求，并将有关救助服务递送给被救助对象。成都市为了进一步提高救助效率，还打造了"智慧平台+社会救助"的新型救助模式，充分利用大数据技术挖掘分析有关救助信息资源，利用数字技术畅通社会救助渠道。

例如，温江区在社会救助工作中就开发了智慧平台，并研发了手机App、小程序，从而实现了数字化救助。首先，能够对救助数据进行高效率实时采集。温江区在微信端研发了"温江民政"小程序，该小程序包括信息采集和一键求助等功能，借助微信小程序来搜集被救助对象的家庭状况、财产、住房、求助事项等关键信息，从而减轻了人工采集信息的负担。其次，利用大数据技术对被救助对象进行精准画像，利用小程序搜集有关数据后就能够自动生成不同家庭的四色二维码，精准匹配家庭状况、资源配置、监测周期等，通过大数据技术及时发现、识别不同类型被救助对象，并实施精准救助。最后，借助智慧平台减轻基层人员工作负担。智慧平台能够利用数字技术完成对低收入人口的动态信息采集和监测，基层工作人员利用智慧平台及时匹配有关政策和救助措施，这样就能够避免基层人员重复采集信息，也能够提高信息的及时性，从而大大提高了基层救助工作效率和专业化水平。

二　推动城乡义务教育一体化

成都在统筹城乡发展中也在不断探索教育均衡发展，制定并实施了成都教育八大措施，加大对农村地区的教育资源投入，努力推动农村中小学标准化建设，切实满足农村居民家庭对教育的需求，最大限度实现成都地区城市和农村学生享有同等教育资源和机会，让教育公平真正在成都落地。

在推进城乡义务教育一体化进程中，地方政府不仅要平衡教育资源，实现城乡义务教育公平发展，还要提升治理能力，实现城乡义务教育质量的提高。成都市将教育摆在城乡一体化发展的重要位置，在多个规划纲要和城市建设方案中都明确提出了要优先发展教育。成都市在发展教育中对城乡义务教育一体化非常重视。2009年4月5日，成都市与四川省和教育部签订合作协议，在成都探索建立统筹城乡教育综合改革试验区。2009年9月11日，成都市制订了试验区的具体方案，明确了在成都市探索建立统筹城乡教育综合改革试验区的目标任务、工作重点、流程措施等内容。同时为了确保成都市各级政府都能够贯彻执行统筹城乡教育综合改革试验任务，成都市还将具体的改革试验目标进行了分解，划分不同阶段，明确2008—2020年的城乡教育一体化目标。成都市在统筹城乡教育综合改革试验中明确提出将城乡教育一体化作为最终目标，并划分不同阶段来逐步实现这一教育发展目标。对义务教育阶段来说，成都市发展教育的目标就是逐步实现城乡义务教育一体化。

总体而言，成都市在统筹城乡教育中明确了核心目标，并针对城乡教育一体化构建了完善的制度体系，从而形成符合成都市教育治理规模的稳定治理机构，能够较好解决当前成都城乡教育面临的现实问题。在实际的操作实践中，首先，成都市在各部门中积极灌输"全域成都"的观念，这样就能够让成都市各部门围绕制定的城乡教育目标协调配合，从而更好统筹成都市教育资源，避免在推进城乡教育一体化中各行其是。其次，地方政府在组织制度上通过灵活切换集权与分权模式确保各项决策的统一性与有效性，这样就能够通过逐级代理制发现最佳的组织模式。成都市在推进城乡教育一体化中将权力从县级上移到市级，由市政府统一做出有关城乡教育一体化的决策，进而确保在全市范围内实现有效治理。最后，成都市在统筹城乡教育中还建立了系统的应对机制，既包括长期、短期目标机制，又涵盖教育产品供给、动态监督等机制，从而确保各项政策的有序执行，通过不断创新治理机制解决城乡教育一体化面临的各类问题，实现教育治理目标。成都市城乡义务教育一体化的制度分析框架见图 16-2。

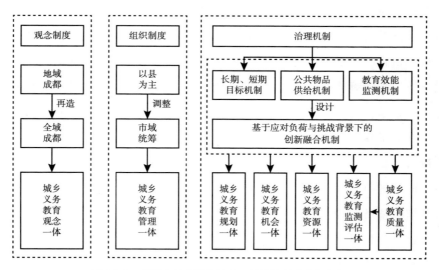

图 16-2 成都市城乡义务教育一体化的制度分析框架

资料来源：课题组自制。

三　积极推动城乡要素自由流动

（一）以落实农民财产权为旨向，推进农村产权制度改革

成都为了规范农村产权交易，成立了成都农村产权交易所，在遵循农村产权交易规律的基础上建立了一整套农村产权交易的程序、规则、流程，采取了一系列有力举措。一是完善平台体系，以全市"一个交易平台、四级服务体系"的模式重新定位市、县、乡、村的职责，理顺与14个涉农区县的产权交易平台建设关系，开展省级交易体系建设工作，并已与德阳、巴中等29个意向地区达成共建交易平台的战略合作意向，与37个区县实现了林权联网交易。二是推进交融结合，成都农村产权交易所与成都农商银行签订战略合作备忘录，将在"推动农村产权交易体系建设"等八个方面开展深入合作，并与相关金融公司共同研发了创新金融产品"邦农贷"。三是丰富交易品种，把丰富交易品种作为服务"三农"的重要工作之一，拓展了农村土地经营权、林权、涉农资产以及农村土地综合整治项目等多种交易品种，2015年，建设用地指标交易29亿元，集体建设用地使用权交易1.5亿元，农村土地经营权交易10.7亿元，林权交易3.28亿元，农村土地综合整治项目交易4.2亿元，涉农资产交易0.25亿元。

（二）以"同地同权同价"为目标，推进集体建设用地入市

成都市不断探索集体建设用地流转模式，推动土地要素在城乡之间自由流动和优化配置。成都地区在推进土地综合整治中并没有采取单一僵化的模式，而是根据不同区域的经济、地理环境等实际，探索多样化土地整治模式，同时，除了政府参与土地综合整治外，还引入了社会资金，进而在不同区域形成了独具特色的土地综合整治模式。比如，锦江区在土地综合整治中摸索出"大整理、大集中、大配套、大流转"模式，提高了土地利用效率；金堂县竹篙镇则是提出了"产村相融"的整治模式，统筹规划农村地区的房屋改造、风貌打造和产业基地建设，让土地综合整治与农村产业发展同步推进；郫都区和龙泉驿区则在土地综合整治中分别探索出"五自"模式和"生态移

民"模式等。成都市在推进土地综合整治中不仅注重实现土地的集约利用，还注重在整治中打造农村特色风貌、改善农民生活条件。成都市在确保农村居民建设新居的土地和乡镇企业用地后，复耕部分零散的集体建设用地，调剂一些节余的建设用地指标，优先分配给县镇区域的产业集聚区，这样就能够实现土地要素的最大效益。成都市大胆创新集体建设用地流转制度，明确了流转土地范围，覆盖了所有合法的集体建设用地，不仅包括农村房屋用地，还包括乡村公益用地和工业用地，在流转中可以出租、抵押、转让或者作价入股等，集体建设用地在流转后可以投入商业、公益、工业、服务业等领域，也可以由集体来建设房屋对外租赁。

（三）以放活经营权为突破口，推进农村土地适度规模经营

积极推动农村土地流向新型农业经营主体，让农村地区合作社、企业、种养大户能够获得足够的土地。成都市在探索农村土地适度规模经营中成功创建了"大园区+小农场"、土地股份合作等不同经营模式，同时在推动现代农业发展中探索出土地托管经营制、农业共营制等方式；在推动农村承包地产权制度改革中明确提出了"三权分置"，划清了土地承包权和经营权的边界，鼓励农村地区将土地经营权进行流转，同时为有土地需求的新型农业经营主体办理土地经营权证，加快协调银行等金融机构来为成都各地区农业发展提供支持。截至2021年，仅成都市金堂县就实现了24.52万亩土地经营权流转，土地适度规模经营66.16万亩，金堂县的土地适度规模经营率达到78.06%。[1] 成都市还利用土地流转打造区域特色农业，逐步发展了花卉、果蔬、中药材、观光旅游等产业。

（四）以打破城乡户籍壁垒为重点，推进城乡人口流动

长期以来，城乡人口自由流动在很大程度上受到户籍壁垒的限制。成都市为了确保城乡人口能够享受均等的一体化公共服务，不断推动户籍制度改

---

1 《成都金堂：让老百姓"钱袋子"鼓得更高》，2021年8月19日，"人民资讯"百家号，https://baijiahao.baidu.com/s？id=1708507054806506332&wfr=spider&for=pc。

革，较早就开始探索将居民实际居住地作为户口登记地的新制度。城市和乡村就业服务的差异也限制了城乡人口流动。成都市在全市范围内建立了系统的就业援助工作机制，将工会、工商、旅游、商务、人事、农业、财政等多个部门的资源进行整合，为全市范围内居民提供系统的多元化就业培训服务。成都市面向社会发放就业培训券吸引更多居民参加就业培训，同时不断提高中高级培训质量，动员社会力量提供专业化培训，切实让培训人员掌握更多职业技能。当前城乡差距的一个重要表现就是社会保障制度的差距，成都市在创新完善社会保障制度体系中明确提出"有档次之差，无身份之别"，通过这样的社会保障制度，让城乡人员实现更自由的流动。此外，成都市还积极推进城乡教育均衡发展，由区县来统筹配置教育资源，特别是对农村地区新建学校、薄弱学校等加大投入和扶持力度，建立了"一对一"教育联盟，从而有效推动了优质教育资源在成都市不同行政区域的有序流动。

（五）以城乡二元金融制度为突破口，推进农村金融改革

城乡二元结构同样存在于金融领域，这就导致农村地区建设和农业发展都得不到有效的金融支持。成都市高度重视在农村地区打造新型金融组织，鼓励引导成都各个商业银行在农村地区建立村镇银行，成都市政府则为这些村镇银行的发展提供政策支持，面向农村居民提供更为多样化的小额贷款服务。成都市还借助农村产权制度改革成果来引导金融机构创新农村金融产品和服务，将农村金融与保险发展统筹起来，结合农村实际，探索马铃薯、玉米、水稻、商品猪、奶牛等不同农产品政策性保险，为农村居民提供有效保障。在成都市推动的金融体制改革中，最有特色的就是实现了农业和农村投融资模式的创新，成都市先后成立了城乡商贸物流发展投资有限公司、现代农业发展投资有限公司和小城镇投资有限公司，从而能够利用这些投融资平台来为成都市城乡建设和农村产业发展提供资金，最大化发挥好社会资金在城乡一体化发展中的作用。成都市推动农村产权制度改革就是希望能够将改革成果运用到农村地区的建设发展中，近年来，成都已经初步构建了农村贷款抵押担保体系，将农村房屋、林权、土地流转收益等都纳入有效担保物范

围，从而拓展农村地区的融资渠道。同时进一步规范了农村产权流转抵押担保的标准原则、办理流程等，加强对农村产品的价值评估，利用多种渠道尽可能降低农村产权抵押融资风险，这就推动了成都农村产权抵押融资规模的扩大，从而为成都农村地区发展提供了充足的资金保障。

（六）以交易平台为载体，推进农村产权交易体系建设

成都市还成立了国内首个农村产权交易所来进一步推动城乡要素的顺畅流动，并且围绕农村产权交易制定了严格的规则、流程和操作细则，构建了从成都市到区县再到乡镇的三级服务体系，为农村产权交易提供统一的交易规则、鉴证、监管、信息等服务。成都市还将投资人信息纳入专门的数据库，利用电子平台及时对外宣传有关投资项目，建立覆盖市、县、乡三级的信息管理系统，从而实现农村产权交易的全程电子化。目前，成都市农村产权交易的信息登记注册、审核发布、交易结算、凭证出具、结果公示等环节都能够利用信息系统完成，显著提高了成都市农村产权交易效率。同时，成都市在建立农村产权交易所的基础上还全力引入了公证、担保、评估和法律等机构参与农村产权交易，积极为产权评估机构、仲裁机构、保险企业、银行等搭建平台，打造以农村土地综合整治项目、林权抵押融资、农业产业项目融资、资产融资、仓单质押融资为主体的一站式产权交易服务平台，同时，成都市加强了与四川省其他地区的信息联系，从而能够建立覆盖更大范围的农村产权交易市场体系。

四　建立完善多层次医疗保障体系

（一）在制度建设上着力，完善城乡卫生统筹发展政策体系

成都市把卫生改革与发展作为统筹城乡综合配套改革的八项重点推进的工作之一，先后制定了一系列政策措施，整合卫生资源，调整结构布局，以公共卫生、农村卫生、社区卫生为重点，将卫生资源及相关政策向公共卫生、农村卫生、社区卫生倾斜。为此，成都对市级医疗机构进行了调整合并，建立市疾病控制中心、市紧急医学救援中心、市妇女儿童医学中心、市血液中心、市精神卫生中心、市公共卫生临床医疗中心。依托县级人民医院、中医医院、妇幼保健院等卫生机构进行资源整合，打造区域卫生医疗中心。同时，将五个城区的二级以下医院逐步整体转型为社区卫生服务机构。按照卫生改革发展思路，以华西医院为龙头，以成都现有优质医疗资源为主体，将成都市建成中西部医疗服务中心。

（二）构建多层次、全覆盖的城乡医疗卫生服务体系，切实保障农民能够享受医疗卫生改革发展的成果

成都按照公共卫生体系建设的标准和要求，建立健全了疾病预防控制体系、突发公共卫生事件应急处置体系、卫生执法监督体系、医疗救治体系及信息系统。一是建立了 19 个县级疾控中心，设立了市疾控中心高新区分中心。全市传染病防控工作能力不断提高，实现了传染病网络直报。二是成立市和区县两级突发公共卫生事件应急指挥机构，建成成都市紧急医学救援中心，完善覆盖城乡的 120 应急指挥系统、调度系统。三是以成都市"母婴安康"项目为载体，建立健全产科急救三级网络，实施孕产妇系统管理新模式，完善孕产妇死亡评审制度，实施免费婚检一条龙服务，全面推行出生缺陷干预和新生儿疾病筛查工作。四是按照规服建设的要求，全力推进卫生行政审批体制改革，将卫生行政审批项目全部集中到市政务中心办理，同时调整下放"食品生产企业卫生许可"等 5 项卫生行政审批管理权限到区县，有效缩短审批时限，方便群众办事。

（三）整合城乡居民基本医疗保险制度

成都市从 2003 年就开始针对不同人群的医疗保障需求来设计医疗保障制度，先后面向城镇居民、高校大学生、少儿、失地农民、农民工等不同群体建立了医疗保险、互助金等制度，从而利用医疗保险制度的创新实现对更多居民的医保覆盖。

2009 年，成都市整合大学生基本医疗保险、新型农村合作医疗保险和城镇居民基本医疗保险，构建城乡一体的居民基本医疗保险制度。这样，成都市城乡居民在基本医疗保险上就有了统一的参保范围、报销标准和管理办法等。成都市将医疗保险的缴费等级划分为三个档次，2018 年成人高档缴费等级为每人每年 360 元，成人低档缴费等级则为每人每年 180 元，学生儿童档缴费等级为每人每年 180 元并包含大病医疗互助补充保险，成都市财政为每人每年补助 490 元以上。成都市所有参保人员都能够按照规定标准享受门诊、住院、特殊疾病等报销待遇。目前来看，成都市城镇居民在政策范围内实现了住院费用 75% 的报销比例，年度支付限额在 2018 年为 23.35 万元，达到了人均可支配收入的 6 倍。成都市通过在市级层面统筹基本医疗保险，加快推进城乡一体化并不断完善有关医保制度，从而确保城乡居民能够享受尽可能公平的基本医疗保险待遇。2019 年，成都市实际有近 1800 万人参保，基本实现了基本医疗保险的全覆盖。[1]

（四）完善补充保险和大病保险制度，加大重点人群保障力度

建立大病医疗互助补充保险制度。成都市为了进一步减轻居民医疗负担，1996 年就开始着力构建补充保险体系，并根据不同人群的医疗需求、缴费标准，建立了三种类型的城镇职工住院补充保险。2010 年 4 月，成都市整合了原有的补充保险，并扩大了大病医疗互助补充保险的覆盖范围。成都市在实施大病医疗互助补充保险中将保险划分为高、低两个档次，2018 年大病医疗互助补充保险高档缴费标准为每人每年 490 元，低档缴费标准为每人每年 245 元。参保居民就医后按照政策报销住院和门诊费用，之后可以按照大病医疗互助补充保险规定标准再报销一定比例的费用，其中低档报销比例为 38.5%—60%，高档报销比例为 77%—90%，同时对低档和高档参保用户年度报销费用设置封顶线，分别为 20 万元、40 万元。成都市探索构建的大病医疗互助补充保险体系得到了城乡居民的认可，绝大部分成都居民在参加基本医保的同时都选择了这项补充保险。2017 年，共有 21.15 万人享受了补充保险的低档待遇，334.44 万人享受了补充保险的高档待遇，补充保险

1　资料来源于 http://sc.people.com.cn/GB/n2/2020/0508/c345167-34000834.html。

累计为这两类参保用户支付资金 235518 万元。成都市通过构建特色的大病医疗互助补充保险体系为城乡居民极大地减轻了大病就医费用负担。

建立城乡居民大病保险制度。成都市不断提高城乡居民基本医疗保险的含金量，在基本医疗保险待遇的基础上增加了大病保险。2014 年，成都市在保持城乡居民保险缴费标准不变的前提下，从基本医保基金中划拨 6% 的资金设立大病保险制度。成都市参保用户在参保期间，个人支付的合规医疗费用如果累计超过上一年度成都市农村居民人均纯收入，就能够继续按比例报销，报销比例按照实际的费用支出提高，居民个人支付的合规医疗费用越高，报销比例也就越高，报销比例区间为 60%—96%，同时大病保险年度报销费用没有设置上限，这就为居民提供了更好的医疗保险服务。2017 年，成都市共有 18345 人次享受到大病保险待遇，累计支付资金达 2.08 亿元。

（五）探索长期照护保险制度，补齐民生短板

2017 年 2 月，成都市出台《长期照护保险制度试点方案》（成府函〔2017〕22 号），重点是针对参保用户中重度失能人员的需求，并从 2017 年 7 月 1 日开始在部分地区试点长期照护保险制度。成都市在试点长期照护保险制度中充分利用多元途径筹集保险资金，合理设置长期照护保险参保标准，明确参保待遇，加强与社会商业保险合作，让成都市重度失能人员家庭受益。目前成都市长期照护保险已经实现了稳定运营，让重度失能人员得到了专业的照护，同时也减轻了这些家庭的经济负担。截至 2018 年 6 月 30 日，成都市共收到 22959 份长期照护保险申请，审批通过 16013 人，该项保险的缴费标准为每人每年 180 元，参保人员每年能够获得最高 21522 元的保障。[1]

1　中国新闻网，https：//baijiahao. baidu. com/s？id＝1606387073843286372&wfr＝spider&for＝pc。

第四节   成都市城乡统筹缓解相对贫困的主要成效

一   城乡居民收入差距不断缩小

成都市在成为全国统筹城乡综合配套改革试验区之后，在破解城乡二元结构、大力推进城乡经济建设方面取得了一定成效，城乡居民收入差距在逐步缩小。表 16-2 显示，2007 年成都市城镇居民人均可支配收入为 14849 元，农村居民人均可支配收入为 5642 元，城乡居民人均可支配收入比（农村/城镇）为 0.38。

表 16-2   成都市城乡居民人均可支配收入情况

单位：元

年份	农村居民家庭人均可支配收入	城镇居民人均可支配收入	城乡居民人均可支配收入比（农村/城镇）
2007	5642	14849	0.38
2008	6481	16943	0.38
2009	7129	18659	0.38
2010	8205	20835	0.39
2011	9895	23932	0.41
2012	11501	27194	0.42
2013	12985	29968	0.43
2014	14478	32665	0.44
2015	17690	33476	0.53
2016	18605	35902	0.52
2017	20298	38918	0.52
2018	22135	42128	0.53
2019	24357	45878	0.53
2020	26432	48593	0.54

资料来源：2021 年《成都统计年鉴》。

到了 2020 年，城镇居民人均可支配收入达到 48593 元，而农村居民这一指标达到了 26432 元，城乡居民人均可支配收入比（农村/城镇）达到了 0.54。可见在城乡统筹发展战略下，城乡居民收入差距在逐渐缩小。尤其近两年农村居民收入增速加快，达到了城镇居民收入水平的一半，农村经济正处于一个快速发展的时期，农民收入持续稳定增长。总体来看，近年来成都经济运行平稳，原有的城乡割裂状态有所改善，总体经济发展实现了速度与质量的统一。

从图 16-3 可知，农村居民人均可支配收入和城镇居民人均可支配收入从 2007 年以来保持匀速增长，城乡居民人均可支配收入比（农村/城镇）在提升，这表明农村居民人均可支配收入增速要快于城镇居民人均可支配收入增速。2014—2015 年，城乡居民人均可支配收入比（农村/城镇）从 0.44 增长为 0.53，增速约为 20%。这是因为在 2013 年初，成都市以 2012 年的数据为基础，将农村人均纯收入低于 7000 元的村进行综合排序，从中列出了 100 个相对贫困村作为 2013—2015 年农村扶贫对象。通过两年来的帮扶，2015 年成都市 100 个相对贫困村农民人均纯收入达到 10820 元，越来越多的贫困人口实现了脱贫致富。

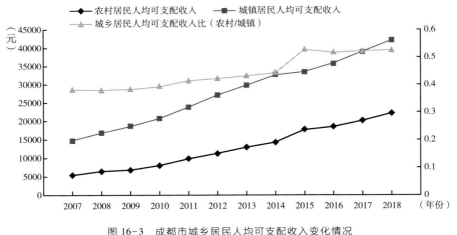

图 16-3　成都市城乡居民人均可支配收入变化情况

资料来源：2019 年《成都统计年鉴》。

二　基本公共服务资源布局更加均衡

成都建立完善城乡基本公共服务体系，从制度层面为城乡居民的公共服务提供保障，具体包括城乡社会保障、教育、医疗卫生、文化等方面，推进城乡公共服务均衡发展。城乡社会保障全覆盖体系进一步完善，社保制度更加公平可持续，多缴多得激励机制进一步健全。截至 2020 年，全市城乡居民基本养老保险和基本医疗保险参保率分别达 95.69%、100%。

建立城乡一体的社会救助体系，形成了以最低生活保障为核心的综合型社会救助体系，全市低保标准实现分圈层统一，符合条件的低保对象整体纳入城镇职工养老保险，并实现同一区县内城乡标准统一。推动基本公共服务设施的标准化建设，对全市 410 所农村中小学、223 个乡镇卫生院、2396 个村卫生站全部进行标准化建设，如郫都区安德镇两路口学校的标准化建设，实现了城乡完全打通和市级统筹，城乡教师、医生互动交流，优质教育、卫生资源进一步向农村倾斜。成都建立了涉农社区和村公共设施配置标准体系，这是在全国范围内首次建立这一体系，同时上调村级公共服务和社会管理专项资金额度，专项资金最低标准达到 40 万元/村。实施小型公共基础设施村民自建项目改革，农村公共服务和社会管理设施标准化建设初见成效。实施农村居民饮水保障提升工程，涉农社区和村自来水覆盖率达 80%；推进农村道路联网加密和提档升级，实现了县县通高速、村村通水泥路，农村客运通村率达到 98%；开展乡镇重大公共建设项目民主管理改革试点，实现了城乡水电气供应以及污水、生活垃圾处理一体化。

三 城乡统筹发展体制基本确立

成都市作为全国统筹城乡综合配套改革试验区，努力探索城乡统筹发展的路径，在城乡统筹发展体制建设的多个方面有所突破，建立了比较完善的统筹城乡综合配套改革试验的领导工作机制。

首先，市政府专门设立了相关的工作领导小组和政府专门工作机构，下面分别设立了综合处、政策法规处、经济处、社会处、规划建设处等 5 个职能部门，分别负责试验区建设的领导和组织工作。工作内容包括对成都市城乡改革情况进行调查和分析、广泛征求社会各界人士的意见、重点听取相关方面权威专家的看法等。结合各职能部门的想法，在全盘考虑和综合平衡的基础上，先后出台了城乡改革发展的意见和建议，编制了城乡统筹发展的总体方案和具体方案，充分完善了试验区改革的指导思想、总体要求和目标任务。

其次，成都市政府积极推进城乡管理制度一体化，对城乡融合发展相关的公共服务规章政策也进行了改进。一是简化了相关文件审批流程，确保关于城乡发展的事务能够得到及时处理，对原先独立管理的城乡各部门进行了拆并、重组，精简了相关部门与管理人员的数量，先后对农业、水务、林业等32个部门进行了管理架构的改变，重新确定了各部门的管理范围，以便今后城乡融合发展工作的开展与实施。二是在全省范围内对村镇的管理布局进行了重新规划，规范各村镇的管理机制，在这一过程中，精简乡镇机构各类人员5000多人，约30%的村镇被合并。

四　农业农村现代化水平逐步提高

大力发展现代农业是有效解决"三农"问题的根本方法和途径。近年来，成都市实施城乡统筹、"五位一体"科学发展总体战略，积极实践"三个集中"发展模式，打破城乡产业分割的格局，让工业反哺农业、城市支持农村，有效推动了成都现代农业的发展。一方面，实现土地规模化经营，促进土地集约利用，提高土地产出率；另一方面，由公司或农业合作组织组织生产，组织农户参与其中，有效降低了小农户市场风险，促进了现代农业的发展。

近年来，成都市农业综合生产能力明显增强，守住耕地红线，农业技术、装备条件得到较大改善。主要农产品供给充足，现代农业产业体系、生产体系和经营体系初步形成，新型农业经营主体正在发展壮大。布局区域化、经营规模化、生产专业化水平明显提升，农业转型升级步伐加快，农业总产值稳步增长。2020年，全省农业增加值为5556.6亿元，同比增长5.2%，粮食总产量为3527.4万吨，同比增长0.8%。同时，建立了城乡一体的市场体制机制，发挥市场的作用，统一配置城乡生产要素，提高农业生产要素利用率，促进农产品的市场流通，提高农业的市场化水平。农业基础设施不断完善，农业科技创新及应用水平不断提升，农业机械总动力十五年来持续攀升，尤其近八年增速较快，农业机械化水平有了显著提升。

五　社会管理改革力度加大

进一步推进城乡统一户籍制度改革，建立并完善信息管理系统，推动人口服务管理从流动人口向实有人口转变，基本上实现进城务工人员和城镇居民在医疗卫生、子女教育等方面享受平等的公共服务。深化社会组织管理改革，不断完善社会组织分类发展管理办法，进一步扩大社会组织直接登记的范围。加强地名标牌管理，建立并完善相应的机制。推进村（居）务公开，促进公共服务和管理透明化，推广社区网格化管理，创新建立社区公共财政制度，村民议事能力显著提高，街道管理和村社治理机制也得到了进一步完善。

第五节　成都市城乡统筹解决相对贫困的经验启示

一　以科学规划推动城乡协调发展

2007 年 7 月，中共成都市十一届二次全委（扩大）会议提出了"全域成都"的概念。从规划的层面来说，"全域成都"就是指打破区县各自为政、自成体系的规划局面，把整个成都区域看成一个整体进行统一规划。以实现社会公平为导向开展规划工作，引导公共资源以正确的方式向农村倾斜，按照全域基础设施规划设计和建立城乡一体的基础设施体系，建立健全监督体系，建立城乡一体、有机衔接的规划体系，成都市在城乡规划方面的一个突出表现就是率先创建了乡村规划师制度，实现城乡规划全覆盖。

成都市近年来在统筹城乡发展实践中，已经逐步探索出"强化两头、简化中间"的模式，即不断加强对城乡规划的编制工作，严格做好监督评估，同时对规划审批和实施程序进行简化。在这样的思路下，成都市的城乡规划管理工作制定了"统筹规划、属地管理、分级审查、强化监督、覆盖全市"的机制，出台了《世界现代田园城市规划建设导则》，明确了风貌多样化、环境田园化、产业高端化等多项规划标准，要实现规划对市、县、乡、村的全覆盖。特别是将汶川地震和雅安芦山地震灾后重建工作与建设发展新农村结合起来，同时提出在新农村规划中应当坚持"发展性、多样性、相融性、共享性"的原则，明确成都市农村建设的技术标准。正是在这样的理念原则指导下，成都市建设了一批特色农村城镇，从而让成都地区现代城市和现代农村和谐相处，逐步打造出新型城乡形态。

二　以共创共享提升城乡公共服务水平

公共服务是为居民提供良好生活条件的基础，因此成都十分重视公共服务的建设和完善，大力推进城乡公共服务体系改革，建立了城乡一体的公共服务体制和财政投入机制，实现了提供主体和提供方式多元化，将统筹城乡发展、社会发展、民生改善、生态环境、城乡居民收入水平、城乡公共服务均衡发展水平和群众满意度作为对干部考核和评价的重要指标。重点实施了农村中小学、农村幼儿园、技师学校、乡镇卫生院、社区卫生服务中心及村卫生站、农村食品药品供应网络和群防群治监管网络、文化馆和图书馆、体育场、就业服务平台、医疗保险、养老保险、农村敬老院、残疾人综合服务中心、农村生活垃圾处理等20余项标准化建设项目，初步形成了城乡公共服务均衡发展的规范化局面。

三　以"三化联动"推动城乡产业发展

成都市推进城乡一体化顺应产业发展规律，以"三次产业互动、城乡经济相融"为指导理念，以"集中、集约、集群"为指导思想，坚持走"三个集中"的发展路径，优化资源配置，统筹安排项目、资金、资源。在"三化联动"的过程中，充分发挥标准化的桥梁和纽带作用，以标准化促进三次产业融合发展。建立健全现代农业、现代工业、现代服务业发展规划和标准化体系，用标准化手段联动推进新型工业化、新型城镇化和农业现代化。对各区县产业发展进行规划定位和重新布局，初步建立了以"三化联动"推动发展方式转变的体制机制。实施大邑县国家级农业标准化示范区建设、高新区国家高新技术标准化示范区建设、锦江区城乡物业管理全覆盖国家级服务标准化示范区建设、成华区国家级养老服务标准化示范区建设、武侯区国家级政务服务标准化示范区建设、青羊区文博旅游标准化建设等示范项目，用标准化手段带动城乡产业一体化发展。

四　以统筹共建强化基础设施建设

基础设施建设是推动城乡一体化的重要前提，现代交通体系是基础设施建设的重要内容。成都以构建城乡一体、高效便捷的现代交通体系为目标，统筹规划、加快推进市域路网建设，率先在西部实现了县县通高速路、村村通水泥路，农村客运通村率达到98%。同时重点实施了乡镇派出所、基层司法所、基层工商所建设项目和基层农业综合服务站、农资放心店、农村放心商店、乡镇污水处理厂、村邮站、乡村医疗站点、村民集中居住区物业管理服务、乡村房屋地址信息、公共信息标志等10余项标准化建设项目。

五　以归并调整促进城乡管理创新

成都市坚持统筹推进城乡发展，为了更好地落实统筹城乡发展的要求，先后合并了30多个部门，初步建立起适应城乡一体化的管理体制。重点实施规范化服务型政府、政府领导对内政务接待和对外政务服务、基层便民服务工作、政府信息公开查询点、信访工作等10余项政务工作标准化建设项目，重点将执行、服务、监管等职责的重心下移，强化公共服务和社会管理职能，推动城市文明和社会管理向农村辐射，促进农村管理方式向新型社区管理方式的转变。在乡村，厘清了村委会（村级事务决策者）和村集体经济管理者的关系。依法实施阳光政务、透明服务项目，按照内容明细化、形式多样化、程序规范化要求，实施党务、政务、村（居）务公开，并引入民主测评、民意调查、述职、评议等，建立了社会化评价机制。

六　以还权赋能构建统一市场机制

国内改革开放取得举世瞩目成就的一个重要原因就是生产力不断得到解放和发展。同样，农村生产力的解放和发展对推进城乡一体化发展来说具有关键意义。成都主动打破制约城乡生产要素自由流动的体制壁垒，强化市场对生产要素的驱动作用，发挥好政府在城乡经济社会运行中的调控功能，并出台一系列政策法规来支撑城乡综合经济社会运行体制的构建，在农村地区开展了林权、土地承包经营权、房屋所有权等的确权登记工作，大大加快了成都地区农村市场化进程，让生产要素能够更好地在城乡间自由流动。同时成都统一了户籍管理制度，取消原来的农业户口与非农业户口划分标准，通过户籍制度让人口和生产要素更好流动。正是因为成都市不断进行体制改革和制度创新，所以实现了资源要素的自由流动，让农村居民能够在市场化环境下获得更多更好的发展机会。

本章小结

无限拉近的城乡地理空间距离和制度距离，要求我们突破原有贫困治理的属地特性，更加关注后扶贫时代的"贫困转移"问题，更加重视城乡贫困关联与协同治理。本章以我国城乡统筹实践的"成都模式"为样本，深入分析了成都城乡统筹治理相对贫困的实践探索，得出了如下研究结论。

第一，随着中国迈入相对贫困治理新阶段，相对贫困人口的空间分布不再局限于农村，而是点状式分布在农村、城市以及城乡接合地带。与此同时，随着城乡融合发展进程加快，城乡界限愈发模糊，城乡二元结构的绝对分野被逐步打破，原有贫困治理的属地特性将会因为贫困的分散性和流动性而逐渐丧失效用。可见，贫困空间格局的重塑，要求在城乡融合的空间理念下统筹推进相对贫困治理。

第二，中国不同地区在发展阶段和水平上表现出明显的异质性特点，不同时期不同地域的经济社会发展水平不同，各自所选择的城市化模式也就存在明显差异。与"苏南模式""温州模式"等相比较，成都在推进城乡统筹发展中更加重视顶层规划设计、制度改革创新、组织实施、监督考核等环节。当还没有成熟的市场时，城乡统筹也就不能够从经济发展中获得自发的动力，此时更多是依靠政府来推动城乡一体化。但是政府在城乡统筹中发挥的作用也是双刃剑。如果能够在城乡统筹中合理划定政府和市场边界，就能够有效利用政府力量来推动市场发展并提高城乡统筹效率。反之，若政府干预过度，则容易造成城乡资源配置失调，对经济发展造成负面影响。

第三，从不同时期成都市统筹城乡发展的历程来看，成都市通过调整自身的经济结构，利用成都的资源和区位优势，已经成功探索出独具特色的城乡统筹发展道路。全面工业化通常是发达地区推进城乡统筹发展的重要手段，这是因为发达地区不但具有明显的区位优势，而且在制造业、工业等领域具有领先优势。但是城乡统筹发展并不是只有全面工业化这一种手段。如果能够合理利用现有的经济资源，通过体制改革和制度创新等也能够实现城乡统筹目标，还能够避免工业化造成的负面效应。成都地区在结构上就属于典型的大城市带大农村，这也是中国西部地区的主要特点。成都市在城乡统筹发展试点中充分发挥了自身优势，不断进行系列配套制度体制改革，比如将成都市的近郊农业转化为满足都市圈多样化需求的休闲农业，以及利用成都的特色历史文化资源在城乡地区发展文化产业，从而让城乡统筹发展获得更好的产业支撑。如果成都市也是片面采用全面工业化来推动城乡一体化，那么不但会浪费成都的资源优势，而且无法实现较好的城乡统筹发展效果。目前来看，成都市城乡统筹发展已经为国内其他地区提供了有效的经验借鉴。

第十七章

从脱贫攻坚迈向共同富裕

——基于浙川东西部协作的实践

中国是一个幅员辽阔、广土众民的国家。基于历史因素、地理条件、自然环境、人文背景等原因，中国在经济与社会发展上呈现东部、中部与西部三个以地理位置区分的带状发展区域。我国区域发展不平衡是形成收入差距的重要因素（左停、李世雄，2020），因此，如何协调缩小区域间发展差距是治理相对贫困的重要途径。改革开放之后，党中央站在全局视角谋划跨区域先富帮后富的新格局，东西部协作应运而生。经过 20 多年的发展，东西部协作已成为缓解我国区域发展不平衡的一项重要制度安排，为世界其他国家区域协调发展提供了"中国智慧"和"中国方案"。有鉴于此，本章在梳理东西部协作过程中结对关系历史演进的基础上，以浙川东西部协作为研究对象，系统总结浙川东西部协作的主要方式与成效，重点回答共同富裕背景下浙川东西部协作面临什么时代要求以及挑战，并提出深化浙川东西部协作的对策建议。

第一节　东西部协作的结对关系变迁历程

东西部结对帮扶，实际上就是通过生产要素的合理流动和资源的公平分配，缩小发达地区与欠发达地区在经济建设等各方面的差距，促进区域协调发展，也是通过资源的共享、产业跨界融合等，实现社会公平，实现城乡间、区域间、不同群体间等各方面的均衡发展。从某种层面而言，东西部结对帮扶并实现共同富裕的过程，不单单是区域发展问题，也是改革与稳定的问题（周文、肖玉飞，2021）。根据我国社会主义现代化建设实践，本章将东西部协作的历程划分为如下三个时期。

一　东西部结对支援关系时期（1949—1985 年）

自从新中国成立以来，中国共产党的使命从民族独立、人民解放转变为实现国家富强、民族振兴和人民幸福，同时采取了一系列有效有力措施，改变中国贫穷落后的面貌，促进生产力快速恢复。新中国成立初期，由于技术条件落后、生产力低下，为了能够实现生产资源的高效利用，我国实行计划经济制度，这也使市场经济发展表现出鲜明的行政色彩，如严格管控商业价格、限制生产要素在城乡间的流动。在这一时期，东西部结对支援实施内陆扶持沿海、农业支撑工业、农村支持城市的战略。农业受自然环境的影响较大、产业脆弱，一旦外部环境发生重大变化，农业将会受到严重影响，从而使贫困人口数量激增。然而，受政府财政有限等的影响，政府难以大规模扶持贫困人口，因此为了能够有效解决贫困问题，我国则鼓励与支持形成城乡互助关系、厂社互助关系、灾区与非灾区结对支援关系。20 世纪 70 年代，湖北部分地区的农业生产遭遇重大干旱，对此，武汉积极响应政府号召，对口支援灾区，这一模式也得到了中央的重视，并作为正面案例在全国范围内推广。这一举措也标志着结对支援被正式纳入倡导性政策议题（钟开斌，2011）。

1979 年，我国对外发表了《全国人民团结起来，为建设繁荣的边疆巩固的边防而奋斗》的报告，着重强调经济发达地区要从产业建设、技术创新、文化教育、公共卫生等多方面着手，加强对边疆和少数民族的对口支援，还表示要建立一对一的支援与受援关系，如北京—内蒙古、河北—贵州、天津—甘肃等。从最终成果来看，对口支援关系的建立一方面帮助经济基础薄弱的西部地区优化调整了产业结构，建立了社会主义制度；另一方面也加快了经济发达地区的产业转移，有效发挥了市场机制的资源配置作用。这还促进了不同区域间生产要素的流动，密切了东西部地区的合作往来。据不完全统计，1980—1982 年，我国关于对口支援和经济技术协作的立项项目突破 1100 项，其中已经成功落地的占 33% 以上，而这些结对支援项目的推进与落实，极大提高了我国的技术水平和产品质量，也促进了生产要素的高效流动和资源的有效开发，更加快了经济欠发达地区的社会主义现代化发展历程。[1]

　　然而，东西部结对支援关系也面临一些问题，最为显著的莫过于社会民生帮扶参与性不强。从实际情况来看，各区域的结对支援项目以技术交流、经济建设为主，而在公共卫生、教育等民生方面的支援则相对较少。对此，为了改变这一现状，我国于 1991 年颁布实施了《全国部分省、自治区、直辖市对口支援工作座谈会纪要》，明确表示要有效区分经济协作与对口支援的差异，引导帮扶资源向民生领域流动与分配，还强调了发达地区结对帮扶边疆和民族地区的重大意义（国家民族事务委员会，2005）。

二　东西部结对扶贫关系时期（1986—2020 年）

　　随着国家扶贫工作的推进，我国吸收了早期社会主义改造建设的经验教训，通过制定土地改革、乡镇企业改制、开设经济特区等一系列改革开放政策，有效解放生产力，充分调动全体人民创业致富的积极性，为实现共同富裕打下了坚实的物质基础。1986 年，我国设立了贫困地区经济开发领导小组，根据不同地区的贫困状况和资源条件，制订与实施了相应的扶贫计划，着重表示要坚定不移地走经济促发展的扶贫开发之路，鼓励更多的资源向经济欠发达地区流动，引导发达城市对贫困地区形成结对支援关系。1994 年，我国颁布施行了"八七"扶贫计划，就东西部结对支援做出了重大战略部

　　1　详见《国务院批转关于经济发达省、市同少数民族地区对口支援和经济技术协作工作座谈会纪要的通知》（国发〔1983〕7 号）。

署，要求北京、广东、浙江等经济水平高的发达地区要做到对口扶贫，加大对西部贫困地区的支援；1996 年，我国提出的"九五"扶贫计划再次肯定了结对支援的重要性，要求发达地区要加大对贫困地区的援助与支持力度，巩固与夯实对口支援的经验成果，同年，江泽民同志也发表重要讲话，指出东部发达地区要高度重视扶贫协作工作，要确保东西部对口协作有进展、有成效，同时强调西部欠发达地区也要充分发挥自身的资源优势，增强自身的造血功能，主动搞好对口协作，以缩小贫富差距，实现共同富裕（中共中央文献研究室，1999）。1996 年东西部结对支援关系调整情况见图 17-1。

　　东西部扶贫协作政策对协作与支援做出了更为详细的说明，明确区分了"扶贫协作"和"对口支援"，强调发达地区与贫困地区构成扶贫协作关系，从卫生、教育、经济、技术等各方面提供支持，而发达省市与边疆或民族地区构成对口支援关系。另外，东西部扶贫协作政策也重新定义了原有的东西部结对关系，同时优化完善了相关的管理细则。根据政策规定，我国东部共有 9 省 4 市（单列）同西部地区 10 个省区建立了结对扶贫关系，分别是北京—内蒙古、天津—甘肃等。与此同时，中央也对运行管理做出相应的调整。此外，东西部扶贫协作政策的规定强调要加快决策主体的整合，由国务院扶贫办统筹规划经济技术交流、卫生结对支援等各项扶贫协作工作，同时将对口支援和扶贫协作的工作统一纳入扶贫工作体系之

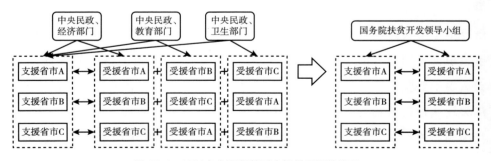

图 17-1　1996 年东西部结对支援关系调整情况

资料来源：课题组自制。

中，进一步加快执行主体的整合，要求支援省市与受援省区市要构成一一对应的结对关系。

2015年，我国实施《关于打赢脱贫攻坚战的决定》，而这也进一步促进了东西部扶贫协作关系的深化发展。根据《关于进一步加强东西部扶贫协作工作的指导意见》，我国做了如下三方面调整。

一是扩大结对扶贫的覆盖范围，将之由原有的东部9省4市帮扶西部10省区，扩增至中西部15省区市22市州，针对云南、贵州、青海等重点贫困地区，加大对口支援和扶贫协作力度，加快脱贫攻坚任务的完成（见表17-1）；二是下沉结对主体关系，从宏观层面的省区市一一对应的帮扶关系延伸拓展至县县结对，即东部地区经济发达的县镇结对支援贫困县（见图17-2），同时从微观着手，积极探索经济强县医院与贫困地区医院等各领域的结对支援可行路径；三是建立健全结对考核机制，要全面评价与考察结对双方政府政策落实情况，以充分了解与把握东西部扶贫协作的成效以及不足，从而改进、优化，并通过这种方式，形成东西结对竞赛的局面，以调动经济强省、强市、强县结对支援贫困地区的积极性（黄晓春、周黎安，2019）。

调查数据显示，1996—2015年，我国东部地区向中西部地区提供的扶贫协作资金总额累计突破130亿元，以社会募捐和引导企业投资的形式所提供的资金也高达上万亿元。此外，我国东部地区重要省市还在国家扶贫等一系列政策的引导下，贯彻实行了一大批帮扶项目，有效促进了西部地区产业发展和社会主义现代化建设。2016—2020年，随着我国结对主体关系的下沉，我国东部地区340余个经济强县着手开展"携手奔小康"行动，不但提供了强有力的资金支援，总额高达1000余亿元，而且还在人力资源、企业等方面提供强大支援，如互派干部和技术人员总数达13万人。2016年，《关于进一步加强东西部扶贫协作工作的指导意见》出台，我国东部帮扶西部的力量不断壮大，东西部结对支援、对口支援成效也日益显著。

表 17-1 2016 年东西部结对关系

序号	东部地区	中西部地区	序号	东部地区	中西部地区
1	北京	内蒙古、河北张家口和保定	12	福建厦门	甘肃临夏
2	天津	甘肃、河北承德	13	山东	重庆
3	辽宁大连	贵州六盘水	14	山东济南	湖南湘西
4	上海	云南、贵州遵义	15	山东青岛	贵州安顺、甘肃陇南
5	江苏	陕西、青海西宁和海东	16	广东	广西、四川甘孜
6	江苏苏州	贵州铜仁	17	广东广州	贵州黔南和毕节
7	浙江	四川	18	广东珠海	云南怒江
8	浙江杭州	湖北恩施、贵州黔东南	19	广东佛山	四川凉山
9	浙江宁波	吉林延边、贵州黔西南	20	广东东莞	云南昭通
10	福建	宁夏	21	广东中山	云南昭通
11	福建福州	甘肃定西			

资料来源：根据国务院扶贫办官网信息梳理。

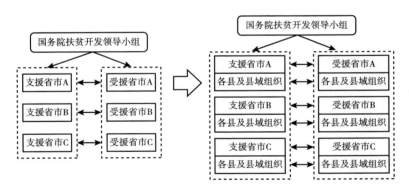

图 17-2 2016 年东西部结对关系调整

资料来源：课题组自制。

三 东西部结对发展关系时期（2021 年以后）

脱贫攻坚有效降低了我国贫困率，为"三农"事业的发展做出了卓越贡献，然而仍然需要深刻认识到，我国城乡二元结构问题依然严峻，农村发展仍然是我国社会主义现代化建设的痛点。2021 年，我国出台与实施《关于全面推进乡村振兴加快农业农村现代化的意见》，就如何发展农村经济、如何解决三农问题提出了具体指导。为了在真正意义上解决绝对贫困问题，为了有效避免返贫现象，我国在 2020 年初步完成脱贫攻坚任务后，设置了五年过渡期，以实现脱贫攻坚与乡村振兴战略的无缝衔接。

乡村振兴阶段，为了更好地巩固拓展脱贫攻坚成果，为了推进农业农村现代化发展，我国加快了东西部结对关系的调整，使其由"插花"结对关系逐步转变为顺序结对关系。从长远的角度而言，"插花"结对关系不利于我国实现区域均衡发展，而且这种不对等、无组织的结对关系，也使结对规则难以协调，结对考核工作难以有效推进。如 2016 年广东省及其 5 市结对支援西南地区 4 省区 6 市州，而西南地区部分受援地区又同其他经济发达地区建立了帮扶关系，这导致广东省要同时考核省和市，加大了其结对考核负担，也导致受援地区面临不同支援地区帮扶政策不一的问题，极大弱化了帮扶效果。之所以会出现"插花"结对关系，主要是因为西部地区的贫困群体和地区分布较广，而东部地区各省市的发展水平也不一。另外，受脱贫攻坚任务繁重且时间紧迫的影响，为了快速取得脱贫成果，我国主要从经济技术方面着手建立东西部结对关系，这也使北京等经济实力雄厚的城市承担了较多的结对支援任务。2021 年东西部结对关系调整情况见图 17-3。

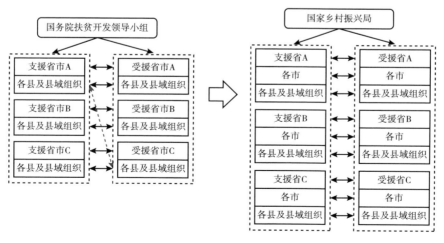

图 17-3　2021 年东西部结对关系调整情况

资料来源：课题组自制。

2021 年，在乡村振兴背景下，我国优化调整了东西部结对关系，拓展了结对支援的广度与深度，既扩大了结对主体范围，又在原有省级结对的基础上新增了市县级结对任务。根据政策要求，除了广东、江苏、山东 3 省为"一帮二"以及甘肃为"二帮一"的结对支援关系外，其余均为"一帮一"关系，且中部地区不再纳入东西部结对支援范畴。同时为了确保帮扶资源的高效配置，我国政策还明确规定将结对支援重心向脱贫基础差的 160 个乡村振兴重点帮扶县倾斜。[1]

第二节　浙川东西部协作的主要成效与经验

1994 年 4 月 15 日，国务院颁发的《国家八七扶贫攻坚计划》首次明确提出："北京、天津、上海等大城市，广东、江苏、浙江、山东、辽宁、福建等沿海较为发达的省，都要对口帮助西部的一两个贫困省、区发展经济。"（中共中央文献研究室，1996）1996 年 2 月，国务院确定浙江省与四川省开展扶贫协作。2008 年 2 月 20 日，国务院扶贫办颁布了《2008 年东西扶贫协作工作指导意见》，2008—2010 年双方区县级对口帮扶结对关系进行了适当调整，优先把集中连片特殊困难地区纳入对口帮扶范围。浙江与四川的东西扶贫协作扩大到四川甘孜藏族自治州、阿坝藏族羌族自治州、凉山州木里藏族自治县（见表 17-2）。

表 17-2　浙川东西部协作对口帮扶城市

浙江省		四川省
杭州市	上城区	甘孜州雅江县
		广元市剑阁县
	拱墅区	甘孜州泸定县
		广元市昭化区

1　国家为扶持贫困地区，先行设立国家级贫困县（乡村振兴重点帮扶县），其程序和数量由地方申报后再经国务院扶贫开发领导小组（现为国家乡村振兴局）进行资格认定。

续表

浙江省		四川省
杭州市	西湖区	甘孜州九龙县
		广元市青川县
	萧山区	甘孜州康定市
		广元市旺苍县
	余杭区	甘孜州稻城县
		广元市苍溪县
	滨江区	广元市朝天区
	临平区	甘孜州石渠县
	钱塘区	甘孜州理塘县
	富阳区	甘孜州德格县
	临安区	甘孜州白玉县
	桐庐县	甘孜州得荣县
	淳安县	甘孜州巴塘县
	建德市	甘孜州乡城县
宁波市	鄞州	凉山州盐源县
		凉山州木里县
	海曙区	凉山州喜德县
	江北区	凉山州越西县
	镇海区	凉山州金阳县
	北仑区	凉山州美姑县
	奉化区	凉山州甘洛县
	余姚市	凉山州昭觉县
	慈溪市	凉山州布拖县
	海宁县	凉山州普格县
	象山县	凉山州雷波县
温州市	鹿城区	阿坝州壤塘县
	龙湾区	南充市仪陇县
	瓯海区	阿坝州阿坝县
	乐清市	阿坝州理县
	瑞安市	南充市南部县
	永嘉市	阿坝州红原县
	平阳县	阿坝州马尔康市

浙江省		四川省
湖州市	南浔区	广安市广安区
	德清县	阿坝州小金县
	长兴县	阿坝州汶川县
	安吉县	阿坝州金川县
嘉兴市	南湖区	阿坝州若尔盖县
	嘉善县	阿坝州九寨沟县
	平湖市	阿坝州茂县
	海盐市	宜宾市屏山县
	海宁市	阿坝州黑水县
	桐乡市	阿坝州松潘县
绍兴市	越城区	乐山市马边县
	柯桥区	乐山市峨边县
	上虞区	乐山市金河口区
	诸暨市	乐山市沐川县
金华市	婺城区	甘孜州道孚县
	金东区	甘孜州丹巴县
	兰溪市	巴中市通江县
	东阳市	巴中市南江县
	义乌市	巴中市巴州区
	永康市	巴中市平昌县
衢州市	柯城区	绵阳市北川县
	衢江区	绵阳市平武县
舟山市	定海区	达州市宣汉县
	普陀区	达州市万源市
台州市	椒江区	甘孜州色达县
	黄岩区	甘孜州新龙县
	路桥区	甘孜州甘孜县
	临海市	南充市嘉陵区
	温岭市	南充市阆中区
	玉环市	甘孜州炉霍县
丽水市	莲都区	泸州市叙永县
	青田县	泸州市古蔺县

一　主要方式

党的十八大以来，浙川东西部协作全方位加速推进。浙江、四川两省建立了浙川扶贫协作联席会议制度，先后签订了《浙江—四川东西扶贫协作工作协议》《深化浙川合作框架协议》等浙川协作重要文件，不断完善浙川协作的顶层设计和工作机制，深入开展全方位协作。

（一）全面强化人才支援

高质量推进东西部对口协作，人才是关键。2016 年，浙江首批选派了 7 名干部到四川省阿坝州挂职；2018 年，浙江省选派第二批 92 名干部到四川挂职，并成立专门的援川工作组，到 40 个贫困县开展帮扶工作。为推进协作，2021 年，浙江省选派了 155 名干部来川开展帮扶工作，[1] 三州州级层面专门配备 3—5 名挂职干部，每个重点帮扶县分别挂职 1 名常委副县长和 1 名县府办副主任。另外选派 737 名专技人才到重点帮扶县挂职。[2] 此外，通过教师、医生组团式帮扶，帮助提高当地教育、医疗水平。截至 2021 年，50 个重点帮扶县共举办专技人才培训班 302 期，培训专技人才 2 万人次，引导 671 名重点帮扶县脱贫户子女赴浙就读职业学校。

强化人才日常管理服务能力。根据《浙江省东西部扶贫协作干部和人才管理办法》《关于进一步明确援派干部人才待遇的通知》，浙江积极探索前后方齐抓共管的干部人才管理机制，进一步做好东西部扶贫协作专业技术人才选派管理相关工作。[3] 如宁波市奉化区 2021 年已选派 2 名党政干部和 14 名专业技术人才赴甘洛县挂职交流，其中专技人才中挂职 1—6 个月的有 6 人，7—12 个月的有 4 人，12 个月以上的有 4 人。开设甘洛小学高年级段创新实验班，

1　《推进东西部协作，155 名浙江干部来川挂职》，2021 年 6 月 1 日，川观新闻，https：//baijiahao.baidu.com/s？id=1701369023543002130&wfr=spider&for=pc。

2　《近八成东西部协作资金投入！支持乡村振兴重点帮扶县，浙川这样干！》，2021 年 11 月 11 日，四川在线，https：//sichuan.scol.com.cn/ggxw/202111/58337425.html。。

3　《浙江省东西部扶贫协作 2020 年度工作任务书》，2020 年 2 月 21 日，湖州市吴兴区人民政府网站，https：//www.wuxing.gov.cn/art/2020/2/21/art_1229518312_3669159.html。

首期选派 3 名语、数、英高级教师赴甘洛小学挂职教学，致力于提升甘洛小学教学水平。针对甘洛县尘肺病多发等问题，选派 5 名区呼吸科、妇科等主治医生赴甘洛人民医院开展传帮带医疗帮扶活动。抓人才培训促乡村振兴。依托滕头乡村振兴学院优质资源，通过专家授课、现场教学等方式开展甘洛县党政干部培训及乡村振兴人才培训 7 期 766 人次，开展教育、卫生等专技人才培训 8 期 562 人次。抓人才培养促就业能力。开启奉化爱伊美公司与甘洛县职业技术学校校企合作，接收甘洛县职业技术学校 50 名服装专业学生来奉化爱伊美公司进行为期一个月的学习及创业培训，提升职业技能水平，促进稳定就业。

（二）积极推动产业合作

2018 年以来，浙川累计共建产业园区 60 个，落地投资企业 416 家，实际投资规模 310 亿元，吸纳脱贫人口就业 1.03 万人，不但帮助四川脱贫地区解决了企业零敲碎打、产业碎片化的问题，而且成为脱贫地区后发赶超的"发动机"。[1]

与此同时，四川省经济合作局会同省经信委、省文旅厅以及有关市州开展四川产业合作（浙江）投资推介"1+2+N"系列活动。"1"活动，即四川产业合作（浙江）投资推介会。"2"活动，即聚焦高端绿色智能，举办四川制造业（浙江）投资推介会，着力提升先进制造业能级，举办四川文化旅游（浙江）推介会，聚焦高价值高品质，着力提升现代服务业质量。"N"活动，是指发挥市州作为项目洽谈主体和项目承载主体的积极性，积极配合市州举办多场专题对接活动。此外，浙江累计发动 2400 家企业参与四川省结对支援工作。同时，一大批"走出去"发展的在浙川商崭露头角，据统计，浙江省四川商会现有会员 2000 余名，先后成功打造了浙商工业园、家居家纺城、嘉丰万悦城等数十个项目。[2] 开创项目共引、资源互补、产业共兴、互利共赢的新局面。

1　《60 个共建产业园、吸纳 1.03 万脱贫人口就业，浙川有何"方法论"？》，2021 年 10 月 14 日，四川省乡村振兴局网站，http://xczxj.sc.gov.cn/scfpkfj/inportantnews/2021/10/14/fba7ef41abac4880a6fc68075ce72be0.shtml。

2　《名企云集　四川产业合作投资推介会走进浙江》，2021 年 5 月 19 日，四川观察，https://baijiahao.baidu.com/s？id=1700155257902355537&wfr=spider&for=pc。

（三）供需对接劳务协作

2016 年 10 月，四川省人社厅和浙江省人社厅签订《浙川劳务扶贫协作框架协议》，即到 2020 年，两省将合作推进劳务扶贫协作，组织四川省贫困劳动力到浙江企业务工。实践中涌现出诸多劳务协作新模式，如宁波市奉化区探索"劳务经纪人"劳务协作新模式，积极引导凉山州籍 1167 名农村劳动力来奉就业。开展劳务技能培训 2 期 600 人次，帮助甘洛县 909 名农村劳动力实现就近就业、412 名农村劳动力到其他地区就业。接收四川省 114 名学生来奉就读中职班，其中甘洛县职业技术学校学生 10 名。杭州市发挥自身优势，形成了劳务协作"五大模式"，即"劳务输入基地+扶贫车间"模式、"创业培训+创业带就业"模式、"订单式培训+定向式输出"模式、"产教融合+校企合作"模式以及"政府+企业+劳务经纪人"模式，明显提升了建档立卡贫困劳动力在杭就业的稳定性。

2021 年以来，浙江省共在四川省结对支援地区举办专场招聘会 103 场，吸引了一大批农村劳动力和脱贫人口到浙江就业。浙江省人力资源和社会保障厅主办的"东西部劳务协作信息平台"于 2021 年 3 月正式上线，该平台能更好地解决东西部劳务供求信息不对称问题，为西部地区提供更多就业岗位，同时解决浙江省内企业用工短缺问题，促进劳务人员在浙高质量就业。

二　主要成效

（一）产业合作不断深化

近年来，浙江一共组织了 426 家企业赴四川开展扶贫协作，实际投资额达 259.2 亿元。同时，浙江做大做强对口地区扶贫协作产业园，创新建设"飞地"产业园，有很多产业园成为典型代表。2019 年全国产业帮扶现场会在对口帮扶的四川古蔺、四川宜宾屏山召开。时任副总理胡春华在四川广元、湖北恩施考察时，对浙江省产业帮扶的做法给予了充分肯定。浙江·四川东西部协作"万企兴万村"行动中来自浙江省的数千家企业对四川数千个乡村进行帮扶，从产业升级、乡村治理等角度，助推当地高质量发展。2018年以来，浙江省赴四川省东西部扶贫协作帮扶工作组扎实推进东西部扶贫协作与对口支援工作。探索园区共建，累计共建产业园区40个、引入企业180家；组织引导426家企业赴四川开展扶贫协作，实际投资额达259.2亿元。大力开展产业帮扶，累计投入财政帮扶资金48.6亿元，撬动社会资本投入40亿元，建成304个、占地80多万亩的农业生产基地。

（二）技术交流不断扩展

充分发挥浙江省农专院校的技术优势，在对口地区形成了一些具有本地特色的农产品，与引进种植食用菌、茶叶、杨梅、茭白等东部特色农产品相结合，打造农业生产"万亩亿元"工程的扶贫经验。浙江南浔与四川广安成功探索"三产联动、国企引领"发展模式，形成"一园一区一带"产业发展格局，农业方面建成种养循环全产业链农业示范区，实施现代农业"652+N"工程，即"规划建设三大万头湖羊、三大跑道鱼6个养殖基地，发展龙安柚、柠檬、中药材、中蜂养殖、淡水鱼果蔬循环种养5个种养基地，龙安柚和湖羊2个深加工基地，100个幸福农场，构建种养供销大循环"。[1]

（三）消费帮扶不断深化

消费扶贫主要是解决农牧产品的销售困难，浙江有"十大"消费扶贫的农产品助销经验。帮助对口地区建设茶叶、花椒、肉牛、木耳等一批专业市场，积极发挥阿里、贝店、网易、赶集等知名浙系电商平台优势，多渠道参与消费扶贫。季伟达是义乌市派出的专技人才，他提出建设乡镇药材收购体系，让药材种植农户在家门口出售药材，方便药商集中采购，降低物流成本。现已建设完成乡镇收购站点22个、中心收购站1个，在成都国际商贸城荷花池中药材交易市场设立交易窗口1个，在建设收购体系的同时，还与区供销

1　《携手共进　南浔·广安"三产联动"全面推进东西部扶贫协作》，2021年1月6日，四川新闻网，http://gas.newssc.org/system/20210106/003065699.html。

社、秦岭药业等谋划在盘兴物流园区建设中药材收购基地，实现中药材集中"收、储、加、贸、运"一体化服务。[1] 据统计，2018 年以来，该扶贫方式多渠道销售四川农产品、手工艺品等 24.85 亿元，线上线下销售近 100 亿元。

（四）人才引育机制不断完善

通过组团帮扶，开展"传帮带"，浙江不断培育壮大当地干部人才队伍。近年来，浙江共派出专技人才 2293 人，组织培训当地干部人才 8.9 万人次，为当地培养专业技术团队 212 个，培训致富带头人 1.5 万人。如海盐县与屏山县建立起远程同步课堂，让山里的人也能享受优质教育。再比如，马边援助干部寿建华与他同事，持续推动绍兴名校与本地学校结对，针对幼儿园、小学、初中、高中创新开设了"陆游班""鲁迅班""元培班""阳明班"，引入一些好的教育教学做法，为当地打造一支"带不走"的人才队伍。

三　主要经验

浙川东西部协作工作取得了明显成效，归纳而言，两地协作的宝贵经验主要有以下六点。

（一）强化组织领导创新工作机制

两地的党委、政府坚持把东西部扶贫协作作为检验"四个意识"、践行"两个维护"的重要标尺，作为高质量打赢脱贫攻坚战的重要力量。通过制定东西部协作行动方案，明确协作的时间表、目标、路线图、责任人。建立和完善督查督导、成效考核、信息上报等工作制度，压紧压实工作责任。

（二）加大人才支援交流力度

帮助城市发挥科教、医疗领域优势，坚持"鱼渔兼授、智志双扶"，从人才互派、交流培训、技术引进等方面开展人才支援，促进两地观念互通、思路互动、技术互学、作风互鉴。

1　《金巴情深开新局》，2021 年 12 月 27 日，四川新闻网，http：//bz.newssc.org/system/20211227/003243499.html。

（三）强化扶贫资金项目精细化管理

围绕脱贫地区吃水难、行路难、住房难、上学难、看病难、增收难等问题，聚焦深度贫困地区、"两业"、"两不愁三保障"、易地扶贫搬迁安置点教育医疗配套设施建设等，商定一二三产业兼容、独具特色的帮扶项目，完善项目利益联结机制，积极引导贫困户参与项目建设管理。

（四）产业合作梯度布局

坚持把产业合作作为扶贫协作的主攻方向，立足两地资源禀赋，结合人才、资金、技术、信息、管理等方面的比较优势，帮助四川贫困县、贫困村因地制宜发展特色产业，督促落实产业合作专项激励政策，以合作共建园区、共建特色产业基地等模式推进产业合作。

（五）创新劳务协作方式

坚持把稳岗就业作为扶贫协作的"先手棋"，围绕组织贫困劳动力到帮扶城市就业、就近就地就业、到省外其他地区就业等重点任务，加大援企稳岗力度，落实扶贫企业和帮扶车间用工补贴、就业补助等系列政策，加强就业信息对接，通过"点对点、一站式"专列、专车、包车等方式促进输转。

（六）全面深化携手奔小康行动

聚焦四川深度贫困乡镇、深度贫困村、挂牌督战村，不断深化"携手奔小康"基层单位结对支援。根据结对单位实际需求，务实开展已结对乡镇、学校、医院、社会组织和村企之间的结对帮扶活动，确保帮扶工作事项化、清单化、具体化、精准化，以实实在在的举措帮助结对单位获得实质性发展，避免"一结了之"。

第三节　共同富裕背景下深化浙川东西部协作的未来展望

在加快构建以国内大循环为主体、国内国际双循环相互促进的新发展格局的背景下，浙川东西部协作将会产生新的帮扶形式和帮扶内容。因此，"十四五"时期应进一步建立健全规划实施机制，强化统筹协调和制度保障，充分调动一切积极因素，形成推动浙川东西部协作工作的强大合力。

一　发展机遇

（一）深化东西部协作是扎实推进共同富裕的新要求

习近平总书记指出："东西部扶贫协作和对口支援，是推动区域协调发展、协同发展、共同发展的大战略，是加强区域合作、优化产业布局、拓展对内对外开放新空间的大布局，是实现先富帮后富、最终实现共同富裕目标的大举措。"[1] 这一重要论述意味着东西部协作要从造血式帮扶走向抱团式共同发展，从单向帮扶走向纵横联动、协调发展。"十四五"时期是为共同富裕打好基础的关键时期，深化东西部协作和定点帮扶工作，有助于形成产业互补、人员互助、技术互学的共同发展局面，推动形成"东西双向互济、陆海内外联动"的开放新格局。因此，在扎实推进共同富裕进程中，深化浙川东西部协作和定点帮扶工作必将大有作为。

（二）经济新发展格局为东西部协作提供良好机遇

2020 年，习近平总书记指出，要"逐步形成以国内大循环为主体、国内国际双循环相互促进的新发展格局"，[2] "立足新发展阶段，贯彻新发展理念，构建新发展格局，推动高质量发展"。[3] 关于新发展格局的战略部署是新发展阶段把握主动权的"先手棋"，是夺取经济发展新胜利的关键一招，为西部地区发展带来了机遇。浙川东西部协作应抓住以构建全国统一大市场为支撑的

1　《认清形势聚焦精准深化帮扶确保实效　切实做好新形势下东西部扶贫协作工作》，2016 年 7 月 21 日，中华人民共和国中央人民政府网站，https：//www.gov.cn/guowuyuan/2016-07/21/Content_ 5093471.htm。

2　《"这十年，总书记的两会关切"之一·谋大局》，2023 年 3 月 1 日，新华网，http：//www.xinhuanet.com/2023-03/01/c_ 1129405709.htm。

3　《必须把发展质量问题摆在更为突出的位置——习近平总书记关于推动高质量发展重要论述综述》，2020 年 12 月 17 日，中华人民共和国中央人民政府网站，https：//www.gov.cn/xinwen/2020-12/17/content_ 5570 027.htm？eqid=b90b538700021d70000000036469f956。

新发展格局的时代机遇，找准比较优势，通力协作，全力打造改革开放新高地，着力培育经济发展新动能。

（三） 新一轮西部大开发为东西部协作带来新的发展机遇

西部大开发战略实施以来，西部地区发生了翻天覆地的变化，经济发展势头迅猛。2020 年 5 月，中共中央、国务院发布了《关于新时代推进西部大开发形成新格局的指导意见》。该意见指出，强化举措推进西部大开发形成新格局，是党中央、国务院从全局出发，顺应中国特色社会主义进入新时代、区域协调发展进入新阶段的新要求，统筹国内国际两个大局做出的重大决策部署。意见颁布后，西部大开发再一次成为国家战略棋盘的重点问题之一。在推动形成西部大开发新时期的新格局过程中，国家给予财税、金融、产业、用地、人才等多重政策支持，按下了西部地区发展的"倍速键"。浙江省和四川省应抢抓新时代西部大开发历史性机遇，加强交流合作，共谋共享发展成果。

二 主要挑战

（一） 兼顾发挥支援地区优势与激活受援地区内生动力

在浙川东西部协作实践中，如何有效激发其内生动力是现阶段着力思考与解决的问题。从实际情况来看，浙江支援地区充分发挥自身在人力资源、资金等方面的资源优势，协助四川贫困地区加快推动基础设施建设，加快推进旧房改造等民生工程项目，有效改善了四川受援地区的居住环境，推动了受援地区的经济发展。然而，必须理性认识到，随着浙川东西部协作实践的深入发展，四川受援地区自身造血功能较弱、内生发展动力不足等一系列问题日益凸显，这不利于巩固拓展脱贫攻坚的胜利成果，也不利于促进区域协调发展，因此有必要提升四川受援地区的可持续发展能力。具体来说，浙川在规划协作项目时，有必要优化调整各类协作项目，要适当增设提升受援地区领导干部综合能力等内容，以此有效激发受援地区发展的内生动力，还需要增强劳动力吸纳能力，加快产业结构优化调整，强化受援地区居民的主人翁意识，使其自觉投身于本地区经济建设事业中。总而言之，新一轮浙川东西部协作工作不是完全依赖浙江等沿海发达地区的扶持与对口支援，而是要调动与激发受援地区领导干部的主观能动性，转变其管理理念、提升其综合能力，从而真正带领受援地区奔康致富，实现高质量可持续发展。

（二）兼顾政府主导作用与社会力量持续参与

东西部协作是包括产业援助、干部人才选派、文化交流、经济合作等各要素在内的系统工程。因此，东西部协作要想取得理想成效，就要充分发挥政府主导作用，要通过制度建设和政府针对性、有节制的干预，确保各类资源的公平分配和合理配置。当然，也必须理性认识到，随着东西部协作工作的深化落实，政府有限的资源难以充分满足浙川两地日益增长的经济社会发展需求，在此情况下，则有必要利用市场机制的资源调节作用，激发社会组织参与的积极性，从而通过政府与社会组织的协同合作，共同实现浙川东西部协作目标。

（三）兼顾协作政策执行与绩效评估

就现状而言，我国尚未建立一套完整且科学的协作政策绩效评估标准体系，这也导致相关领导部门无法全面真实地了解协作政策执行是否得到了广大群众的支持，是否有效调动了社会力量参与积极性，是否实现了不同地区的协同配合和共同发展，是否实现了经济效益和社会效益的双赢。从实践意义来看，协作政策绩效评估在加强协作项目管理、优化调整政策执行方案等方面发挥了突出作用，此外，协作政策绩效评估机制在保障公众合法权益，提高公共服务效率和质量等方面也起到了关键作用。因此有必要加快协作政策执行评价体系的建立，以便更客观清晰地掌握浙川协作实践中的不足，从而做出针对性的调整，保证协作政策执行的有效性。值得注意的是，对口支援民族地区项目绩效评价要确保评价指标落实到受援地区群众对项目实施的满意程度上，要确保受援地区群众能够真真切切享受对口支援项目的实施成果，实现满足感和幸福感的提升。不仅如此，对口支援民族地区项目绩效评价还要综合考虑经济、社会稳定、文化交流、公共卫生等多方面的因素，兼顾经济指标和社会效益指标。另外，对口支援民族地区项目绩效评价既要考察对口支援民族地区项目对受援地区经济建设和社会发展的影响，也要衡量与分析对口支援民族地区项目对支援地区的影响，从而在真正意义上形成地区均衡发展、互利共赢的友好局面。

三　对策建议

（一）创新东西协作理念

脱贫攻坚是东西部协作至关重要的一步，但并非最终目标。浙川东西部协作实践主要是通过脱贫攻坚、协同治理等一系列举措，实现区域协调发展、共同富裕。2016年底，我国出台实施了《关于进一步加强东西部扶贫协作工作的指导意见》，明确指出了东西部扶贫协作和对口支援工作的重要意义，强调它们是缩小我国贫富差距、促进区域一体化发展的重大战略部署。因此，在我国全面推进经济高质量发展的新阶段，在我国扎实推进共同富裕的新时期，浙川东西部协作实践要想达到理想成效，就必须创新协作理念，建立健全互利共赢的浙川东西部协作新机制，通过各项资源的共享、各类生产要素的双向流通，深化双方协作。具体而言，浙江既要发挥自己在资金、技术等方面硬实力的带动作用，又要利用先进理念、管理、制度等软实力方面的经验优势，为四川健全治理体系、提升现代化治理能力提供借鉴，还要通过团结、争取、感动一批人，达到沟通情感、凝聚人心的目的，从而实现合作内外动力的全面增强，促成"见物"与"见人"的统一协调。

（二）深化产业合作内涵

目前，四川正处于产业结构转型升级的关键阶段，着力构建现代化产业体系，以四川省传统优势产业为重点，通过大规模技术改造、工艺革新、产品换代，实现信息化、智能化、绿色化升级，加快向价值链中高端迈进。改造机械、轻工、冶金、建材等传统制造业，培育壮大新一代信息技术产业、高端装备制造产业、新材料产业、新能源产业、生物产业等战略性新兴产业，推动汽车零部件、电子、机械制造、纺织、农旅融合等产业提质增效，以充分发挥自身在能源化工、特色农业、旅游业等方面的比较优势，参与国内外市场竞争。浙江省则可以利用自己在资金、技术等方面的资源优势，加大对四川省优势产业的投资，以丰富本省的产业类型，延展产业合作链条，有力推进两地产业的深度融合，切实提高帮扶协作质量。当然，需要强调的是，浙江和四川在选择合作产业时，也必须贯彻绿色发展观，坚持绿色扶贫，以期在促进区域协调均衡发展的同时，实现经济发展与环境保护的协调统一。

（三）发挥市场导向作用

浙川东西部协作既要发挥政府的主导作用，通过政策倾斜等方式，实现生产要素的双向流动和合理配置，又要发挥市场机制的决定性作用，畅通资源运作机制，并在此基础上，探索具体可行的合作路径。一方面，浙川东西部协作要根据合作项目的客观需要，制定与实施税收优惠、简化项目审批流程等激励政策，鼓励社会资本向特定的产业流动，从而达到产业扶贫的目的。另一方面，浙川东西部协作要严格遵循市场发展规律，建立健全企业参与长效机制和资源协调共享机制，从而为扶贫产业的健康发展提供强有力的制度保障。同时，浙川还需要牢牢把握市场需求的变化趋势，培育一批优秀企业，利用企业的孵化和辐射效应，带动区域经济发展，促进产业的深化合作。此外，两省还应健全产业协作机制，利用浙江的先发优势和四川的资源禀赋优势，高度整合资金、信息、人力等各方面的资源，为脱贫地区的产业发展奠定坚实的物质基础，还可以建立人才引进、资本入乡村等激励机制，让优势资源更多向四川贫困地区集聚，激发脱贫地区的内生动力，从而达到更好的脱贫效果，降低返贫率。在此过程中，浙江省也能够通过产业和资源的转移，拓展产业发展空间，由此形成更有效率、更加公平、更可持续的区域协调发展新格局。

（四）加大科技合作力度

东西部经济发展水平存在差距的重要原因在于东西部技术水平存在差距。纵观经济发展历程可知，科技创新是经济高质量发展、可持续增长的动力来源，在助推经济发展方面发挥了显著作用。因此，浙川东西部协作实践必须加大科技合作力度，要基于两地的技术差异，合理调整产业结构。一方面，两地要转变以产能转移为主的传统发展模式，摒弃以浪费资源、污染环境为代价的粗放型发展模式，着眼于未来，通过技术创新实现产业的合理布局和优化升级；另一方面，两地要以项目开发为依托，通过建立健全集约型发展机制，提高双方科技合作质量，并通过新技术的引进和高新技术成果的转化，促进传统产业的转型升级，同时结合不同地区的资源优势，因地制宜打造特色化科技创新园区，加快技术创新成果的孵化，培育一批战略性新兴产业，打造新的经济增长极，从而促进区域高质量发展。

本章小结

新中国成立初期，国内更多是东部地区帮扶支援西部地区，后来随着地区发展差距的缩小，东西部也逐步形成合作关系，进一步解决区域发展不均衡的问题。本章将浙川东西部协作作为案例，通过研究得出如下结论。

第一，新中国成立以来，中国共产党始终秉持初心使命来推动东西部对口支援、帮扶和合作，努力缩小国内不同区域发展差距，实现全体人民共同富裕。从纵向上看，从国家到省区市级都在统筹部署对口双方的联结合作，确保资源要素和社会公共服务在不同区域的流动和供给；从横向上看，对口双方并没有在地理位置上直接联系，但很多地区能够在资源、技术、人才等方面实现有效互补，这样就能够推动资源和人才的双向交流，让发展相对落后的区域能够获得更多有针对性的扶持。

第二，立足新时代发展格局，党和国家在推动共同富裕进程中已经将区域发展政策从原来的"促进先富"转变为"带动后富""协调兼顾"。这就要求新时代区域协调发展的重点转为不断缩小区域发展差距。一方面，要对经济落后地区提供更多支持和帮扶，让这些区域能够不断提高经济发展能力，让居民享受更高水平的公共服务；另一方面，要继续推动相对发达地区帮助扶持欠发达地区，建立东西部帮扶支援机制体系，从而取得先富带动后富的发展效果。

　　第三，基于浙川东西部协作的案例考察，本章发现浙川东西部协作作为脱贫攻坚工作的一个重要抓手，已经体现出了强大的制度优势。在社会主义现代化强国建设新征程上，东西部协作制度已经成为推进我国共同富裕的重要制度安排。浙川东西部协作也顺应时代要求，更加呼应当前国家对东西部协作的政策期许以及共同富裕的愿景，在已有基础上进一步创新东西部协作理念、深化产业合作内涵、发挥市场导向作用、加大科技合作力度，实现互惠共赢发展。

第十八章
结论与展望

第一节　研究结论

　　本书基于共同富裕进程中农村相对贫困治理的艰巨性、紧迫性，以缩小区域、城乡、群体差距为主线，立足近期、中期、远期三个阶段，构建了协同演化的相对贫困治理理论分析框架，并围绕治理对象、治理主体、治理方式、治理成效开展研究，针对特殊群体、特殊问题和典型案例进行专题研究，主要观点如下。

一　消除相对贫困与实现共同富裕有机统一，治理重点难点在农村

　　从理论层面看，在扎实推动共同富裕的新阶段，农村相对贫困治理必将以共同富裕为目标归宿。中国特色社会主义的相对贫困治理是通过代表全体人民利益的中国共产党的领导来推动和实现的，不是简单的社会救济，而是致力于提高个人实现自由的"可行能力"，这种"发展式"的治理超越了西方社会"托底式"福利分配的政策目标，最终实现人的全面发展，最终归宿必然是从根本上消除相对贫困，与实现共同富裕具有内在统一性。从"治理"视角看，相对贫困状态下"可行能力"缺乏应包括治理能力的缺乏和不足，农村相对贫困治理就是从破解治理能力不均衡带来的相对贫困演化出发，在治理要素协调优化中不断缓解相对贫困，最终通过农村相对贫困治理促进共同富裕。基于此，应以消除农村社会性发展差距为关键，以提升农村

治理能力为突破，以实现乡村全面振兴为支撑，奋力实现农业强、农村美、农民富。

从现实层面看，农村内部居民收入差距扩大的基本态势尚未得到根本扭转，农村是相对贫困治理的"核心"区域。一是农村相对贫困人口数量大，按第七次全国人口普查 5.1 亿农村人口计算，以最低标准估计，农村相对贫困人口规模在 4000 万人以上。二是农村相对贫困呈现加剧态势，研究发现各收入组农村居民之间收入差距明显，并呈现扩大之势，近十年农村基尼系数提高了约 20%。在扎实推进共同富裕进程中，农村相对贫困治理面临相对贫困人口规模庞大、贫困致因复杂、体制分割以及多元共治格局有效实现的四大关键挑战，需从治理对象、治理主体、治理方式、治理成效维度明确治理重点任务。

二 治理对象：需明确治理重点，解决识别阈值、维度设定难题

相对贫困区域上呈现东部、中部、西部地区逐次加重的特征，西部地区农村是相对贫困治理的"主战场"。研究发现，整体上农村相对贫困规模较大，以农村居民年人均可支配收入中位数的 40% 为标准，农村相对贫困发生率为 12.40%，相对贫困人口规模达到 7149 万人，在非收入维度上，农村居民通常在 1—4 个指标上处于相对贫困状态，其相对贫困发生率均在 10% 以上。从单位指标看，东部、中部地区农村居民在健康自评、重疾状况、长期健康、教育年限、生活燃料、用水状况、失业、年人均可支配收入 8 个指标上的相对贫困发生率明显低于西部地区农村居民。从多维相对贫困指数看，无论 k 取值为 0.14，还是 0.29，结果都表明东部地区农村多维相对贫困最轻，中部次之，西部最为严重。

农村流动人口、老年人口、留守儿童是需要重点瞄准的脆弱群体，存在特殊相对贫困维度。一是农村流动人口收入相对贫困发生率呈现上升趋势，支出相对贫困发生率较高，主观相对贫困有所缓解但仍不容乐观，城市规模、人口禀赋等宏观和微观因素对农村流动人口相对贫困状况影响显著；二是农

村老年人口整体规模大、增长速度明显加快，抑郁情绪和社会参与对农村老年人口多维相对贫困指数的影响较大，贡献率均超过 10%，老年人口年龄、代际关系、养老金数额对农村老年人口相对贫困具有显著负向影响，独居老年人口相对贫困发生率为非独居老年人口的近 1.4 倍；三是农村留守儿童规模整体缩小，但局部扩大。农村留守儿童生存维度相对贫困发生率较高但有明显下降趋势，样本中约有 60% 的留守儿童至少在一个维度上存在相对贫困，父母陪伴、家庭规模影响显著。

治理对象识别监测需解决三大难题。一是需解决阈值确定难题。兼顾区域、城乡、农村内部之间三大差距，以及科学确定指标阈值存在困难。若阈值确定过高，会"稀释"政策效果，还可能导致"福利依赖"；若阈值确定过低，又会低估真实贫困水平，造成相对贫困人口"体外循环"，形成政策盲区。二是需解决维度匹配难题。农村相对贫困人口贫困维度多，更具隐秘性，精准监测相对贫困人口具有较大难度，不但要考虑客观指标，而且需要综合考察主观方面的多维指标。三是解决群体适用性维度设定难题。从群体类型看，需要纳入识别监测的人口不但包括脱贫不稳定人口，还包括流动人口、老年人口、留守儿童等特殊群体，既要"面上"适用于农村人口，又要具备一定"弹性"，兼顾特殊群体及特殊维度。

三　治理主体：需发挥优势功能，摆脱转型、激发、塑造困境

政府主体功能发挥存在过渡期困境，重点要抓住过渡的机遇，重构、递延协调和组织功能。一是部门间关系模糊导致出现从精准扶贫转向相对贫困治理过渡期内的"治理真空"，乡村振兴部门与其他部门在信息传递、政策协调方面存在不畅，部门间协调的弱化，增加了政策实施成本，降低了贫困治理效果。二是整体消除绝对贫困后，驻村干部陆续轮换，在人员轮换方面较为顺畅，新的干部队伍整体轮换到位，但能力"交接"出现"空档"，轮换后的干部对农村相关政策的了解较少，农村工作综合能力普遍偏弱，未能完全实现工作能力"平稳过渡"。三是目前村级基层组织存在

工作"惯性依赖",短期内容易陷入"主动性弱—能力弱"的恶性循环。针对以上问题,本书提出政府主管部门应递延精准扶贫的统筹协调功能、识别管理功能、组织动员功能,重构政府主体的权责定位、部门间关系、减贫专项功能。

相对贫困人口主体功能发挥存在意识激发、巩固提升困境,重点要瞄准"福利依赖型"人口施策。一是主体意识激发唤醒难题。脱贫主体意识的变化具有"隐蔽性",正向的"唤醒"表现为自我认识、脱贫行为的积极性。整体来看,目前相对贫困底部的"脱贫人口""低收入人口"主体意识亟待唤醒,部分人口甚至出现主体意识"减弱"、外部依赖"增强"情况。二是相对贫困人口主体意识巩固提升难。由于治理投入与相对贫困人口主体脱贫意识提升之间往往存在时间差,面对发展困难,脱贫人口积极性可能反复升降,因此需要外部持续介入,在心理行为层面巩固和提升。针对以上问题,本书提出应重点瞄准最难形成主体意识的群体,即"福利依赖型"人口,消解"福利依赖型"人口错误判断,避免"过度期待",调整政策初衷与实施方式,避免"纵容懒惰",注重限制治理主体的寻租行为,提高帮扶措施的有效性,强化内生动力保障机制。

社会组织主体功能塑造面临外部融入困难、内部发育不足的情况,重点要高质量输出服务。一是本土组织资源流失之困。大量农村资金、精英人口外流,留守老人、妇女、残疾人等弱势群体成为农村社会组织的"主体",加之相对贫困地区经济发展较差,农村自发性社会组织经费偏少,管理协调人员能力不足,无法输出较高质量的社会服务。二是非本土社会组织融入之困。目前非本土社会组织处于长期"悬浮"状态,无法真正嵌入农村相对贫困治理全过程,且未充分考虑农村社会治理的独特性与异质性,服务工作难以达到预期目标。针对这些问题,本书提出应将外部正式组织专业功能与本土非正式组织融入优势相结合,通过"软嵌入"持续发挥社会组织功能,孵化乡村公益组织,推动农民的再组织化,提高服务质量。

四　治理方式：需围绕发展差距，解决治理瓶颈、机会创造问题

从城乡差距看，优化治理方式关键要解决由"特惠"转向"普惠"的资源投放效益瓶颈问题。本书提出，在农村相对贫困治理过程中，涉农资金作用存在边际报酬递减趋势，突破方向是撬动社会资源、强化"中心区域"带动作用。总体上，涉农资金与缩小城乡收入差距之间呈现近"L形"关系，在初始阶段涉农资金利用率较高时，资金投入可对缩小城乡收入差距起到显著促进作用，通过拐点值 8.84 和 8.86 后，其外溢效应逐渐转变为负，这表明过高的涉农资金可能会使资金使用出现"偏差"，作用逐渐消减。因此，仅靠政府投入资源治理相对贫困，可能存在效益"瓶颈"，需要撬动更多社会资源。效应分解后发现，外部间接效应下的涉农资金系数为 -0.327，即本地每增加 1 个百分点的涉农资金，相邻地区城乡收入差距缩小 0.327%。因此，涉农资金对城乡收入差距的影响还存在显著的外溢效应，且区域内的溢出小于区域间的溢出。该结论表明应当积极在大地区层面调配资金，同时谋划一批带动作用强的"中心地区"。

从群体差距看，优化治理方式关键要解决发展型相对贫困人口发展机会创造问题。在短期层面，财政投入明显提高了发展型相对贫困人口可支配收入，财政投入额每增加 1 个百分点，能够带动其年人均可支配收入增加 30.2%。但农业生产没有被明显拉动，缩小农村内部收入差距重点应促进务工、提高工资性收入。在中长期层面，解决相对贫困、推进共同富裕资源缺口较大，相较于东部地区，中西部地区相对贫困治理资金带动作用更为明显。从分类对比分析看，提高发展型相对贫困人口可支配收入需要的财政资金多于保障型相对贫困人口（低保类贫困农户），说明发展型相对贫困人口增收最为困难，解决持续增收问题任重道远。因此，应重点瞄准发展型相对贫困人口，以提高工资性收入为突破口，创造不同"区域半径"的适配型就业机会，发挥市场和社会资源优势。

五 治理成效：需锚定共同富裕，解决跨越发展"门槛"障碍问题

从"共享富裕"和"总体富裕"两个维度，本书提出近期、中期的治理成效评价指标体系。其中，近期核心指标及目标为：农村基尼系数小于0.45、城乡居民可支配收入比小于2.4、农村居民年人均可支配收入大于等于21585元、农村居民家庭恩格尔系数小于等于0.28、乡村医生中执业（助理）医师比例大于等于45%、乡村义务教育学校专任教师本科及以上学历比例大于等于62%、乡镇（街道）范围具备综合功能的养老服务机构覆盖率大于等于60%、农村居民教育文化娱乐消费支出占比大于等于11.5%。中期核心指标及目标为：农村基尼系数小于0.4、城乡居民可支配收入比小于2、农村居民年人均可支配收入大于等于34264元、农村居民家庭恩格尔系数小于等于0.2、乡村医生中执业（助理）医师比例大于等于84%、乡村义务教育学校专任教师本科及以上学历比例大于等于73%、乡镇（街道）范围具备综合功能的养老服务机构覆盖率达到100%、农村居民教育文化娱乐消费支出占比大于等于14%。

共同富裕进程中我国农村相对贫困治理目标实现程度已经跨过50%的门槛，但多数地区实现中期目标还有困难，其中处于"第三梯队"的"底部"地区需要跨越发展障碍。基于治理成效评价指标体系，本书开展相对贫困治理进程评估，结果如下。一是目前治理态势稳定可期，治理成效呈现区域不平衡特征。截至2020年，我国绝大多数省区市已经实现了2035年农村相对贫困治理目标的50%以上水平。二是未来实现治理目标存在三个梯队，第一梯队是上海、北京、浙江、天津、安徽、江苏和广东7个省市，这些地区能够在2035年前实现2021—2035年农村相对贫困治理目标。这7个省市因目标实现时间靠前，目标实现后还有充足的巩固提升时间。第二梯队是内蒙古、福建、湖北、四川等10个省区，这些区域可能延后5年实现2035年农村相对贫困治理目标，这部分省区属于"临界区域"，通过适当提速实现治理目标难度不大。第三梯队是云南、广西、西藏等14个省区市，这些区域在2035年后需要

超过 5 年时间才能够实现 2035 年农村相对贫困治理目标，这部分省区市是如期实现治理目标的"硬骨头"。

已有典型案例成效明显，为解决治理实践问题提供了参考。凉山、成都、浙川东西部协作的实践探索，分别为巩固拓展脱贫攻坚成果、城乡统筹以及区域协作提供了实践参考。已有实践案例都更加注重建立规范化、常态化的长效治理机制，通过社会保障兜底、产业发展、金融可及性等方式为低收入人口创造和提供发展机会，实现包容性经济增长。虽然已有治理实践有了创新性探索，但还缺乏系统性的政策设计和解决方案。结合实践案例看，未来治理应坚持锚定共同富裕目标，按近期、中期、远期梯次推进，重点以缩小区域、城乡和群体差距为主线，以高质量发展推动消除相对贫困。

第二节　对策建议

以推动实现共同富裕目标为主旨，按近期、中期、远期梯次推进相对贫困治理及其相关政策。近期（2021—2025 年）瞄准解决相对贫困"底部"问题，重点是巩固拓展脱贫攻坚成果，由"特惠"逐步转向"普惠"，由短期性治理转向长效性治理。中期（2026—2035 年）瞄准实现农村居民生活更宽裕，解决相对贫困"中部"问题，大幅度提高中等收入群体比例，促进农村居民生活水平差距明显缩小、城乡基本公共服务均等化，初步实现农村居民"中产化"。远期（2036—2050 年）瞄准农村居民普遍享有幸福生活，解决相对贫困"全面共享"问题，实现城乡相对贫困人口可支配收入、基本消费差距缩小到合理水平，实现农村公共服务全面普惠享有。重点以缩小区域、城乡和群体"三大差距"为主线，以"一三三二"战略（"一线一体系"、三大行动、三大计划、二大工程）推动高效治理，边实践、边评估、边矫正，谨防三个"陷阱"，以高质量发展推动消除相对贫困，实现共同富裕。

一　构建"一线一体系"分段识别监测机制

（一）在单维度层面，仍以收入标准为主要考量

在稳定脱贫、相对贫困缓解并存期，东部发达地区、中部和西部欠发达地区可分别将地方标准设定为农村居民年人均可支配收入中位数的 50%、40% 和 30%—40%；在相对贫困缓解全面推进期，中部和西部欠发达地区可分别上调至 50% 和 40%；在相对贫困问题得到基本解决时期，全国各地区可逐步统一上调至 60%；在相对贫困问题解决、全面实现共同富裕时期，统一城乡相对贫困标准，并将相对贫困标准上调至城乡居民年人均可支配收入中位数的 60%，甚至更高水平。

（二）在多维度层面，参考主、客观多个指标体系分阶段调整权重

在稳定脱贫、相对贫困缓解并存期，健康状况、社会保障是主要参考指标；在相对贫困缓解全面推进期，重点解决"如何让人民生活得更好一些""如何让贫富差距更小""如何让地区发展质量更高"等问题，自我认同感、归属感、幸福感等主观指标的权重应随之提高；在相对贫困问题得到基本解决时期，各个指标的权重应该相对均衡；在相对贫困问题解决、全面实现共同富裕时期，各指标权重应一致。

（三）近期应强化"底部"监测机制

一是要处理好返贫监测与低保纳入的关系，要正视从绝对贫困治理转向相对贫困治理过程中治理对象的"回落"现象，对精准脱贫后有返贫风险的"应纳尽纳"，防止"体外循环"导致返贫监测出现盲区。二是监测要"动态"，避免只进不出，风险消除的监测户能动态退出，做好对"脱贫不稳定户、边缘易致贫户、突发严重困难户"三类农户的监测。

（四）中期和远期应构建、完善长效监测机制

一是将区域与个体瞄准相结合，在全国层面，瞄准中西部地区、山区、民族地区等相对贫困人口的"聚居地"；在个体层面，根据相对贫困人口致贫原因，分类、分级监测。二是强化对特殊群体的监测，针对农村流动人口城

市生活幸福感、农村老年人口身心安全感、农村留守儿童健康成长获得感，有侧重地开展跟踪监测，提供前期预防信息。

二　推进"三大行动"，重塑主体治理格局

（一）推进"下放、打通、强基"转型行动

一是转换中央与地方治理角色，下放更多治理权力，从绝对贫困治理时期中央负责主要资源供给，全国统一推进，转向相对贫困治理时期让地方政府承担更多职责，让其具有根据自身经济实力开展更高标准相对贫困治理的自主权。二是促进部门间资源传递。引导各地健全党的农村工作领导体制机制，开展工作创新、管理创新与制度创新，充分利用现代信息技术，促进部门间信息互通有无，整合分散在各部门的减贫资源。三是提高基层治理能力，在相对贫困地区大力实施基层干部"领雁强能"行动，开展驻村干部"导师传帮带"行动，全员大学习、大培训、大讨论、大调研，消除"本领恐慌"。抓住农民工集中返乡契机，将返乡农民工中的优秀分子吸收到党员队伍中。实施基层党组织"育优消薄"强基行动，培育一批能带领乡村振兴、推动相对贫困治理的优秀基层组织，以强带弱，注重经验复制，全面消除基层薄弱组织。

（二）推进"五赋权、三结合"激发行动

一是推广参与式治理模式，把相对贫困对象从"旁观者"变为"参与主体"，充分赋予其知情权、决策权、实施权、监督权、管理权，村级减贫项目需经群众讨论同意，相对贫困对象发展致富方案需由本人参与制订，体现相对贫困对象受益者、参与者的主体地位；二是要坚持扶志、扶智、扶技相结合，激发相对贫困人口积极性、主动性，既要加强教育引导、典型示范，通过常态化宣讲和物质奖励、精神鼓励等形式，培养脱贫致富主体意识，也要坚持以工代赈、生产奖补、劳务补助等方式，引导相对贫困人口摆正外部帮扶和自身努力关系。

（三）推进"先培育、再提升"塑造行动

一是实施本土新型乡村社会组织培育计划。充分发挥"地缘""血缘"等纽带作用，培育新乡贤、建设乡贤组织，充分发挥本土社会组织多功能性，创新"乡村社会组织+村民""乡村社会组织+驻村工作队""乡村社会组织+党建"的工作机制。二是发挥社会组织"最后一公里"的信息作用，引导资源下沉到农户亟须领域，建立相对贫困群体需求信息对接共享和协调机制。促进社会组织利用其扎根基层、服务基层的独特优势，深入了解相对贫困群体需求信息，筛选区域性相对贫困的关键指标，并及时通过工作网络和服务平台与政府相关部门实现信息对接，帮助地方政府在确定相对贫困标准、选定政府购买社会组织服务项目和实施区域时更加合理有效。三是创新社会力量参与社会救助的激励参与机制，提升社会组织专业能力，通过政府购买服务、公益创投、补贴奖励、金融支持、活动场地免租、费用减免和社会企业认证、人才培训等措施，扶持一批专业社会组织，完善社会力量参与相对贫困治理的荣誉表彰制度，让积极参与社会救助的社会力量有荣誉、有发展、受尊重。

三　落实"三大计划"，有效提高治理包容性

（一）打通市场、片园联动，缩小区域差距

以建设全国统一大市场为契机，通过大区域协同带动发展。编制更高层级的区域发展规划，实现资源和要素在区域间双向良性互动，构建共建共治共享体制机制，突破行政区划的约束。一是形成发展廊道，对于位于特定发展走廊的地区，以提高中心区域创新策源能力以及发挥"大进大出"通道功能为抓手，提升中心区域在发展廊道上的号召力以及周边区域的响应程度，借助生产廊道、贸易廊道等发展廊道，融入全国统一大市场；二是发展双向飞地，对于距离中心区域较远且不在特定发展廊道上的地区，可借助正向飞地（在相对落后一方的飞地）与反向飞地（在相对发达一方的飞地），融入全国统一大市场；三是健全多元投入机制，推进东部地区产业创新与升级，建

立东部地区劳动密集型产业和加工组装产业向中西部地区转移的引导机制，加大对中西部地区经济发展和产业承接的定向支持力度。

生产要素赋能，园区经济与片区经济联动发展，优化企业营商环境，提升县域经济带动力。县域经济发展不充分、带动农村致富能力不足，是相对贫困治理的一大挑战。推动县域经济高质量发展，全面推进乡村振兴，实现县域经济与乡村振兴"双轮驱动"。一是推动人才、科技、数字、金融等生产要素向县域流动。畅通优秀人才回乡通道。改革户籍制度，改变"农转非"单向流动制度，探索大学生户籍回迁原籍的"非转农"制度。科技赋能，注重适用型技术研发，打通农业科技服务进村入户通道，增强乡村振兴的动力；数字赋能，加快数字乡村、数字农业建设，挖掘乡村振兴的潜力；金融赋能，提升乡村振兴的张力。二是园区经济与片区经济联动发展。延伸产业链，集聚发展县城工业园区等各类园区经济，规划引领乡镇级的片区经济，抱团发展村级的片区经济，加快构建县城、中心镇、中心村"三级"带动，园区、片区"两区"联动的县域经济高质量发展新格局。三是大力优化营商环境。坚持市场化、法治化，着力发现、培养、关爱各类企业家，进一步发挥市场在资源配置中的决定性作用，以公平竞争为要点规范企业经营行为，以产权保护为要点切实维护企业家在当地的合法权益，加快改善县域营商环境。

（二）"扩散、缩小"同步推进，缩小城乡差距

提高城乡公共资源包容性，重点解决城乡公共服务"二元"问题。建设高质量服务"群""点"，以"扩散效应"降低成本。目前农村人口整体呈现加速外流趋势，因此，不宜采取公共服务城乡间"同质化"均等覆盖的方式，应以"机会"均等为核心目标，打造服务辐射链条，以辐射降成本。一是主动适应人口流动趋势，在区域层面统筹建设机会均等的公共服务辐射"群"。统筹考察各区域公共服务的比较优势、人口分布，在县域人口聚集区、城乡接合部，布局一批包容性强、服务质量高、能辐射周边农村的高质量教育、医疗、就业服务群。二是在镇、村层面统筹建设机会均等的公共服务辐射"点"。以中心乡镇、中心村为辐射"原点"，建设城市公共服务延伸点，重点打造一批农村高质量公共服务示范乡镇、示范村，集中资源、层层带动，提高服务辐射能力，缓解农村服务同质化下成本高企的问题。

充分发挥农村比较优势，互助共享，以"缩小效应"降成本。目前推进城乡"同质化"的均等服务面临资源投入量大的困难，必须从农村实际出发完善服务体系。一是在服务成本相对偏高的领域以"缩小"替代"均等"。基于成本可承受的考量，目前对于农村养老、卫生环境等方面的建设，宜采用与城市差异化的标准，分步到位，比如可结合农村生活日常开支整体低于城市的优势，以农村生活开支需求为参照，建设适应农村生活水平的养老等社保体系。二是增强互助共济基因，通过共享，节约资源、降低成本。探索建设互助性强、共济性强、可推广的公共服务创新示范项目。例如探索扩大个人账户使用范围，实现全家可用一个账户支付定点医疗机构就医费用，将个人账户资金变成"家庭医保基金"。

（三）扩中提低、降低控高，缩小群体差距

实施"扩中提低"富民行动。一是提高农民工资性收入比重。在农民务工收入比重逐年增加的趋势下，把优化就业、务工作为增收的关键路径。深入实施千万新生代农民工职业技能提升计划，开展新产业、新业态、新技能培训，提升素质，让其稳定就业；实施乡村就业、创业促进计划，创建农村创新创业和孵化实训基地，培育和认定一批就业带动示范家庭工场、手工作坊、乡村车间，重点在中心村建好返乡创业帮扶服务站点，为落实创业税费减免、场地安排等提供便捷服务。二是实施低收入农户提振行动。大力开发乡村"适老、适弱"的公益性岗位，探索发展劳务合作社，承接农业农村基础设施建设、住房改善等工程项目。实施农民资产收益赋能计划，扩大财政帮促资金折股量化等试点，促进更多低收入农户向"股东"转变。三是加大三次分配力度，在防范道德绑架的前提下，发扬恋祖爱乡、回馈桑梓的文化传统，发挥同乡会、商会等社会组织的作用，引导社会慈善力量对低收入农户进行资助。

实施"降低控高"支持行动。一是实施生活成本降低计划。实施乡村消

费环境改善行动，既要通过推动农村社保制度的完善为消费消除后顾之忧，又要持续改善农村消费环境，完善农村偏远县城、乡镇流通体系，以提高就近消费便利度为抓手，加快提高乡镇生活服务水平，支持建设立足乡村、贴近农民的线上、线下生活消费服务综合体。实施乡村文明消费行动，通过建立村规民约、乡村道德银行等方式，杜绝攀比消费、高额彩礼等不良风俗。二是实施生产性支出控高计划。完善重要农产品生产者补贴制度，总结玉米、大豆、稻谷生产者补贴制度改革经验，以粮食生产功能区和重要农产品生产保护区为重点区域，完善重要农产品生产者补贴制度，逐步扩大覆盖范围。出台农业服务补贴政策，政府向农户和新型农业经营主体发放农业服务券，以便向服务组织择优购买生产性服务。在统筹整合涉农资金的基础上，探索建立普惠性农民补贴长效机制，完善农业生态补偿制度，根据经济发展水平，及时调整农业资源休养生息补偿标准。

四　实施"二大工程"，推动西部高质量发展

（一）实施高能级产业体系建设工程

一是实施高能级农业科技支撑行动。前瞻布局、园区示范、县域辐射、站点推广，在相对贫困地区布局数字化生产基础设施，建强智慧农业科技创新产业孵化园，发挥相对贫困地区县域综合集成作用，创建一批全国农业高能级科技现代化先行县，打通农业科技服务进村入户通道，依托中心镇建强基层农技服务站点，打造一批模式辐射带动力强的科技引领示范村（镇）。二是实施全产业链融合发展行动。推动相对贫困地区农村内部融合、业态融合、产村融合，锻造产业链长板，补齐产业链短板，促进全环节提升、全链条增值、全产业融合，支持在县域着力打造一批千亿元级全产业链。三是实施农业多功能拓展行动。以国内大循环为契机，加快促进农业功能增强、高端升级。重点实施"农业+"计划，发展"农业+休闲康养""农业+乡愁文创""农业+生活服务"模式，建成一批农业多功能性开发特色示范乡镇。四是开放合作发展特色农业。抢抓"一带一路"和双循环等战略机遇，发挥优势特

色产业带、产业基地示范带动作用，打造农业带合作示范园区、农业对外开放合作试验区。

（二）实施乡村数字建设全覆盖工程

一是加快数字乡村建设。聚焦数字新基建，实施一批数字乡村新基建重大项目，加快推进 5G 基站向中心镇、中心村延伸，利用大数据、区块链等新信息技术，推进生产生活基础设施数字化改造。二是加快数字农业建设。聚焦数字化生产，以数字大田、数字种业、数字种植业、数字畜牧业、数字渔业等为重点，依托"互联网＋"发展专业化社会服务，促进资源要素在城乡间双向流动、高效配置。三是推进智治乡村建设。建设乡村治理数字化系统，推进农村集体资产、农民建房一件事、农村垃圾分类等数字化管理，积极开展数字治理，创新"网上政务中心""掌上办事厅""二维码"等信息技术在乡村治理中得到广泛应用，建设智治乡村示范乡镇、示范村。四是研发"适老、适弱"的数字化服务产品。重点开发适应于老人、儿童、残疾人等特殊群体的数字服务，聚焦提升托育、教育、就业、居住、文化等领域办事体验。

五　谨防三个"陷阱"

（一）谨防"索维尔"陷阱

"索维尔"陷阱是"均富导致均贫"，即"均贫富"致使结构的优化以总量的减少为代价，出现富裕被"消减"、贫穷更严重的困境。摆脱"索维尔"陷阱，一是治理目标要循序渐进、符合经济发展规律，防止"揠苗助长"、"悬崖式"缩小收入差距，需逐步降低基尼系数。二是治理方式要科学，重点理顺三次分配的相互关系，在高质量发展中促进共同富裕，正确处理效率和公平的关系，形成初次分配、再分配、三次分配协调的基础性制度安排，加大税收、社保、转移支付等调节力度并提高精准性，增加中等收入群体比重，增加低收入群体收入，合理调节高收入，取缔非法收入，形成中间大、两头小的橄榄型分配结构，促进人的全面发展，使全体人民朝着共同富裕目标扎实迈进。

（二）谨防"福利主义"陷阱

"福利主义"陷阱是由保障"过度"导致的贫困治理对象发展积极性降低的困境。"福利主义"陷阱会导致相对贫困人口过度依赖福利，逐渐失去进取心和发展能力，同时出现大规模、持续性的福利开支，增加政府负担，使政府不堪重负而增加税收，增加税收又会增加企业和个人负担，形成非良性循环，从而给经济可持续发展带来破坏。"过度"保障易导致民众依赖，在政府经济上遇到困难时，减少福利又会引发社会不稳定。因此，相对贫困治理需要尽力而为、量力而行，从实际国情出发，遵循经济社会发展规律，脚踏实地、久久为功，稳步提升民生保障水平。所谓"尽力而为"，就是要坚持在发展中保障和改善民生，用心、用情、用力办好民生实事，以更大的力度、更实的举措增强全体人民群众获得感、幸福感、安全感。所谓"量力而行"，就是统筹需要和可能，把保障和改善民生建立在经济发展和财力可持续的基础之上，不能好高骛远、吊高胃口，做出兑现不了的承诺。即使将来发展更好、财力更雄厚，也不能提过高的目标、搞过头的保障。

（三）谨防"梅佐乔诺"陷阱

"梅佐乔诺"陷阱意味着自身发展激励不足。外部资源大量集聚到相对贫困地区，在给区域经济、社会发展带来巨大契机的同时，也可能导致其陷入"梅佐乔诺"陷阱。摆脱"梅佐乔诺"陷阱的关键是尊重市场规律，充分发挥市场在资源配置中的决定性作用，需重点增强区域发展内生动力，促进产业可持续发展，构建区域经济增长机制。一是要发挥区域特色资源优势，借助乡村振兴战略，充分利用好外部帮扶资源，以科技为支撑，以产业融合、新业态发展为路径，提升产业自生能力。二是协调好不同主体功能区之间的利益关系，为相对贫困地区创造均等发展机会，正确处理发展与生态之间的关系，避免出现相对贫困治理资源超额透支给长远发展带来的隐患，这些隐患包括政府财政赤字（债务）、生态赤字（Ecological Deficit）等带来的后续不利困境。

第三节　研究展望

　　强化相对贫困治理与乡村振兴研究。乡村振兴和相对贫困治理具有目标上的同向性、时间上的交叠性、空间上的覆盖性。乡村振兴战略需要解决农村的相对贫困问题，开展农村相对贫困治理。以乡村振兴逐步解决农村各种失衡问题，也有利于推进农村相对贫困有效治理。基于二者的紧密联系，我们需要强化相关研究。从理论层面上看，对如何阐明推进乡村振兴与相对贫困治理的互作机制、厘清二者衔接的机理的研究还较为缺乏，需要强化。从实践层面上看，如何将治理相对贫困统筹纳入乡村振兴战略，实现两大战略愿景、方向、目标、任务的连续性和阶段性衔接，如何在体制机制上按照农业农村优先发展的要求重塑城乡关系，着力解决城乡发展不平衡、乡村发展不充分的问题，如何在政策体系上把相对贫困治理的群体特惠性、领域特定性政策体系与乡村振兴的普惠性、综合性政策体系衔接起来，还需要科学论证、系统辨明。

　　前瞻推进城乡一体相对贫困治理研究。我国城镇人口呈持续增长态势，农村"空心化"和人口外流趋势难以逆转。根据第七次全国人口普查结果，全国居住在城镇的人口为90199万人，占63.89%；居住在乡村的人口为50979万人，占36.11%。与2010年相比，城镇人口增加23642万人，乡村人口减少16436万人，城镇人口比重上升14.21个百分点。根据发达国家经验，我国城镇化水平接近80%，才会进入相对平衡的状态，在此之前，农村人口还会持续减少，城镇人口还会继续增加。随着人口的转移，未来城镇相对贫困问题也越发突出，相对贫困治理的重点也逐渐由农村转向城镇。由此，城镇相对贫困治理将面临特殊困难，比如农村相对贫困多发生在集中连片的区域，适用于大规模"兵团式"作战，而城镇相对贫困集中性较弱、流动性更强，如何集中力量高效治理存在挑战。相较于农村相对贫困治理，城镇相对贫困治理体系不够成熟、缺乏经验，如何形成适应城镇的相对贫困治理识别监测体系、组织管理体系、评估矫正体系，还存在一定困难。面对这些未来可能出现的新问题，有必要及时跟进，结合城乡融合发展和城镇化趋势，阐释城乡一体化的相对贫困治理战略和战术选择，构建相应识别标准，研究其治理成效评价方法，为破解未来实践难题提供理论支撑。

参考文献

[1] 〔印〕阿玛蒂亚·森：《贫困与饥荒》，王宇、王文玉译，商务印书馆，2004。

[2] 〔印〕阿玛蒂亚·森：《以自由看待发展》，任赜、于真译，中国人民大学出版社，2002。

[3] 〔英〕安东尼·吉登斯，菲利普·萨顿：《社会学》，第 7 版，赵旭东等译，北京大学出版社，2015。

[4] 〔美〕奥斯卡·刘易斯：《桑切斯的孩子们：一个墨西哥家庭的自传》，李雪顺译，上海译文出版社，2014。

[5] 白永秀、宁启：《易地扶贫搬迁机制体系研究》，《西北大学学报》（哲学社会科学版）2018 年第 4 期。

[6] 白永秀、刘盼：《全面建成小康社会后我国城乡反贫困的特点、难点与重点》，《改革》2019 年第 5 期。

[7] 边恕、纪晓晨：《社会排斥对中国相对贫困的影响效应研究——基于 CFPS 2018 的经验分析》，《社会保障研究》2021 年第 3 期。

[8] 蔡岚：《协同治理：复杂公共问题的解决之道》，《暨南学报》（哲学社会科学版）2015 年第 2 期。

[9] 陈标平、吴晓俊：《"破"农村返贫困境，"立"可持续扶贫新模式——农村反贫困行动 60 年反思》，《生产力研究》2010 年第 3 期。

[10] 陈岑等：《关于构建农村相对贫困治理长效机制的若干思考》，《华南师范大学学报》（社会科学版）2022 年第 3 期。

[11] 陈光金：《中国农村贫困的程度、特征与影响因素分析》，《中国农村经济》2008 年第 9 期。

[12] 陈光燕、司伟：《民族地区贫困农户多维贫困测量与帮扶精准度研究》，《中国农业大学学报》2018 年第 7 期。

[13] 陈晋：《毛泽东对社会主义的实践探索和理论贡献》，《求是》2013 年第 24 期。

[14] 陈文胜：《脱贫攻坚的战略机遇与长效机制》，《求索》2017 年第 6 期。

[15] 陈晓红、汪朝霞：《苏州农户兼业行为的因素分析》，《中国农村经济》2007 年第 4 期。

[16] 陈秀山、徐瑛：《中国区域差距影响因素的实证研究》，《中国社会科学》2004 年第 5 期。

[17] 陈云：《社区健康传播对中老年人健康影响研究》，硕士学位论文，南昌大学，2019。

[18] 陈志钢等：《中国扶贫现状与演进以及 2020 年后的扶贫愿景和战略重点》，《中国农村经济》2019 年第 1 期。

[19] 陈宗胜等：《中国农村贫困状况的绝对与相对变动——兼论相对贫困线的设定》，《管理世界》2013 年第 1 期。

[20] 程令国、张晔：《"新农合"：经济绩效还是健康绩效？》，《经济研究》2012 年第 1 期。

[21] 程萌萌等：《〈全球媒体和信息素养评估框架〉（UNESCO）解读及其启示》，《远程教育杂志》2015 年第 1 期。

[22] 程蹊、陈全功：《较高标准贫困线的确定：世界银行和美英澳的实践及启示》，《贵州社会科学》2019 年第 6 期。

[23] 翟军亮、吴春梅：《农村贫困治理的范式转型与未来路径——兼议产业精准扶贫的推进路径》，《西北农林科技大学学报》（社会科学版）2019 年第 4 期。

[24] 丁军、陈标平：《构建可持续扶贫模式　治理农村返贫顽疾》，《社会科

学》2010 年第 1 期。

[25] 丁志刚、李航：《精准扶贫中的"精神贫困"及其纾解——基于认知失调理论的视角》，《新疆社会科学》2019 年第 5 期。

[26] 董晓波等：《英国贫困线发展研究》，《世界农业》2016 年第 9 期。

[27] 杜庆昊：《相对贫困治理的理论释义与机制构建》，《长白学刊》2021 年第 3 期。

[28] 杜书云、张广宇：《就业歧视与农民工福利缺失问题分析》，《农业经济问题》2004 年第 11 期。

[29] 杜鑫：《当前中国农村居民收入及收入分配状况——兼论各粮食功能区域农村居民收入水平及收入差距》，《中国农村经济》2021 年第 7 期。

[30] 段成荣、周福林：《我国留守儿童状况研究》，《人口研究》2005 年第 1 期。

[31] 樊增增、邹薇：《从脱贫攻坚走向共同富裕：中国相对贫困的动态识别与贫困变化的量化分解》，《中国工业经济》2021 年第 10 期。

[32] 范方：《留守儿童焦虑/抑郁情绪的心理社会因素及心理弹性发展方案初步研究》，博士学位论文，中南大学，2008。

[33] 范剑勇：《市场一体化、地区专业化与产业集聚趋势——兼谈对地区差距的影响》，《中国社会科学》2004 年第 6 期。

[34] 方帅：《贫困治理困境的结构与冲突》，《华南农业大学学报》（社会科学版）2019 年第 4 期。

[35] 方迎风、周少驰：《多维相对贫困测度研究》，《统计与信息论坛》2021 年第 6 期。

[36] 方迎风：《行为视角下的贫困研究新动态》，《经济学动态》2019 年第 1 期。

[37] 房越：《改革开放以来我国农村扶贫开发论析》，硕士学位论文，东北师范大学，2014。

[38] 冯贺霞等：《收入贫困与多维贫困关系分析》，《劳动经济研究》2015 年

第 6 期。

[39] 傅安国等：《脱贫内生动力机制的质性探究》，《心理学报》2020 年第 1 期。

[40] 高强、孔祥智：《论相对贫困的内涵、特点难点及应对之策》，《新疆师范大学学报（哲学社会科学版）》2020 年第 3 期。

[41] 高远东等：《治理能力现代化、社会资本与家庭收入差距》，《西南大学学报》（社会科学版）2021 年第 4 期。

[42] 葛岩等：《儿童长期多维贫困、动态性与致贫因素》，《财贸经济》2018 年第 7 期。

[43] 顾仲阳：《中国创造了人类减贫史奇迹》，《人民日报》2019 年 6 月 13 日，第 7 版。

[44] 关信平：《我国城市相对贫困呈现的新特点及治理对策》，《人民论坛》2021 年第 18 期。

[45] 郭劲光、俎邵静：《参与式模式下贫困农民内生发展能力培育研究》，《华侨大学学报》（哲学社会科学版）2018 年第 4 期。

[46] 郭君平等：《宗教信仰、宗教参与影响农民主观贫困和福利吗？——来自全国 5 省 1000 个农户调查的证据》，《经济与管理评论》2016 年第 3 期。

[47] 郭熙保：《论贫困概念的内涵》，《山东社会科学》2005 年第 12 期。

[48] 国家民族事务委员会：《中央民族工作会议精神学习辅导读本》，民族出版社，2005。

[49] 国家统计局编《中国农村住户调查年鉴 2011》，中国统计出版社，2011。

[50] 国家统计局编《中国统计年鉴 2014》，中国统计出版社，2014。

[51] 国家统计局编《中国统计年鉴 2020》，中国统计出版社，2020。

[52] 国家统计局：《领导干部统计知识问答》，第 2 版，中国统计出版社，2021。

［53］ 国家统计局：《伟大的十年——中华人民共和国经济和文化建设成就的统计》，人民出版社，1959。

［54］ 国家统计局：《中国农村贫困监测报告（2018）》，中国统计出版社，2018。

［55］ 国家统计局：《中国农村住户调查年鉴2011》，中国统计出版社，2011。

［56］ 国务院新闻办公室：《中国的农村扶贫开发》，《新华月报》2001第11期。

［57］ 韩广富、辛远：《相对贫困视角下中国农村贫困治理的变迁与发展》，《中国农业大学学报》（社会科学版）2020年第6期。

［58］ 韩华为等：《物质剥夺视角下的农村绝对贫困及其影响因素研究》，《人口学刊》2017年第6期。

［59］ 韩家彬等：《廉政政策、国家治理能力与我国城乡收入差距研究》，《新疆农垦经济》2017年第9期。

［60］ 郝爱民：《农村流通体系建设对农民消费的影响——基于有序probit模型的研究》，《北京工商大学学报》（社会科学版）2010年第3期。

［61］ 郝龙：《家庭生计分析：民族贫困问题治理的微观视角》，《北方民族大学学报（哲学社会科学版）2015年第3期。

［62］ 郝振、崔丽娟：《自尊和心理控制源对留守儿童社会适应的影响研究》，《心理科学》2007年第5期。

［63］ 何家军、朱乾宇：《三峡农村移民相对贫困影响因素的实证分析——基于湖北库区的调查》，《调研世界》2016年第10期。

［64］ 何翔舟、金潇：《公共治理理论的发展及其中国定位》，《学术月刊》2014年第8期。

［65］ 〔德〕赫尔曼·哈肯：《大自然成功的奥秘：协同学》，凌复华译，上海译文出版社，2018。

［66］ 〔德〕赫尔曼·哈肯：《协同学——大自然构成的奥秘》，凌复华译，上海译文出版社，2005。

[67] 胡鞍钢、周绍杰：《2035 中国：迈向共同富裕》，《北京工业大学学报》（社会科学版）2022 年第 1 期。

[68] 胡联等：《中国农村相对贫困变动和分解：2002~2018》，《数量经济技术经济研究》2021 年第 2 期。

[69] 胡联等：《中国弱相对贫困的评估及对 2020 年后减贫战略的启示》，《中国农村经济》2021 年第 1 期。

[70] 胡联等：《数字普惠金融有利于缓解相对贫困吗?》，《财经研究》2021 年第 12 期。

[71] 胡凌啸、周力：《农村集体经济的减贫效应及作用机制——基于对客观和主观相对贫困的评估》，《农村经济》2021 年第 11 期。

[71] 胡志平：《基本公共服务、脱贫内生动力与农村相对贫困治理》，《求索》2021 年第 6 期。

[73] 黄承伟、王猛：《"五个一批"精准扶贫思想视阈下多维贫困治理研究》，《河海大学学报》（哲学社会科学版）2017 年第 5 期。

[74] 黄承伟、周晶：《共赢—协同发展理念下的民营企业参与贫困治理研究》，《内蒙古社会科学》（汉文版）2015 年第 2 期。

[75] 黄承伟、刘杰：《中国，对贫困说不》，北京师范大学出版社，2020。

[76] 黄承伟：《一个不落，决战决胜脱贫攻坚的理论与实践》，广西人民出版社，2021。

[77] 黄承伟：《我国新时代脱贫攻坚阶段性成果及其前景展望》，《江西财经大学学报》2019 年第 1 期。

[78] 黄嘉文：《流动人口主观幸福感及其代际差异》，《华南农业大学学报》（社会科学版）2015 年第 2 期。

[79] 黄妮：《中国精准扶贫制度变迁及其路径选择》，《统计与决策》2021 年第 6 期。

[80] 黄乾：《教育与社会资本对城市农民工健康的影响研究》，《人口与经济》2010 年第 2 期。

[81] 黄晓春、周黎安：《"结对竞赛"：城市基层治理创新的一种新机制》，《社会》2019 年第 5 期。

[82] 黄珍珍：《我省首创低收入农户统一认定标准》，《浙江日报》2017 年 1 月 10 日，第 3 版。

[83] 黄志刚等：《生态移民政策对农户收入影响机理研究——基于形成型指标的结构方程模型分析》，《资源科学》2018 年第 2 期。

[84] 霍伯特·沃林、徐焕：《贫国与富国：基于治理理论的解释》，《国家行政学院学报》2006 年第 1 期。

[85] 贾宝林：《贫富差距与政府治理》，《内蒙古大学学报》（人文社会科学版），2003 年第 5 期。

[86] 贾敬全、祝伟展：《农村基础设施投资的经济增长效应》，《开发研究》2017 年第 3 期。

[87] 姜安印、陈卫强：《论相对贫困的成因、属性及治理之策》，《南京农业大学学报》（社会科学版）2021 年第 3 期。

[88] 姜英华：《贫困、贫困积累与贫困克服——马克思政治经济学批判的一条隐性线索》，《社会主义研究》2019 年第 2 期。

[89] 蒋永穆：《建立解决相对贫困的长效机制》，《政治经济学评论》2020 年第 2 期。

[90] 蒋永穆、谢强：《扎实推动共同富裕：逻辑理路与实现路径》，《经济纵横》2021 年第 4 期。

[91] 焦克源等：《整体性治理视角下深度贫困地区返贫阻断机制构建——基于西北地区六盘山特困区 L 县的调查》，《新疆社会科学》2019 年第 1 期。

[92] 焦培欣：《我国小康社会生活救助标准研究：日本水准均衡方式的借鉴》，《中国行政管理》2019 年第 5 期。

[93] 解安、侯启缘：《高质量发展视域下的贫困治理转型——相对贫困与红利更迭》，《江淮论坛》2021 年第 4 期。

[94] 卡尔·波兰尼：《大转型：我们时代的政治与经济起源》，浙江人民出版社，2007。

[95] 匡远配、肖叶：《相对贫困治理的"四梁八柱"：顶层设计与路径选择》，《农村经济》2021年第10期。

[96] 〔美〕雷诺兹：《微观经济学》，马宾等译，商务印书馆，1982。

[97] 李炳炎、王冲：《阿玛蒂亚·森对新自由主义的批判》，《红旗文稿》2013年第3期。

[98] 李波、苏晨晨：《深度贫困地区相对贫困的空间差异与影响因素——基于西藏和四省涉藏县域的实证研究》，《中南民族大学学报》（人文社会科学版）2021年第4期。

[99] 李国平、赵永超：《梯度理论综述》，《人文地理》2008年第1期。

[100] 李建伟：《普惠金融发展与城乡收入分配失衡调整——基于空间计量模型的实证研究》，《国际金融研究》2017年第10期。

[101] 李具恒、李国平：《区域经济广义梯度理论新解》，《社会科学辑刊》2004年第5期。

[102] 李具恒：《广义梯度理论：区域经济协调发展的新视角》，《社会科学研究》2004年第6期。

[103] 李棉管、岳经纶：《相对贫困与治理的长效机制：从理论到政策》，《社会学研究》2020年第6期。

[104] 李敏、姚顺波：《村级治理能力对农民收入的影响机制分析》，《农业技术经济》2020年第9期。

[105] 李鹏等：《后全面小康社会中国相对贫困：内涵、识别与治理路径》，《经济学家》2021年第5期。

[106] 李强：《绝对贫困与相对贫困》，《中国社会工作》1996年第5期。

[107] 李全利：《贫困农户脱贫主体性不足的发生逻辑》，《华南农业大学学报》（社会科学版）2019年第4期。

[108] 李实等：《从绝对贫困到相对贫困：中国农村贫困的动态演化》，《华南

师范大学学报》（社会科学版）2020 年第 6 期。

［109］李实、古斯塔夫森：《八十年代末中国贫困规模和程度的估计》，《中国社会科学》1996 年第 6 期。

［110］李树、陈刚：《"关系"能否带来幸福？——来自中国农村的经验证据》，《中国农村经济》2012 年第 8 期。

［111］李小云、许汉泽：《2020 年后扶贫工作的若干思考》，《国家行政学院学报》2018 年第 1 期。

［112］李晓嘉、蒋承，《农村减贫：应该更关注人力资本还是社会资本？》，《经济科学》2018 年第 5 期。

［113］李雪萍、陈艾：《社会治理视域下的贫困治理》，《贵州社会科学》2016 年第 4 期。

［114］李雪萍等：《主体集结整合资源：藏区贫困治理之关键——以四川省甘孜藏族自治州甘孜县为例》，《贵州民族研究》2015 年第 3 期。

［115］李莹等：《中国相对贫困标准界定与规模测算》，《中国农村经济》2021 年第 1 期。

［116］李友梅等：《当代中国社会建设的公共性困境及其超越》，《中国社会科学》2012 年第 4 期。

［117］李友梅：《中国社会管理新格局下遭遇的问题——一种基于中观机制分析的视角》，《学术月刊》2012 年第 7 期。

［118］梁宏：《外出务工经历的代际传承对新生代流动人口从业状态的影响》，《人口研究》2019 年第 2 期。

［119］梁婧等：《城市规模与劳动生产率：中国城市规模是否过小？——基于中国城市数据的研究》，《经济学（季刊）》2015 年第 3 期。

［120］梁伟军、谢若扬：《能力贫困视阈下的扶贫移民可持续脱贫能力建设研究》，《华中农业大学学报》（社会科学版）2019 年第 4 期。

［121］廖娟、黄金玲：《残疾与相对贫困：基于额外成本的研究》，《人口与发展》2021 年第 4 期。

［122］ 林闽钢、梁誉：《我国社会福利 70 年发展历程与总体趋势》，《行政管理改革》2019 年第 7 期。

［123］ 林善浪、王健：《家庭生命周期对农村劳动力转移的影响分析》，《中国农村观察》2011 年第 1 期。

［124］ 林善浪等：《家庭生命周期对农户农地流转意愿的影响研究——基于福建省 1570 份调查问卷的实证分析》，《中国土地科学》2018 年第 3 期。

［125］ 林尚立：《社会协商与社会建设：以区分社会管理与社会治理为分析视角》，《中国高校社会科学》2013 年第 7 期。

［126］ 林万龙、陈蔡春子：《从满足基本生活需求视角看新时期我国农村扶贫标准》，《西北师大学报》（社会科学版）2020 年第 2 期。

［127］ 刘波等：《主观贫困影响因素研究——基于 CGSS（2012—2013）的实证研究》，《中国软科学》2017 年第 7 期。

［128］ 刘成军：《贫困代际传递的内生原因与破解路径》，《马克思主义与现实》2018 年第 1 期。

［129］ 刘刚、谢贵勇：《交通基础设施、流通组织规模与农产品流通市场分割》，《北京工商大学学报》（社会科学版）2019 年第 3 期。

［130］ 刘洪等：《贵州构建解决民族地区农村相对贫困的长效机制研究》，《贵州民族研究》2021 年第 4 期。

［131］ 刘建：《主体性视角下后脱贫时代的贫困治理》，《华南农业大学学报》（社会科学版）2019 年第 5 期。

［132］ 刘建党：《治理质量对中国省域经济增长的影响研究》，博士学位论文，哈尔滨工业大学，2019。

［133］ 刘建生等：《产业精准扶贫作用机制研究》，《中国人口·资源与环境》2017 年第 6 期。

［134］ 刘敏：《NGO 与贫困治理：以香港为例》，《兰州学刊》2008 年第 8 期。

［135］ 刘敏：《政府治理能力与经济增长的门槛效应——以"一带一路"沿线国家为例》，《经济问题探索》2020 年第 1 期。

[136] 刘明辉、刘灿：《精准扶贫的可持续发展研究——基于〈资本论〉的贫困理论》，《苏州大学学报》（哲学社会科学版）2018年第2期。

[137] 刘锐、贺雪峰：《农村贫困结构及治理路径研究》，《社会科学战线》2018年第3期。

[138] 刘生龙等：《预期寿命与中国家庭储蓄》，《经济研究》2012年第8期。

[139] 刘硕明：《全面脱贫后农村相对贫困标准界定方法研究》，《农村金融研究》2020年第7期。

[140] 刘魏、王小华：《地权稳定与农户多维相对贫困：缓解途径与作用机制》，《山西财经大学学报》2020年第1期。

[141] 刘新吾等：《如何防止脱贫人口再返贫？》，2020年8月17日第7版《人民日报》。

[142] 刘修岩等：《教育与消除农村贫困：基于上海市农户调查数据的实证研究》，《中国农村经济》2007年第10期。

[143] 刘学敏等：《效率、社会公平与中国减贫方略》，《中国软科学》2018年第5期。

[144] 刘颖：《农村贫困问题特点、成因及扶贫策略》，《人民论坛》2013年第35期。

[145] 刘耀彬、卓冲：《长江经济带新型城镇化进程中的减贫效应分析》，《华中师范大学学报》（自然科学版）2019年第5期。

[146] 刘勇：《疾病、经济增长与相对贫困的复杂系统建模研究》，《复杂系统与复杂性科学》2021年第4期。

[147] 陆汉文、杨永伟：《从脱贫攻坚到相对贫困治理：变化与创新》，《新疆师范大学学报》（哲学社会科学版）2020年第5期。

[148] 陆铭等：《城市规模与包容性就业》，《中国社会科学》2012年第10期。

[149] 罗必良：《相对贫困治理：性质、策略与长效机制》，《求索》2020年第6期。

［150］ 罗必良：《构建相对贫困治理长效机制的理论逻辑与实践路径》，《国家治理》2020 年第 39 期。

［151］ 罗俊峰、童玉芬：《流动人口就业者工资性别差异及影响因素研究——基于 2012 年流动人口动态监测数据的经验分析》，《经济经纬》2015 年第 1 期。

［152］ 罗明忠等：《合作参与、社会资本积累与农户相对贫困缓解——以农民专业合作社参与为例》，《农业现代化研究》2021 年第 5 期。

［153］ 罗明忠、邱海兰：《收入分配视域下相对贫困治理的逻辑思路与路径选择》，《求索》2021 年第 2 期。

［154］ 罗永明、陈秋红：《家庭生命周期、收入质量与农村家庭消费结构——基于子女异质视角下的家庭生命周期模型》，《中国农村经济》2020 年第 8 期。

［155］ 骆希、庄天慧：《贫困治理视域下小农集体行动的现实需求、困境与培育》，《农村经济》2016 年第 5 期。

［156］ 吕方：《迈向 2020 后减贫治理：建立解决相对贫困问题长效机制》，《新视野》2020 年第 2 期。

［157］ 吕普生：《数字乡村与信息赋能》，《中国高校社会科学》2020 年第 2 期。

［158］ 吕炜等：《教育机会公平与居民社会信任：城市教育代际流动的实证测度与微观证据》，《中国工业经济》2020 年第 2 期。

［159］ 吕文栋、祝灵君：《寻求发展的秘密：政治弹性理论的视角——霍伯特·沃林发展观述评》，《安徽师范大学学报》（人文社会科学版）2004 年第 1 期。

［160］ 〔美〕马丁·瑞沃林：《贫困的比较》，赵俊超译，北京大学出版社，2005。

［161］ 马建堂：《党领导我们在民族复兴大道上奋勇前进》，《中国信息报》2011 年 7 月 1 日，第 1 版。

［162］〔美〕那格尔:《政策研究百科全书》,林明等译,科学技术文献出版社,1990。

［163］宁光杰:《中国大城市的工资高吗?——来自农村外出劳动力的收入证据》,《经济学(季刊)》2014年第3期。

［164］潘文轩、阎新奇:《2020年后制定农村贫困新标准的前瞻性研究》,《农业经济问题》2020年第5期。

［165］潘秀珍、周济南:《广西沿边地区精准脱贫效果持续性的阻碍及策略分析》,《广西民族研究》2019年第1期。

［166］庞浩等:《土改前后地权分配之比较:基于县志的研究》,《中国经济史研究》2021年第1期。

［167］彭继权:《非学历教育对农户相对贫困的影响——基于贫困脆弱性的视角》,《教育与经济》2021年第6期。

［168］彭俊超、文余源:《城市规模扩大了城市内部技能工资差距吗?——基于CHIP2013微观数据》,《经济与管理研究》2020年第6期。

［169］彭秀丽:《论落后地区的工业化道路与后发优势的发挥》,《吉首大学学报》(社会科学版)2006年第4期。

［170］戚聿东、刘翠花:《数字经济背景下互联网使用是否缩小了性别工资差异——基于中国综合社会调查的经验分析》,《经济理论与经济管理》2020年第9期。

［171］祁志伟:《跨区域联盟分析框架:民族省区贫困治理的变革之道》,《黑龙江民族丛刊》2018年第3期。

［172］秦建军、戎爱萍:《财政支出结构对农村相对贫困的影响分析》,《经济问题》2012年第11期。

［173］邱峰等:《城市规模对流动人口主观相对贫困的影响研究——基于CLDS数据的实证分析》,《四川农业大学学报》2021年第4期。

［174］邱海兰等:《农机社会化服务采纳、效率提升与农户相对贫困缓解——基于城乡比较视角》,《农村经济》2021年第5期。

[175] 邱海平：《马克思主义关于共同富裕的理论及其现实意义》，《思想理论教育导刊》2016 年第 7 期。

[176] 曲延春：《农村相对贫困治理：测度原则与路径选择》，《理论学刊》2021 年第 4 期。

[177] 单德朋、余港：《农户创业与贫困减缓》，《财贸研究》2020 年第 4 期。

[178] 单德朋、张永奇：《农村家庭老人照料与农户内部收入财富不平等——基于 CFPS2018 数据的实证分析》，《农业技术经济》2021 年第 11 期。

[179] 单德朋：《金融素养与城市贫困》，《中国工业经济》2019 年第 4 期。

[180] 沈小波、林擎国：《贫困范式的演变及其理论和政策意义》，《经济学家》2005 年第 6 期。

[181] 沈扬扬、李实：《如何确定相对贫困标准：兼论"城乡统筹"相对贫困的可行方案》，《华南师范大学学报》（社会科学版）2020 年第 2 期。

[182] 施杨：《经济体制转型中工人从贫困到相对贫困的生活变迁》，《求实》2012 年第 7 期。

[183] 宋全云等：《金融知识视角下的家庭信贷行为研究》，《金融研究》2017 年第 6 期。

[184] 苏国霞：《国际农业发展基金会对中国贫困地区的援助》，《中国贫困地区》1999 年第 2 期。

[185] 苏岚岚、彭艳玲：《数字化教育、数字素养与农民数字生活》，《华南农业大学学报》（社会科学版）2021 年第 3 期。

[186] 苏振兴：《反贫困斗争与政府治理能力——巴西案例研究》，《拉丁美洲研究》2015 年第 1 期。

[187] 孙国峰、郑亚瑜：《精准扶贫下农村反贫困末端治理的可持续性研究》，《理论与改革》2017 年第 3 期。

[188] 孙久文、李星：《攻坚深度贫困与 2020 年后扶贫战略研究》，《中州学刊》2019 年第 9 期。

[189] 孙久文、夏添：《中国扶贫战略与 2020 年后相对贫困线划定——基于

理论、政策和数据的分析》，《中国农村经济》2019 年第 10 期。

[190] 孙久文、张倩：《2020 年后我国相对贫困标准：经验、实践与理论构建》，《新疆师范大学学报》（哲学社会科学版）2021 年第 4 期。

[191] 孙明慧：《乡村振兴战略下农村相对贫困治理机制研究》，《农业经济》2021 年第 8 期。

[192] 孙顺其：《"留守儿童"实堪忧》，《教师博览》1995 年第 2 期。

[193] 檀学文、李成贵：《贫困的经济脆弱性与减贫战略述评》，《中国农村观察》2010 年第 5 期。

[194] 檀学文、谭清香：《面向 2035 年的中国反贫困战略研究》，《农业经济问题》2021 年第 12 期。

[195] 檀学文：《走向共同富裕的解决相对贫困思路研究》，《中国农村经济》2020 年第 6 期。

[196] 唐杰等：《治理质量对中国省域经济增长的影响研究：高速度增长与高质量发展》，《经济社会体制比较》2019 年第 3 期。

[197] 唐任伍：《贫困文化韧性下的后小康时代相对贫困特征及其治理》，《贵州师范大学学报》（社会科学版）2019 年第 5 期。

[198] 唐任伍：《习近平精准扶贫思想阐释》，《贵州民族报》2015 年 12 月 9 日。

[199] 陶文昭：《创造人类文明新形态》，《中国高校社会科学》2021 年第 6 期。

[200] 陶云清、曹雨阳：《数字金融与城乡收入差距：理论模型与微观证据》，《金融学季刊》2021 年第 2 期。

[201] 田雅娟等：《中国居民家庭的主观贫困感受研究》，《统计研究》2019 年第 1 期。

[202] 田玉麒：《制度形式、关系结构与决策过程：协同治理的本质属性论析》，《社会科学战线》2018 年第 1 期。

[203] 同钰莹：《亲情感对老年人生活满意度的影响》，《人口学刊》2000 年

第 4 期。

[204] 佟大建、应瑞瑶：《扶贫政策的减贫效应及其可持续性——基于贫困县名单调整的准自然试验》，《改革》2019 年第 11 期。

[205] 童星、林闽钢：《我国农村贫困标准线研究》，《中国社会科学》1994 年第 3 期。

[206] 童泽宇、黄双全：《协同演化概念的发展、使用误区与研究证据》，《中国科学：生命科学》2019 年第 4 期。

[207] 滕玉成、臧文杰：《差序—协同：基层治理主体间关系的意涵与逻辑》，《求索》2022 年第 1 期。

[208] 托马斯·雷明顿等：《收入差距与威权治理：俄罗斯与中国的比较》，《经济社会体制比较》2014 年第 1 期。

[209] 瓦伦丁·M·莫格哈登：《贫困女性化？——有关概念和趋势的笔记》，马元曦主编《社会性别与发展译文集》，三联书店，2000。

[210] 外交部：《美国民主情况》，《人民日报》2021 年 12 月 6 日，第 16 版。

[211] 万良杰、薛艳坤：《"精准脱贫"导向下企业参与民族贫困地区扶贫工作机制创新研究》，《贵州民族研究》2018 年第 11 期。

[212] 汪三贵、刘明月：《从绝对贫困到相对贫困：理论关系、战略转变与政策重点》，《华南师范大学学报》（社会科学版）2020 年第 6 期。

[213] 汪三贵、孙俊娜：《全面建成小康社会后中国的相对贫困标准、测量与瞄准——基于 2018 年中国住户调查数据的分析》，《中国农村经济》2021 年第 3 期。

[214] 汪为、吴海涛：《家庭生命周期视角下农村劳动力非农转移的影响因素分析——基于湖北省的调查数据》，《中国农村观察》2017 年第 6 期。

[215] 王昶、王三秀：《农村贫困治理目标重塑与政府能力建构：困境与出路》，《湖北社会科学》2016 年第 2 期。

[216] 王朝明：《中国农村 30 年开发式扶贫：政策实践与理论反思》，《贵州财经学院学报》2008 年第 6 期。

［217］王成峰：《正义还是人道：贫困治理中一个亟待解决的问题》，《华中科技大学学报》（社会科学版）2019 年第 4 期。

［218］王春超、叶琴：《中国农民工多维贫困的演进——基于收入与教育维度的考察》，《经济研究》2014 年第 12 期。

［219］王春光：《新生代农村流动人口的社会认同与城乡融合的关系》，《社会学研究》2001 年第 3 期。

［220］王富喜等：《基于熵值法的山东省城镇化质量测度及空间差异分析》，《地理科学》2013 年第 11 期。

［221］王怀勇、邓若翰：《精准扶贫长效机制的法治路径研究》，《重庆大学学报》（社会科学版）2019 年第 3 期。

［222］王建国、李实：《大城市的农民工工资水平高吗?》，《管理世界》2015 年第 1 期。

［223］王丽：《我国农村空巢家庭中中老年人健康状况及影响因素研究》，硕士学位论文，东南大学，2019。

［224］王明康、刘彦平：《收入及其不确定性对城镇居民旅游消费的影响研究——基于 CFPS 数据的实证检验》，《旅游学刊》2021 年第 11 期。

［225］王荣党：《效率与公平视角下贫困线优化的哲学支点决断》，《社会科学》2017 年第 8 期。

［226］王三秀：《农村贫困治理模式创新与贫困农民主体性构造》，《毛泽东邓小平理论研究》2012 年第 8 期。

［227］王娴、赵宇霞：《论农村贫困治理的"内生力"培育》，《经济问题》2018 年第 5 期。

［228］王小林、冯贺霞：《2020 年后中国多维相对贫困标准：国际经验与政策取向》，《中国农村经济》2020 年第 3 期。

［229］王小林、张晓颖：《中国消除绝对贫困的经验解释与 2020 年后相对贫困治理取向》，《中国农村经济》2021 年第 2 期。

［230］王小林、Sabina Alkire：《中国多维贫困测量：估计和政策含义》，《中

国农村经济》2009年第12期。

[231] 王小林：《贫困测量：理论与方法》（第二版），社会科学文献出版社，2017。

[232] 王小林：《贫困标准及全球贫困状况》，《经济研究参考》2012年第55期。

[233] 王小鲁：《中国城市化路径与城市规模的经济学分析》，《经济研究》2010年第10期。

[234] 王晓毅：《贫困治理：从技术精准到益贫发展》，《宁夏社会科学》2017年第5期。

[235] 王璇、王卓：《农地流转、劳动力流动与农户多维相对贫困》，《经济问题》2021年第6期。

[236] 王婴、唐钧：《现代贫困研究：从绝对到相对再到多维》，《河海大学学报》（哲学社会科学版）2020年第6期。

[237] 王瑜、汪三贵：《人口老龄化与农村老年贫困问题——兼论人口流动的影响》，《中国农业大学学报》（社会科学版）2014年第1期。

[238] 王卓、郭真华：《中国相对贫困长效治理机制构建研究——基于英美福利治理的反思》，《农村经济》2021年第11期。

[239] 魏万青、陆淑珍：《禀赋特征与机会结构——城市外来人口社会融合的代际差异分析》，《中国农村观察》2012年第1期。

[240] 魏永刚等：《拔掉穷根，不落一人——来自广东韶关的乡村调查》，《经济日报》2020年3月24日，第3版。

[241] 温涛、陈一明：《数字经济与农业农村经济融合发展：实践模式、现实障碍与突破路径》，《农业经济问题》2020年第7期。

[242] 温忠麟、叶宝娟：《中介效应分析：方法和模型发展》，《心理科学进展》2014年第5期。

[243] 文雁兵等：《用贤则理：治理能力与经济增长——来自中国百强县和贫困县的经验证据》，《经济研究》2020年第3期。

［244］吴海涛、丁士军：《贫困动态性：理论与实证》，武汉大学出版社，2013。

［245］吴映雪：《精准扶贫的多元协同治理：现状、困境与出路——基层治理现代化视角下的考察》，《青海社会科学》2018 年第 3 期。

［246］吴振磊、王莉：《我国相对贫困的内涵特点、现状研判与治理重点》，《西北大学学报》（哲学社会科学版）2020 年第 4 期。

［247］夏禹龙等：《梯度理论和区域经济》，《科学学与科学技术管理》1983 年第 2 期。

［248］向德平、华汛子：《改革开放四十年中国贫困治理的历程、经验与前瞻》，《新疆师范大学学报》（哲学社会科学版）2019 年第 2 期。

［249］向德平、向凯：《多元与发展：相对贫困的内涵及治理》，《华中科技大学学报》（社会科学版）2020 年第 2 期。

［250］肖俊洪：《数字素养》，《中国远程教育》2006 年第 5 期。

［251］谢华育、孙小雁：《共同富裕、相对贫困攻坚与国家治理现代化》，《上海经济研究》2021 年第 11 期。

［252］谢家智、王文涛，《社会结构变迁、社会资本转换与农户收入差距》，《中国软科学》2016 年第 10 期。

［253］谢家智、姚领：《社会资本变迁与农户贫困脆弱性——基于"乡土中国"向"城乡中国"转型的视角》，《人口与经济》2021 年第 4 期。

［254］肖瑾萱：《深度贫困地区财政专项扶贫资金减贫效率分析》，《中国经贸导刊（中）》2020 年第 3 期。

［255］熊小林、李拓：《基本公共服务、财政分权与县域经济发展》，《统计研究》2018 年第 2 期。

［256］谢勇才、杨斌：《社会保障拉大了农村居民收入分配差距吗——来自广东省的经验证据（2002-2012）》，《广东财经大学学报》2015 年第 2 期。

［257］谢宇等：《中国家庭追踪调查：理念与实践》，《社会》2014 年第 2 期。

[258] 谢岳：《中国贫困治理的政治逻辑——兼论对西方福利国家理论的超越》，《中国社会科学》2020年第10期。

[259] 辛远、韩广富：《2020年后农村老年相对贫困治理：趋势、挑战与对策》，《广西社会科学》2021年第7期。

[260] 邢成举、李小云：《相对贫困与新时代贫困治理机制的构建》，《改革》2019年第12期。

[261] 邢成举：《城乡融合进程中的相对贫困及其差异化治理机制研究》，《贵州社会科学》2020年第10期。

[262] 熊猛、叶一舵：《相对剥夺感：概念、测量、影响因素及作用》，《心理科学进展》2016年第3期。

[263] 许欢、尚闻一：《美国、欧洲、日本、中国数字素养培养模式发展述评》，《图书情报工作》2017年第16期。

[264] 薛澜等：《国家治理体系与治理能力研究：回顾与前瞻》，《公共管理学报》2015年第3期。

[265] 闫磊、朱雨婷：《可持续稳固脱贫的实现路径研究——基于森的可行能力理论》，《甘肃行政学院学报》2018年第4期。

[266] 严淼：《常德市区中老年人体育消费行为研究》，硕士学位论文，湖南师范大学，2014。

[267] 阳义南、连玉君：《中国社会代际流动性的动态解析——CGSS与CLDS混合横截面数据的经验证据》，《管理世界》2015年第4期。

[268] 杨灿明：《中国城乡居民收入的决定因素分析》，《当代财经》2010年第12期。

[269] 杨晨晨、刘云艳：《早期儿童多维贫困测度及致贫机理分析——基于重庆市武陵山区的实证研究》，《内蒙古社会科学》（汉文版）2019年第3期。

[270] 杨煌：《"理想与现实"的张力与破解——列宁社会主义建设的探索及启示》，《社会主义研究》2021年第2期。

［271］ 杨帆：《可行能力视域下新生代农民工相对贫困测度与生成机理研究》，博士学位论文，四川农业大学，2018。

［272］ 杨帆、庄天慧：《父辈禀赋对新生代农民工相对贫困的影响及其异质性》，《农村经济》2018 年第 12 期。

［273］〔美〕伊戈尔·安索夫：《新公司战略》，曹德骏等译，西南财经大学出版社，2009。

［274］ 杨国涛等：《贫困概念的内涵、演进与发展述评》，《宁夏大学学报》（人文社会科学版）2012 年第 6 期。

［275］ 杨国涛等：《家庭特征对农户贫困的影响：基于西海固分户调查数据的分析》，《农业技术经济》2010 年第 4 期。

［276］ 杨瑚：《返贫预警机制研究》，博士学位论文，兰州大学，2019。

［277］ 杨华锋：《贫困治理行政主导与社会协同的合作之路》，《河南社会科学》2017 年第 9 期。

［278］ 杨晶等：《人力资本、社会保障与中国居民收入不平等——基于个体相对剥夺视角》，《保险研究》2019 年第 6 期。

［279］ 杨晶：《多维视角下农村贫困的测度与分析》，《华东经济管理》2014 年第 9 期。

［280］ 杨菊华等：《流动人口身份认同的代际差异研究》，《青年研究》2016 年第 4 期。

［281］ 杨菊华：《"代际改善"还是"故事重复"？——青年流动人口职业地位纵向变动趋势研究》，《中国青年研究》2014 年第 7 期。

［282］ 杨菊华：《从物质到精神：后小康社会老年贫困的理论建构》，《社会科学》2019 年第 12 期。

［283］ 杨沈龙等：《系统合理化何以形成——三种不同的解释视角》，《心理科学进展》2018 年第 12 期。

［284］ 杨骁等：《数字经济对我国就业结构的影响——基于机理与实证分析》，《软科学》2020 年第 10 期。

［285］ 杨晓军：《中国农户人力资本投资与城乡收入差距：基于省级面板数据的经验分析》，《农业技术经济》2013 年第 4 期。

［286］ 杨亚亚等：《残疾人相对贫困的特征与测算》，《残疾人研究》2020 年第 4 期。

［287］ 杨艳琳、袁安：《精准扶贫中的产业精准选择机制》，《华南农业大学学报》（社会科学版）2019 年第 2 期。

［288］ 杨洋、马骁：《流动人口与城市相对贫困的实证研究》，《贵州社会科学》2012 年第 10 期。

［289］ 杨占国、于跃洋：《当代中国农村扶贫 30 年 （1979—2009） 述评》，《北京社会科学》2009 年第 5 期。

［290］ 姚瑶等：《医疗保险、户籍制度与医疗服务利用——基于 CHARLS 数据的实证分析》，《保险研究》2014 年第 6 期。

［291］ 姚玉祥：《农村老年贫困治理的现实困境及其破解之道》，《现代经济探讨》2019 年第 6 期。

［292］ 叶普万：《贫困经济学研究》，中国社会科学出版社，2004。

［293］ 叶兴庆：《新时代中国乡村振兴战略论纲》，《改革》2018 年第 1 期。

［294］ 殷浩栋等：《交易成本视角下小型基础设施减贫机制——基于彩票公益金扶贫项目的分析》，《贵州社会科学》2018 年第 2 期。

［295］ 殷俊、刘一伟：《互联网使用对农户贫困的影响及其机制分析》，《中南财经政法大学学报》2018 年第 2 期。

［296］ 俞可平：《治理与善治》，社会科学文献出版社，2000。

［297］ 曾福生：《后扶贫时代相对贫困治理的长效机制构建》，《求索》2021 年第 1 期。

［298］ 〔美〕詹姆斯·斯科特：《国家的视角：那些试图改善人类状况的项目是如何失败的》，王晓毅译，社会科学文献出版社，2004。

［299］ 张车伟：《人力资本回报率变化与收入差距："马太效应" 及其政策含义》，《经济研究》2006 年第 12 期。

［300］张弘、王有强：《政府治理能力与经济增长间关系的阶段性演变——基于不同收入阶段的跨国实证比较》，《经济社会体制比较》2013 年第 3 期。

［301］张红梅等：《改革开放以来中国区域差距的演变》，《改革》2019 年第 4 期。

［302］张健等：《水库移民相对贫困治理和就业纾困机制研究》，《社会保障研究》2021 年第 4 期。

［303］张来明、李建伟：《促进共同富裕的内涵、战略目标与政策措施》，《改革》2021 年第 9 期。

［304］张磊：《中国扶贫开发政策演变（1949—2005）》，中国财政经济出版社，2007。

［305］张琦、冯丹萌：《构建我国绿色减贫机制的理论及对策》，《甘肃社会科学》2019 年第 6 期。

［306］张琦、冯丹萌：《绿色减贫：可持续扶贫脱贫的理论与实践新探索（2013—2017）》，《福建论坛》（人文社会科学版）2018 年第 1 期。

［307］张青：《相对贫困标准及相对贫困人口比率》，《统计与决策》2012 年第 6 期。

［308］张全红、周强：《中国贫困测度的多维方法和实证应用》，《中国软科学》2015 年第 7 期。

［309］张秀敏、杨莉萍：《基督徒祷告过程中人神依恋关系的质性探索》，《心理学报》2018 年第 1 期。

［310］张雪、甘甜：《软嵌入：社会组织参与扶贫的行动逻辑——基于组织的案例研究》，《中国非营利评论》2019 年第 1 期。

［311］张亚洲、杨俊孝：《土地流转的农户减贫效应研究——基于绝对贫困和相对贫困的双重视角》，《资源开发与市场》2021 年第 9 期。

［312］张彦、孙帅：《论构建"相对贫困"伦理关怀的可能性及其路径》，《云南社会科学》2016 年第 3 期。

［313］ 张耀文、郭晓鸣：《中国反贫困成效可持续性的隐忧与长效机制构建——基于可持续生计框架的考察》，《湖南农业大学学报》（社会科学版）2019 年第 1 期。

［314］ 章铮：《从托达罗模型到年龄结构—生命周期模型》，《中国农村经济》2009 年第 5 期。

［315］ 赵迪、罗慧娟：《欧美国家农村相对贫困治理的经验与启示》，《世界农业》2021 年第 9 期。

［316］ 赵东：《实践的三个基本构成要素及其内在联结》，《郑州航空工业管理学院学报》（社会科学版）2014 年第 1 期。

［317］ 赵强社：《扶贫模式演进与新时期扶贫对策探析》，《西部学刊》2013 年第 2 期。

［318］ 赵人伟等：《中国居民收入分配再研究——经济改革和发展中的收入分配》，中国财政经济出版社，1999。

［319］ 赵微、张宁宁：《耕地经营规模、家庭生命周期与农户生计策略》，《中国人口·资源与环境》2019 年第 5 期。

［320］ 赵曦、成卓：《中国农村反贫困治理的制度安排》，《贵州社会科学》2008 年第 9 期。

［321］ 赵志君等：《相对贫困测度与民族地区贫困发生率研究》，《民族研究》2020 年第 3 期。

［322］ 赵卓、王敏：《产业协同演化动力模型及其应用——我国电子及通讯设备业的实证：1995—2012》，《科技管理研究》2015 年第 10 期。

［323］ 郑宝华、张兰英：《中国农村反贫困词汇释义》，中国发展出版社，2004。

［324］ 郑春勇：《西方学术界关于协同演化理论的研究进展及其评价》，《河北经贸大学学报》2011 年第 5 期。

［325］ 郑功成：《坚持与完善中国特色社会主义救助制度　建立应对相对贫困问题的长效机制》，《中国社会报》2019 年 12 月 11 日，第 3 版。

［326］郑瑞强、曹国庆：《脱贫人口返贫：影响因素、作用机制与风险控制》，《农林经济管理学报》2016 年第 6 期。

［327］郑长德：《2020 年后民族地区贫困治理的思路与路径研究》，《民族学刊》2018 年第 6 期。

［328］中共中央马克思恩格斯列宁斯大林著作编译局：《马克思恩格斯全集》，人民出版社，1979。

［329］中共中央文献研究室：《十四大以来重要文献选编》（上），人民出版社，1996。

［330］中共中央文献研究室：《十四大以来重要文献选编》（下），人民出版社，1999。

［331］钟开斌：《对口支援灾区：起源与形成》，《经济社会体制比较》2011 年第 6 期。

［332］周定财：《基层社会管理创新中的协同治理研究》，博士学位论文，苏州大学，2017。

［333］周力、邵俊杰：《非农就业与缓解相对贫困——基于主客观标准的二维视角》，《南京农业大学学报》（社会科学版）2020 年第 4 期。

［334］周文、肖玉飞：《共同富裕：基于中国式现代化道路与基本经济制度视角》，《兰州大学学报》（社会科学版）2021 年第 6 期。

［335］周晔馨、叶静怡：《社会资本在减轻农村贫困中的作用：文献述评与研究展望》，《南方经济》2014 年第 7 期。

［336］朱晓、范文婷：《中国老年人收入贫困状况及其影响因素研究——基于 2014 年中国老年社会追踪调查》，《北京社会科学》2017 年第 1 期。

［337］朱晓、秦敏：《城市流动人口相对贫困及其影响因素》，《华南农业大学学报》（社会科学版）2020 年第 3 期。

［338］朱秀梅等：《数字创业：要素及内核生成机制研究》，《外国经济与管理》2020 年第 4 期。

［339］朱志胜：《城市规模对就业福利效应的影响》，《城市问题》2016年第1期。

［340］庄天慧等：《精准扶贫内涵及其与精准脱贫的辩证关系探析》，《内蒙古社会科学》（汉文版）2016年第3期。

［341］庄天慧、张海霞：《开放包容：新中国70年贫困治理的经验和逻辑》，《西南民族大学学报》（人文社科版），2019年第11期。

［342］踪家峰、周亮：《大城市支付了更高的工资吗?》，《经济学（季刊）》2015年第4期。

［343］邹薇、马占利：《家庭背景、代际传递与教育不平等》，《中国工业经济》2019年第2期。

［344］左停等：《相对贫困治理理论与中国地方实践经验》，《河海大学学报》（哲学社会科学版）2019年第6期。

［345］左停、李世雄：《2020年后中国农村贫困的类型、表现与应对路径》，《南京农业大学学报》（社会科学版）2020年第4期。

［346］左停、杨雨鑫：《重塑贫困认知：主观贫困研究框架及其对当前中国反贫困的启示》，《贵州社会科学》2013年第9期。

［347］Alkire R., Santos S., "Multidimensional Poverty Index 2011: Brief Methodological Note," *Oxford Poverty and Human Development Initiative*, 2011.

［348］Alkire, S., Foster, J., "Counting and Multidimensional Poverty Measures," *Journal of Public Economics*, 95 (7-8), 2011.

［349］Auguste C., *Comte's System of Positive Polity* (Longmans & Co., 1875).

［350］Azam M., "Accounting for Growing Urban-Rural Welfare Gaps in India," *World Development*, 122, 2019.

［351］Baron, R.M., Kenny, D.A., "The, Moderator-mediator Variable Distinction in Social Psychological Research: Conceptual, Strategic, and Statistical Considerations," *Journal of Personality and Social Psychology*, 51 (6), 1986.

[352] Becker, G. S., Tomes, N., "Child Endowments, and the Quantity and Quality of Children," *Journal of Political Economy*, 84 (4), 1976.

[353] Behrman, A. L., "Factors in Functional Assessment," *Journal of Rehabilitation Research and Development*, (2), 1990.

[354] Benjamin D. et al., "Growth with Equity: Income Inequality in Vietnam," *The Journal of Economic Inequality*, 15 (1), 2017.

[355] Benjamin, J. R., "Chronic and Transitory Poverty in Post-Apartheid South Africa," *Journal of Poverty*, (5), 2001.

[356] Bourguignon, F., Chakravarty, S. R., "The Measurement of Multidimensional Poverty," *Journal of Economic Inequality*, 1 (1), 2003.

[357] Bourquin, P. et al., *Living Standards, Poverty and Inequality in the UK: 2019* (London: Institute for Fiscal Studies, 2019).

[358] Citro Constance, Michael Robert, *Measuring Poverty: A New Approach* (Washington, DC: National Academy Press, 1995).

[359] Dannefer, D., "Cumulative Advantage /Disadvantage and the Life Course: Cross-Fertilizing Age and Social Science Theory," *The Journals of Gerontology Series B: Psychological Sciences and Social Sciences*, 58 (6), 2003.

[360] De Brauw A. et al., "The Role of Rural-Urban Migration in the Structural Transformation of Sub-Saharan Africa," *World Development*, 63, 2014.

[361] Eshet-Alkalai, Y., "Digital Literacy: A Conceptual Framework for Survival Skills in the Digital Era," *Journal of Educational Multimedia and Hypermedia*, 13 (1), 2004.

[362] Eshet-Alkalai, Y., "Thinking in the Digital Era: A Revised Model for Digital Literacy," *Issues Informing Science and Information Technology*, (9), 2012.

[363] Foster, J. et al., "The Foster-Greer-Thorbecke (FGT) Poverty Measures:

25 Years Later," *The Journal of Economic Inequality*, 8 (4), 2010.

[364] Fuchs, V., "Comment on Measuring the Size of the Low-Income Population," *Six Papers on the Size Distribution of Wealth and Income*, ed. by Lee Soltow (New York: National Bureau of Economic Research, 1969).

[365] Fujita, M., Hu, D., "Regional Disparity in China 1985 - 1994: the Effects of Globalization and Economic Liberalization," *The Annals of Regional Science*, 35 (1), 2001.

[366] Holman, R., *Poverty Explanations of Social Deprivation* (Martin London: Robertson& Company Ltd, 1978).

[367] James E. F., "Absolute versus Relative Poverty," *The American Economic Review*, 88 (2), 1998.

[368] John Galbraith, *The Affluent Society* (Pelican: Harmondsworth, 1979).

[369] Kakwani, N., "The Relative Deprivation Curve and Its Applications," *Journal of Business & Economic Statistics*, 2 (4), 1984.

[370] Laderchi C. R., "The Monetary Approach to Poverty: A Survey of Concept and Methods," QEH Working Papers qehwps (58), Queen Elizabeth House, University of Oxford, 2001.

[371] Lanham, R. A., "Digital literacy," *Scientific American*, 273 (3), 1995.

[372] Lewin, A. K. M., "Empirical Research in Co-evolutionary Process of Strategic Adaption and Change: The Promise and the Challenge," *Organization Studies*, 22 (6), 2001.

[373] Lin, N., *Social Capital: A Theory of Social Structure and Action* (New York: Cambridge University Press, 2001).

[374] Lister, R., *Poverty* (Polity Press, 2004).

[375] Luo, C. et al., "The Long-Term Evolution of National Income Inequality and Rural Poverty in China," *China Economic Review*, (62), 2020.

[376] Martin Ravallion, *The Economics of Poverty: History, Measurement, and*

Policy (New York: Oxford University Press, 2016).

[377] Madden, D., "Relative or Absolute Poverty Lines: A New Approach," *Review of Income and Wealth*, 46 (2), 2000.

[378] Minujin, A. et al., "The Definition of Child Poverty: A Discussion of Concepts and Measurements," *Environment and Urbanization*, 18 (2), 2006.

[379] O'Higgins, M., Jenkins, S. P., "Poverty in the EC: Estimates for 1975, 1980 and 1985 in Analysing Poverty," *Analysing Poverty in the European Community. Policy Issues, Research Options and Data Sources*, eds. by Teekens, R., Praag, B. Van (Luxembourg: Eurostat, 1990).

[380] Oancea, B., "Using the Median and the Mean of the Income to Establish the Poverty Lines," *Computational Methods in Social Sciences*, 2 (1), 2014.

[381] Townsend P., *Poverty in the United Kingdom. A Survey of Household Resources and Standards of Living* (Ewing, NJ: University of California Press, 1979).

[382] Prema, P. N. et al., "Towards an Inclusive Digital Literacy Framework for Digital India," *Education Training*, 60 (6), 2018.

[383] Preston, I., "Sampling Distributions of Relative Poverty Statistics," *Journal of the Royal Statistical Society: Series C (Applied Statistics)*, 44 (1), 1995.

[384] Pyatt, G. et al., "The Distribution of Income by Factor Components," *Quarterly Journals of Economics*, 95 (3), 1980.

[385] Ravallion, M., Chen, S., "Global Poverty Measurement When Relative Income Matters," *Journal of Public Economics*, (177), 2019.

[386] Richard M., *Titmuss, Essays on the Welfare State* (London: Routledge, 1976).

[387] Rojas, M., "Experienced Poverty and Income Poverty in Mexico: A

Subjective Well-being Approach," *World Development*, 36 (6), 2008.

[388] Rowntree, B. S., *Poverty: A Study of Town Life* (Bristo: Policy Press, 1901).

[389] Schultz, T. W., *Investment in Human Capital: The Role of Education and of Research* (New York: The Free Press, 1971).

[390] Schultz, T. W., "The Economic Importance of Human Capital in Modernization," *Education Economics*, 1 (1), 1993.

[391] Sen, A., *Commodities and Capabilities (2nd Ed.)* (Oxford University Press, 1999).

[392] Sen, A. *Development As Freedom* (Oxford University Press, 1999).

[393] Shorrock, A., Wan, G., "Spatial Decomposition of Inequality," *Journal of Economic Geography*, 5 (1), 2005.

[394] Stefănescu, M. L., Stefănescu, S., "On an Empiric Method to Locate the Mean of A Random Variable Depending on the Mode of Its Probability Density Function," *Studii Si Cercetări de Calcul Economic Si Cibernetică Economică*, 35 (4), 2001.

[395] Townsend, P., "Measuring poverty," *British Journal of Sociology*, 5 (2), 1954.

[396] Townsend, P., *Poverty in the United Kingdom* (CA: University of California Press, 1979).

[397] Townsend, P., *The Concept of Poverty* (London: Heinemmann, 1971).

[398] Tsui, K. "Multidimensional Poverty Indices," *Social Choice and Welfare*, 19 (1), 2002.

[399] Van Vliet, O., Wang, C., "Social Investment and Poverty Reduction: A Comparative Analysis Across Fifteen European Countries," *Journal of Social Policy*, 44 (03), 2015.

[400] Yitzhaki, S., "Relative Deprivation and the Gini Coefficient," *Quarterly*

Journal of Economics, 93 (2), 1979.

[401] Zimmer, Z., Kwong, J., "Family Size and Support for Older Adults in Urban and Rural China: Current Effects and Future Implications," *Demography*, 40 (1), 2003.

图书在版编目（CIP）数据

迈向共同富裕：中国农村相对贫困治理／庄天慧，
杨浩主编；胡海，陈光燕，张海霞副主编 . --北京：
社会科学文献出版社，2024. 12. --ISBN 978-7-5228
-4210-3

Ⅰ. F323. 8

中国国家版本馆 CIP 数据核字第 2024QF0390 号

迈向共同富裕：中国农村相对贫困治理

主　　编／庄天慧　杨　浩
副 主 编／胡　海　陈光燕　张海霞

出 版 人／冀祥德
责任编辑／陈凤玲
文稿编辑／李铁龙
责任印制／岳　阳

出　　版／社会科学文献出版社·经济与管理分社（010）59367226
　　　　　地址：北京市北三环中路甲 29 号院华龙大厦　邮编：100029
　　　　　网址：www. ssap. com. cn
发　　行／社会科学文献出版社（010）59367028
印　　装／三河市东方印刷有限公司

规　　格／开　本：787mm×1092mm　1/16
　　　　　印　张：36. 5　字　数：533 千字
版　　次／2024 年 12 月第 1 版　2024 年 12 月第 1 次印刷
书　　号／ISBN 978-7-5228-4210-3
定　　价／198. 00 元